为马克思辩护

对马克思哲学的
一种新解读

杨　耕 _著

杨
耕
文
集

第
1
卷

In Defense for Marx

A New Interpretation
of Marxist Philosophy

华东师范大学出版社
·上海·

图书在版编目（ＣＩＰ）数据

为马克思辩护：对马克思哲学的一种新解读 / 杨耕著 . -- 上海：华东师范大学出版社，2022
（杨耕文集）

ISBN 978-7-5760-3224-6

Ⅰ . ①为… Ⅱ . ①杨… Ⅲ . ①马克思主义哲学—研究 Ⅳ . ① B0-0

中国版本图书馆 CIP 数据核字 (2022) 第 174968 号

杨耕文集　第 1 卷

为马克思辩护：对马克思哲学的一种新解读

著　　者　　杨　耕
策划编辑　　王　焰
责任编辑　　朱华华　张婷婷
责任校对　　邱红穗　时东明
装帧设计　　卢晓红

出版发行　　华东师范大学出版社
社　　址　　上海市中山北路 3663 号　邮　编 200062
网　　址　　www.ecnupress.com.cn
电　　话　　021-60821666　行政传真　021-62572105
客服电话　　021-62865537　门市（邮购）电话　021-62869887
地　　址　　上海市中山北路 3663 号华东师范大学校内先锋路口
网　　店　　http://hdsdcbs.tmall.com

印 刷 者　　上海中华商务联合印刷有限公司
开　　本　　787 毫米 × 1092 毫米 1/16
印　　张　　29.75
字　　数　　424 千字
版　　次　　2022 年 12 月第 1 版
印　　次　　2022 年 12 月第 1 次
书　　号　　ISBN 978-7-5760-3224-6
定　　价　　118.00 元

出 版 人　　王　焰

总　序

呈上在读者面前的这套《杨耕文集》，收入了我的 10 部著作，即《为马克思辩护：对马克思哲学的一种新解读》《多维视野中的马克思》《危机中的重建：唯物主义历史观的现代阐释》《重建中的反思：重新理解历史唯物主义》《马克思主义哲学基础理论研究》《马克思主义哲学理论体系研究（上下册）》《东方的崛起：关于中国式现代化的哲学思考（第二版）》《思考的痕迹：重读马克思的记忆与思考（上下册）》《静水深流：哲学断想与读书札记》《书缘人生：行走在哲学与出版的路途上》。这 10 部著作集中体现了我所追求的理论目标——求新与求真的统一，反映了我所追求的理论形式——铁一般的逻辑、诗一般的语言，展示了我所追求的理论境界——重构哲学空间、雕塑思维个性，呈现了我的马克思主义哲学研究的理论途径、理论观点。《理论前沿》（2000 年第 1 期）发表金民卿教授的评论文章认为，杨耕对马克思哲学的"解读模式提供了一种新的马克思哲学的理解途径，突破了传统马克思主义哲学的理论框架，建构了新的马克思哲学体系，对于我国哲学体系的改革和建设具有突破性意义"。

一、在重读马克思的基础上重释马克思的哲学

《杨耕文集》的主题，就是在重读马克思的基础上重释马克思的哲学，展示马克思哲学的当代价值。重读马克思并不是"无事生非"；重释马克思的哲学也不是"无病呻吟"。历史上常常出现这样一种现象，即一个伟大哲学家的某种观点以至整个学说，往往在其身后，在经历了较长时间

的历史运动之后，才充分显示出它的本真精神和内在价值，从而引起人们的关注，引发人们的重读和重释。"在人类历史上存在着和古生物学中一样的情形。由于某种判断的盲目，甚至最杰出的人物也会根本看不到眼前的事物。后来，到了一定的时候，人们就惊奇地发现，从前没有看到的东西现在到处都露出自己的痕迹。"马克思的这一观点极其深刻并具有普遍意义，同样适用于哲学的历史、马克思主义哲学的历史。

马克思哲学的历史命运就是如此。20世纪的历史运动以及哲学本身发展的困境，使哲学家们一次又一次地把目光转向马克思，重读马克思、重释马克思的哲学。在一定意义上说，在伦敦海格特公墓安息的马克思，比在伦敦大英博物馆埋头著述的马克思更加吸引世界的目光。后现代主义大师德里达甚至发出这样的感叹："不去阅读且反复阅读和讨论马克思……而且是超越学者式的'阅读'和'讨论'，将永远都是一个错误，而且越来越成为一个错误，一个理论的、哲学的和政治的责任方面的错误。"

《杨耕文集》的研究对象，就是马克思的哲学。在我看来，"马克思的哲学"与"马克思主义哲学"这两个概念既有联系，又有区别。马克思的哲学是马克思本人的哲学思想，马克思主义哲学则是由马克思所创立、为他的后继者所发展的哲学思想。历史上的许多哲学学派，都随着创立者的逝世而逐步走向没落，只能作为思想博物馆的标本陈列于世，而不能兴盛于世了。马克思主义哲学不是这样。马克思逝世后，涌现出一批又一批、一代又一代马克思主义者，他们从不同领域、不同层次、不同方面发展了马克思的哲学，从而使马克思主义哲学仍然是当代历史进程的参与者和强有力的推进者。正因为如此，列宁在《马克思主义的三个来源和三个组成部分》中，提出了"马克思的哲学"与"马克思主义哲学"这两个概念；在《卡尔·马克思》中，提出了"马克思的学说"与"马克思主义"这两个概念。

我们当然不能奉行"原教旨主义"，以教条主义的态度对待马克思主义哲学，认为只有马克思阐述过的哲学思想才是马克思主义哲学。按照这种评价标准，马克思主义哲学就必然终止于1883年。同时，我们也不能以虚无主义的态度对待马克思主义哲学主要创始人——马克思的哲学思想。从创始人这个视角看,"马克思主义是马克思的观点和学说的体系"(列宁),坚持和发展马克思主义哲学的前提,就是要在实践的基础上重读马克思,准确把握马克思哲学的本质特征和理论体系。离开了这个前提,我们就会犯演丹麦王子而没有哈姆雷特的错误。马克思是马克思主义哲学的主要创始人,离开了马克思哲学思想的马克思主义哲学,只能是打引号的马克思主义哲学。

正因为如此,《杨耕文集》所收入的 10 部著作,就是围绕重读马克思、重释马克思的哲学这一主题,力图在当代实践、科学和哲学本身发展的基础上准确把握马克思哲学的本质特征和理论体系,深刻阐述马克思哲学的基本观点,从而在理论上展现马克思哲学的当代价值。

第 1 卷《为马克思辩护:对马克思哲学的一种新解读》,以马克思主义哲学史、西方哲学史、现代西方哲学、当代社会发展理论,以及马克思的政治经济学、社会主义思想为理论背景,力图用当代实践、科学和哲学本身的发展成果重新阐释已经成为"常识"的马克思哲学的基本观点;深入探讨被忽视甚至被遗忘的马克思哲学的基本观点;系统论证马克思有所论述、但又未充分论证,同时又契合当代重大问题的观点,并明确提出马克思哲学的创立使哲学的主题发生了根本转换,即从"世界何以可能"转向"人类解放何以可能",马克思哲学的理论主题就是无产阶级和人类解放。

《为马克思辩护》明确提出,马克思的哲学是"批判的哲学",是形而上学批判、意识形态批判、资本批判的高度统一。马克思创立"新唯物主义"哲学是同批判"形而上学"这种哲学形态密切相关的,并认为批判形而上学之后,哲学应趋向人的现实存在,关注人类解放;马克思的形而上学批判是同意识形态批判密切相关、融为一体的,因为形而上学中的抽象存在与资本主义社会中"个人受抽象的统治"具有同一性,形而上学因此成为资产阶级意识形态,并以意识形态的方式发挥其政治功能,即为资产阶级的政治统治辩护。

马克思的形而上学批判、意识形态批判又是同资本批判密切相关、融为一体的,因为资本本身就是一种独特的社会存在,是资本主义社会的根本规定和建构原则,构成了资本主义社会的基本建制。正是在资本批判的过程中,马克思发现了人的现实存在,发现了资本主义社会存在的秘密,并由此透视出"一切已经覆灭的社会形式的结构和生产关系"(马克思),从而使无产阶级和人类解放得到了本体论的证明。马克思以商品为起点范畴,以资本为核心范畴而展开的对资本主义社会的批判,本质上是存在论或本体论意义上的批判,开辟了从本体论认识现实的道路。

《为马克思辩护》明确提出,马克思的哲学是"新唯物主义",是实践唯物主义、辩证唯物主义、历史唯物主义的高度统一,并认为实践唯物主义、辩证唯物主义、历史唯物主义不是三个"主义",而是同一个主义,即马克思新唯物主义的不同称谓。用"实践唯物主义"称马克思的哲学,是为了凸显新唯物主义的实践维度及其首要性和根本性;用"辩证唯物主义"称马克思的哲学,是为了凸显新唯物主义的辩证法维度及其批判性和革命性;用"历史唯物主义"称马克思的哲学,是为了凸显新唯物主义的历史性维度及其独创性和彻底性。

在马克思的哲学中,实践唯物主义、辩证唯物主义、历史唯物主义是高度统一、融为一体的,不存在一个独立的、仅仅作为理论基础的实践唯物主义或辩证唯物主义,也不存在一个独立的、仅仅具有"应用"性质的历史唯物主义。实际上,实践唯物主义、辩证唯物主义、历史唯物主义从三个方面体现了马克思新唯物主义的"新"之所在,构成了马克思哲学的三个理论特征。我们不能因为马克思一生只使用过一次"实践唯物主义",而认为这一概念不成熟;我们不能因为西方马克思主义、东欧新马克思主义倡导"实践唯物主义",而忌讳这一概念;我们也不能因为苏联"辩证唯物主义和历史唯物主义"教科书的缺陷,而"废"辩证唯物主义、历史唯物主义之"名"。

第2卷《多维视野中的马克思》,是从我的260余篇论文中精选出22篇编辑加工而成的。这些论文从逻辑上集中体现了我的研究方向,展示了我重读马克思的理论成果。收入这部著作的 22 篇论文是按照理论逻辑安排的，所以，从形式上看，它是一本论文集，但实际上，它是一部理论专著。《多维视野中的马克思》提出，马克思创立新唯物主义哲学首先是从黑格尔法哲学批判以及政治批判、社会批判开始的，正如马克思所说，"彼岸世界的真理消逝以后，历史的任务就是确立此岸世界的真理。人的自我异化的神圣形象被揭穿以后，揭露非神圣形象中的自我异化，就成了为历史服务的哲学的迫切任务。于是对天国的批判就变成对尘世的批判，对宗教的批判就变成对法的批判，对神学的批判就变成对政治的批判"。因此，《多维视野中的马克思》从政治批判、社会批判，以及形而上学批判、意识形态批判、资本批判多维视角阐述马克思的哲学，并认为在政治批判、社会批判、形而上学批判、意识形态批判、资本批判多重批判过程中产生的马克思的哲学，又深度契合当代社会发展理论所关注的问题，其本身又是一种社会发展理论、社会批判理论。正因为如此，这部著作名为《多维视野中的马克思》。

第 3 卷《危机中的重建：唯物主义历史观的现代阐释》，以近代思辨历史哲学、现代批判（分析）历史哲学和后现代历史哲学为理论背景，重新审视和阐释唯物主义历史观的性质、内容和功能，明确提出：唯物主义历史观是马克思的历史哲学，是说明人类历史的唯物主义哲学；马克思不仅系统地阐述了历史本体论，而且注意到并在一定程度上论述了历史认识论问题，而关注和研究历史认识论正是历史哲学的发展趋势，同时，现代实践、科学和哲学本身的发展又为解答历史认识论问题提供了可能性，因此，历史认识论是唯物主义历史观的理论生长点；历史本体论的确立有赖于对历史认识论的探讨，历史本体论如果脱离了历史认识论，其结论必然是独断的、不可靠的，因此，重建唯物主义历史观，应在深化历史本体论研究的基础上强化历史认识论研究，从而使唯物主义历史观成为历史本体论与历史认识论相统一的历史哲学，同时实现历史本体论和历史认识论的双重职能。正因为如此，《危机中的重建》深入而系统地探讨了马克思的"从后思索"法，即"对人类生活形式的思索，从而对它的科学分析，总是采取同实际发展相反的道路。这种思索是从事后开始的，就是说，是从发展过程的完成的结果开始的"（马克思）。

第4卷《重建中的反思：重新理解历史唯物主义》，以重新解读马克思主义、西方马克思主义、东欧新马克思主义的文本为基础，重新审视、重新理解、重新阐释历史唯物主义，明确提出从理论主题的转换这一视角来看，唯物主义发展经历了三个历史阶段，形成了三种历史形态，即自然唯物主义、人本唯物主义和历史唯物主义。历史唯物主义关注的不是所谓的"终极存在"，而是"对象、现实、感性"何以成为这样的存在；历史唯物主义中的"物"不是所谓的"初始物质"，而是在人的实践活动中生成、具有社会关系内涵的"可感觉而又超感觉"的"社会的物"；历史唯物主义的理论主题是无产阶级和人类解放，因此，历史唯物主义所关注、所要解答的基本问题，就是人与自然、人与社会的关系，即人与世界的关系问题；以"实践"为出发点解答人与世界的关系问题，使历史唯物主义展现出一个唯物而又辩证、自足而又完整的世界图景，因此，历史唯物主义不仅是"唯物主义历史观"，而且是"唯物主义世界观"，不仅是"真正实证的科学"，而且是内含着"否定性辩证法"的"真正批判的世界观"（马克思）。历史唯物主义的创立为哲学开辟了一条新的发展道路，并终结了形而上学这种传统的哲学形态。

第5卷《马克思主义哲学基础理论研究》，从马克思主义哲学的理论主题、辩证法特征、本体论特征、认识论特征、历史观特征、批判理论特征、人的理论特征等方面重新理解、重新阐述了马克思主义哲学的基础理论或原理，探讨了现存世界与人的生存本体、马克思的本体论革命与新唯物主义世界观的创立、辩证法的实践基础、本体论批判的辩证法，提出了一系列富有创新性的观点。此次收入《杨耕文集》的《马克思主义哲学基础理论研究》，吸收了由我修订的《辩证唯物主义和历史唯物主义原理》的部分内容。

第6卷《马克思主义哲学理论体系研究》（上下册），从文本考证与理论研究、历史考察与逻辑分析等多维视角，并以一种独特的"叙述方式"，深入而全面地阐述了马克思主义哲学理论体系的历史演变和基本问题，明确提出马克思并不是一个职业哲学家，也没有写过传统意义上的"纯粹"的哲学著作，但马克思的确具有独特而深邃的哲学思想；马克思并没有刻意构造一种哲学体系，但马克思的哲学思想的确具有内在的逻辑联系，这种内在的逻辑联系犹如一只"看不见的手"，引导着马克思的哲学思想的运动，建构了一种独特而宏大的哲学体系；马克思哲学的这一特点决定了不同时期、不同国家、不同派别的哲学家对马克思主义哲学体系有着不同的理解，从而建构出不同的马克思主义哲学体系。

第7卷《东方的崛起：关于中国式现代化的哲学思考》（第二版），以实际问题为中心研究马克思主义，力图把真实的描述和深刻的反思结合起来，把哲学思维力量的穿透力和哲学批判精神的震撼力结合起来，把深沉的哲学智慧和敏锐的政治意识结合起来，以揭示中国社会主义革命的历史必然性，揭示"中国式现代化"的历程及其规律，分析当代中国社会发展的文化难题和深层矛盾，阐明改革为什么是中国的"第二次革命"，展现当代中国的改革开放和现代化建设既像"黄河之水天上来"（李白），势不可挡，又像"黄河远上白云间"（王之涣），前景灿烂，从而深刻阐明社会主义必将在中华民族的伟大复兴中再造辉煌，中华民族必将在社会主义的改革中实现伟大复兴，中国必将崛起在世界的东方。

第8卷《思考的痕迹：重读马克思的记忆与思考》（上下册），是从我的260余篇论文中精选出50篇编辑加工而成的。与《多维视野中的马克思》按照理论逻辑编辑不同，《思考的痕迹》是按照时间顺序编辑的，从历史的角度反映了我研究马克思哲学的心路历程及思想演变，实际上，这是对"探索者"道路的探索。所以，这部著作的副标题就是"重读马克思的记忆与思考"。从内容上看，它涉及哲学观、历史哲学、西方哲学史、现代西方哲学、后现代主义、后殖民主义、后马克思主义、马克思主义哲学史、马克思主义理论基础和理论结构，尤其是对后现代主义、后殖民主义、后马克思主义提出了新颖而独特的理解。

第9卷《静水深流：哲学断想与读书札记》，力图以通俗易懂的形式，通过"诗一般的语言",透显出哲学的独特的智慧。《静水深流》是学术随笔。如果说学术专著关注的是逻辑的严谨,那么,学术随笔显示的就是思想的火花。学术随笔不是随心所欲,而是直觉顿悟;不是杂乱无章,而是杂而不乱,在看得见的文字中渗透着看不见的智慧。

第10卷《书缘人生:行走在哲学与出版的路途上》,是从我的学术自述、学术演讲、记者对我的采访,以及报刊对我的介绍、评价的材料中精选出一部分编辑而成的。全书分为六个部分:学术自述、人物介绍、思想评价、理论对话、哲学演讲、出版实践,以缩影的形式展现了我的哲学之"旅"、出版之"旅"乃至人生之"旅":读书、教书、写书、出书。

我不能说这10部著作已经完善,实际上,"一切发展中的事物都是不完善的,而发展只有在死亡时才结束"(马克思);我更不能说这10部著作已无错误,实际上,科学研究不可能不犯错误。在我看来,人与错误的关系就像《浮士德》中的浮士德与海伦的关系:"谁认识了她,谁就不能和她分离。"但是,我又不能不指出,这10部著作并不是"醉舞经阁半卷书,坐井说天阔"(《天道》),而是40年来我的哲学研究的理论结晶,体现了我的马克思哲学研究的力度、深度和广度。张立波教授在《南京大学学报(哲学·人文科学·社会科学)》(2019年第5期)发表评论文章认为,"杨耕论著的魅力就在于,思想的深度通过简洁、流畅、诗一般的语言风格得以呈现,哲学的力量通过修辞方式得以显现,汹涌澎湃的阵脚,排山倒海的气势,毋庸置疑的论证,步步为营的严密,水到渠成的结论——所有这些,就是杨耕论著给读者留下的深刻印象"。

二、以独特的理论途径展现马克思哲学的当代价值

我重读马克思经历了一个独特的理论途径,这就是,从马克思的哲学延伸到马克思主义哲学史、西方哲学史、现代西方哲学以及后现代主义哲学,从西方马克思主义拓展到苏联马克思主义,再深化到后马克思主义,然后,再返回到马克思的哲学这样一次迂回曲折的哲学之"旅"。在这个

过程中,我同时进行了政治经济学、社会发展理论的"补课"。也许此路不通,但"谁若为我们指出了走不通的道路,那么他就像那个为我们指点了正确道路的人一样,对我们作了一件同样的好事"(海涅)。

从马克思的哲学延伸到马克思主义哲学史,是出于一个思想"疑问":什么是马克思主义哲学?这似乎是一个早已解决的、无需多虑的"常识"问题,实际上,这仍然是一个有待解决、不断追问的问题,是最折磨马克思主义哲学家耐心的问题。从马克思主义哲学史看,马克思就是在不断追问什么是哲学的过程中创立新唯物主义哲学的,而后来的马克思主义者又是在不断追问什么是马克思主义哲学的过程中,或者深化、发展了马克思的哲学,或者误读、曲解了马克思的哲学。因此,要解答什么是马克思主义哲学这一问题,首先就要回到马克思主义哲学史,把握马克思创立新唯物主义哲学的心路历程,把握马克思以后的马克思主义哲学的演变过程,从而真正把握马克思哲学的本质特征,真正理解马克思哲学在何时、何处以及在何种问题上深化、发展了,在何时、何处以及在何种程度上被误读、曲解甚至被"各取所需""借题发挥"了。

对马克思的哲学研究之所以要延伸到西方哲学史、现代西方哲学以及后现代主义哲学,是因为马克思是从黑格尔哲学开始,经过费尔巴哈哲学,最后"成为马克思",创立新唯物主义哲学的。马克思主义哲学源于西方哲学,尤其是德国古典哲学。因此,只有把马克思的哲学置于西方哲学史的流程中,才能真正理解马克思的哲学与西方传统哲学的关系,真正理解马克思的哲学所实现的哲学变革的实质;只有把马克思的哲学置于现代西方哲学以及后现代主义哲学的背景中,才能真正理解马克思的哲学是"现代唯物主义",真正理解马克思哲学的历史局限性,同时,真正理解马克思哲学的历史超越性及其伟大所在,从而真正理解马克思的哲学为什么仍然是我们这个时代"不可超越"的哲学(萨特)。

对马克思的哲学研究之所以要延伸到西方马克思主义、苏联马克思主义以及后马克思主义,是因为西方马克思主义哲学、后马克思主义哲学是西方马克思主义者在资本主义社会内部批判资本主义的产物,同时,又是"经典"马克思主义哲学与现代西方哲学相混合的产物；苏联马克思主义哲学则是苏联马克思主义者在社会主义社会内部研究社会主义的产物，同时，又是"经典"马克思主义哲学与俄国传统哲学相交集的产物。在我看来，只有对西方马克思主义、苏联马克思主义、后马克思主义各自的理路做出公允客观的评判，才能对如何坚持和发展马克思主义哲学做出恰当的预断。

对马克思的哲学研究之所以要进行政治经济学、社会发展理论的"补课"，是因为马克思在创立新唯物主义哲学的过程中，不仅对德国古典哲学进行了批判反思，而且对英国政治经济学也进行了批判反思，马克思的政治经济学批判是存在论意义上的批判，具有深刻的哲学内涵；在哲学批判和资本批判这双重批判过程中生成的马克思的哲学又高度契合当代社会发展理论所关注的问题，反过来，当代社会发展理论又继承、深化了马克思哲学的一些观点。因此，在重读马克思的过程中，我不仅进行了政治经济学"补课"，而且进行了当代社会发展理论的"补课"，深入研究了依附理论、世界体系理论和后殖民主义理论。精神生产不同于以基因为遗传物质的生物延续。生物延续是同种相生，而哲学思维可以通过对不同学科成果的吸收、融合和再创造，形成新的哲学形态。正像近亲繁殖不利于种的发育一样，一种创造性的哲学一定会突破从哲学到哲学的局限。在我看来，马克思的哲学就是这样一种创造性的哲学。

哲学需要思辨，但哲学不应是脱离现实的思辨王国。不管哲学家多么清高、"超凡入圣"，他都不能不食人间烟火，不能不在现实的社会条件下进行认识活动、提出问题并拟定解答问题的方案，所谓超前性也不过是对现实中的可能性的充分揭示；由哲学家们所创造的哲学体系，不管具有什么样的"个性"，不管在形式上多么抽象，从中都可以捕捉到现实问题。从历史上看，任何一种有成就的哲学，无论是从其产生的原因看，还是就其提出的问题以及解决问题的方式而言，都是非常现实的，都或多或少、或直接或间接、或这样或那样地解答了现实问题。明快泼辣的法国启蒙哲学是这样，艰涩隐晦的德国古典哲学也是这样，高深莫测的解构主义哲学也是如此,用解构主义大师德里达的话来说就是,解构主义是通过解构既定的话语结构来挑战既定的历史传统和现实的政治结构。马克思的哲学更是如此。正如马克思所说,"思辨终止的地方,即在现实生活面前,正是描述人们的实践活动和实际发展过程的真正实证的科学开始的地方","对现实的描述会使独立的哲学失去生存环境,能够取而代之的充其量不过是从对人类历史发展的观察中抽象出来的最一般结果的综合。这些抽象本身离开了现实的历史就没有任何价值"。所以,马克思的哲学"从现存的现实本身的形式中引出作为它的应有的和最终目的的真正现实",从而"对当代的斗争和愿望作出当代的自我阐明(批判的哲学)"(马克思)。

因此,重读马克思不能从文本到文本,从理论到理论。我一直认为,哲学研究,尤其是马克思主义哲学研究,不能仅仅成为哲学家之间的"对话",更不能成为哲学家个人的"自言自语",像马克思所批评的那样,"醉心于淡漠的自我直观"。哲学家不应像"沙漠里的高僧"那样,腹藏机锋、空谈智慧,说着一些对人的实践活动和认识活动无用的废话;哲学家也不应像魔术师那样,"煞有其事"地念着咒语,"说着一些谁也听不懂的话"。水中的月亮为天上的月亮,眼中的人为眼前的人。马克思主义哲学研究应该也必须关注现实、深入现实,并使现实问题上升为理论问题,从而以一种深沉的哲学智慧、敏锐的政治意识、彻底的批判精神,超越现实并引导现实运动。哲学必须从现实上升到抽象的概念领域,以概念运动反映现实运动,否则,就不是哲学;哲学又必须从"天国"下降到人间,关注人的现实和现实的人,否则,将失去自己存在的根基,且既不"可信",也不"可爱"。

当代中国最基本的现实就是改革开放和现代化建设,这一现实的最重要特征和最重要意义就在于,它把现代化、市场化和社会主义改革这三重重大的社会变革浓缩在同一时空中进行了,构成了一场史无前例、波澜壮阔、极其特殊而又复杂的社会实践。这一重大的实践活动必然提出一系列重大的哲学问题,必然为我们的哲学思考提供一个广阔的社会空间。关注这一现实,探讨其中的规律性,并以此为基础思考并重释马克思的哲学,以一种面向 21 世纪的、中国化的马克思主义哲学引导中国的现实运动,这是当代中国哲学家的良心和使命。正因为如此,我是在理论与现实的双向运动中重读马克思、重释马克思哲学的。《光明日报》(2019 年 9 月 25 日)发表吴晓明教授的评论文章认为,杨耕的哲学研究"突出地表现出来的思想取向是一种积极的和具有启发意义的取向,那就是,持续不断地推进马克思主义哲学研究在学术—理论上的深化;将把握时代、切中现实理解为马克思主义哲学研究的基本鹄的;把马克思主义哲学研究与中国的历史性实践经验结合起来"。

在这样一个重读马克思的过程中,我的脑海中便映出作为哲学家和革命家的完美结合的马克思,作为解释世界和改变世界高度统一的马克思的哲学。正是在马克思的哲学中,我透视出一种对资本主义制度的彻底的批判精神,感受到一种对人类生存异化状态的深切的关注之情,领悟到一种旨在实现无产阶级和人类解放的强烈的使命意识,并不由自主地想起了马克思在《青年在选择职业时的考虑》中说过一段话,那就是,"如果我们选择了最能为人类福利而劳动的职业,那么,重担就不能把我们压倒,因为这是为大家而献身;那时我们所感到的就不是可怜的、有限的、自私的乐趣,我们的幸福将属于千百万人,我们的事业将默默地、但是永恒发挥作用地存在下去,而面对我们的骨灰,高尚的人们将洒下热泪",一个刚刚中学毕业、年仅 17 岁的青年,似乎是为自己写下了墓志铭,实际上是为一种新的事业竖起了凯旋门。这是一个崇高的选择,这一崇高的选择决定了马克思的一生。马克思的事业就属于"千百万人",马克思的哲学将"永恒发挥作用地存在下去"。

我断然拒绝这样一种观点,即马克思的哲学产生于"维多利亚时代",距今 170 年,已经过时,这是一种"傲慢与偏见"。我们不能依据某种学说创立的时间来判断它是否过时,是不是真理。"新"的未必就是真的,"老"的未必就是假的。既有新鲜的、时髦的谬论,也有古老的、千年的真理。阿基米德定理创立的时间尽管很久远了,但今天的造船业无论多么发达,也不能违背这一定理。如果违背这一定理,那么,造出来的船无论多么现代化,多么"人性"化,也无法航行;即使可以航行,也必沉无疑。这表明,真理只能发展,而不可能被推翻。

马克思的哲学之所以"不可超越",并不在于它是一种对人的异化的"抗议",并不在于它对劳动者、无产阶级的同情,而在于它从根本上把握了人与世界的关系,深刻地把握人类社会发展的一般规律。马克思不是心怀济世的救世主,而是无产阶级革命家;马克思的哲学不是劝世箴言,而是科学性的理论。马克思对劳动者、无产阶级当然怀有最真挚的同情,但马克思的哲学以至整个马克思主义并不是以此作为立论的依据,正像妙手回春的圣医,并不以对病人的同情代替诊断一样。马克思哲学立论的依据,就是人与世界的总体关系及其规律。科学都产生于某个特定的时代,但由于科学都发现和把握了某种规律,因而又能超越这个特定的时代。正是由于深刻地把握了资本主义生产方式的运动规律、人类社会发展的一般规律,正是由于深刻地把握了人与世界的总体关系,正是由于所关注并力图解答的问题深度地契合着当代世界的重大问题,所以,产生于19世纪的马克思哲学又超越了19世纪这个特定的时代,依然是我们当下这个时代的真理和良心,仍然占据着真理和道义的制高点。"居高声自远,非是藉秋风。"(虞世南)正是由于马克思的哲学仍然占据着真理和道义的制高点,所以,每当世界发生重大的历史事件时,人们都不由自主地把目光再次转向马克思,"求助于"马克思。"我们求助于马克思,不是因为他毫无错误之处,而是因为我们无法回避他。每个想从事马克思所开创的研究的人都会发现,马克思永远在他的前面。"(海尔布隆纳)

我们应当明白,马克思是普罗米修斯,而不是上帝;马克思的哲学是方法,而不是教义;马克思主义是科学,而不是启示录。马克思的哲学以至整个马克思主义没有也不可能包含当代问题的现成答案。自诩为包含一切问题答案的学说,不是科学,而是神学。马克思哲学的理论力量和理论魅力,不是提供了万古不变的结论,而是提供了正确认识问题和解决问题的方法。正如恩格斯所说,"马克思的整个世界观不是教义,而是方法。它提供的不是现成的教条,而是进一步研究的出发点和供这种研究使用的方法"。我们只能按照马克思哲学的"本性"期待它做它所能做的事,而不能要求它做它不能做或做不到的事。实际上,早在马克思主义哲学创立之初,马克思就明确指出:新唯物主义"是从对人类历史发展的观察中抽象出来的最一般的结果的综合。这些抽象本身离开了现实的历史就没有任何价值。它们只能对整理历史资料提供某些方便,指出历史资料的各个层次间的连贯性。但是这些抽象与哲学不同,它们绝不提供适用于各个历史时代的药方或公式。相反,只是在人们着手考察和整理资料(不管是有关过去的还是有关现代的)的时候,在实际阐述资料的时候,困难才开始出现。这些困难的克服受到种种前提的制约,这些前提在这里根本是不可能提供出来的,而只是从对每个时代的个人的实际生活过程和活动的研究中得出的"。这表明,从马克思的哲学中找不到关于当代问题的现成答案,这不能责怪马克思,要责怪的只能是自己对马克思哲学"本性"的无知。

当然,我注意到,对马克思哲学的理解仍存在着争论,而且这种争论广泛、持久而激烈。从历史上看,一个伟大的哲学家逝世之后,对他的学说进行新的探讨并引起争论,并不罕见。但是,像马克思哲学这样在世界范围内引起如此广泛、持久而激烈的争论,却是罕见的。马克思的"形象"在其身后处在不断地变换中,而且马克思离我们的时代越远,对他的认识分歧也就越大,就像行人远去,越远越难辨认一样。米尔斯由此认为,"马克思没有得到人们统一的认识。我们根据他在不同发展阶段写出的书籍、小册子、论文和书信对他的著述做出什么样的说明,取决于我们自己的观点,因此,这些说明中的任何一种都不能代表'真正的马克思'","人们对马克思的确没有一个统一的认识,每一个研究者必须通过自己的努力去认识马克思",换言之,有多少个研究者,就有多少个马克思,就有多少种马克思主义。

米尔斯所描述的问题是真实的,但他对问题的回答却是错误的,即不存在一个客观意义上的、真正的马克思,存在的只是不同的人所理解的不同的马克思。有人据此把马克思与哈姆雷特进行类比,认为犹如一千个观众的眼中有一千个哈姆雷特一样，一千个读者心中有一千个马克思，不存在一个"本来如此"的马克思的哲学。在我看来，这是一个无原则的糊涂观念，是一个"不靠谱"的类比。问题的关键就在于，哈姆雷特是莎士比亚塑造的艺术形象，马克思的哲学是由马克思创立的具有科学性的理论；艺术形象可以有不同的解读，而科学性的理论揭示的是客观规律，这种认识正确与否要靠实践检验，而不是依赖认识主体的解读。实际上，不管如何解读，合理的解读，包括艺术作品的解读总是有限度的，总是有客观的"底线"的。例如，同一首小提琴曲《流浪者之歌》，德国小提琴演奏家穆特把它诠释得悲伤、悲凉、悲戚，美国小提琴演奏家弗雷德里曼把它诠释得悲愤、悲壮、悲怆，但无论是诠释得悲伤、悲凉、悲戚，还是诠释得悲愤、悲壮、悲怆，都具有"悲"的内涵，而没有"喜"的意蕴。就马克思而言，合理的解读只能是，只有一个马克思，那就是作为马克思主义创始人的马克思。脱离了马克思的马克思主义，只能是打引号的马克思主义；脱离了马克思主义的马克思，只能是虚构的马克思。

从认识论的角度看，对马克思哲学认识的分歧，是由认识者生活的历史环境和"理解的前结构"决定的。人们总是生活在特定的历史环境中，并在特定的意识形态氛围中进行认识活动的。问题就在于，历史环境的不可复制性、历史进程的不可逆转性、历史事件的不可重复性使认识者不可能完全"回到"被认识者生活的特定的历史环境，不可能完全"设身处地"地从被认识者的角度去理解他的文本，因而也就不可能完全恢复和再现被认识者思想的"本来面目"。特定的历史环境和"理解的前结构"支配着理解的维度、广度和深度，即使是最没"定见"的认识者也不可能"毫无偏见"。人的认识永远是具体的、历史的，不可能超出认识者的实践基础和历史环境，必然受到认识者"理解的前结构"的制约。

但是，我们又能站在当代实践、科学和哲学本身发展的基础上，通过对马克思哲学产生的历史背景的考察，通过对马克思哲学文本的分析，通过对马克思主义哲学历史的梳理，通过"自我批判"，使作为认识者的我们的视界与作为被认识者的马克思的视界融合起来，从而不断走近马克思，走进马克思思想的深处,深刻理解和把握马克思哲学的本质特征和理论体系,从而深刻把握和阐明"本来如此"的马克思的哲学,即达到对马克思哲学的"客观的理解"。"基督教只有在它的自我批判在一定程度上,可说是在可能范围内准备好时,才有助于对早期神话作客观的理解。同样,资产阶级经济只有在资产阶级社会的自我批判已经开始时,才能理解封建的、古代的和东方的经济。"马克思的这一思想极其深刻,而且具有普遍意义,同样适合哲学史、马克思主义哲学史研究。

诗人臧克家有两行著名诗句:"有的人活着,他已经死了;有的人死了,他还活着。"马克思仍然活着。马克思逝世以后的170多年中,围绕着马克思主义及其哲学而展开的广泛、持久而激烈的争论,就是马克思仍然活着的证明。"对某种学说进行激烈的论战,乃是争论中的学说在作者的环境中形象高大、甚至对他本人具有强大的吸引力的一种更确实无误的标志。"柯林伍德的这一见解中肯而深刻。

三、表征我的独特的生命活动

我的职业、专业和事业都是哲学。哲学既不同于文学,也不同于科学。科学是以理论思维的形式去抽象、概括和解释思维的对象,即存在的运动规律,以实现人对存在的运动规律的把握,也就是实现思维与存在在规律层次上的统一,所以,科学体现着思维与存在"统一"的维度;哲学并不具体研究存在的运动规律,而是以理论思维的形式反思思维与存在的关系"问题",如思维能否反映、表述存在,思维如何反映存在的运动规律等,正因为如此,科学及其理论成果成为哲学反思的对象,所以,哲学体现着思维与存在"关系"的维度。这就是说,科学的逻辑是实现思维与存在"统一"的逻辑,哲学的逻辑是反思思维与存在"关系"的逻辑。哲学因此成为本体论与认识论的统一。

哲学不同于科学的地方还在于,哲学对思维对象的认识不是止于对其规律的认识,而是进入到对对象的意义和价值的认识;不仅要知道对象是什么，而且要知道对象对人类生存、发展的意义和价值是什么，从而形成某种价值观。换言之，科学追求的仅仅是真理，哲学追求的不仅是真理，而且是价值，哲学因此又成为知识论与价值论的统一。哲学的最大特点就在于，它以抽象的概念体系反映特定的社会关系和现实的社会运动，体现特定的民族、阶级、阶层的利益、愿望和要求。所以，哲学是科学体系与意识形态的统一。正因为如此，哲学不是科学，但它也能给人以真理；哲学不是宗教，但它也能给人以信仰。

正因为哲学是本体论和认识论的统一、知识论和价值论的统一、科学体系和意识形态的统一，哲学思维因此极其艰辛，马克思主义哲学研究更是一条艰险曲折的思想的登山之路。在这条思想登山的路途上，我已经"跋山涉水"40多年。《杨耕文集》就是40多年来我的哲学研究的理论结晶，是我重读马克思的诚实记录和心灵写照，是我的思维活动的对象化和社会化，表征着我的独特的生命活动。因此，华东师范大学出版社出版《杨耕文集》让我心存感激。我深深地感谢华东师范大学出版社社长王焰编审，并不由自主想起了李白的诗句："桃花潭水深千尺，不及汪伦送我情。"北京师范大学出版社杜丽娟编辑不辞辛劳，打印了《杨耕文集》的全部书稿，并核对了全部引文；华东师范大学出版社社项目部主任朱华华副编审精心组织《杨耕文集》的编辑、出版工作；责任编辑王海玲编审、朱华华副编审、张婷婷编辑等辛勤劳动，高质量地完成了《杨耕文集》的编辑工作。在此，一并表达我的深深的谢意。

在《杨耕文集》出版之际，我不由自主地想起了我的导师汪永祥教授和陈先达教授。汪永祥教授把我领进了我向往已久的中国人民大学哲学系攻读硕士学位，汪永祥教授的学术引导力带着我走进"哲学门"，走向马克思；陈先达教授把我留在中国人民大学哲学系任教，同时，不嫌我愚笨，让我跟随他攻读博士学位，陈先达教授的思维穿透力引导着我走进马克思，"走向历史的深处"。我从心里，从流动的血液里感谢汪永祥教授、陈先达教授，我深知，"要是没有你，我在这里就陷入一片虚无"（《天真汉》）。

在《杨耕文集》出版之际，我不由自主地想起了我的挚友、兄长和领导袁贵仁教授。每当我走到人生的十字路口时，每当我处于"山重水复疑无路"的境况时，他总是已经静静地站在那里等着我，为我指出方向和道路，给我智慧和力量。袁贵仁教授无私的关爱，为我的学术研究和人生发展开辟了一个广阔的空间。我从心里，从流动的血液里感谢袁贵仁教授，我深知，要是没有你，我把"栏杆拍遍，无人会"（辛弃疾）。

在《杨耕文集》出版之际，我不由自主地想起了我的朋友和亲人，没有他们的友情和亲情，我不可能成长。同时，我也想起了由于种种原因对我产生误解甚至"敌视"的人，没有他们的误解和责难，我不可能成熟。对于我来说，友情与亲情、误解与责难、委屈与磨难都是一笔财富，一笔不可缺少的财富。"风雨会使我们变得强壮，挫折会使我们变得坚强，一些成熟的思想和宝贵的品质，来自于受伤。"（汪国真）

在《杨耕文集》出版之际，我不由自主地想起了我的挚友陈志良教授。此时此刻，他已经生活在"另一个世界"了。我忘不了陈志良教授，正是他的宏大的叙事能力引导着我在一个新的思想平台上展开哲学研究。我忘不了陈志良教授，当我"过五关"、处在人生的顺境时，他为我高兴和鼓掌；当我"走麦城"、处在人生逆境时，他给我安慰和鼓励……此时此刻，我最想说的一句话就是，志良兄，你在"天堂"一切可好？

从1977年我考入安徽大学哲学系学习哲学到今天，已经过去了40多年。我自不量力地借用伟人毛泽东的一句诗，那就是，"一篇读罢头飞雪"。40多年来，我的社会角色处在不断地变换中，我的思想处在剧烈地变化中，但在这种种的变化中又有不变，那就是我对哲学的"钟情"。如果说当初是我选择了哲学，那么，后来就是哲学选择了我。当我走进哲学这片神奇的土地时，我发现，这不仅是一个关注客观规律的概念的王国，而且是一片"承载"人的价值的"多情"的土地，"我深深地爱着你，这片多情的土地"（《多情的土地》）；当我站在这片神奇土地的深处，回望我踏过的路径和耕耘的田野，并在记忆中"搜索"我的哲学人生时，我发现，哲学对我足够深情。

如今,哲学已经融进了我的生命活动之中,成为我书写生命的方式。哲学教会了我如何理解肯定与否定的关系,让我懂得在现存事物中总是包含着对现存事物的否定因素,因而我力图在自我否定的过程中实现自我发展;哲学教会了我如何理解个人与社会的关系,让我懂得我们都是"社会的个人",因而我力图在推动社会发展的过程中求得个人的发展;哲学教会了我如何面对"过五关"与"走麦城",让我懂得"人要学会走路,也得学会摔跤,而且只有经过摔跤他才能学会走路"(马克思),因而"我把命运的摇晃都当作奖赏,依然在路上"(《摆渡人》);哲学教会了我"荣辱不惊""波澜不惊",让我懂得"屈贾谊于长沙,非无圣主。窜梁鸿于海曲,岂乏明时"(王勃),因而痛到肠断忍得住,屈到愤极受得起;哲学教会了我"看破红尘""看透人生",让我懂得生与死本身属于自然规律,生与死的意义却属于历史规律,因而可以在"向死而生"中寻找生命的价值和意义……10 卷本《杨耕文集》实际上表征着我的独特的生命活动。

当然,我深知哲学思维极其艰辛,谁选择了哲学,谁就注定走上一条"苦行僧"的道路。在这条艰难曲折、风雨交加的路途上,我已不知疲倦地跋涉了 40 多年,"一蓑烟雨任平生"(苏轼);我将义无反顾地继续跋涉在这条艰难曲折、风雨交加的路途上,"我不去想身后会不会袭来寒风冷雨,既然目标是地平线,留给世界的只能是背影"(汪国真)。

杨 耕

2022 年 1 月于北京

目　录

序　言

马克思哲学：我们时代的真理和良心

一个伟大的思想家逝世之后被"神化"的现象在历史上并不罕见。释迦牟尼不用说，即使孔子也被请进庙里，像神一样被供奉起来，享受春秋二祭。同时，一个伟大的思想家逝世之后被"矮化"的现象在历史上也不罕见。两极相通，一个思想家被"神化"到一定程度便会被"矮化"，所以，一个思想家逝世之后，在一个历史时期中被"神化"，在另一个历史时期中被"矮化"，这种现象在历史上也是常见的。

马克思似乎也遭遇着同样的命运。在社会主义凯歌前行的年代，马克思一度被"神化"，马克思主义哲学被教条化了，似乎成了一个无所不包、无所不能的绝对真理体系。可问题在于，自诩为包含一切问题答案的学说，不是科学，而是神学。历史已经证明，凡是以绝对真理自诩的思想体系，如同希图万世一系的封建王朝一样，无一不走向没落，只能作为思想博物馆的标本陈列于世，而不可能兴盛于世了。在苏联东欧社会主义巨变之后的年代，马克思又被"矮化"甚至"丑化"了。苏东巨变，使得马克思在思想文化的论争中不仅没有成为"原告"，反而或明或暗地成为"被告"，其"形象"任凭"原告"的言说随意涂抹。作为一个马克思主义者，我不能不为"缺席"的马克思辩护。所以，本书定名为《为马克思辩护：对马克思哲学的一种新解读》。

辩护就要以事实为依据，以法律为准绳。为马克思"辩护"，"事实"就是马克思的文本，"准绳"就是当代实践。在我看来，为马克思辩护必须在当代实践的基础上重读马克思文本，重新理解马克思的哲学。作为一个马克思主义的研究者，我的全部论著都是重读马克思的结果，或者说，是对马克思哲学的一种新解读。所以，本书的副标题为"对马克思哲学的一种新解读"。

当然，我注意到，对马克思哲学的争论持久而激烈。从历史上看，一个伟大哲学家逝世之后，对他的学说进行新的探讨并引起争论，不乏先例。但是，像马克思这样在世界范围引起广泛、持久、激烈争论的却是罕见的。马克思的"形象"在其身后处在不断地变换中，而且马克思离我们的时代越远，对他认识的分歧就越大，就像行人远去，越远越难辨认一样。于是，我开始重读马克思，并企望不断走进马克思，走进马克思思想的深处。

重读马克思并不是无事生非或无病呻吟，而是当代实践、科学和哲学本身发展的需要。历史上常常出现这样一种奇特的现象，即一个伟大哲学家的某个理论以至整个学说往往在其身后、在经历了较长时间的历史运动之后，才充分显示出它的本质特征、理论价值、理论局限，重新引起人们的关注，促使人们"重读"。马克思哲学的历史命运也是如此。20世纪的历史运动、苏联的衰败解体、资本的自动延伸、金融的全球危机以及哲学本身的发展困境，使得哲学家们不由自主地把目光转向马克思，重新关注马克思。重读马克思再次成为"热点"。在一定的意义上说，在伦敦海格特公墓安息的马克思，比在伦敦大英博物馆埋头著述的马克思更加吸引世界的目光。实际上，"重读"是思想史上常见的现象。黑格尔重读柏拉图，皮尔士重读康德，歌德重读拉菲尔……一部哲学史就是后人不断重读前人的历史。所以，哲学史不断地被改写或重写。伟人如此，我这个凡人更应这样了。

在重读马克思的过程中，我经历了从马克思的哲学到马克思主义哲学史、西方哲学史，再到现代西方哲学，然后再返回到马克思的哲学这样一个不断深化的求索过程。其意在于，把马克思的哲学放置到一个广阔的理论空间中去研究。我以为，对马克思哲学的研究离不开对马克思主义哲学史的研究，只有把握马克思创立马克思哲学的过程，把握马克思以后的马克思主义哲学的演变过程，才能真正把握马克思哲学的真谛，真正理解马克思哲学在何处以及何种程度上被发表了或被误读了；只有把马克思的哲学放到西方哲学史的流程中去研究，才能真正把握马克思的哲学对传统哲学变革的实质，真正理解马克思哲学划时代的贡献；只有把马克思的哲学与现代西方哲学进行比较研究，才可知晓马克思哲学的历史局限和伟大所在，真正理解马克思哲学为什么是我们这个时代"唯一不可超越的哲学"（萨特），为什么在当代"不去阅读且反复阅读和讨论马克思而且是超越学者式的阅读和讨论，将永远是一个错误"（德里达）。

在重读马克思的过程中，我涉猎了社会主义思想史，同时进行了历史学、政治经济学和社会发展理论的"补课"。从马克思哲学的创立过程看，马克思对历史学、经济学、社会主义理论都进行过批判性研究和哲学反思，不仅德国古典哲学，而且法国复辟时代历史学、英国古典经济学、英国和法国的"批判的空想的社会主义"都构成了马克思哲学的理论来源；从马克思哲学的理论内容看，马克思的哲学是在阐述社会主义的过程中生成的，实现每个人的全面而自由发展既是马克思哲学的终极目标，又是马克思社会主义理论的最高原则；同时，马克思的经济学不仅是经济理论，而且是资本批判理论，它所揭示的被物的自然属性掩蔽着的人的社会属性，以及被物与物的关系掩蔽着的人与人的关系，具有深刻的哲学内涵。精神生产不同于肉体的物质生产。以基因为遗传物质的生物延续是同种相生，而哲学思维则可以通过对不同学科成果的吸收、消化和再创造，形成新的哲学形态。正像亲缘繁殖不利于种的发育一样，一种创造性的哲学一定会突破从哲学到哲学的局限。马克思的哲学就是这样一种创造性的哲学。

在这样一个重读马克思的过程中，我的面前便矗立起一座巨大的思想英雄雕像群，"哲学史所昭示给我们的，是一系列的高尚的心灵，是许多理性思维的英雄们的展览"（黑格尔），我深深地体会到哲学家们追求真理和信念的悲壮之美；我的脑海便映现出一个多维视界中的马克思，我深深地理解,在世纪之交、千年更替之际,马克思为什么被人们评为"千年来最有影响的思想家"。

在重读马克思的过程中,我首先关注的问题就是,马克思是如何理解哲学的,或者说,马克思的哲学观是什么?

按照西方传统哲学的观点,哲学"寻求最高原因的基本原理",提供"全部知识的基础"和"一切科学的逻辑",是"最高智慧"。可是,在现代西方人本哲学看来,哲学关注并要解决的问题,是人的"精神的焦虑""信仰的缺失""形上的迷失""意义的失落"和"人生的危机";在现代西方分析哲学看来,"哲学就是那种确定或发现命题意义的活动",科学使命题得到证实,哲学使命题得到澄清;"科学研究的是命题的真理性,哲学研究的是命题的真正意义"(石里克)。在苏联马克思主义哲学看来,哲学是关于自然、社会和思维运动的普遍规律的科学,而在西方马克思主义哲学看来,哲学的社会功能就在于对流行的东西进行批判,其"主要目的在于防止人类在现存社会组织慢慢灌输给它的成员的观点和行为中迷失方向"(霍克海默),"理智地消除以至推翻既定事实,是哲学的历史任务和哲学的向度"(马尔库塞)。

这一特殊而复杂的现象印证了黑格尔的见解:"哲学有一个显著的特点,与别的科学比较起来,也可以说是一个缺点,就是我们对它的本质,对于它应完成和能够完成的任务,有许多大不相同的看法。"的确如此,作为同原始幻想相对立的理论思维形式,哲学是同科学一起诞生的。然而,对于什么是哲学,又从未形成一致的看法,不存在为所有哲学家公认的哲学定义。不同时代、不同民族、不同派别的不同哲学家对哲学有不同的看法,不仅哲学观点不同,而且哲学理念也不同。哲学是什么、哲学的位置在哪里因此成为最折磨哲学家耐心的问题,由此导致哲学"总是被迫在起点上重新开始""从头做起"(石里克)。

在我看来,这是科学史、思想史的正常现象。科学史、思想史表明,任何一门科学在其发展过程中,除了要研究新问题外,往往还要回过头去重新探讨像自己的对象、性质和职能这样一些对学科的发展具有方向性、根本性影响的问题。哲学不仅如此，而且更为突出，用石里克的话来说，这是"哲学事业的特征"。对于哲学而言，不存在什么"先验"的规定，也不可能形成超历史的、囊括了所有哲学的统一的哲学。

从根本上说，哲学的位置是由实践活动的需要决定的；从直接性上看，哲学的位置是由知识结构和认识水平决定的，不同时代的实践需要、知识结构和认识水平，决定了哲学具有不同的位置。古代的实践需要、知识结构和认识水平，决定了古代哲学是"知识总汇"这一位置；近代的实践需要、知识结构和认识水平决定了近代哲学成为"科学的科学"这一位置；现代的实践需要、知识结构和认识水平，决定了哲学分化为科学主义哲学、人本主义哲学和马克思主义哲学三大流派。其中，分析哲学着重对科学命题意义的分析；存在主义哲学注重对人类存在价值的探索；马克思主义哲学则关注现实的人及其历史发展，实现无产阶级和人类解放。

在马克思看来，哲学是"时代精神的精华"。

哲学要成为时代精神的精华，就要关注自然科学。哲学不能脱离自然科学，哲学水平往往依存于自然科学水平。从历史上看，自然科学本无意向哲学献媚，可它往往又决定了哲学的面貌。"随着自然科学领域中每一个划时代的发现，唯物主义也必然要改变自己的形式。"（恩格斯）在《神圣家族》中，马克思就认为，随着自然科学"给自己划定了单独的活动范围"，随着人们把"全部注意力集中到自己身上"，"形而上学"这种哲学形态就"变得枯燥乏味了"，因此，应当改变哲学的这种存在形态。

可是，哲学又不同于科学。哲学不仅讲规律，而且讲意义，即着眼于规律性判断对人的价值和意义；哲学不仅要关注对人与世界关系的总体性思考，而且要把握人与世界的实践关系、认识关系、价值关系以至审美关系。哲学不是李尔王，绝不会落到一无所有的地步。我们应当注意，自然科学的内容是共同的，它没有个性，也不能有个性；哲学不仅包含着共同的内容，而且凝聚着哲学家个人特殊的人生体验和价值观念，如同文学一样，哲学有自己的个性和风格。黑格尔哲学不同于柏拉图哲学，康德哲学不同于苏格拉底哲学，孔子哲学更不同于亚里士多德哲学，如此等等。

哲学要成为时代精神的精华,更要关注政治。在1842年致卢格的信中,马克思指出:"费尔巴哈的警句只有一点不能使我满意,这就是:他过多地强调自然而过少地强调政治。然而这一联盟是现代哲学能够借以成为真理的唯一联盟。"因此,哲学要关注"时代的迫切问题",哲学的批判要"和政治的批判结合起来"。马克思的这一见解正确而深刻。哲学不等于政治,哲学家不是政治家,有的哲学家甚至想方设法远离甚至脱离政治,但政治需要哲学。没有哲学论证其合理性的政治,缺乏理念和精神支柱,很难获得人民大众的拥护。我们不能把哲学政治化,但我们也不能忘记哲学的政治性。实际上,哲学不可能脱离政治。相反,哲学总是具有自己特定的政治背景,总是以自己独特的方式蕴含着政治,总是具有这种或那种政治效应。正如雅斯贝尔斯所说,哲学既离不开政治,也离不开政治的后果。

哲学既是知识体系,又是意识形态;哲学追求的既是真理,又是某种价值。从根本上说,哲学是以抽象的概念体系,并透过一定的认识内容而表现出来的特定的社会关系,它总是体现着特定阶级或社会集团的利益、愿望和要求。明快泼辣的法国启蒙哲学是这样,艰涩隐晦的德国古典哲学是如此,高深莫测的解构主义哲学也不例外。用解构主义大师德里达的话来说就是,解构主义通过解构既定的话语结构挑战既定的历史传统和现实的政治结构。哲学与时代的统一性首先是通过它的政治效应来实现的。哲学家既要有自觉的哲学眼界,又要有敏锐的政治意识,才能把握时代精神。

在马克思看来,哲学是"为历史服务"的批判理论。

哲学具有历史性,同样,哲学要"为历史服务"。在《〈黑格尔法哲学批判〉导言》中,马克思明确指出:"彼岸世界的真理消逝以后,历史的任务就是确立此岸世界的真理。人的自我异化的神圣形象被揭穿以后,揭露具有非神圣形象的自我异化,就成了为历史服务的哲学的迫切任务。于是,对天国的批判变成对尘世的批判,对宗教的批判变成对法的批判,对神学的批判变成对政治的批判。"这就是说,哲学必须具有批判性。按照马克思的观点,哲学只有在"批判旧世界"中才能"发现新世界",只有"从现存的现实本身的形式"中才能引出它的"应有的和最终目的真正现实",从而"对当代的斗争和愿望作出当代的自我阐明(批判的哲学)"。换言之,哲学是通过批判"为历史服务"的。"辩证法在对现存事物的肯定的理解中同时包含对现存事物的否定的理解,即对现存事物的必然灭亡的理解;辩证法对每一种既成的形式都是从不断的运动中,因而也是从它的暂时性方面去理解;辩证法不崇拜任何东西,按其本质来说,它是批判的和革命的。"(马克思)

在马克思看来,哲学是关于现实的人及其发展的学说。

哲学无论是把目光投向人与自然的关系,还是转向人与社会的关系,归根到底,关注的仍是人在世界中的位置,显示的仍是人的自我形象。所以,马克思认为,哲学应围绕着现实的人及其发展而展开全部内容,"在思辨终止的地方,在现实生活面前,正是描述人的实践活动和实际发展过程真正的实证的科学开始的地方"。如果说宗教是关于人的死的观念,是讲人生前如何痛苦、死后如何升天堂的,那么,哲学则是关于人的生的智慧,是教人如何生活,如何生活得有价值、有意义的。哲学总是熔铸着对人类生存本体的关注,对人类发展境遇的焦虑,对人类现实命运的关切,凝结为对"人生之谜"的深层理解与把握,因而构成了人的"安身立命"之根和"安心立命"之本。这就是说,哲学既是世界观,又是人生观。

实际上,人生观是个哲学问题,而不是科学问题,医学、生物学、考古学、数学、物理学、化学等都不可能解答人生观问题,倍数再高的显微镜看不透这个问题,再好的望远镜看不到这个问题,再先进的计算机也算不出这个问题;人生观也不仅仅是一个伦理学问题,因为在人与自我的关系中,必然渗透着人与自然、人与社会的关系,对人生的不同看法必然包含着对人与自然、人与社会关系的不同理解。饮食男女本来是一种自然现象,可"朱门酒肉臭,路有冻死骨"却是一种社会现象。文天祥的"人生自古谁无死,留取丹心照汗青"这一千古绝句表明,人的生与死本身属于自然规律,而生与死的意义却属于历史规律。英雄与小丑、流芳百世与遗臭万年的分界线,就是如何认识和把握人与历史规律的关系。这就是说,人生观并非仅仅是一个对待人生的态度问题,更重要的,它是一个如何看待和处理人与自然、人与社会的关系,即人与世界的关系问题。从根本上说,人生观就是世界观。

在马克思看来,哲学不仅是解释世界的理论,更重要的,它是改变世界的理论。

按照马克思的观点,哲学不能仅仅"为了认识而注视外部世界",相反,"哲学不仅从内部即就其内容来说,而且从外部即就其表现形式来说,都要和自己时代的现实世界接触并相互作用",从而使哲学这个"本身自由的理论精神变成实践的力量,并且作为一种意志走出阿门塞斯的阴影王国,转而面向那存在于理论精神之外的世俗的现实"。换言之,哲学不仅要认识世界、解释世界,更重要的,是要改变世界。因此,哲学的理论批判必须"和实际斗争结合起来",即和实践批判结合起来。"哲学家们只是用不同的方式解释世界,而问题在于改变世界。"(马克思)马克思与他所批评的"哲学家们"的根本分歧就在于:"哲学家们"把存在看作是某种超历史的或非历史的存在,以追问"世界何以可能"为宗旨而解释世界;马克思则把存在看作是历史的存在或实践的存在,以求索"人类解放何以可能"为宗旨而改变世界。

这就是马克思对哲学的新理解。这种新理解必然促使马克思建构一种新哲学。重读马克思,使我认识到,马克思终结了传统哲学,开创了现代哲学,马克思的哲学是现代唯物主义。

从根本上说,传统哲学就是"形而上学"。从历史上看,形而上学在对世界终极存在的探究中确立了一种严格的逻辑规则,即从公理、定理出发,按照推理规则得出必然结论。这无疑具有积极意义,标志着作为理论形态的哲学的形成。然而,在亚里士多德之后,哲学家们把形而上学中的存在日益引向脱离了现实的人及其活动的存在,成为一种抽象的本体。因此,到了19世纪中叶,随着自然科学"给自己划定了单独的活动范围",随着社会发展"把人们的全部注意力集中到自己身上"(马克思),西方哲学掀起了反形而上学的浪潮。孔德和马克思同时举起了反对形而上学的大旗，马克思明确提出："反对一切形而上学。"

孔德从自然科学的可证实原则出发批判形而上学，马克思则从现实的人出发批判形而上学。孔德的拒斥形而上学与马克思的反对形而上学在时代性上是一致的，即二者都是现代精神对近代精神和古代精神的批判。所以，孔德和马克思同为传统哲学的终结者与现代哲学的开创者。但是，孔德的拒斥形而上学与马克思反对形而上学在指向性上又具有本质的不同：孔德认为，拒斥形而上学之后，哲学应趋向自然科学，并把哲学局限于现象、知识以及可证实的范围内，力图用实证科学的精神来改造和超越传统哲学；马克思则认为，反对形而上学之后，哲学应趋向人的存在，对人的异化了的生存状态给予深刻批判，对人的解放和全面发展给予深切关注。为此，马克思力图建构一种新的哲学形态，即"为思辨本身的活动所完善化并和人道主义相吻合的唯物主义"（马克思）。

我断然拒绝这样一种观点，即马克思的哲学"见物不见人"。恰恰相反，马克思哲学的旨趣就在于，"推翻那些使人成为被侮辱、被奴役、被遗弃和被蔑视的东西的一切关系"，"把人的世界和人的关系还给人自己"（马克思）。正是在马克思的哲学中，我体验出一种对资本主义制度的彻底的批判精神，透视出一种对人类生存异化状态的深切的关注之情，领悟到一种旨在实现无产阶级和人类解放的强烈的使命意识，看到了每个人的全面而自由发展的辉煌远景。以"现实的人"为出发点，以改变世界为己任，以"重建个人所有制"和"确立有个性的个人"为目标，马克思的哲学展示出一种对人的现实存在和终极存在的双重关怀。在我看来，这是全部哲学史上最激动人心的关怀。

这样，马克思便使哲学的理论主题从"世界何以可能"转换为"人类解放何以可能"。对"人类解放何以可能"的探讨引导着马克思探讨人的生存本体，这就使哲学的聚焦点从宇宙本体转向人的生存本体；"人就是人的世界"（马克思），对人的生存本体的探讨又促使马克思探讨如何改变世界，这又使哲学从重在"认识世界何以可能"转向"改变世界何以可能"。

由此,马克思的哲学便终结了传统哲学即形而上学,开创了现代哲学。马克思的哲学是现代唯物主义。

重读马克思,使我认识到,马克思哲学的本体论是实践本体论。

当马克思把目光从"世界何以可能"转向"人类解放何以可能",从宇宙本体转向人的生存本体时,他就同时在寻找理解、解释和把握人的存在的依据。这个依据终于被发现,这就是人本身的实践活动。按照马克思的观点,人在利用工具改造自然的过程中维持自己的生存,在实践过程中实现自我发展。因此,实践成为人的生命之根和立命之本,构成了人类特殊的生命形式,即构成了人的存在方式和生存本体。

同时,人通过实践使自然成为"社会的自然",从而为自己创造出一个自然与社会"二位一体"的人类世界。实践是自在世界与属人世界分化和统一的基础,并在人类世界的运动中具有导向作用,即人通过自己的实践活动"为天地立心",重建世界。实践"这种活动、这种连续不断的感性劳动和创造、这种生产,正是整个现存的感性世界的基础"(马克思)。实践因此又构成了现存世界得以存在的本体。

这就是说,实践既是人的生存的本体,又是现存世界的本体。正是在这个意义上,马克思哲学的本体论是实践本体论。

马克思的哲学在哲学史上所造成的革命性变革,就是从本体论的层面上发动并展开的,其中,关键就在于它科学地解答了人与自然的关系这一本体论问题。按照马克思的观点,在实践活动中,人是以物的方式去活动并同自然发生关系的,得到的却是自然或物以人的方式而存在,即成为"人化自然""为我之物"。换言之,实践使人与自然的关系成为一种"为我而存在"的关系(马克思)。应该说,在各种矛盾关系中,人与自然之间这种"为我而存在"的关系是最深刻、最复杂的矛盾关系。正是这种矛盾关系"引无数英雄竞折腰",致使唯物主义对人的主体性"望洋兴叹"、唯物主义与辩证法遥遥相对、唯物主义自然观与唯物主义历史观"咫尺天涯"。而马克思的哲学高出一筹的地方就在于:通过对实践深入而全面的剖析,科学地解答了人与自然的关系以及人与社会的关系问题,从而使唯物主义与人的主体性"吻合"起来了,唯物主义与辩证法、唯物主义自然观与唯物主义历史观因此也达到了统一。

马克思哲学的本体论与传统哲学的本体论的根本区别就在于,传统本体论以一种抽象的、超时空的方式去理解和把握存在问题,而实践本体论从实践出发去理解和把握人的存在,从人的存在出发去解读存在的意义,并凸现了存在的根本特征——社会性或历史性。海德格尔独具慧眼,自觉地意识到马克思唯物主义的这一特征:"这种唯物主义的本质不在于一切只是物质这一主张中,而是在于一种形而上学的规定,按照这种规定,一切存在者都呈现为劳动的质料。"这一见解具有合理性。马克思的哲学关注的不是所谓的整个世界的"初始物质"或"终极存在",而是"对象、现实、感性"何以成为这样的存在。"对象、现实、感性"是在人的实践活动中生成的,因此,"全部问题都在于使现存世界革命化,实际的反对并改变现存的事物"(马克思),从而消除人的生存的异化状态。

这样,马克思便使本体论从"天上"来到"人间",把本体论与人间的苦难和幸福结合起来了,从而开辟了"从本体论认识现实的道路"(卢卡奇),使无产阶级和人类解放得到了本体论的证明。

重读马克思,使我认识到,历史唯物主义本身就是"批判的世界观",马克思的哲学是历史的、辩证的、实践的唯物主义。

从表面上看,历史唯物主义研究的仅仅是人类社会或人类历史,似乎与自然无关。但问题在于,社会是在人与自然之间的物质变换过程中形成和发展起来的,人与自然之间的物质变换构成了人类社会的现实基础;同时,为了实现人与自然之间的物质变换,人与人之间必须互换其活动,并结成一定的社会关系;人与自然的关系制约着人与人之间的关系,人与人之间的关系又制约着人与自然的关系,"实物"是人的实践活动的对象化,不仅体现着人与自然的关系,而且体现着人与人的社会关系。马克思自觉地意识到这一点,并力图通过对人与自然关系的改变来改变人与人的关系,通过人对物的占有关系(私有制)的扬弃来改变社会关系。

这就是说,历史唯物主义所关注和所要解决的基本问题,就是人与自然和人与社会的关系,即人与世界的关系问题。历史唯物主义概念中的"历史"是人的活动及其内在矛盾,即人与自然、人与社会的矛盾得以展开的境域;历史唯物主义中的"物"是具有社会关系内涵的、"可感觉而又超感觉的社会的物"。因此,以"实践"为出发点范畴去探讨人与自然和人与社会的关系,即人与世界的关系,必然使历史唯物主义展现出一个新的理论空间,一个自足而又完整、唯物而又辩证的世界图景。因此,历史唯物主义不仅是"唯物主义历史观",更重要的,是一种"唯物主义世界观",一种"真正批判的世界观"(马克思)。

在我看来,历史唯物主义、辩证唯物主义、实践唯物主义不是三个"主义",而是同一个主义,即马克思新唯物主义的三个不同表述:用"历史唯物主义"表述马克思的哲学,是为了凸显新唯物主义的历史性维度及其彻底性和完备性;用"辩证唯物主义"表述马克思的哲学,是为了凸显新唯物主义的辩证法维度及其批判性和革命性;用"实践唯物主义"表述马克思哲学,则是为了凸显新唯物主义的实践性维度及其首要性和基础性。这就是说,历史唯物主义、辩证唯物主义、实践唯物主义是马克思哲学的三个理论特征,马克思的哲学是历史、辩证、实践的唯物主义。

重读马克思,使我认识到,资本批判具有深刻的哲学内涵,马克思的哲学是形而上学批判、意识形态批判和资本批判的统一。

马克思对传统本体论的变革与重建,是同对形而上学的批判密切相关、融为一体的。从历史上看,形而上学形成之初,研究的就是"存在的存在",力图把握的就是"不动变的本体"。这就是说,形而上学一开始就是与本体论密切相关,甚至融为一体的。正如黑格尔所说,"作为论述各种关于'有'的抽象的、完全普遍的哲学范畴",本体论"就是抽象的形而上学"。因此,马克思在变革和重建本体论的同时,进行了形而上学批判。更重要的是,马克思对形而上学的批判并没有停留在"纯粹哲学"的层面,而是把形而上学批判同意识形态批判结合起来了。

马克思的形而上学批判与意识形态批判是密切相关、融为一体的。按照马克思的观点,在资本主义社会,形而上学就是资产阶级意识形态,或者说，是以意识形态的方式发挥其政治功能，从而为资产阶级政治统治辩护和服务的；而形而上学之所以成为资产阶级意识形态，是因为形而上学中的抽象存在和资本主义社会中"抽象统治"具有同一性。"个人现在受抽象统治，而他们以前是互相依赖的。但是，抽象或现实，无非是那些统治个人的物质关系的理论表现。"（马克思）这就是说，现实社会中抽象关系的统治与形而上学中抽象存在的统治具有必然的关联性及同一性。用阿多诺的话来说就是，形而上学的同一性原则与现实社会生活中的同一性原则不仅对应，而且同源，正是在商品交换中，同一性原则获得了它的社会形式，离开了同一性原则，这种社会形式便不能存在。

马克思的形而上学批判、意识形态批判又是同资本批判密切相关、融为一体的。按照马克思的观点，无论是形而上学批判，还是意识形态批判，都应当而且必须延伸到对现实生活过程的批判。这是因为，"意识在任何时候都只能是被意识到的存在，而人们的存在就是他们的现实生活过程"（马克思）。在马克思的时代，对现实生活过程的批判本质上就是对资本主义生产方式的批判，即资本批判。资本不是物，而是社会关系，它体现在物上并赋予物以特有的社会属性；资本在现实生活过程中具有支配一切的权利，并创造了一个不同于传统社会的现代社会。换言之，资本本身就是一种独特的社会存在，是现代社会的根本规定、存在形式和建构原则，构成了资本主义社会的基本建制。因此，马克思的资本批判本质上是一种存在论或本体论意义上的批判，具有深刻的哲学内涵和重大的哲学意义。

我们既不能从西方传统哲学、"学院哲学"的视角去理解马克思的资本批判理论，也不能从西方传统经济学、"学院经济学"的视角去理解马克思的资本批判理论。在我看来，马克思哲学的意义只有在同马克思的资本批判理论的关联中才能真正显示出来；马克思的资本批判理论只有在马克思的哲学这一更大的概念背景下才能得到真正的理解；而无论是马克思的哲学批判，还是资本批判，都只有在无产阶级和人类解放这一更大的意识形态背景下才能得到真正的理解。一言以蔽之，形而上学批判、意识形态批判和资本批判的统一，这是马克思独特的思维方式，是马克思哲学独特的存在方式。

我不能同意这样一种观点，即马克思的哲学产生于"维多利亚时代"，距今170多年，已经"过时"。这是"傲慢与偏见"，而且是一种无端的傲慢与偏见。我们不能依据某种学说创立的时间来判断它是否"过时"，是否具有真理性。"新"的未必就是真的，"老"的未必就是假的。阿基米德原理创立的时间尽管很久远了，但今天的造船业无论怎样发达也不能违背这个原理。如果违背这一原理，那么，造出的船无论多么"现代"，也无法航行；如航行，也必沉无疑。由于从根本上深刻地把握了人与世界的关系以及人类社会发展的一般规律，由于所解答和关注的问题仍然契合着当代的重大问题，所以，产生于19世纪中叶的马克思的哲学又超越了19世纪这个特定的时代，并具有内在的当代意义。在当代，无论是用结构主义、存在主义、弗洛伊德主义，还是用新历史主义、新自由主义、新保守主义，抑或是用后现代主义、新儒学来对抗马克思的哲学，都注定是苍白无力的。在我看来，这种对抗犹如当年的庞贝城同维苏威火山岩浆的对抗。

马克思不是上帝，而是普罗米修斯，是哲学家和革命家的完美结合；马克思的哲学不是启示录，而是科学理论，是科学理论和价值理论的深度融合；马克思的哲学不是"学院派"，而是实践的唯物主义，是解释世界和改变世界的高度统一。早在马克思哲学创立之初，马克思就明确指出："对现实的描述会使独立的哲学失去生存环境，能够取而代之的充其量不过是从对人类历史发展的考察中抽象出来的最一般的结果的概括。这些抽象本身离开了现实的历史就没有任何价值。"因此，重读马克思不能仅仅从文本到文本，从哲学到哲学史，更重要的，是从理论到现实，再从现实到理论。

我始终认为，哲学不能仅仅成为哲学家之间的"对话"，更不能成为哲学家个人的"自言自语"，哲学应当也必须同现实"对话"。哲学家不应像"沙漠里的高僧"那样，腹藏机锋、口吐偈语、谈玄论道，说着一些脱离现实、不着边际的话；哲学家不应像魔术师那样，若有其事地念着咒语，说着一些谁也听不懂的话;哲学家也不应像吐丝织网的蜘蛛那样,看着自己精心编制的思辨之网,自我欣赏、自我陶醉。水中的月亮是天上的月亮,眼中的人为眼前的人。不论哲学家多么超凡入圣,他都不能不食人间烟火,不能不生活在现实的社会中,不能不在现实的条件下进行认识活动、提出问题、拟订解决问题的方案,所谓超前性也不过是对可能性的充分揭示。哲学似乎高耸于天国,在形式上极为抽象,可仍然可以从中捕捉到现实问题。哲学史表明,任何一种有成就的哲学,无论从其产生的原因来看,还是就其提出的问题以及解决问题的方式而言,都是现实的,都或直接或间接、或多或少地解决了时代课题和现实问题。

哲学与现实的"对话"是在一种双向运动的过程中进行的:一方面,哲学不能脱离现实,必须直面现实,解答时代课题,否则,其将失去自己存在的根基,成为无根的浮萍;另一方面,哲学又必须进入抽象的概念领域,以概念运动反映现实运动,引导现实运动,否则,就不是哲学。一种仅仅适应现实的哲学是不可能高瞻远瞩的。哲学既要入世,又要出世;既要深入现实,又要超越并引导现实。当今中国最基本的现实就是改革开放和社会主义现代化建设,最基本的存在就是社会主义市场经济实践。正是在同现实,尤其是在同市场经济实践的"对话"中重读马克思,使我切实感受到一个"鲜活"的马克思正在向我们走来。从时间上看,马克思离我们越来越远了;从空间上看,马克思离我们却越来越近了。诗人臧克家有两行著名诗句:"有的人活着,他已经死了;有的人死了,他还活着。"在我看来,马克思仍然"活着",马克思的哲学仍然是我们时代的真理和良心。

第一章

唯物主义的历史形态与历史唯物主义的理论空间

传统的观点认为，唯物主义在其发展过程中经历了三个历史阶段，形成了三种历史形态，这就是：自发或朴素唯物主义、机械或形而上学唯物主义和辩证唯物主义，历史唯物主义是辩证唯物主义在历史领域中的"推广"与"应用"。对哲学史和马克思主义哲学的重新考察使我得知，这是一个误解、一种误判。在这种误解、误判中，唯物主义发展进程中的主题转换被遮蔽了，历史唯物主义的划时代的贡献在相当大的程度上被抛弃了。本章拟就法国唯物主义的两个派别、唯物主义的历史形态，以及历史唯物主义的基本特征做一新的考察和审视，以深化我们对马克思主义哲学的研究。

一、法国唯物主义的两个派别：机械唯物主义与现实人道主义

18 世纪的法国处在一个动荡不安、风云变幻的时代。

康德断言,这是一个批判的时代。卡西尔认为,这是一个理性的时代。在我看来,这是一个理性载负着批判的时代。在这个时代产生的法国唯物主义以其独特的反思精神和批判态度充分展示了自己的理论风采,并在哲学史上留下了浓墨重彩的一章。然而,18世纪法国唯物主义(以下简称"法国唯物主义")又受到来自不同方面的误解,在总体上,法国唯物主义一直被称作机械唯物主义或形而上学唯物主义。实际上,在法国唯物主义中存在着两个派别,即机械唯物主义和人本唯物主义。正如马克思所说:"法国唯物主义有两个派别:一派起源于笛卡尔,一派起源于洛克。后一派主要是法国有教养的分子,它直接导向社会主义。前一派是机械唯物主义,它成为真正的法国自然科学的财产。"①

就理论起源而言,机械唯物主义派有科学和哲学双重起源:从科学上看,起源于牛顿经典力学;从哲学上看,起源于笛卡尔哲学。换言之,在牛顿和笛卡尔,或者说,在当时的科学和哲学的双重影响下,在法国唯物主义中形成了机械唯物主义派,其代表人物就是拉美特利(又译拉·梅特里)。拉美特利极为推崇牛顿和笛卡尔(又译笛卡儿),认为"如果哲学的领域里没有笛卡尔,那就和科学的领域里没有牛顿一样,也许还是一片荒原"②。

17—18世纪,牛顿经典力学取得了巨大的成功,并确立了成熟的自然科学的两大原则:一是重复性原则,即世界服从于力学规律体系,而重复性是力学规律以至全部自然规律的根本特征;二是精确性原则,即支配世界的规律不仅可以被认识,而且可以用精确的量的关系去把握。牛顿的信念为18世纪法国科学家所接受,同时经过法国哲学家伏尔泰的系统介绍,牛顿的科学思想和哲学观念在18世纪的法国已经享有隆名盛誉,它造就了一种强烈的科学主义和理性主义情绪,刺激着相当一部分思想家,包括法国唯物主义者把自然规律观念直接代入社会领域,并把社会和人还原为自然。一般来说,自然科学本无意向哲学献媚,但它又往往决定了

①《马克思恩格斯全集》第2卷,人民出版社1957年版,第160页。
②〔法〕拉·梅特里:《人是机器》,顾寿观译,商务印书馆1959年版,第66页。

哲学的面貌。牛顿经典力学的成功对法国哲学家来说既有诱惑力,又有压力,总之具有威力。正是科学的威力使一大批法国哲学家聚集在自然科学的大旗下,用机械论的观点去理解自然、社会和人本身,并形成了机械唯物主义派。

笛卡尔哲学体系包含着两个对立的部分,即物理学和形而上学,前者表达了一种自然观,这种自然观特点就在于,朝着用自然本身来解释自然现象的方向迈出了关键的一步。实际上,笛卡尔是以力学运动规律为基础,把由地上获得的力学原则应用于天体现象以至整个世界,从而构造了一个具有反宗教神学意义的机械唯物主义世界图景。不是别人,正是笛卡尔把自然科学中的机械论观念移植到哲学中并造就了机械论的时代精神。如果说,笛卡尔的泛神论的形而上学成为法国唯物主义批判的对象,那么,他的物理学即唯物主义自然观则开启了近代反宗教神学的先河,为法国唯物主义的发展奠定了哲学基础,深刻地影响了拉美特利,同时,又使拉美特利停留在机械论的水平上。

"拉美特利利用了笛卡尔的物理学,甚至利用了它的每一个细节。他的'人是机器'一书是模仿笛卡尔的动物是机器写成的。"[①]的确如此。笛卡尔的"世界是机器""动物是机器"观念引导着拉美特利走进"人是机器"的观念。在拉美特利看来,人有"感觉、思想,辨别善恶","生而具有智慧和一种敏锐的道德本能",但感觉本身就是物质的一种潜在的属性,同广延和运动一样,构成了物质的本性,所以,人"又是一个动物"[②]。这是其一。

其二,和动物一样,人也是由原子结构组成的,人和动物在生理构造上"完全相似",只不过人"比最完善的动物再多几个齿轮,再多几条弹簧,脑子和心脏的距离成比例地更接近一些,因此所接受的血液更充足一些,于是那个理性就产生了"[③]。"正像提琴的一根弦或钢琴的一个键受到振动而发出一个声响一样,被声浪所打击的脑弦也被激动起来,发出或重新

---

① 《马克思恩格斯全集》第2卷,第166页。
② 〔法〕拉·梅特里:《人是机器》,第67页。
③ 〔法〕拉·梅特里:《人是机器》,第52页。

发出那些触动它们的话语。"①

其三,人与人在生理构造上也"完全相似",只是由于"黑胆,苦胆,痰汁和血液这些体液按照其性质、多寡和不同方式的配合,使每一个人不同于另一个人"②。拉美特利极为强调"自然界的齐一性",强调"自然禀赋这种一切后天品质的资源",并得出"结论":"人是一架机器;在整个宇宙里只存在着一个实体,只是它的形式有各种变化。"③

显然,这是一种纯粹的自然的人。正是借助这种自然的人,拉美特利把人从宗教神学的纠缠中解放出来,使人获得了自然的独立性,并要求承认人的天赋权力;同时,由于机械论的束缚,刚从神权的重压下解放出来的人,在拉美特利这里又变成了一架"机器",人的能动性、创造性、主体性被遮蔽了。拉美特利力图建构一种"人体的哲学"④,这种"人体的哲学"实际上是把笛卡尔的动物结构学运用到人体结构上,并完全是从生物学、机械论来考察人的。就其实质而言,机械唯物主义派属于费尔巴哈所说的那种"纯粹自然科学的唯物主义"。所以,就其理论归宿而言,以牛顿力学和笛卡尔哲学为基础的机械唯物主义"成为真正的法国自然科学的财产"⑤。

法国唯物主义中的另一派是"现实的人道主义"⑥。从理论上看,现实的人道主义起源于洛克哲学,其代表人物是爱尔维修。

如前所述,机械唯物主义派起源于本土的笛卡尔哲学。笛卡尔哲学的确具有一种批判精神,它崇尚理性,并把个人的理性作为审视事物的尺度。隐寓在这种思想中的,是人的自我意识的独立和觉醒,这为18世纪法国唯物主义对个人的研究开辟了思想道路。但是,笛卡尔哲学又有明显的局限性,这种局限性不仅体现在二元论的体系上,而且体现在反神学

---

① 〔法〕拉·梅特里:《人是机器》,第32页。
② 〔法〕拉·梅特里:《人是机器》,第18页。
③ 〔法〕拉·梅特里:《人是机器》,第69、73页。
④ 〔法〕拉·梅特里:《人是机器》,第74页。
⑤ 《马克思恩格斯全集》第2卷,第160页。
⑥ 《马克思恩格斯全集》第2卷,第167—168页。

的不彻底性上。笛卡尔运用演绎的方法编织神话之网,上帝则在这个网上占据中心地位。"神的真实性就被设定为绝对认识与被绝对认识者的实在性之间的绝对纽带。"①黑格尔的这一评价可谓一语中的、一针见血。

更重要的是,笛卡尔把反封建的斗争限制在思想范围内。笛卡尔明确指出:他"始终只求克服自己,不求克服命运,只求改变自己的欲望,不求改变世界的秩序"②。显然,这种观念和作为法国政治变革先导的启蒙哲学是不相容的。"启蒙哲学的基本倾向和主要努力,不是反映和描绘生活",而是"塑造生活本身",其"任务不仅在于分析和解剖它视为必然的那种事物的秩序,而且在于产生这种秩序,从而证明自己的现实性和真理"③。这就是说,以笛卡尔哲学和牛顿力学为理论基础的机械唯物主义派无法全面完成启蒙哲学的任务。

因此,另一部分法国哲学家希望找到一个能够作为法国革命哲学依据的学说。"除了否定神学和 17 世纪的形而上学之外,还需要有肯定的、反形而上学的体系。人们感到需要一部能够把当时的生活实践归结为一个体系并从理论上加以论证的书。这时,洛克关于人类理性的起源的著作很凑巧地在英吉利海峡那边出现了。"④于是,他们便把视线转向海峡彼岸的英国。这是因为,当时的英国资本主义走在欧洲大陆的前面,新的时代精神总是在英国抛头露面。而此时,英国的哲学微风也漂过英吉利海峡吹到了法国上空,洛克哲学被引进到法国。法国资产阶级像迎接一位"久盼的客人"一样,热烈欢迎洛克哲学这一舶来品。在这一部分法国哲学家看来,从洛克的唯物主义经验论出发可以得出改造环境、变革社会的结论,因此,应当把洛克的唯物主义经验论作为法国革命的哲学基础。

洛克哲学全面探讨了认识的起源、界限和知识的确定性,并从认识活动和道德实践两个方面集中而系统地批判了"天赋观念论"。按照洛克的

---

① 〔德〕黑格尔:《哲学史演讲录》第四卷,贺麟、王太庆译,商务印书馆 1978 年版,第 83 页。
② 北京大学哲学系编译:《十六—十八世纪西欧各国哲学》,商务印书馆 1975 年版,第 146 页。
③ 〔德〕卡西勒:《启蒙哲学》,序,顾伟铭等译,山东人民出版社 1988 年版,第 4 页。
④ 《马克思恩格斯全集》第 2 卷,第 162 页。

观点,思辨理性没有天赋观念,实践理性同样没有天赋观念,道德观念是由教育和社会环境造成的;社会不是天然的,而是人们自己创造的;人的趋乐避苦的自然倾向指向人的利益,而人的利益的实现需要社会以及作为维系社会纽带的道德原则。所以,人是根据利益创造社会和道德原则的。可以看出,反对宗教神学,肯定人的利益,提高个人的地位,这是洛克对"天赋观念论"批判的意义所在。

显然,洛克的唯物主义经验论既有重要的认识论意义,又有重要的政治内涵。洛克唯物主义经验论的双重含义,即认识论性质和政治内涵深深地触动了爱尔维修的心灵,直接成为爱尔维修哲学的出发点和先导。马克思指出:"爱尔维修也是以洛克的学说为出发点的,他的唯物主义具有真正法国的性质。"①

爱尔维修哲学"以洛克的学说为出发点"体现在,爱尔维修从洛克的唯物主义经验论中提取出"感觉"这一概念,并把感觉看作是人的存在方式,看作是连接意识与客观外界的桥梁。由此,爱尔维修认为,通过感觉,人一方面不断地认识外在世界,形成和发展自己的认识;另一方面把存在于内心的关于自由的欲望和要求变为外在的争取自由的活动。换言之,通过唯物主义感觉论,使得自由不再诉诸内在精神,而是诉诸外在环境,诉诸改变外在环境的活动。根据第一个方面,爱尔维修提出了"人是环境的产物"的命题;根据第二个方面,爱尔维修又提出了"意见支配环境"的命题。与孟德斯鸠强调自然环境不同,爱尔维修强调的是社会环境,他提出这两个命题的宗旨是证明这样一个道理,即人的智力天然平等,人的性格受制于社会环境,所以,要改变人,首先必须改变社会环境。正如马克思所说:"既然人的性格是由环境造成的,那就必须使环境成为合乎人性的环境。"②

爱尔维修哲学所具有的"真正法国的性质"体现在,人成了爱尔维修

---

① 《马克思恩格斯全集》第 2 卷,第 165 页。
② 《马克思恩格斯全集》第 2 卷,第 167 页。

特别关注和精心研究的课题,其哲学问题的提出和解决都是围绕着人而展开的,中心就是要解决人如何享有幸福生活的问题,正如爱尔维修自己所说,"哲学家研究人,对象是人的幸福。这种幸福既取决于支配人们生活的法律,也取决于人们所接受的教育"①。围绕着个人利益,爱尔维修展开了对人和社会问题的探讨。

在爱尔维修看来,人生来既不"好",也不"坏",人性既可以为"善",也可以为"恶",是利益把人们结合起来或分离开来,使人成为"好"的或"坏"的。"如果说自然界是服从运动的规律的,那么精神界就是不折不扣地服从利益的规律的。利益在世界上是一个强有力的巫师,它在一切生灵的眼前改变了一切事物的形式。""无论在任何时候,任何地方,无论在道德问题上,还是在认识问题上,都是个人的利益支配着个人的判断"②。爱尔维修高度重视个人利益,同时,又没有否定社会利益,相反,他谋求利益的和谐,并认为社会利益是一切美德的原则,是一切立法的基础,"公共的福利——最高的法律"③。因此,应以社会利益为"永恒不变"的原则变革政体,创建合理的社会制度,谋求利益的和谐。

可以看出,爱尔维修实际上是把认识论中的经验主义引入到伦理学的范围,并力图建立一种实证科学的伦理学。正如爱尔维修本人所说:"我们应当象研究其他各种科学一样来研究道德学,应当象建立一种实验物理学一样来建立一种道德学。"④爱尔维修实际上是把唯物主义、功利主义和伦理学结合起来了,其批判锋芒直指封建制度,即不合理的社会环境。在这一思想的背后,就是18世纪法国生活实践和文化氛围的变换,就是资本主义生产方式的发展及其所要求的个人的自主性、独立性。

这样,经过爱尔维修的改造,洛克的唯物主义经验论这个从英国吹来的哲学微风又夹杂着政治雨丝,而爱尔维修的唯物主义本身简直是风雨

---

① 北京大学哲学系编译:《十八世纪法国哲学》,商务印书馆1963年版,第478页。
② 北京大学哲学系编译:《十八世纪法国哲学》,第460、458页。
③ 北京大学哲学系编译:《十八世纪法国哲学》,第550页。
④ 北京大学哲学系编译:《十八世纪法国哲学》,第430页。

交织,在法国引起了巨大的思想风暴。爱尔维修把"唯物主义运用到社会生活方面"①,初步实现了唯物主义和人道主义的结合,从而为法国革命找到了哲学依据,并为后来的空想社会主义奠定了"逻辑基础"。

通常认为,爱尔维修同时提出的这两个命题,即"人是环境的产物"和"意见支配环境"是一种逻辑矛盾、循环论证,陷入"二律背反"之中。实际上,这是一种误读。人与环境的确处在一种相互作用之中,"人创造环境,同样环境也创造人"②。在我看来,"人是环境的产物"和"意见支配环境"这两个命题实际上揭示了人与环境之间的相互作用,是一种朴素的相互作用观点。相互作用存在于社会生活的一切方面。"只有从这个普遍的相互作用出发,我们才能了解现实的因果关系。"③历史唯物主义绝不排除相互作用,而是要求对相互作用作出合理的解释;绝不取消相互作用,而是要求发现引起相互作用的基础。"合理形态"的相互作用观点是历史唯物主义的一个内在原则,是历史唯物主义所要求的辩证逻辑。实际上,爱尔维修的失误并不在于他同时提出"人是环境的产物"和"意志支配环境"这两个命题,而是在于他仅仅停留在人与环境的相互作用上,没有去进一步探寻人与环境相互作用的基础。在马克思那里,这个基础就是实践。正如马克思所说,"环境的改变和人的活动或自我改变的一致,只能被看作是并合理地理解为革命的实践"④。

就理论归宿而言,以爱尔维修为代表的"现实的人道主义",即人本唯物主义"直接导向社会主义","直接成为社会主义和共产主义的财产"⑤。这是因为,"既然人是从感性世界和感性世界中的经验中汲取自己的一切知识、感觉等等,那就必须这样安排周围的世界,使人在其中能认识和领会真正合乎人性的东西,使他能认识到自己是人。既然正确理解的利益是整个道德的基础,那就必须使个别人的私人利益符合于全人类的利益。

①《马克思恩格斯全集》第 2 卷,第 165 页。
②《马克思恩格斯全集》第 3 卷,人民出版社 1960 年版,第 43 页。
③《马克思恩格斯全集》第 20 卷,人民出版社 1971 年版,第 575 页。
④《马克思恩格斯选集》第 1 卷,人民出版社 1995 年版,第 55 页。
⑤《马克思恩格斯全集》第 2 卷,第 160、166 页。

既然从唯物主义意义上来说人是不自由的,就是说,既然人不是由于有逃避某种事物的消极力量,而是由于有表现本身的真正个性的积极力量才得到自由,那就不应当惩罚个别人的犯罪行为,而应当消灭犯罪行为的反社会的根源,并使每个人都有必要的社会活动场所来显露他的重要的生命力。既然人的性格是由环境造成的,那就必须使环境成为合乎人性的环境"①。因此,"并不需要多大的聪明就可以看出,关于人性本善和人们智力平等,关于经验、习惯、教育的万能,关于外部环境对人的影响,关于工业的重大意义,关于享乐的合理性等等的唯物主义学说,同共产主义和社会主义之间有着必然的联系"②。

爱尔维修的人本唯物主义在当时产生了重大的影响,它不仅漂流到意大利,影响了意大利的思想领域,而且折回到英国,深刻地影响了英国的功利主义,更重要的是,又返身于法国,在社会主义者、共产主义者那里产生了重大影响,成为社会主义和共产主义思想的"逻辑基础"。爱尔维修本人因此被誉为"道德界的培根"。在唯物主义发展史上,爱尔维修是一个转折点,以其"现实的人道主义"为标志,自然唯物主义开始衰落,人本唯物主义开始兴起,并由此启示我们重新考察唯物主义的历史形态。

二、唯物主义的历史形态: 自然唯物主义、人本唯物主义与历史唯物主义

传统的观点把唯物主义划分为三种历史形态,即朴素或自发唯物主义、机械或形而上学唯物主义和辩证唯物主义,并认为这三种形态的唯物主义在理论主题或观察世界的理论视角上并没有什么根本性的变化,即三者都以"整个世界"为研究对象,只不过朴素或自发唯物主义把世界看成是一个混沌的整体;机械或形而上学唯物主义把世界理解为一个孤立、静止、不变的事物;辩证唯物主义则把世界理解为普遍联系和永恒发展的

①《马克思恩格斯全集》第2卷,第166—167页。
②《马克思恩格斯全集》第2卷,第166页。

物质体系,而历史唯物主义不过是辩证唯物主义在历史领域中的"推广"与"应用"。这种传统观点有其合理因素,但它又把这种合理因素溶解于不合理的理解之中。这种不合理的理解集中体现在,忽视了唯物主义发展进程中的理论主题转换,没有真正理解历史唯物主义的划时代贡献。从理论主题的历史转换这一根本点来看,唯物主义具有三种历史形态,即自然唯物主义、人本唯物主义和历史唯物主义。

自然唯物主义始自古希腊哲学,后在霍布斯那里达到了系统化的程度,并一直延伸到法国唯物主义中的机械唯物主义派。自然唯物主义或者在直接断言世界本身的意义上去寻求"万物的统一性",把万物的本原归结为自然物质的某种形态,或者在"认识论转向"过程中去探讨思维与存在、精神与自然界的统一性,并以实证科学对自然现象的研究为基础,把物质世界以及人本身归结为自然物质的某种属性。

从总体上看,自然唯物主义根据"时间在先"的原则,把整个世界还原为自然物质,并认为人们自然而然地就可以认识物质世界,而无须先行地对自己认识的前结构进行反思与批判;人们认识的不是自然物质向他们显现出来的现象,而是自然物质本身。更重要的是,自然唯物主义所理解的物质,是一种脱离现实的人、与人的活动和社会历史无关的"抽象的自然""抽象的物质"。在自然唯物主义那里,这种"抽象的物质"成了"一切变化的主体",人仅仅成了自然物质的一种表现形态,人的能动性、创造性、主体性统统不见了。正是在这个意义上,马克思认为,到了霍布斯那里,唯物主义"变得片面了","变得敌视人了"①。

正因为自然唯物主义是脱离人的实践活动、排除了历史过程来考察自然物质的,因而制造了"物质的自然"与"精神的历史"对立的神话,并在历史观上陷入唯心主义。"那种排除历史过程的、抽象的自然科学的唯物主义的缺点,每当它的代表越出自己的专业范围时,就在他们的抽象的和

①《马克思恩格斯全集》第2卷,第163、164页。

唯心主义的观念中立刻显露出来。"①可见,这种以"抽象的物质"为基础的唯物主义与以"抽象的思维"为基础的唯心主义殊途同归,正如马克思所说,"抽象的唯灵论是抽象的唯物主义;抽象的唯物主义是物质的抽象的唯灵论"②。

人本唯物主义起源于法国唯物主义中的另一派,即"现实的人道主义",并在费尔巴哈那里达到了典型的形态。尽管费尔巴哈本人对唯物主义概念持一种保留态度,但他实际上以一种自然主义的方式把人本主义或人道主义和唯物主义结合起来了,从而建构了人本唯物主义。正如马克思所说,"费尔巴哈在理论方面体现了和人道主义相吻合的唯物主义"③。如果说爱尔维修的人本唯物主义是法国资产阶级的革命理论,那么,费尔巴哈的人本唯物主义则是德国资产阶级的革命理论。与爱尔维修相同的是,费尔巴哈也是"以人为本",强调人是哲学研究的对象;与爱尔维修不同的是,费尔巴哈力图"借助人,把一切超自然的东西归结为自然,又借助自然,把一切超人的东西归结为人"④。

同时,费尔巴哈在一定程度上意识到了自然唯物主义所理解的物质的抽象性,因而指出:"斯宾诺莎虽然将物质当作实体的一种属性,却没有将物质当作感受痛苦的原则,这正是因为物质并不感受痛苦,因为物质是单一的、不可分的、无限的,因为物质和与它相对立的思维属性具有相同的特质,简言之,因为物质是一种抽象的物质,是一种无物质的物质。"⑤为了与以"抽象的物质"为基础的自然唯物主义划清界限,费尔巴哈"将人连同作为人的基础的自然当作哲学的唯一的,普遍的,最高的对象"⑥,并力图以"现实的自然"和"现实的人"为基本原则来理解世界并构造哲学体系。

---

① 《马克思恩格斯全集》第23卷,人民出版社1972年版,第410页。
② 《马克思恩格斯全集》第1卷,人民出版社1956年版,第355页。
③ 《马克思恩格斯全集》第2卷,第160页。
④ 《费尔巴哈哲学著作选集》上卷,荣震华等译,商务印书馆1984年版,第249页。
⑤ 《费尔巴哈哲学著作选集》上卷,第110—111页。
⑥ 《费尔巴哈哲学著作选集》上卷,第184页。

"费尔巴哈比'纯粹的'唯物主义者有巨大的优越性：他也承认人是'感性的对象'。但是，毋庸讳言，他把人只看作是'感性的对象'，而不是'感性的活动'。"①换言之，费尔巴哈不理解实践是人的存在方式，一旦人们开始生产自己的生活资料的时候，"人本身就开始把自己和动物区别开来"。"个人怎样表现自己的生活，他们自己也就怎样。因此，他们是什么样的，这同他们的生产是一致的——既和他们生产什么一致，又和他们怎样生产一致。因而，个人是什么样的，这取决于他们进行生产的物质条件。"②现实的人是在一定的社会形式中从事实践活动的人，人的本质在其现实性上是社会关系的总和。"黑人就是黑人。只有在一定的关系下，他才成为奴隶。纺纱机是纺棉花的机器。只有在一定的关系下，它才成为资本。脱离了这种关系，它也就不是资本了。"③同样，脱离了一定的社会关系，黑人就不是奴隶了。这就是说，使黑人成为奴隶的，不是黑人的"人的本性"，而是黑人生活其中的社会关系。费尔巴哈恰恰不理解实践是人的特殊的生命活动形式，没有从社会关系去把握人的本质，所以，费尔巴哈力图从现实的人出发，可最终得到的人仍然是"抽象的人"。

同时，费尔巴哈不理解人的实践活动是现存世界的基础，只有在人的实践活动中形成的"历史的自然"才是人的现实的自然界，而那个先于人类历史存在的自然界，是"不存在的自然界"。"他没有看到，他周围的感性世界决不是某种开天辟地以来就已存在的、始终如一的东西，而是工业和社会状况的产物，是历史的产物，是世世代代活动的结果，其中每一代都在前一代所达到的基础上继续发展前一代的工业和交往方式，并随着需要的改变而改变它的社会制度。甚至连最简单的'可靠的感性'的对象也只是由于社会发展、由于工业和商业往来才提供给他的。"④因此，费尔巴哈力图从现实的自然出发，可最终得到的自然仍然是"抽象的自然"，最

---

① 《马克思恩格斯全集》第3卷，第50页。
② 《马克思恩格斯全集》第3卷，第24页。
③ 《马克思恩格斯选集》第1卷，人民出版社1995年版，第344页。
④ 《马克思恩格斯全集》第3卷，第48—49页。

终仍然陷入他所批判的"抽象的物质"之中。

　　费尔巴哈唯物主义的不彻底性实际上是双重意义上的不彻底性：一是在自然观上没有从人与自然的实践关系去理解自然，陷入"抽象的自然"或"抽象的物质"之中，以这样一种"抽象的物质"为基础，实际上是悄悄地转向"唯心主义的方向"①；二是在历史观上没有从人与人的社会关系去理解人，陷入"抽象的人"之中，以这样一种"抽象的人"为基础，必然直接踏上唯心主义的道路。由于费尔巴哈"从来没有把感性世界理解为构成这一世界的个人的全部活生生的感性活动"，所以，"正是在共产主义的唯物主义者看到改造工业和社会制度的必要性和条件的地方，他却重新陷入唯心主义"。② 费尔巴哈根本不理解"历史的自然和自然的历史"③及其深刻的内涵，"历史的自然"与"自然的历史"都在他的视野之外。"当费尔巴哈是一个唯物主义者的时候，历史在他的视野之外；当他去探讨历史的时候，他决不是一个唯物主义者。在他那里，唯物主义和历史是彼此完全脱离的。"④因此，超越人本唯物主义，建立和"历史"相结合的唯物主义，即历史唯物主义是理论和历史的双重要求。

　　我不能同意普列汉诺夫的观点，即费尔巴哈的唯物主义和马克思的唯物主义都属于"最新的唯物主义"，马克思的"唯物主义观点是在费尔巴哈哲学的内在逻辑所指示的同一方向上发展起来的"，"马克思的认识论实际就是费尔巴哈的认识论"⑤。这是一种无原则的糊涂观念。它表明，普列汉诺夫从根本上混淆了费尔巴哈的唯物主义与马克思的唯物主义的区别，不理解费尔巴哈的唯物主义是人本唯物主义，而马克思的唯物主义是历史唯物主义，前者仅仅把人看作是"感性对象"，后者则把人看作是"感性活动"。

---

① 《马克思恩格斯全集》第42卷，人民出版社1979年版，第128页。
② 《马克思恩格斯全集》第3卷，第50—51页。
③ 《马克思恩格斯全集》第3卷，第49页。
④ 《马克思恩格斯全集》第3卷，第51页。
⑤ 《普列汉诺夫哲学著作选集》第三卷，刘亦宇译，生活·读书·新知三联书店1962年版，第148、155、147页。

由于费尔巴哈的唯物主义不理解"革命的、实践批判的活动的意义"，所以，它仍然"只是从客体或者直观的形式"去理解"对象、现实、感性"。正是在这个意义上，马克思把费尔巴哈的唯物主义"包括"在"从前的一切唯物主义"，即"旧唯物主义"的范畴之中，而把自己的唯物主义称为"新唯物主义"。按照马克思的观点，旧唯物主义的主要缺点是，"对对象、现实、感性，只是从客体的或者直观的形式去理解，而不是把它们当作感性的人的活动，当作实践去理解，不是从主体方面去理解"①；新唯物主义的根本特征则在于，从人的实践活动出发去理解"对象、现实、感性"，并认为"对象、现实、感性"是人的实践活动的对象化，是"工业和社会状况的产物，是历史的产物"。新唯物主义就是历史唯物主义。

按照历史唯物主义的观点，人们为了能够生存和生活，必须进行物质生产活动，实现人与自然之间的物质交换；为了实现人与自然之间的物质交换，人与人之间必须进行活动互换，并结成一定的社会关系。"人们在生产中不仅仅影响自然界，而且也相互影响。他们只有以一定的方式共同活动和互相交换其活动，才能进行生产。为了进行生产，人们相互之间便发生一定的联系和关系；只有在这些社会联系和社会关系的范围内，才会有他们对自然界的影响，才会有生产。"②

正是在这种人与自然"物质变换"和人与人"活动互换"的双重运动中，在这种人与自然关系和人与人关系的双重关系下，自然物质被打上了人的活动和社会关系的烙印，自然转化为"人化自然""历史的自然"，物质转变为"社会的物"。历史唯物主义关注的正是这种"人化自然""历史的自然"，关注的正是这种"社会的物"。葛兰西正确指出："物质本身并不是我们的主题，成为主题的是如何为了生产而把它社会地历史地组织起来。"③

从形式上看，历史唯物主义研究的仅仅是人与人之间的关系，与自然或人与自然的关系无关。可问题在于，社会是在人与自然之间的物质变

---

① 《马克思恩格斯选集》第 1 卷，第 54 页。
② 《马克思恩格斯选集》第 1 卷，第 344 页。
③ 〔意〕葛兰西：《实践哲学》，徐崇温译，重庆出版社 1990 年版，第 162 页。

换过程中形成和发展起来的,人与自然之间的物质变换构成了社会存在和发展的"永恒的自然必然性"。因此,"把人对自然界的关系从历史中排除出去"①,必然造成"物质的自然"和"精神的历史"对立的神话,从而走向唯心主义。人与自然的关系和人与人的关系又是相互制约的。这种相互制约的人与自然的关系和人与人的关系体现在"对象、现实、感性"中,体现在"可感觉而又超感觉的社会的物"中。因此,历史唯物主义正是把人与自然的实践关系作为"历史的现实基础",力图通过对人与自然关系的改变来改变人与人的关系,通过人对物占有关系(私有制)的扬弃来改变人与人的关系。历史唯物主义"是人和自然界之间、人和人之间的矛盾的真正解决,是存在和本质、对象化和自我确证、自由和必然、个体和类之间的斗争的真正解决。它是历史之谜的解答,而且知道自己就是这种解答"②。

这就是说,历史唯物主义所关注、所要解决的基本问题,就是人的实践活动所包含、展现出来的人与自然、人与人或人与社会的关系,即人与世界的关系问题。以实践为出发点范畴解答人与世界的关系,使历史唯物主义展现出一个新的哲学空间,即一个自足而又完整、唯物而又辩证的世界图景。历史唯物主义不仅仅是一种历史观,更重要的,是一种"唯物主义世界观",一种内含着"否定性的辩证法"的"真正批判的世界观"③。

由此,我们遇到了一个无法回避的重大问题,这就是历史唯物主义与辩证唯物主义的关系问题。

按照传统的观点,马克思主义哲学就是辩证唯物主义和历史唯物主义,其中,辩证唯物主义是唯物辩证的自然观,历史唯物主义是辩证唯物主义在历史领域的"推广"与"应用",是唯物辩证的历史观。这一观点集中体现在斯大林的《论辩证唯物主义和历史唯物主义》中。在这本小册子中,斯大林明确指出:"辩证唯物主义是马克思列宁主义党的世界观。它之所以叫作辩证唯物主义,是因为它对自然界现象的看法、它研究自然界

---

① 《马克思恩格斯全集》第 3 卷,第 44 页。
② 《马克思恩格斯全集》第 42 卷,第 120 页。
③ 《马克思恩格斯全集》第 3 卷,第 261 页。

现象的方法、它认识这些现象的方法是辩证的,而它对自然界现象的解释、它对自然界现象的了解、它的理论是唯物主义的。""历史唯物主义就是把辩证唯物主义的原理推广去研究社会生活,把辩证唯物主义的原理应用于社会生活现象,应用于研究社会,应用于研究社会历史。"①

以此为前提,斯大林论证了"马克思主义哲学唯物主义的基本特征":一是世界按其本质说来是物质的,世界是按物质运动规律发展的;二是意识是物质的反映,思维是发展到高度完善的物质即人脑的产物;三是世界及其规律是可以认识的。实际上,这三个特征在近代唯物主义那里都具备了。这表明,斯大林也是脱离人的活动和社会历史来谈论自然、物质的。以这样一种"抽象的自然""抽象的物质"为基础来理解辩证唯物主义,实际上是在用近代唯物主义来理解辩证唯物主义,实际上抹平了马克思的新唯物主义与旧唯物主义的本质区别。正因为如此,在《论辩证唯物主义与历史唯物主义》中,斯大林把霍布斯的话,即"物质是一切变化的主体"当作马克思本人的话加以引用,把马克思所批判的观点当作马克思本人所赞赏的观点加以阐述。

把这样一种"辩证唯物主义""推广""应用"到历史领域中所形成的"历史唯物主义",必然使马克思的历史唯物主义发生变形。在谈到社会物质生活条件与社会发展的关系时,斯大林指出,自然环境,即"地理环境的稍微重大一些的变化都需要几百万年,而人们的社会制度的变化,甚至是极其重大的变化,只需要几百年或一两千年也就够了"。"由此应该得出结论:地理环境不可能成为社会发展的主要的原因,决定的原因,因为在几万年间几乎保持不变的现象,决不能成为在几百年间就发生根本变化的现象发展的主要原因。"②决定社会发展的主要力量是物质资料的生产方式,归根到底是生产力,而生产力"不是人们有意的、自觉的活动的结果,而是自发地、不自觉地、不以人们意志为转移地发生的"③。

---

① 《斯大林选集》下卷,人民出版社 1979 年版,第 424 页。
② 《斯大林选集》下卷,第 440 页。
③ 《斯大林选集》下卷,第 450—451 页。

在我看来,斯大林这一论述存在着双重缺陷。

一是脱离人的活动和社会历史孤立地考察自然环境。斯大林没有从人与自然的实践关系去考察自然环境,没有意识到在人的实践活动中形成的自然界才是人的现实的自然界,因而在他那里,自然环境成了脱离人的活动和社会历史的单独的发展系列。斯大林视野中的自然环境即地理环境只是纯粹地理学意义上的地理环境,而不是历史唯物主义视野中的地理环境。在《德意志意识形态》中,马克思明确指出:"只要人存在,自然史和人类史就彼此相互制约。"①"任何历史记载都应当从这些自然基础以及它们在历史进程中由于人们的活动而发生的变更出发。"②

二是脱离自然环境孤立地考察生产方式和社会发展。由于脱离人的活动和社会历史去考察自然环境,斯大林又必然脱离自然环境考察生产方式和社会发展。换言之,生产方式、社会发展成了脱离人与自然关系的另一个单独的发展系列。这里,马克思所关注的人与自然之间的"物质变换"、人与人之间的"活动互换"不见了,生产方式、社会发展似乎成了一种与自然环境、人的活动无关的运动过程。实际上,历史唯物主义是从人对自然的实践关系去理解自然环境对社会发展的意义的,并认为自然环境的特殊性质直接影响着人与自然的特殊的统一关系,直接影响着生产力的发展,从而影响着社会发展。马克思指出:"资本的祖国不是草木繁茂的热带,而是温带。不是土壤的绝对肥力,而是它的差异性和它的自然产品的多样性,形成社会分工的自然基础,并且通过人所处的自然环境的变化,促使他们自己的需要、能力、劳动资料和劳动方式趋于多样化。"③

在我看来,辩证唯物主义与历史唯物主义不是两种"观",即辩证唯物主义是自然观,历史唯物主义是历史观,而是同一个"观",即马克思的世界观的不同表述;不是两个"主义",即辩证唯物主义是自然主义,历史唯物主义是历史主义,而是同一个"主义",即马克思的新唯物主义的不同表

---

① 《马克思恩格斯全集》第3卷,第20页。
② 《马克思恩格斯全集》第3卷,第23—24页。
③ 《马克思恩格斯全集》第23卷,第561页。

述,确切地说,辩证唯物主义是历史唯物主义的代名词。当马克思从实践出发,科学地解答了人与自然、人与社会,即人与世界的关系问题,创立历史唯物主义时,也就同时创立了辩证唯物主义。这是一种以物质实践为基础、主体与客体相互作用的辩证唯物主义。

与动物不同,人总是在不断制造与自然的对立关系中获得与自然的统一关系的,对自然客体的否定正是对主体自身的肯定。实践不断地改造、创造着现存世界,同时又不断地改造、创造着人本身,包括他的肉体组织、思维结构和社会关系。正是在这个过程中,自然成为"历史的自然","自在之物"成为"为我之物",人与自然的关系成为"为我而存在"的关系①。这种"为我而存在"的矛盾关系是最深刻、最复杂的矛盾关系。正是这种矛盾关系构成了马克思之前众多哲学大师的"滑铁卢",致使唯物主义自然观与唯物主义历史观"咫尺天涯",唯物主义对辩证法"望洋兴叹"。马克思高出一筹的地方就在于,通过对人的实践活动及其意义的深刻剖析,科学地解答了人与自然、人与人的矛盾关系问题,从而消除了"物质的自然"与"精神的历史"对立的神话,把唯物主义自然观和历史观统一起来了,同时,也就把唯物主义和辩证法统一起来了。历史唯物主义中的"历史"是人的实践活动的内在矛盾,即人与自然、人与社会的矛盾得以展开的境域,是辩证法得以展开的空间。

"辩证法在对现存事物的肯定的理解中同时包含对现存事物的否定的理解,即对现存事物的必然灭亡的理解。"按其本质来说,辩证法"是批判的和革命的"②。以实践的观点为基础的历史唯物主义,本身就内含着辩证法的这种否定性、批判性和革命性,本身就是一种"否定性的辩证法"。历史唯物主义不仅从实践出发去理解、解释现存事物,而且从实践出发去否定、改变现存事物,并确认"在历史上进步表现为现存事物的否定"③。"从资本主义生产方式产生的资本主义占有方式,从而资本主义

---

① 《马克思恩格斯全集》第 3 卷,第 34 页。
② 《马克思恩格斯全集》第 23 卷,第 24 页。
③ 《马克思恩格斯选集》第 4 卷,人民出版社 1995 年版,第 317 页。

的私有制,是对个人的、以自己劳动为基础的私有制的第一个否定。但资本主义生产由于自然过程的必然性,造成了对自身的否定。这是否定之否定。这种否定不是重新建立私有制,而是在资本主义时代的成就的基础上,也就是说,在协作和对土地及靠劳动本身生产的生产资料的共同占有的基础上,重新建立个人所有制。"①

马尔库塞由此认为,在历史唯物主义中,"现实的否定变成了一个历史条件,一个不能被作为形而上学关系状态的而具体化的历史条件。换句话说,它变成一个与社会的特定历史形式相联系的社会条件。""马克思的辩证法的历史特征包含着普遍的否定性,也包含着自身的否定。特定的关系状态就意味着否定,否定之否定伴随着事物新秩序的建立。"②马尔库塞的这一评价合理而中肯。历史唯物主义内含着辩证法的否定性、批判性、革命性,是与辩证唯物主义融为一体的理论体系。

可以看出,在马克思的哲学体系中,并不存在一个独立的、作为理论基础的辩证唯物主义,也不存在一个独立的、仅仅具有应用性质的历史唯物主义。历史唯物主义所内含的实践的观点、否定性的辩证法和广义的历史境域,使唯物主义以至整个哲学发生了革命性变革。在我看来,辩证唯物主义是历史唯物主义的代名词,体现的是历史唯物主义的辩证法维度及其批判性、革命性。

三、历史唯物主义的创立:终结以抽象本体论为基础的形而上学

在《路德维希·费尔巴哈和德国古典哲学的终结》中,恩格斯指出:"随着自然科学领域中每一个划时代的发现,唯物主义也必然要改变自己的形式;而自从历史也得到唯物主义的解释以后,一条新的发展道路也在这里开辟出来了。"③"这条新的发展道路",就是从人的存在方式——实践

---

① 《马克思恩格斯全集》第 23 卷,第 832 页。
② 〔美〕马尔库塞:《理性和革命》,程志民等译,重庆出版社 1993 年版,第 284、285 页。
③ 《马克思恩格斯选集》第 4 卷,第 228 页。

出发去理解和把握人与自然和人与社会的关系，即人与世界的关系，从社会存在出发去理解自然存在，从人的存在出发去解读存在的意义。这样，历史唯物主义便终结了形而上学，并使西方哲学从传统形态转向现代形态。

这里所说的形而上学，不是指它的转义，即与辩证法相对立意义上的思维方法，而是指其本义，即关于超验存在之本性的哲学形态。"形而上学就是一种超出存在者之外的追问，以求回过头来获得对存在者之为存在者以及存在者整体的理解。"①海德格尔的这一见解正确而深刻。形而上学产生之初，研究的就是超感觉的、经验以外的对象，关注的就是存在物作为存在的那种本质，追求的就是一切实在对象背后的那种"初始本原""终极存在"，并把这种存在看作是具体事物和特殊存在的"最基本依据"，即本体，然后据此推论出其他一切。正是在这个意义上，亚里士多德认为，哲学以"寻求最高原因的基本原理"为宗旨，因而是一切智慧中的"最高的智慧"。

形而上学在对存在的存在和世界终极根据的探究中，确立了一种严格遵循逻辑的推理规则，即从公理、定理出发，按照推理规则得出必然结论。这无疑具有积极意义，标志着理论形态的哲学的诞生。然而，从柏拉图、亚里士多德一直到黑格尔，形而上学中的存在日益脱离现实的事物和现实的人，成为一种抽象的存在、抽象的本体，甚至成为一种君临人与世界之上的神秘的主宰力量。"形而上学响应作为逻各斯的存在，并因此在其主要形态上看，形而上学就是逻辑学，但却是思考存在者之存在的逻辑学，因而就是从差异之有差异者方面被规定的逻辑学：存在—神—逻辑学。"②这里，存在和存在者被混淆了，人的存在被遮蔽了，人的能动性和主体性，人的自由和价值都被消解在这种抽象的本体之中，不管这种抽象的本体是"绝对理性"还是"抽象物质"。

同时，形而上学又逐步演变成一种凌驾于一切科学之上的"科学的科

---

① 〔德〕海德格尔：《路标》，孙周兴译，商务印书馆 2001 年版，第 137 页。
② 《海德格尔选集》下卷，孙周兴选编，生活·读书·新知上海三联书店 1996 年版，第 840 页。

学",它自视发现了最普遍、绝对可靠、自明的理性概念和原则,从而能够推演出全部知识体系。换言之,哲学成了全部知识和科学的基础。实际上,这是一种虚妄。用海德格尔的话来说,就是"对哲学的能力的本质做这样的期望和要求未免过于奢求"①。无论是作为"知识的总结",还是作为"科学的科学",形而上学这种哲学形态实际上既充当了科学的"运动员",又充当了科学的"裁判员",与现代科学的发展已处于一种对立的状态,成为一种"多余"的"科学"。恩格斯在《反杜林论》中指出:"一旦对每一门科学都提出要求,要它们弄清它们自己在事物以及关于事物的知识的总联系中的地位,关于总联系的任何特殊科学就是多余的了。于是,在以往的全部哲学中还仍旧独立存在的,就只有关于思维及其规律的学说——形式逻辑和辩证法。其他一切都归到关于自然和历史的实证科学中去了。"②在《路德维希·费尔巴哈和德国古典哲学的终结》中,恩格斯重申:"对于已经从自然界和历史中被驱逐出去的哲学来说,要是还留下什么的话,那就只留下一个纯粹思想的领域:关于思维过程本身的规律的学说,即逻辑和辩证法。"③

从历史上看,近代唯物主义一开始具有反对形而上学的倾向。在培根那里,唯物主义"还在朴素的形式下包含着全面发展的萌芽。物质带着诗意的感性光辉对人的全身心发出微笑"④。在孔狄亚克眼中,"形而上学不是科学",而是"幻想和神学的偏见"。然而,近代唯物主义的发展却使它事与愿违,即从提出以人为中心并倡导人道主义转到以物质为主体并"敌视人"⑤,刚从神权的重压下解放出来的人在近代唯物主义那里又变成了一架"机器",那种脱离现实的人及其活动的"抽象的物质"成了"一切变化的主体"。近代唯物主义把哲学变成了一个庞大的"自然体系",这种"自然体系"成了消融一切的"盐酸池",人和人的存在都被消融在这种"抽象的自然""抽象的物质"之中。

---

① 〔德〕海德格尔:《形而上学导论》,熊伟等译,商务印书馆1996年版,第12页。
② 《马克思恩格斯选集》第3卷,人民出版社1995年版,第364页。
③ 《马克思恩格斯选集》第4卷,第257页。
④ 《马克思恩格斯全集》第2卷,第163页。
⑤ 《马克思恩格斯全集》第2卷,第164页。

这就势必导致哲学的转向,即探讨人及其认识活动的能动性,并突出自我意识作用。执行、完成这一"转向"并因此声名显赫的是康德和黑格尔,而且黑格尔又建立起一个庞大的、包罗万象的形而上学王国。正如马克思所说,"黑格尔天才地把 17 世纪的形而上学同后来的一切形而上学及德国唯心主义结合起来并建立了一个形而上学的包罗万象的王国",从而使形而上学"在德国哲学中,特别是在 19 世纪的德国思辨哲学中,曾有过胜利的和富有内容的复辟"①。

之所以是一次"胜利的复辟",是因为黑格尔的"思辨的形而上学"以最宏伟的方式概括了全部形而上学的发展,"这是一次胜利进军,它延续了几十年,而且决没有随着黑格尔的逝世而停止。相反地,正是在 1830 到 1840 年这个时期,'黑格尔主义'的独占统治达到了顶点,它甚至或多或少地感染了自己的敌人;正是在这个时期,黑格尔的观点自觉地或不自觉地大量浸入了各种科学,甚至渗透了通俗读物和日报,而普通的'有教养的意识'就是从这些通俗读物和日报中汲取自己的思想材料的"②。

之所以是一次"富有内容的复辟",是因为黑格尔的"思辨的形而上学"是同概念辩证法融为一体的,这种辩证法的实质就是作为推动原则和创造原则的"否定性的辩证法"。"黑格尔的《现象学》及其最后成果——作为推动原则和创造原则的否定性的辩证法——的伟大之处首先在于,黑格尔把人的自我产生看作一个过程,把对象化看作失去对象,看作外化和这种外化的扬弃;因而,他抓住了劳动的本质,把对象性的人、现实的因而是真正的人理解为他自己的劳动的结果"③。尽管黑格尔的"否定性的辩证法"只是人类历史运动的"抽象的、逻辑的、思辨的表达",但它毕竟"第一个全面地有意识地叙述了辩证法的一般运动形式"④,因而使形而上学实现了"富有内容的复辟"。这种发展了人的能动方面的"否定性的

① 《马克思恩格斯全集》第 2 卷,第 159 页。
② 《马克思恩格斯全集》第 21 卷,人民出版社 1965 年版,第 311 页。
③ 《马克思恩格斯全集》第 42 卷,第 163 页。
④ 《马克思恩格斯全集》第 23 卷,第 24 页。

辩证法",像一条永恒的金带贯穿在黑格尔的"思辨的形而上学"中。

然而,黑格尔只是在形式上肯定了人的能动性,由于他把人仅仅看作是"绝对理性"自我实现的工具,所以又从根本上彻底地剥夺了人的能动方面。这就是说,在黑格尔哲学中,不仅本体成为一种抽象的存在,人也成为一种抽象的存在,消失在"绝对理性"的阴影之中。"绝对理性"成为一种新的迷信,高高地耸立在祭坛上让人们顶礼膜拜。如果说柏拉图哲学是全部形而上学的真正滥觞,那么,黑格尔哲学就是全部形而上学的巨大渊薮。一句话,黑格尔哲学是形而上学的集大成者和发展顶峰。因此,哲学的进一步发展必然从批判黑格尔哲学开始,对黑格尔哲学的批判则意味着对"一切形而上学"的批判。

到了 19 世纪中叶,随着自然科学的独立化并"给自己划定了单独的活动范围";随着社会生活的发展并凸现了人的异化了的生存状态,人们开始把"全部注意力集中到自己身上",那种脱离了实证科学,脱离了人的存在的形而上学便失去了自身的神圣光环,"变得枯燥乏味了"。随着时间的推进,形而上学不仅"在理论上威信扫地",而且"在实践上已经威信扫地"[①]。反对形而上学因此成为一种潮流,一种时代精神。

马克思以其敏锐的观察力注意到这一趋势,明确提出"反对一切形而上学",并断言:"形而上学将永远屈服于现在为思辨本身的活动所完善化并和人道主义相吻合的唯物主义"[②]。在《神圣家族》中,马克思认为,费尔巴哈的唯物主义在理论方面体现了这种唯物主义。"只有费尔巴哈才是从黑格尔的观点出发而结束和批判了黑格尔的哲学。费尔巴哈把形而上学的绝对精神归结为'以自然为基础的现实的人',从而完成了对宗教的批判。同时也巧妙地拟定了对黑格尔的思辨以及一切形而上学的批判的基本要点。"[③]实际上,费尔巴哈并未完成"结束"黑格尔哲学和"消解"形而上学的任务。完成这一历史任务,并真正创立"为思辨本身的活动所完善

---

① 《马克思恩格斯全集》第 2 卷,第 161 页。
② 《马克思恩格斯全集》第 2 卷,第 159—160 页。
③ 《马克思恩格斯全集》第 2 卷,第 177 页。

化并和人道主义相吻合的唯物主义"的，不是费尔巴哈，而是马克思本人。

在哲学史上，马克思和孔德同时举起了批判形而上学的大旗。在时代性上，马克思的反对形而上学与孔德的拒斥形而上学具有一致性，二者对形而上学的批判实际上是对近代哲学以及整个传统哲学的批判，这是现代精神对近代和古代精神的批判；在指向性上，马克思的反对形而上学与孔德的拒斥形而上学却有本质的不同。孔德从自然科学的可证实和精确性原则出发批判形而上学，力图用实证科学精神来改造和超越传统哲学，并把哲学局限于现象、知识以及可证实的范围内；马克思则从人的存在出发去批判形而上学，认为反对形而上学之后，哲学应转换自己的理论主题，聚焦人的世界，对人的异化了的生存状态给予深刻批判，对人的价值、自由和解放给予深切关注。

形而上学的基础是本体论。从根本上说，马克思批判并终结形而上学的工作就是从本体论层面上发动并展开的。按照马克思的观点，人类的第一个历史活动，也是每日每时必须进行的基本活动，就是生产满足人的生存所需要资料，即"生产物质生活本身"，"而人们的存在就是他们的实际生活过程"①。人正是在这种"生产物质生活"的实践活动中得以生存和发展的，自然正是在这种"生产物质生活"的实践活动中转化为"人化自然"、人的存在的，"土地只有通过劳动、耕种才对人存在"②。实践是对象化的活动，在人的实践活动中生成的存在是对象性的存在。"工业的历史和工业的已经产生的对象性的存在，是一本打开了的关于人的本质力量的书，是感性地摆在我们面前的人的心理学。"③

与形而上学不同，历史唯物主义关注的不是与人无关的"抽象的自然""抽象的存在"，而是人的现实存在；关注的不是所谓的"终极存在""原初物质"，而是"对象、现实、感性"何以成为这样的存在，自然的物何以

---

① 《马克思恩格斯全集》第 3 卷，第 29 页。
② 《马克思恩格斯全集》第 42 卷，第 114 页。
③ 《马克思恩格斯全集》第 42 卷，第 127 页。

成为"可感觉而又超感觉"的"社会的物"①。"被抽象地孤立地理解的、被固定为与人分离的自然界,对人说来也是无"②,或者说,是一种"不存在的自然界"③。在历史唯物主义体系中,存在是人的存在,是在人的实践活动中生成的对象性的存在。非对象性的存在物是非存在物"是一种非现实的、非感性的、只是思想上的即只是虚构出来的存在物,是抽象的东西"④。可见,历史唯物主义并不是以一种抽象的、超时空的方式谈论存在问题的,而是从人的实践活动出发"询问并回答关于存在的问题"。用海德格尔的话来说就是,"这种唯物主义的本质不在于一切只是物质的主张中,而是在于一种形而上学的规定中,按照这种规定,一切存在者都显现为劳动的材料"⑤。这是其一。

其二,人们总是在一定的社会形式中并借助这种社会形式而实现对自然的占有,"自然界的人的本质只有对社会的人说来才是存在的;因为只有在社会中,自然界对人说来才是人与人联系的纽带,才是他为别人的存在和别人为他的存在,才是人的现实的生活要素;只有在社会中,自然界才是人自己的人的存在的基础。只有在社会中,人的自然的存在对他说来才是他的人的存在,而自然界对他说来才成为人"⑥。这就是说,人是通过实践并在一定的社会形式中创造自己的存在的,在这个过程中自然存在被赋予新的尺度——社会性或历史性,从而使自然存在转化为人的存在即社会存在。"实物是为人的存在,是人的实物存在,同时也就是人为他人的定在,是他对他人的人的关系,是人对人的社会关系。"⑦这样,历史唯物主义不仅肯定了存在物和存在的差异,而且阐明了自然存在和社会存在的关系,并认为"人们的意识,随着人们的生活条件、人们的社会关

---

① 《马克思恩格斯全集》第 23 卷,第 89 页。
② 《马克思恩格斯全集》第 42 卷,第 178 页。
③ 《马克思恩格斯全集》第 3 卷,第 50 页。
④ 《马克思恩格斯全集》第 42 卷,第 169 页。
⑤ Heidgger, *On Humanism*, Frankfurt, Suhrkamp Verlag, 1972, p.27.
⑥ 《马克思恩格斯全集》第 42 卷,第 122 页。
⑦ 《马克思恩格斯全集》第 2 卷,第 52 页。

系、人们的社会存在的改变而改变"①。这就凸现了存在的根本特征——社会性或历史性。

其三,在资本主义社会,资本是最基本和最高的社会存在。按照历史唯物主义的观点,"资本不是物,而是一定的、社会的、属于一定历史社会形态的生产关系,它体现在一个物上,并赋予这个物以特有的社会性质"②。这就是说,资本不是物本身,但又是通过物并在物中而存在。同时,作为一种特定的社会关系,资本又赋予物以特定的社会性质,使物成为"社会的物"。更重要的是,资本使人与人的关系"不是表现为人们在自己劳动中的直接的社会关系,而是表现为人们之间的物的关系和物之间的社会关系"③。这种物化的根本特征,就是物主体化,人客体化,物具有"巨大的权力",成为统治人、支配人的"物质力量"。换言之,资本不仅使人与人的关系物化了,而且使人与物、人与人的关系异化了。这就是说,资本在资本主义社会中具有支配一切的权力,它不仅改变了人与物的关系,而且改变了人与人的关系;不仅改变了与人相关的自然界的存在属性,而且改变了人类社会的存在形态。可以看出,资本本身就是一种独特的社会存在,是现代社会的根本规定和建构原则,构成了资本主义社会的基本建制。

由此可见,历史唯物主义以资本为核心范畴而展开的对资本主义社会的批判,本质上是存在论意义上的批判。正是在这个批判过程中,历史唯物主义扬弃了抽象的存在,发现了现实的存在,并揭示了资本主义社会的秘密。"历史唯物主义最重要的职能是对资本主义社会制度作出正确的判断,揭露资本主义社会制度的本质。"④

正因为对资本主义制度的本质做出了"准确的判断",历史唯物主义

---

① 《马克思恩格斯选集》第 1 卷,第 291 页。
② 《马克思恩格斯全集》第 25 卷,人民出版社 1974 年版,第 920 页。
③ 《马克思恩格斯全集》第 23 卷,第 90 页。
④ 〔匈〕卢卡奇:《历史和阶级意识——马克思主义辩证法研究》,张西平译,重庆出版社 1989 年版,第 241 页。

透视出"一切已经覆灭的社会形式的结构"①。人体解剖对于猴体解剖是一把钥匙。低等动物身上表露的高等动物的征兆,反而只有在高等动物被认识以后才能理解。在人类历史上存在着和古生物学中一样的情形。"资产阶级社会是历史上最发达的和最复杂的生产组织。因此,那些表现它的各种关系的范畴以及对于它的结构的理解,同时也能使我们透视一切已经覆灭的社会形式的结构和生产关系。"②正是在这里,蕴含着历史唯物主义认识论的根本原则,即"从后思索法"。在《资本论》中,马克思明确指出:"对社会生活形式的思索,从而对它的科学分析,遵循着一条同实际运动完全相反的道路。这种思索是从事后开始的,是从已经完全确定的材料、发展的结果开始的。"③

同时,在这个批判过程中,历史唯物主义发现了人与人的关系以物与物的关系而存在的秘密,并透视出人的自我异化的逻辑,即人与人关系的物化、异化与商品生产、生产资料私有制密切相关甚至融为一体。"商品形式在人们面前把人们本身劳动的社会性质反映成劳动产品本身的物的性质,反映成这些物的天然的社会属性,从而把生产者同总劳动的社会关系反映成存在于生产者之外的物与物之间的社会关系"④;"活动和产品的普遍交换已成为每一单个人的生存条件,这种普遍交换,他们的互相联系,表现为对他们本身来说是异己的、无关的东西,表现为一种物。在交换价值上,人的社会关系转化为物的社会关系;人的能力转化为物的能力"⑤。问题的关键在于,这种由商品生产占据统治地位、由生产资料私有制导致的异化,使巨大的物的权力"不归工人所有,而归人格化的生产条件即资本所有,这种物的权力把社会劳动本身当作自身的一个要素而置于同自己相对立的地位"⑥。海德格尔自觉不自觉地意识到这一点,因而

---

① 《马克思恩格斯全集》第46卷上,人民出版社1979年版,第43页。
② 《马克思恩格斯全集》第46卷上,第43页。
③ 《马克思恩格斯全集》第49卷,人民出版社1982年版,第191页。
④ 《马克思恩格斯全集》第23卷,第88—89页。
⑤ 《马克思恩格斯全集》第46卷上,第103—104页。
⑥ 《马克思恩格斯全集》第46卷下,第360页。

认为"马克思在体会到异化的时候深入到历史的本质性维度中去了,所以马克思主义关于历史的观点比其余的历史学优越。但因为胡塞尔没有,据我看来萨特也没有在存在中认识到历史事物的本质性,所以现象学没有、存在主义也没有达到这样的维度中,在此维度中才有可能有资格和马克思主义交谈"①。

由于把实践作为人的存在方式,把人的存在看作是在实践活动中生成的对象性的存在、社会存在,把资本看作是现实的社会存在,历史唯物主义便"使存在从存在者中显露出来",从而使隐蔽着的存在的意义显现出来了。这样,历史唯物主义便终结了"抽象的存在""抽象的本体"。也正因为如此,历史唯物主义把本体论与人间的苦难和幸福结合起来了,开辟了从本体论认识现实的道路,并由此终结了以抽象的本体论为基础的形而上学。

海德格尔把柏拉图以来的形而上学时代称之为"存在的遗忘的时代",并认为"形而上学不断以各种不同的方式说到存在。形而上学表示并似乎确定,它询问并回答了关于存在的问题。实际上形而上学从来没有解答过这种问题,因为它从来没有追问到这个问题。当它涉及存在时,只是把存在想象为存在者。虽然它涉及存在,指的却是一切存在者。自始至终,形而上学的各种命题总是把存在者和存在相互混淆……由于这种永久的混淆,所谓形而上学提出存在的说法使我们陷入完全错误的境地"②。历史唯物主义的创立结束了这一"存在的遗忘的时代",并使哲学走出了这种"完全错误的境地"。正是在这个意义上,海德格尔认为"形而上学就是柏拉图主义。尼采把他自己的哲学标示为颠倒了的柏拉图主义。随着这一已经由卡尔·马克思完成了的对形而上学的颠倒,哲学达到了最极端的可能性。哲学进入其终结阶段了"③。应该说,海德格尔的

---

① 《海德格尔选集》上卷,孙周兴选编,生活·读书·新知上海三联书店1996年版,第383页。

② 〔德〕海德格尔:《存在与时间》,陈嘉映等译,生活·读书·新知三联书店1987年版,第13页。

③ 〔德〕海德格尔:《面向思的事情》,陈小文等译,商务印书馆1999年版,第70页。

这一评价是公正的。

问题在于,在"完成了对形而上学的颠倒"之后,历史唯物主义并不是像海德格尔所理解的那样,在"颠倒"形而上学之后又建构一种形而上学,而是告别了形而上学,终结了传统哲学。与"那种排除历史过程的、抽象的自然科学的唯物主义"不同,历史唯物主义不是从"抽象的自然""抽象的物质""抽象的存在"出发,以一种超时空的方式抽象地谈论世界的物质统一性,而是从人的实践活动出发去理解人与自然、人与社会的关系,去理解自然存在与社会存在的关系,去"询问并回答关于存在的问题",从而揭示出"社会的物"是"可感觉而又超感觉的物"①,并认为社会存在的本质不在其可感觉的实体性,而在其超感觉的社会内涵、历史内涵。所以,马克思指出:"分析经济形式,既不能用显微镜,也不能用化学试剂。二者都必须用抽象力来代替。"②

"费尔巴哈从来不谈人类世界,而是每次都求救于外部自然界,而且是那个尚未置于人的统治之下的自然界。"③与费尔巴哈不同,马克思关注的恰恰是人类世界。历史唯物主义的创立使哲学的聚焦点从"整个世界"转向人类世界,从宇宙本体转向人的生存本体,从自然存在转向社会存在。这一转换标志着西方哲学的转轨,即从传统哲学转向现代哲学。就内容而不就表现形式,就总体而不就个别派别而言,现代西方哲学关注的就是人类的生活世界和生存状态。用雅斯贝尔斯的话来说就是,"哲学所力求的目标在于领悟人的现实境况下的那个实在"④。"历史唯物主义提供了对历史的唯一合理的解释"是我们时代的不可超越的哲学。"⑤萨特的这一名言表明,历史唯物主义不仅是现代西方哲学进程中的奠基者和创造性的对话者,而且是现代西方哲学进程中的参与者和强有力的推动者。

① 《马克思恩格斯全集》第 23 卷,第 89 页。
② 《马克思恩格斯全集》第 23 卷,第 8 页。
③ 《马克思恩格斯全集》第 42 卷,第 369 页。
④ 〔德〕雅斯贝尔斯:《智慧之路》,柯锦华等译,中国国际广播出版社 1988 年版,第 5 页。
⑤ 〔法〕萨特尔:《辩证理性批判》第一分册,徐懋庸译,商务印书馆 1963 年版,第 18、2 页。

第二章

辩证唯物主义、历史唯物主义、实践唯物主义：
基于概念史的考察与审视

无论怎样理解马克思主义哲学,辩证唯物主义、历史唯物主义、实践唯物主义这三个范畴都是绕不过去的思想要塞。用现在时髦的话来说就是,辩证唯物主义、历史唯物主义、实践唯物主义是理解马克思主义哲学的三个关键词。然而,辩证唯物主义、历史唯物主义、实践唯物主义这三个概念是何人、何时于何"地"提出,其本义是什么,内涵又是如何演变的,却是一个需要重新考察和审视的问题,是一个有待深入分析的问题。同时,我们可以由此以"小"见"大",透视出马克思主义哲学的基本特征。

一、从"唯物主义辩证法"到"辩证唯物主义"

按照传统的且占主导地位的观点,马克思主义哲学就是辩证唯物主义,历史唯物主义不过是辩证唯物主义在历史领域中的"推广""应用"。然而,对马克思主义哲学史的深入考察却使我们得知，马克思主义哲学创始人马克思一生都未提出和使用过辩证唯物主义这一术语；恩格斯提出了唯物主义辩证法这一术语，但从未提出和使用过辩证唯物主义这一术语。实际上，首先提出并使用辩证唯物主义这一术语的是狄慈根①。

1886 年，狄慈根在《一个社会主义者在认识论领域中的漫游》中首先提出了"辩证唯物主义"这一术语②，以此来概括马克思主义哲学，尤其是恩格斯哲学思想的特征。狄慈根指出："这种从德国唯心主义的完全首足倒置发展而来的，弗·恩格斯本人为其主要共同创建人的新唯物主义，目前还很少为人理解，虽然它是德国社会民主主义最根本的理论基础。因此，我们需要比较详细地叙述这种唯物主义。""恩格斯称这种不懂概念学的唯物主义为形而上学的唯物主义，而称社会民主主义的唯物主义为辩证的唯物主义。"③从内涵上看，狄慈根的"辩证唯物主义"包括唯物论、辩证法、认识论和历史观。

按照狄慈根的观点，辩证唯物主义不仅"把仅限于可触的物质的概念扩大为指一切存在的物质"④，而且探讨了作为事物本质的矛盾；不仅阐述了普遍联系、运动发展的观点，而且阐述了认识活动中的经验与理性的辩证关系，因此是辩证法、认识论、逻辑学的统一。同时，狄慈根又把"辩证唯物主义"称为"社会民主主义的唯物主义""社会主义的唯物主义"，并认为"了解德国唯物主义的完全首足倒置必然导致社会主义的唯物主义，这种唯物主义之所以获得'社会主义的'这个称号，是因为社会主义者马克思和恩格斯最先明确地指出：人类社会的物质状况、特别是经济状况是基础，每一个历史时期的宗教的、哲学的和其他的思想方式以及法律和政

---

① 约瑟夫·狄慈根(1828—1888)，德国社会民主工党第一批党员、制革工人，被誉为"德国工人哲学家"，其代表作是《人脑活动的本质》《论逻辑书简》《一个社会主义者在认识论领域中的漫游》。
② 参见《狄慈根哲学著作选集》，杨东莼译，生活·读书·新知三联书店 1978 版，第241 页。
③《狄慈根哲学著作选集》第 239、255 页。
④《狄慈根哲学著作选集》第 245 页。

治制度的整个上层建筑，都由此而得到最终的说明"①。可以看出，狄慈根在这里所说的"社会民主主义的唯物主义""社会主义的唯物主义"实际上就是后来人们所理解的历史唯物主义，即唯物主义历史观。这就是说，狄慈根所说的"辩证唯物主义"在内容上包括"历史唯物主义"。

狄慈根的哲学思想得到了恩格斯的高度评价。1886年，恩格斯在《路德维希·费尔巴哈和德国古典哲学的终结》中指出："值得注意的是，不仅我们发现了这个多年来已成为我们最好的劳动工具和最锐利的武器的唯物主义辩证法，而且德国工人约瑟夫·狄慈根不依靠我们，甚至不依靠黑格尔也发现了它。"②正是在这里，恩格斯首先提出"唯物主义辩证法"这一概念。研读恩格斯的文本可以看出，虽然恩格斯并不是用"唯物主义辩证法"来命名马克思主义哲学，但他是在用"唯物主义辩证法"来概括马克思主义哲学的特征。

按照恩格斯的观点，从笛卡尔到费尔巴哈的唯物主义属于形而上学唯物主义，而黑格尔的辩证法是唯心主义辩证法，自然界和人类历史的辩证运动在这里成了概念自我运动的翻版。"这种意识形态的颠倒是应该消除的。我们重新唯物地把头脑中的概念看做现实事物的反映，而不是把现实事物看做绝对概念的某一阶段的反映。这样，辩证法就归结为关于外部世界和人类思维的运动的一般规律的科学，……这样，概念的辩证法本身就变成只是现实世界的辩证运动的自觉的反映，从而黑格尔的辩证法就被倒转过来了，或者宁可说，不是用头立地而是重新用脚立地了。"③这个"倒转过来""重新用脚立地"的辩证法就是唯物主义辩证法。在恩格斯看来，"唯物主义辩证法"表明了马克思主义哲学的本质特征，说明马克思主义哲学是既不同于形而上学唯物主义，也不同于唯心主义辩证法的现代唯物主义。

1876年，恩格斯在《反杜林论》中提出了"现代唯物主义"这一概念④。

---

① 《狄慈根哲学著作选集》第246页。
② 《马克思恩格斯全集》第21卷，第337页。
③ 《马克思恩格斯全集》第21卷，第337页。
④ 参见《马克思恩格斯全集》第20卷，第28页。

从内容上看,现代唯物主义包括自然观和历史观,而无论是自然观,还是历史观,"现代唯物主义都是本质上辩证的"。"马克思和我,可以说是从德国唯心主义哲学中拯救了自觉的辩证法并且把它转为唯物主义的自然观和历史观的唯一的人。"①在这里,辩证唯物主义这一概念简直是呼之欲出了。更重要的是,恩格斯并不反对用"辩证唯物主义"称谓马克思主义哲学。1891 年,普列汉诺夫在《黑格尔逝世六十周年》一文中提出,"现代辩证唯物主义在历史上第一次破天荒地开辟了通向自由和自觉活动的王国的道路"②。恩格斯高度评价了普列汉诺夫这一篇论文,认为写得"好极了"③。

由此可见,首先提出并使用"辩证唯物主义"的是狄慈根,首先提出并使用"唯物主义辩证法"的是恩格斯。从内涵上看,"辩证唯物主义"和"唯物主义辩证法"是一致的,二者都力图概括马克思主义哲学的本质特征。所以,阿尔都塞认为,马克思主义"这种理论就是与辩证唯物主义浑成一体的唯物辩证法"④。

无论是狄慈根的"辩证唯物主义",还是恩格斯的"唯物主义辩证法",都不是对马克思主义哲学的正式命名。在马克思主义哲学史上,正式用"辩证唯物主义"对马克思主义哲学进行命名的是普列汉诺夫。如前所述,1891 年,普列汉诺夫在《黑格尔逝世六十周年》中就使用了"辩证唯物主义"这一术语。1895 年,普列汉诺夫在《论一元论历史观之发展》中明确指出:"我们用'辩证唯物主义'这一术语,它是唯一能够正确说明马克思的哲学的术语。霍尔巴赫和爱尔维修是形而上学的唯物主义者。他们曾和形而上学的唯心主义斗争过。他们的唯物主义让位于辩证的唯心主义,而后者则为辩证唯物主义所战胜。'经济唯物主义'这一名字是非常不恰当的。马克思从来没有自称为经济唯物主义者。"⑤可见,普列汉诺夫

---

① 《马克思恩格斯全集》第 20 卷,第 28、13 页。
② 《普列汉诺夫哲学著作选集》第一卷,生活·读书·新知三联书店 1959 年版,第 496 页。
③ 《马克思恩格斯全集》第 38 卷,人民出版社 1972 年版,第 236 页。
④ 〔法〕阿尔都塞:《保卫马克思》,顾良译,商务印书馆 2010 年版,第 159 页。
⑤ 《普列汉诺夫哲学著作选集》第一卷,第 768 页。

把马克思主义哲学称为"辩证唯物主义",是相对"形而上学唯物主义",针对"辩证唯心主义""经济唯物主义"而言的。

普列汉诺夫的"辩证唯物主义"是对整个马克思主义哲学的定义,包括后来被称为历史唯物主义的内容。按照普列汉诺夫的观点,"马克思和恩格斯的唯物主义世界观,——如我们刚才所看到的——既包括自然界,也包括历史。无论是在自然界或是在历史方面,这种世界观'都是本质上辩证性的'。但因为辩证唯物主义涉及到历史,所以恩格斯有时将它叫作历史的。这个形容语不是说明唯物主义的特征,而只表明应用它去解释的那些领域之一"①。所以,普列汉诺夫在阐述辩证唯物主义时,大量阐述的却是历史唯物主义,即唯物主义历史观的内容,如地理环境与社会发展、人的理性与历史动力、生产力与生产关系的关系问题。正因为如此,列宁认为,普列汉诺夫的《论一元论历史观之发展》"对辩证唯物主义作了极其完美的有价值的阐述"②。

当然,我注意到,"辩证唯物主义"在普列汉诺夫那里具有一定的不确定性,即在普列汉诺夫那里,"辩证唯物主义"主要是指马克思主义哲学,但有时又指整个马克思主义理论。在《马克思主义的基本问题》中,普列汉诺夫指出:"马克思主义是一个完整的世界观。简单说来,这是现代唯物主义,也就是现今发展到最高阶段的世界观,……这个世界观的历史方面和经济方面,也就是所谓历史唯物主义以及同它有密切关系的对于政治经济学的任务、方法和范畴的见解,对于社会经济发展,尤其是资本主义社会经济发展的各种见解的总和。""存在的只是一个'体系'——辩证唯物主义体系,在这个体系中既有政治经济学,也有对历史过程的科学解释,还有许多别的东西。"③显然,在这里,"辩证唯物主义"是指整个马克思主义理论。

---

① 《普列汉诺夫哲学著作选集》第二卷,晏成书等译,生活·读书·新知三联书店1961版,第311页。
② 《列宁全集》第4卷,人民出版社1984年版,第67页。
③ 《普列汉诺夫哲学著作选集》第三卷,生活·读书·新知三联书店1962年版,第134、106页。

同时,我注意到,当普列汉诺夫用"辩证唯物主义"来理解和称谓马克思主义哲学时,其理论乐曲中存在着一些不和谐的音响。具体地说,普列汉诺夫在一定程度上意识到实践观点在马克思主义哲学中的极端重要性,并认为"行动(人们在社会生产过程中的合规律的活动)向辩证唯物主义者说明社会人的理性的历史发展。全部他的实践哲学归结为行动。辩证唯物主义是行动的哲学"①。这是一个值得赞赏的观点,深入下去就能从根本上把握马克思主义哲学的特征。

然而,普列汉诺夫对马克思的实践观点只是表现出一种应酬式的热情,并没有沿着这一线索深入下去,因而也就没有理解马克思所说的从人的实践活动出发去理解"对象、现实、感性"的深刻内涵,没有把握马克思的唯物主义与费尔巴哈的唯物主义的根本差别。相反,普列汉诺夫认为,马克思的唯物主义与费尔巴哈的唯物主义都属于"最新的唯物主义",马克思的"唯物主义观点是在费尔巴哈哲学的内在逻辑所指示的同一方向上发展起来的";"马克思的认识论是直接从费尔巴哈认识论发生出来的,或者要是你愿意的话,也可以说马克思的认识论实际就是费尔巴哈的认识论"②。这是一个无原则的糊涂观念。它表明,普列汉诺夫没有真正理解和把握马克思主义哲学的本质特征,并模糊了马克思的唯物主义与费尔巴哈的唯物主义的根本界限。

按照马克思的观点,费尔巴哈不理解实践是一种对象化的活动,"对象、现实、感性"都是在人的实践活动中生成的"对象性的存在",因而"他没有看到,他周围的感性世界决不是某种开天辟地以来就已存在的、始终如一的东西,而是工业和社会状况的产物,是历史的产物,是世世代代活动的结果"③。因此,费尔巴哈力图从现实的自然出发,可最终得到的仍然是一个脱离了人的活动,脱离了社会历史的"抽象的自然""抽象的物质"。

如前所述,费尔巴哈唯物主义的不彻底性表现在两个方面:在历史观

① 《普列汉诺夫哲学著作选集》第一卷,第 769 页。
② 《普列汉诺夫哲学著作选集》第三卷,第 148、155、146—147 页。
③ 《马克思恩格斯全集》第 3 卷,第 48 页。

上,费尔巴哈没有从人与人的社会关系去理解人,陷入"抽象的人"之中,以这样一种"抽象的人"为基础,必然直接踏上唯心主义道路;在自然观上,费尔巴哈没有从人与自然的实践关系去理解自然,陷入"抽象的自然"或"抽象的物质"之中,以这样一种"抽象的自然"或"抽象的物质"为基础,实际上悄悄走上"唯物主义方向"①。费尔巴哈的唯物主义实际上是一种"自然科学的唯物主义"。这种"排除历史过程的、抽象的自然科学的唯物主义的缺点,每当它的代表越出自己的专业范围时,就在他们的抽象的和唯心主义的观念中立刻显露出来"②。正因为如此,马克思把费尔巴哈的唯物主义"包括"在"从前的一切唯物主义",即"旧唯物主义"的范畴之中,而把自己的唯物主义称为"新唯物主义"。普列汉诺夫不理解这一点,因而他把费尔巴哈的唯物主义与马克思的唯物主义都看作是"最新的唯物主义",从而遮蔽了马克思唯物主义的本质特征。

普列汉诺夫是"最通晓马克思主义哲学的社会党人"③。《论一元论历史观之发展》"对辩证唯物主义作了极其完美的有价值的阐述","培养了整整一代俄国马克思主义者"④。列宁对普列汉诺夫及其辩证唯物主义思想给予了高度评价。从总体上看,列宁继承了普列汉诺夫的辩证唯物主义思想,或者说,普列汉诺夫的辩证唯物主义思想深深地影响了列宁。

1894年,列宁在《什么是"人民之友"以及他们如何攻击社会民主党人?》一书中首次使用了"辩证唯物主义"这一术语⑤。研读列宁的这一著作可以看出,尽管列宁没有对"辩证唯物主义"作出解释,但他实际上是把整个马克思主义哲学看作"辩证唯物主义",并认为"马克思和恩格斯称之为辩证方法(它与形而上学方法相反)的,不是别的,正是社会学中的科学方法,这个方法把社会看作处在不断发展中的活的机体"⑥。1908年,列

---

① 《马克思恩格斯全集》第42卷,第128页。
② 《马克思恩格斯全集》第23卷,第410页。
③ 《列宁全集》第23卷,人民出版社1990年版,第153页。
④ 《列宁全集》第19卷,人民出版社1987年版,第308页。
⑤ 《列宁全集》第1卷,人民出版社1984年版,第151、153页。
⑥ 《列宁全集》第1卷,第135页。

宁在《向报告人提十个问题》中明确提出:"马克思主义哲学是辩证唯物主义。"①后来,列宁多次重申了这一观点:"马克思和恩格斯几十次地把自己的哲学观点叫作辩证唯物主义","马克思主义哲学即辩证唯物主义"②,"马克思一再把自己的世界观叫作辩证唯物主义,恩格斯的《反杜林论》(马克思读过全部手稿)阐述的也正是这个世界观"③。从内涵上看,列宁所说的"辩证唯物主义"包括四个方面:哲学唯物主义、辩证法、唯物主义历史观、阶级斗争理论。在列宁看来,这四个方面的内容体现了马克思主义的"整个世界观",表明"马克思的哲学是完备的哲学唯物主义"④。

自普列汉诺夫和列宁之后,"辩证唯物主义"便成为正式表述马克思主义哲学的概念而广泛流传开来。问题在于,20世纪20年代以后,辩证唯物主义概念的内涵发生了演变。从总体上看,这种演变是沿着两个方向展开的:一是在苏联马克思主义中演变为一种自然观;二是在西方马克思主义中演变为一种历史观。

20世纪20—30年代,苏联出版了一批辩证唯物主义教科书,如沃里夫松的《辩证唯物主义》(1922年)、萨拉比扬诺夫的《辩证唯物主义导论》(1925年)、德-米扬斯基的《辩证唯物主义导论》(1930年)、蒂缅斯基的《辩证唯物主义导论》(1930年)、贝霍夫斯基的《辩证唯物主义哲学概论》(1930年)、西洛可夫和爱森堡的《辩证法唯物主义教程》(1931年),建构了以"物质"为起点,包括唯物主义历史观部分内容在内的马克思主义哲学体系。从总体上看,这些辩证唯物主义教科书继承、沿用了普列汉诺夫、列宁关于辩证唯物主义的观点。然而,到了斯大林那里,"辩证唯物主义"的内涵发生了变化,即从一种世界观实际上演变为一种自然观。1938年,斯大林出版了《论辩证唯物主义和历史唯物主义》。该书开宗明义地

---

① 《列宁全集》第18卷,人民出版社1988年版,第1页。
② 《列宁全集》第18卷,第7、11页。
③ 《列宁全集》第18卷,第258页。
④ 《列宁全集》第23卷,第45页。

指出：“辩证唯物主义是马克思列宁主义党的世界观。它所以叫作辩证唯物主义，是因为它对自然界现象的看法、它研究自然界现象的方法、它认识这些现象的方法是辩证的，而它对自然界现象的解释、它对自然界现象的了解、它的理论是唯物主义的。”①显然，斯大林所说的“辩证唯物主义”就是一种自然观。

以此为前提，斯大林认为“辩证唯物主义的”具有三个基本特征：一是世界本质上是物质的，物质是按规律运动的；二是意识是物质的反映，思维是发展到高度完善的物质即人脑的产物；三是世界及其规律是可以认识的。可是，问题在于，这三个特征在近代唯物主义那里都已经具备了。这表明，斯大林实际上是在用近代唯物主义来理解辩证唯物主义，或者说，斯大林根本没有理解近代唯物主义以至整个旧唯物主义的主要缺点，根本没有把握马克思新唯物主义的本质特征，即从实践出发去理解“对象、现实、感性”，是立足于人类社会，“把感性理解为实践活动的唯物主义”。② 换言之，斯大林根本没有理解和把握新唯物主义与旧唯物主义的本质区别。这也就是说，斯大林所理解的辩证唯物主义与马克思所批判的自然唯物主义没有本质区别。

与苏联马克思主义不同，在西方马克思主义中，一部分学者在否定的意义上使用“辩证唯物主义”，如萨特。按照萨特的观点，根本不存在“自然辩证法”，“辩证法的唯一存在可能性是辩证可能性；或者说，作为历史发展规律的、作为历史发展运动中的认识规律的辩证法”，“自然辩证法，它在任何情况下都只能是一种由形而上学假设的客体”；根本不存在“辩证唯物主义”，“唯物辩证法只有在人类历史内部确定起物质条件的优先地位，由特定的人们在实践中发现了它们并承受它们时，它才有意义。简言之，如果存在某种像辩证唯物主义那样的东西，那它一定是一种历史唯物主义”③。

① 《斯大林选集》下卷，第 424 页。
② 《马克思恩格斯选集》第 1 卷，第 56 页。
③ 〔法〕萨特：《辩证理性批判》(上)，林骧华译，安徽文艺出版社 1998 年版，第 166 页。

另一部分学者则在肯定的意义上使用"辩证唯物主义",但对其内涵作了根本的改造,如卢卡奇。按照卢卡奇的观点,"我们所要恢复的辩证唯物主义的前提是:'不是人们的意识决定他们的存在,而是相反,是他们的社会存在决定他们的意识'"①,之所以如此,是因为"自然是一个社会范畴。在任何特定的社会发展阶段上,无论什么被认为是自然的,那么这种自然是与人相关的,人所涉及的自然无论采取什么形式,也就是说,自然的形式,自然的内容,自然的范围和客观性总是被社会所决定的"②。卢卡奇从根本上否认自然辩证法,认为辩证法不属于自然,只属于历史,历史过程中的主体与客体的相互作用是辩证法的基础。马克思的辩证法把社会作为整体来理解,对于辩证法来说,"中心的问题是要改变现实"③。显然,卢卡奇所理解的辩证唯物主义实际上是和历史唯物主义融为一体的,与斯大林所理解的辩证唯物主义具有本质的不同。

施密特的观点与卢卡奇的观点相似,但施密特主要是从批判费尔巴哈的"抽象本体论"和苏联马克思主义的"物质本体论"的角度论证辩证唯物主义的。按照施密特的观点,"把马克思的自然概念从一开始同其他种种自然观区别开来的东西,是马克思自然概念的社会—历史性质"④。"由于物质实在和人相关联的相对性,因而不仅它处于'为他存在'时,即使处于'自在存在'时,也都和本体论原理不相容。把辩证唯物主义和黑格尔的辩证的唯心主义相比,称它为'本体哲学',这是站不住脚的。辩证唯物主义并不承认有什么脱离具体的规定而独立存在的自在实体。"⑤显然,施密特的用意是想划清辩证唯物主义与辩证唯心主义的界限,划清马克思主义哲学与以抽象本体论为基础的"形而上学"的界限,并力图说明,"苏联马克思主义"所理解的辩证唯物主义并没有真正理解和把握"马克思的辩证唯物主义"。同卢卡奇一样,施密特所理解的辩证唯物主义实际

---

① 〔匈〕卢卡奇:《历史和阶级意识》,第23页。
② 〔匈〕卢卡奇:《历史和阶级意识》,第252页。
③ 〔匈〕卢卡奇:《历史和阶级意识》,第5页。
④ 〔德〕施密特:《马克思的自然概念》,吴仲昉译,商务印书馆1988年版,第2页。
⑤ 〔德〕施密特:《马克思的自然概念》,第24页。

上是和历史唯物主义融为一体的。

二、从"历史科学"到"历史唯物主义"

对马克思主义哲学史的深入考察还使我们得知，历史唯物主义这一术语也不是马克思提出的，马克思一生都未使用过历史唯物主义以及唯物主义历史观这两个术语。在标志着历史唯物主义形成的《德意志意识形态》中，马克思是用"历史科学""唯物主义世界观"来表述历史唯物主义内容，用"真正实证的科学""真正批判的世界观"来表述历史唯物主义特征的。在马克思主义哲学史上，首先提出并使用历史唯物主义以及唯物主义历史观这两个术语的，不是马克思，而是恩格斯。

在写于 1845—1846 年的《德意志意识形态》中，马克思系统地阐述了自己所创立的新历史观的内容，并认为"这种历史观就在于：从直接生活的物质生产出发来考察现实的生产过程，并把与该生产方式相联系的、它所产生的交往形式，即各个不同阶段上的市民社会，理解为整个历史的基础；然后必须在国家生活的范围内描述市民社会的活动，同时从市民社会出发来阐明各种不同的理论产物和意识形式，如宗教、哲学、道德等等，并在这个基础上追溯它们产生的过程。……这种历史观与唯心主义历史观不同，它不是在每个时代中寻找某种范畴，而是始终站在现实历史的基础上，不是从观念出发来解释实践，而是从物质实践出发来解释观念的东西"[①]。

马克思的这一论述有一个重要概念和一个重要命题，即与"唯心主义历史观"相对立的"这种历史观"和"从物质实践出发来解释观念"。从这个重要概念和重要命题可以看出，在《德意志意识形态》中，马克思虽然没有提出、使用唯物主义历史观这一术语，但唯物主义历史观这一概念已是呼之欲出了，或者说已经基本形成了。在我看来，概念与术语既有联系又

①《马克思恩格斯全集》第 3 卷，第 42—43 页。

有区别。概念的形成标志着把握了事物的本质,而术语只是概念的表达形式,二者可能一致,也可能不一致,二者从不一致到一致,恰恰反映了认识过程的深化。

在《德意志意识形态》中,马克思不仅阐述了唯物主义历史观,而且以"这种历史观"为切入点,系统地阐述了他所建构的"唯物主义世界观"。"由于费尔巴哈揭露了宗教世界是世俗世界的幻想(世俗世界在费尔巴哈那里仍然不过是些词句),在德国理论面前就自然而然产生了一个费尔巴哈所没有回答的问题:人们是怎样把这些幻想'塞进自己头脑'的? 这个问题甚至为德国理论家开辟了通向唯物主义世界观的道路。"①在《德意志意识形态》中,马克思"从物质实践出发来解释观念"所建构的正是这种"唯物主义世界观"。

按照马克思的观点,物质实践或物质生产内在地包含着人与自然的关系和人与人的关系即社会关系,展现为人与世界的关系,物质实践"这种活动、这种连续不断的感性劳动和创造、这种生产,是整个现存感性世界的非常深刻的基础"②。在物质实践中,人与自然的关系和人与人的关系又是相互制约的,脱离人与人的关系去理解人与自然的关系,必然走向自然唯物主义;脱离人与自然的关系去理解人与人的关系必然走向历史唯心主义。"任何人类历史的第一个前提无疑是有生命的个人的存在。因此第一个需要确定的具体事实就是这些个人的肉体组织,以及受肉体组织制约的他们与自然界的关系。"③因此,把人与自然的关系从历史观中排除出去,必然制造"物质的自然"与"精神的历史"对立的神话,并走向历史唯心主义。正如马克思所说,"把人对自然界的关系从历史中排除出去了,因而造成了自然界和历史之间的对立。因此这种观点只能在历史上看到元首和国家的丰功伟绩,看到宗教的、一般理论的斗争,而且在每次

---

① 《马克思恩格斯全集》第 3 卷,第 261 页。
② 《马克思恩格斯全集》第 3 卷,第 50 页。
③ 《马克思恩格斯全集》第 3 卷,第 23 页。

描述某一历史时代的时候,它都不得不赞同这一时代的幻想"①。

在《德意志意识形态》中,马克思是用"历史科学"来称谓这种"唯物主义世界观"的:"我们仅仅知道一门唯一的科学,即历史科学。历史可以从两方面来考察,可以把它划分为自然史和人类史。但这两方面是密切相联的;只要有人存在,自然史和人类史就彼此相互制约。"②费尔巴哈恰恰不理解这两种"历史"及其相互关系,因而在自然观上走向自然唯物主义,在历史观上陷入历史唯心主义。"当费尔巴哈是一个唯物主义者的时候,历史在他的视野之外;当他去探讨历史的时候,他决不是一个唯物主义者。在他那里,唯物主义和历史是彼此完全脱离的。"③这里,历史唯物主义这一概念已是呼之欲出了。换言之,在《德意志意识形态》中,历史唯物主义这一术语虽未提出,但历史唯物主义这一概念已经基本形成,它是通过"历史科学"实现的。更重要的是,《德意志意识形态》所说的"历史科学"不是学科意义上的历史学,而是学说意义上的世界观,即马克思的"唯物主义世界观"。

当然,我注意到,在《德意志意识形态》中,马克思用了"真正实证的科学"来描述历史唯物主义的特征,并认为"思辨终止的地方,即在现实生活面前,正是描述人们的实践活动和实际发展过程的真正实证的科学开始的地方"④。这表明,马克思在创建历史唯物主义的过程中的确受到了同时代的实证主义的影响。所以,马克思反复强调"经验的方法""经验的观察""经验的事实",并认为"只要按照事物的本来面目及其产生根源来理解事物,任何深奥的哲学问题……都会被简单地归结为某种经验的事实"⑤。但是,我们必须明白,马克思用"真正实证的科学"是为了描述历史唯物主义从"经验的事实"出发这一特征,而不是说明历史唯物主义是

---

① 《马克思恩格斯全集》第 3 卷,第 44 页。
② 《马克思恩格斯全集》第 3 卷,第 20 页。
③ 《马克思恩格斯全集》第 3 卷,第 51 页。
④ 《马克思恩格斯全集》第 3 卷,第 30—31 页。
⑤ 《马克思恩格斯全集》第 3 卷,第 49 页。

一门实证科学、一种实证主义。

实证主义从"经验的事实"出发，把经验事实作为无批判的认识对象肯定下来，只是满足于既定的、僵死的经验事实，至多是"解释世界"；历史唯物主义也从"经验的事实"出发，但它并没有停留在这种经验事实上，而是对这种经验事实及其前提进行批判，"在批判旧世界中发现新世界"①，从而改变世界。所以，在《德意志意识形态》中，马克思又用了"真正批判的世界观"来描述历史唯物主义的特征，并认为历史唯物主义"根据经验去研究现实的物质前提，因而最先是真正批判的世界观"②。列宁没有看到《德意志意识形态》，但他自觉而敏锐地意识到这一点，所以，他把历史唯物主义称作"批判的唯物主义"，并认为"只有这种批判才是科学的批判，这种批判就是把政治、法律、社会和习俗等等方面的事实拿来同经济、生产关系体系，以及在一切对抗性社会关系基础上必然形成的各个阶级的利益加以对照"③。

作为"真正实证的科学"，历史唯物主义以"经验的事实"为出发点；作为"真正批判的世界观"，历史唯物主义对"经验的事实"持一种批判性态度和超越性的思维。所以，历史唯物主义是"从对人类历史发展的观察中抽象出来的最一般的结果的综合"④。实际上，在《1844年经济学哲学手稿》中，马克思就批判了"非批判的实证主义"，强调"实证的人道主义和自然主义的批判"⑤；在1845年的《神圣家族》中，马克思又批判了"形而上学"尤其是"思辨的形而上学"，强调建立一种"和人道主义相吻合的唯物主义"⑥。一方面是批判"无批判的实证主义"，另一方面是批判"形而上学"这种哲学形态，马克思正是在这两个方面的批判中逐步建立历史唯物

① 《马克思恩格斯全集》第 1 卷，第 416 页。
② 《马克思恩格斯全集》第 3 卷，第 261 页。
③ 《列宁全集》第 1 卷，第 368、291 页。
④ 《马克思恩格斯全集》第 3 卷，第 31 页。
⑤ 《马克思恩格斯全集》第 42 卷，第 162、46 页。
⑥ 《马克思恩格斯全集》第 2 卷，第 160 页。

主义这一"为历史服务的哲学"①的。阿尔都塞对此评价道:"对于一门既作为历史科学(历史唯物主义),同时又作为哲学(它能够认识各种理论形态的本质和历史,因而在把自己当作对象的情况下,也能够认识自己)的辩证理论,这是必然的事情。马克思主义是在理论上敢于迎接这个考验的唯一哲学。"②

在马克思主义哲学史上首次提出并使用"唯物主义历史观""历史唯物主义"这两个术语的是恩格斯。1859 年,恩格斯在《卡尔·马克思〈政治经济学批判〉》一文中首次明确提出了"唯物主义历史观"这一术语,并指出:马克思主义的经济学"本质上是建立在唯物主义历史观的基础上的","后者的要点"在马克思的 1859 年《〈政治经济学批判〉序言》中"已经作了扼要的阐述"③。众所周知,《〈政治经济学批判〉序言》以其深刻的思想、精彩的表述把社会的基本结构和历史的基本规律清澈见底地、明白无疑地表述出来了,从而对唯物主义历史观的基本观点作了经典概括。把《〈政治经济学批判〉序言》所概括的唯物主义历史观和《德意志意识形态》所概括的"这种历史观"相比较可以看出,二者在本质上是一致的,都是指"马克思的历史观",而"马克思的历史观"的任务"归根到底,就是要发现那些作为支配规律在人类社会的历史上为自己开辟道路的一般运动规律"④。

1890 年 8 月,恩格斯在致康·施密特的信中首次提出了"历史唯物主义"这一术语:"我们的历史观首先是进行研究工作的指南,并不是按照黑格尔学派的方式构造体系的方法。必须重新研究全部历史,必须详细研究各种社会形态的存在条件,然后设法从这些条件中找出相应的政治、私法、美学、哲学、宗教等等的观点。在这方面,到现在为止只做了很少的一点成绩,因为只有很少的人认真地这样做过。在这方面,我们需要很大的

---

① 《马克思恩格斯全集》第 1 卷,第 453 页。
② 〔法〕阿尔都塞:《保卫马克思》,第 22 页。
③ 《马克思恩格斯全集》第 13 卷,人民出版社 1962 年版,第 526 页。
④ 《马克思恩格斯全集》第 21 卷,第 341 页。

帮助,这个领域无限广阔,谁肯认真地工作,谁就能做出许多成绩,就能超群出众。但是,许多年轻的德国人却不是这样,他们只是用历史唯物主义的套语(一切都可能变成套语)来把自己的相当贫乏的历史知识(经济史还处在襁褓之中呢!)尽速构成体系。"①1890 年 9 月,恩格斯在致约·布洛赫的信中再次使用了历史唯物主义这一术语。在概要地阐述了"唯物史观"的基本观点后,恩格斯指出,《反杜林论》和《路德维希·费尔巴哈和德国古典哲学的终结》"对历史唯物主义作了就我所知是目前最为详尽的阐述"②。1892 年,恩格斯在《社会主义从空想到科学的发展》的英文版导言中对"历史唯物主义"作出了解释:"用'历史唯物主义'这个名词来表达一种关于历史过程的观点,这种观点认为一切重要历史事件的终极原因和伟大动力是社会的经济发展、生产方式和交换方式的改变、由此产生的社会之划分为不同的阶级,以及这些阶级彼此之间的斗争。"③显然,恩格斯所说的"历史唯物主义"就是指唯物主义历史观。

此时,恩格斯提出并使用"历史唯物主义"来表述唯物主义历史观,有其特定的历史背景。这就是,19 世纪 90 年代,唯物主义历史观被误解为"经济唯物主义""经济史观"。1890 年,德国社会学家巴尔特在《黑格尔和包括马克思及哈特曼在内的黑格尔派历史哲学》中,首先把唯物主义历史观解释为"经济唯物主义""经济史观",即只承认经济因素的自动作用,否定其他社会因素的积极作用。巴尔特的观点不仅在社会上,而且在社会民主党内部也产生了较大的影响,党内的"青年派"加以"模仿",一些理论家也认同这一观点,如拉法格就出版了《马克思的经济唯物主义》一书,伯恩施坦则明确指出:"我决不想对巴尔特所用的'经济史观'这一名称感到愤怒,而是不管怎样要把它看成马克思主义历史理论的最恰当的名称。"④

---

① 《马克思恩格斯全集》第 37 卷,人民出版社 1971 年版,第 432—433 页。
② 《马克思恩格斯全集》第 37 卷,第 462 页。
③ 《马克思恩格斯全集》第 22 卷,人民出版社 1965 年版,第 346 页。
④ 《伯恩施坦文选》,人民出版社 2008 年版,第 150 页。

可以看出,恩格斯使用"唯物主义历史观"是针对"唯心主义历史观",提出"历史唯物主义"是针对"经济唯物主义"的。所以,恩格斯在1890年8月致康·施密特的信中首次提出历史唯物主义这一术语时,专门点了巴尔特的名。这就是说,在恩格斯这里,"唯物主义历史观"和"历史唯物主义"具有相同的含义,二者都是对马克思主义历史观的表述。这也就是说,恩格斯在这里提出的历史唯物主义概念与马克思在《德意志意识形态》中所阐述的历史唯物主义内容是有差别的。

1892年,恩格斯把《社会主义从空想到科学的发展》英文版导言译成德语,并以《论历史唯物主义》为题发表在《新时代》杂志1892年第1、2期上。从此,"历史唯物主义"便同"唯物主义历史观"一样,逐渐成为表达马克思主义历史观的惯常用语。但是,"历史唯物主义"在第二国际马克思主义、苏联(俄国)马克思主义、西方马克思主义中又得到不同的解读,其内涵处在不断地演变中。

在第二国际的马克思主义中,历史唯物主义和唯物主义历史观是作为同一概念使用的。在《社会主义的前提和社会民主党的任务》中,伯恩施坦从三个方面阐述了历史唯物主义:

一是历史唯物主义的产生。伯恩施坦认为,马克思、恩格斯继承了费尔巴哈的唯物主义。同时运用黑格尔的辩证法,创立了历史唯物主义。"马克思和恩格斯却没有停留在费尔巴哈的基本上始终是自然科学方面的唯物主义上,而是通过运用已排除神秘性的辩证法,在法国和更为激烈地在英国发生的资产阶级同工人阶级之间的阶级斗争的影响下,发展了自己的历史唯物主义理论。"[1]也正因为如此,马克思、恩格斯一生都没有彻底摆脱黑格尔辩证法的"残余",甚至陷入"黑格尔主义辩证法的陷阱"中,对资本主义社会的发展作了"纯粹思辨的预测"[2]。

二是历史唯物主义的性质。伯恩施坦认为,历史唯物主义是"马克思

---

① 《伯恩施坦文选》,第157页。
② 《伯恩施坦文选》,第159页。

的历史哲学"或"社会哲学"。在 1859 年的《〈政治经济学批判〉序言》中，"马克思以十分简练、明确、摆脱一切同特殊现象、特殊形式的关系的句子表述了他的历史哲学或社会哲学的一般特征，在任何别的地方都没有说得这样简洁。马克思的历史哲学的主要思想在这里一点也不缺少"①。和任何科学一样，在马克思主义中也有"纯粹科学""纯粹理论"与"应用科学""应用理论"之分，历史唯物主义属于马克思主义的"纯粹科学"或"纯粹理论"。"马克思主义的基础中的最重要环节，也可以说是贯串整个体系的基本规律，是它的特殊的历史理论，这一理论被命名为唯物主义的历史观。"②

三是历史唯物主义的特征。伯恩施坦认为，历史唯物主义实际上是一种物质决定论。"关于唯物主义历史观的正确性的问题，就是关于历史必然性及其根源的问题。做一个唯物主义者，首先意味着把一切现象归因于物质的必然的运动。根据唯物主义理论，物质的运动是作为机械过程而以必然性实现的。任何过程发生时，都不会没有它的从一开始就是必然的后果，任何现象都不会没有它的物质原因。因此，决定思想和意志趋向的形态的是物质的运动，思想和意志趋向以及从而人类世界的一切现象因而也是物质上必然的……一切现象都是由已存在的物质的总和和它的各部分的力量关系预先决定的。"③这表明，伯恩施坦在哲学上是以抽象的物质决定论、机械决定论来理解历史唯物主义的。

考茨基在其名著《唯物主义历史观》中指出："马克思和恩格斯把他们的历史观称为一种唯物主义的历史观，是因为这种历史观是从他们的唯物主义的思想、他们的唯物主义世界观里产生出来的。""历史唯物主义是应用到历史上的唯物主义。"④这里，考茨基提出了三个概念，即唯物主义世界观、唯物主义历史观和历史唯物主义。研读《唯物主义历史观》可以

① 《伯恩施坦文选》，第 139 页。
② 《伯恩施坦文选》，第 140 页。
③ 《伯恩施坦文选》，第 141 页。
④ 〔德〕考茨基：《唯物主义历史观》第一分册，《哲学研究》编辑部，上海人民出版社 1964 年版，第 20 页。

看出,历史唯物主义和唯物主义历史观是内涵相同的概念,二者都是指马克思的历史观,而唯物主义世界观则是指马克思的哲学。"马克思和恩格斯是从一种十分确定的哲学出发"的,"历史唯物主义也并没有始终是一个通过经验、通过对事实的单纯观察而得来的孤立假设,而是与一个巨大的世界观有机地结合为一体了,它是与这个世界观同命运、共存亡的"①。这是其一。

其二,历史唯物主义又是同辩证唯物主义结合在一起的。考茨基不仅使用了"历史唯物主义",而且使用了"辩证唯物主义",并认为辩证唯物主义只是一种方法,马克思和恩格斯"借助于这种方法论论证了唯物主义历史观"。"在马克思和恩格斯那里,唯物主义是嵌在他们的方法之中的。"②问题在于,考茨基认为,辩证唯物主义方法不仅是马克思主义哲学的方法,也是"许多别的哲学"使用的方法,所以,"唯物主义历史观并不是与一种唯物主义哲学结合在一起的。它可以与任何一种使用辩证唯物主义的方法的世界观合得拢,或者至少与它不发生合不拢的矛盾"。"唯物主义历史观不仅可以与马赫和阿芬那留斯合得拢,而且可以和许多别的哲学合得拢。"③这表明,考茨基并没有真正理解马克思的唯物主义历史观的理论基础,没有真正理解马克思的唯物主义世界观的本质特征,没有真正理解马克思的历史唯物主义和辩证唯物主义的关系,没有真正理解理论与方法的关系。实际上,不存在不包含方法的纯粹的理论,也不存在脱离了理论的纯粹的方法。唯物主义本身也是一种方法,辩证法本身也是一种理论。

与考茨基不同,梅林反对用马赫主义、新康德主义来"补充"历史唯物主义,认为历史唯物主义是"自成体系"的"唯物主义的社会历史理论",用马赫主义、新康德主义等"补充"历史唯物主义纯属"多余之举"。同时,也不需要用自然科学来"补充"历史唯物主义,因为"历史唯物主义包含自然

① 〔德〕考茨基:《唯物主义历史观》第一分册,第22、21页。
② 〔德〕考茨基:《唯物主义历史观》第一分册,第29、23页。
③ 〔德〕考茨基:《唯物主义历史观》第一分册,第29、30页。

科学唯物主义,但自然科学唯物主义不包含历史唯物主义"①。"历史唯物主义是一种自成体系的理论,其使命是认识人类社会的历史发展,这种理论的权利以它自身为基础,不需要与自然科学方法结合起来,一如它本身并无任何自然科学方面的要求。"②梅林的观点显然处在矛盾之中:一方面认为历史唯物主义包含自然科学唯物主义,另一方面又认为历史唯物主义不需要借鉴自然科学方法;一方面认为马克思在历史观上创立了历史唯物主义,同时拯救了辩证法,另一方面又认为马克思在自然观上仍然是机械唯物主义者。这就使马克思主义哲学从内部爆裂了,即马克思主义哲学在自然观上是机械唯物主义,在历史观上则是辩证唯物主义。

在苏联(俄国)马克思主义中,普列汉诺夫可谓阐述历史唯物主义的第一人。在普列汉诺夫那里,"历史唯物主义"和"唯物主义历史观"都具有双重含义。

就"历史唯物主义"而言,普列汉诺夫认为,历史唯物主义就是马克思的历史哲学,是"说明人类历史的唯物主义哲学"③。历史唯物主义中的"历史""这个形容语不是说明唯物主义的特征,而只表明应用它去解释的那些领域之一"④。"'历史唯物主义'仅仅是马克思唯物主义世界观的一部分。"⑤这是其一。其二,历史唯物主义就是辩证唯物主义,即整个马克思主义哲学。普列汉诺夫认为,按照恩格斯的说法,应把辩证唯物主义"称之为历史唯物主义"⑥。不管是哪一种含义,普列汉诺夫对历史唯物主义的阐释都不乏精彩、深刻之处,尤其是普列汉诺夫已经意识到了实践的观点构成了历史唯物主义的本质特征。普列汉诺夫明确指出:"'在作用于外间自然时,人改变了自己本身的天性'。在这几句话中包括着马克

---

① 〔德〕梅林:《保卫马克思主义》,吉洪译,人民出版社 1982 年版,第 17 页。
② 〔德〕梅林:《保卫马克思主义》,第 163 页。
③ 《普列汉诺夫哲学著作选集》第二卷,第 510 页。
④ 《普列汉诺夫哲学著作选集》第二卷,第 311 页。
⑤ 《普列汉诺夫哲学著作选集》第二卷,第 215 页。
⑥ 《普列汉诺夫哲学著作选集》第二卷,第 269 页。

思的历史理论的全部本质。"①

就"唯物主义历史观"而言，普列汉诺夫一是认为唯物主义历史观就是"马克思的历史观"，正是由于马克思创立了唯物主义历史观，"唯物主义哲学被提升为一个完整的、首尾一贯的和彻底的世界观"②；二是认为只要是从"物质"出发去理解人类历史的学说，都属于唯物主义历史观。在这个意义上，马克思的历史理论、孟德斯鸠的地理环境决定论、霍尔巴赫的原子运动决定论都属于唯物主义历史观。"霍尔巴赫曾说过，各民族的历史命运有时在一整个世纪为在人的强有力的头脑中戏耍的原子的运动所决定。这也是唯物史观。""辩证唯物主义是唯物史观的最高发展。"③普列汉诺夫对唯心主义世界观的批判相当精彩，对历史唯物主义与经济唯物主义的区别也有相当认识，但是，他把孟德斯鸠的地理环境决定论、霍尔巴赫的原子运动决定论也作为唯物史观实属误读。这表明，普列汉诺夫没有真正理解唯物主义历史观中的"物"为何物，没有真正把握历史唯物主义与自然唯物主义的本质区别。

在列宁的著作中，除个别情况外，历史唯物主义、社会唯物主义④、唯物主义历史观是作为同一概念使用的，都是指马克思主义历史观。在马克思主义哲学史上，列宁对历史唯物主义的阐述留下的痕迹最深、影响最大的观点，就是明确提出历史唯物主义是唯物主义在社会历史领域中的"推广运用"。在《马克思主义的三个来源和三个组成部分》中，列宁指出："马克思加深和发展了哲学唯物主义，而且把它贯彻到底，把它对自然界的认识推广到对人类社会的认识。马克思的历史唯物主义是科学思想中的最大成果。"⑤在《卡尔·马克思》中，列宁指出："发现唯物主义历史观，或者更确切地说，把唯物主义贯彻和推广运用于社会现象领域，消除了以

---

① 《普列汉诺夫哲学著作选集》第一卷，第 676 页。
② 《普列汉诺夫哲学著作选集》第一卷，第 495 页。
③ 《普列汉诺夫哲学著作选集》第一卷，第 811 页。
④ 列宁认为，历史唯物主义也就是社会唯物主义，即"社会的（或历史的）唯物主义"（《列宁全集》第 2 卷，人民出版社 1984 年版，第 420 页）。
⑤ 《列宁全集》第 23 卷，第 45 页。

往的历史理论的两个主要缺点。"①

这里，从哲学唯物主义"推广运用"出历史唯物主义的逻辑是："物质的存在不依于感觉。物质是第一性的。感觉、思想、意识是按特殊方式组成的物质的高级产物。这就是一般唯物主义的观点，特别是马克思和恩格斯的观点。""一般唯物主义认为客观真实的存在（物质）不依赖于人类的意识、感觉、经验等等。历史唯物主义认为社会存在不依赖于人类的社会意识。"②"既然唯物主义总是用存在解释意识而不是相反，那么应用于人类社会生活时，唯物主义就要求用社会存在解释社会意识。"③在列宁看来，这是马克思主义哲学的两个"基本前提"、两个"重要部分"，其中，"基础，即哲学唯物主义"④。这就是说，在马克思主义哲学体系中，"哲学唯物主义"或"一般唯物主义"是理论基础，历史唯物主义则是"应用"性质的历史观。

问题的关键在于，这种作为理论基础的"哲学唯物主义"是指费尔巴哈哲学的唯物主义，还是指马克思的唯物主义。研读列宁的著作可以看出，这里所说的作为历史唯物主义理论基础的"哲学唯物主义"是指列宁所理解的辩证唯物主义的自然观，即唯物主义"对自然界的认识"。按照列宁的观点，马克思的唯物主义是从费尔巴哈的唯物主义发展起来的。在这个过程中，马克思用黑格尔的辩证法改造了费尔巴哈的唯物主义，"改正"了费尔巴哈的认识论的"错误"，从而把传统的唯物主义自然观改造成辩证的唯物主义自然观；同时，马克思"认真地在理论上发展唯物主义，把唯物主义应用于历史"，即把辩证唯物主义自然观"推广"到人类社会，"应用"于历史研究，从而创立了唯物主义历史观，即历史唯物主义。

这样，马克思就在自然观和历史观两个领域"加深和发展"了哲学唯物主义。"马克思和恩格斯的学说是从费尔巴哈那里产生出来的，是在与

① 《列宁全集》第26卷，人民出版社1990年版，第59页。
② 《列宁全集》第18卷，第49、341页。
③ 《列宁全集》第26卷，第57页。
④ 《列宁全集》第18卷，第341、346页。

庸才们的斗争中发展起来的,自然他们所特别注意的是修盖好唯物主义哲学的上层,也就是说,他们所特别注意的不是唯物主义认识论,而是唯物主义历史观。因此,马克思和恩格斯在他们的著作中特别强调的是辩证唯物主义,而不是辩证唯物主义,特别坚持的是历史唯物主义,而不是历史唯物主义。"[1]

与列宁强调哲学唯物主义是历史唯物主义的理论基础不同,布哈林认为,历史唯物主义是马克思主义哲学以至整个马克思主义的理论基础。在1921年出版的《历史唯物主义理论——马克思主义社会学通俗教材》中,布哈林提出了两个事关历史唯物主义全局的重要观点:一是"历史唯物主义理论是马克思主义的社会学",是"关于社会及其发展规律的一般学说"[2];二是历史唯物主义是马克思主义理论的"基础的基础","包括为数不少的所谓'一般世界观'的问题"[3]。布哈林对历史唯物主义的解释过多强调了历史唯物主义的社会学特征,而淡化了历史唯物主义的哲学性质,而他关于历史唯物主义是马克思主义理论的"基础的基础"的观点又显然不同于恩格斯、普列汉诺夫、列宁的观点。所以,卢卡奇认为:"布哈林的理论宗旨不同于从马克思和恩格斯经过梅林和普列汉诺夫到列宁和罗莎·卢森堡的历史唯物主义伟大传统。"[4]

在布哈林出版《历史唯物主义理论》之后,20世纪20—30年代,苏联出版了一批历史唯物主义教科书,如丘缅涅夫的《历史唯物主义理论》(1922年)、谢姆科夫斯基的《历史唯物主义讲稿》、戈列夫的《历史唯物主义概论》(1925年)、拉祖莫夫斯基的《历史唯物主义理论教程》(1924年)、芬格尔特和萨尔文特的《历史唯物主义简明教程》(1928年)、麦德杰夫和希尔文特的《历史唯物主义概要》(1931年)、沃尔松和加克的《历史

① 《列宁全集》第18卷,第345页。
② 〔苏〕布哈林:《历史唯物主义理论——马克思主义社会学通俗教材》,何国贤等译,人民出版社1983年版,第7页。
③ 〔苏〕布哈林:《历史唯物主义理论》序言,第1页。
④ 中国社会科学院马列主义毛泽东思想研究所:《论布哈林和布哈林思想》,贵州人民出版社1982年版,第227页。

唯物主义概论》(1931年)。从总体上看,这些教科书的确受到了布哈林观点的影响,但更多的是沿用了列宁的观点,并逐步形成了苏联的历史唯物主义体系。

斯大林严厉批判了布哈林的观点,并在总结和概括苏联历史唯物主义教科书的基础上,把列宁的观点发挥到了极致。在《论辩证唯物主义和历史唯物主义》中,斯大林明确指出:"历史唯物主义就是把辩证唯物主义的原理推广去研究社会生活,把辩证唯物主义的原理应用于社会生活现象,应用于研究社会,应用于研究社会历史。"①

为了论证历史唯物主义是辩证唯物主义在历史领域中的"推广""应用",斯大林进行了一系列从自然到社会的逻辑推演:"既然自然现象的联系和相互制约是自然界发展的规律,那么由此可见,社会生活现象的联系和相互制约也同样不是偶然的事情,而是社会发展的规律";"既然我们关于自然界发展规律的知识是具有客观真理意义的、可靠的知识,那么由此应该得出结论:社会生活、社会发展也同样可以认识,研究社会发展规律的科学成果是具有客观真理意义的、可靠的成果";"既然自然界、存在、物质世界是第一性的,而意识、思维是第二性的,是派生的;既然物质世界是不依赖于人们意识而存在的客观实在,而意识是这一客观实在的反映,那么由此应该得出结论:社会的物质生活、社会的存在,也是第一性的,而社会的精神生活是第二性的,是派生的;社会的物质生活是不依赖于人们意志而存在的客观实在,而社会的精神生活是这一客观实在的反映,是存在的反映"②。这就是说,在斯大林那里,从辩证唯物主义到历史唯物主义实际上是自然存在到社会存在的逻辑运行过程。

斯大林的这一观点存在着双重错误:

一是从历史上看,不符合史实。研读马克思主义哲学史可以看出,马克思从唯心主义转向唯物主义首先是在历史观上实现的,或者说,马克思

① 《斯大林选集》下卷,第424页。
② 《斯大林选集》下卷,第435—436页。

是从历史观上开始唯物主义进程的,其标志就是 1843 年的《黑格尔法哲学批判》。这就是说,马克思在成为"历史"唯物主义者之前,还不是一个唯物主义者,而是一个唯心主义者。因此,马克思不可能把所谓的辩证唯物主义"推广""应用"到历史领域。

二是从逻辑上看,混淆了历史与自然的本质区别。自然界与人类社会既有联系,又有本质区别。在自然界中,一切都是盲目的相互作用,任何事情的发生都没有预期的目的,而在人类社会中,进行活动的人都具有自觉的意图,任何事件的发生都有预期的目的;自然之物是可感觉的存在,"社会的物"是"可感觉而又超感觉"的存在,其中蕴含着社会关系的内涵。再好的望远镜看不到社会关系,倍数再高的显微镜看不出社会关系,再先进的计算机也算不出社会关系,"直到现在,还没有一个化学家在珍珠或金刚石中发现交换价值"[1]这种社会关系。因此,从唯物主义自然观不可能"推广""应用"出唯物主义历史观。爱尔维修早就"把唯物主义运用到社会生活方面"[2],得到的却是唯心主义历史观。

社会生活的特殊性犹如横跨在自然与社会之间的"活动翻板"。在马克思之前,即使是坚定的唯物主义者,一旦把视线从自然转向社会,从自然观走向历史观,大多被这块活动翻板翻向了唯心主义深渊,或者"弹向"了自然主义历史观。马克思高出一筹的地方就在于,通过对人的实践活动深入而全面的分析,发现了社会与自然的真实关系,发现了实践是人的存在方式和社会生活的本质,发现了人的活动动机背后的利益关系,而利益关系本质上是社会生产关系。这是其一。

其二,通过对商品的分析和资本批判,在物与物的关系背后发现了人与人的关系,发现了"实物"的社会关系内涵,发现了现实的社会存在及其秘密所在,并由此透视出"一切已经覆灭的社会形式的结构和生产关系"[3]。

---

[1]《马克思恩格斯全集》第 23 卷,第 100 页。
[2]《马克思恩格斯全集》第 2 卷,第 165 页。
[3]《马克思恩格斯全集》第 46 卷上,第 43 页。

其三,通过对人与自然关系和人与人关系的双重批判,发现了"物质生活的生产方式制约着整个社会生活、政治生活和精神生活的过程。不是人们的意识决定人们的存在,相反,是人们的社会存在决定人们的意识"①。

就这样,马克思创立了历史唯物主义,消解了"物质的自然"和"精神的历史"对立的神话。这是一个艰难的思想登山之路。然而,在斯大林那里,这一艰难的思想登山之路被简单化、片面化了。社会的真正主体被遮蔽了,作为社会生活本质的实践被淡化了,人与自然之间的"物质变换"和人与人之间的"活动互换"及其关系不见了,历史唯物主义的划时代贡献在相当大的程度上被抛弃了。

从总体上看,西方马克思主义就是从批判第二国际马克思主义、苏联马克思主义开始其历史进程的。在这个历史进程中,历史唯物主义是其聚焦点,重建历史唯物主义构成了西方马克思主义的理论主题。卢卡奇提出"重建马克思主义"。哈贝马斯明确提出"重建历史唯物主义",并认为"斯大林把历史唯物主义法典化,后果严重。自那时以来的历史唯物主义研究,始终受着这种理论框架的禁锢。现在,斯大林确认的历史唯物主义解释,需要重建"②。

按照卢卡奇的观点,不存在自然辩证法,辩证法是"限定在历史的和社会的范围"的,历史本身就是辩证的,马克思的哲学就是"历史的和辩证的"唯物主义;历史唯物主义是一种从总体上认识人类社会、首先是资本主义社会的方法。"什么是历史唯物主义?毋庸置疑,历史唯物主义是一种认识历史的事件,并能掌握其真正性质的科学方法,然而,同资产阶级的历史的方法相比,它还提供给我们历史地因而是科学地观察现实的观点,从而使我们能透过历史表层,洞察到现实中控制着事件的深层的历史力量。""历史唯物主义最重要的职能是对资本主义社会制度作出正确的

---

① 《马克思恩格斯全集》第 13 卷,第 8 页。
② 〔德〕哈贝马斯:《重建历史唯物主义》,郭官义译,社会科学文献出版社 2000 年版,第 139 页。

判断,揭露资本主义社会制度的本质。"①这一论述表明,历史唯物主义既是一种历史观,又是一种认识历史的方法,其职能就是通过认识和把握资本主义社会制度的本质,认识和把握历史事件的性质和历史发展的动力。

同时,卢卡奇又认为,历史唯物主义不是纯粹的认识活动的工具,而是"阶级斗争的工具"。由于历史唯物主义揭露了资本主义社会的本质,所以,"对于资产阶级来说,承认了历史唯物主义,这无疑等于自我毁灭";"对无产阶级来说,仅仅满足于历史唯物主义的科学价值,把它仅仅看作一个认识工具,这无疑也是自我毁灭"。"历史唯物主义的主要职能首先并不在于纯粹科学的认识中,而是在于行动中。"②这就是说,历史唯物主义不仅是历史观和历史研究方法的统一,而且是科学和价值观念的统一,更重要的,是理论和实践的统一。

柯尔施的观点和卢卡奇相似,那就是,马克思主义哲学本质上是"辩证的唯物史观",即历史唯物主义。从形成过程看,马克思把在黑格尔那里"潜在地是唯物主义的世界观方法,转换成为一个明显的唯物主义的历史与社会观点的指导性原则"③;从理论内容看,历史唯物主义"是一种把社会发展作为活的整体来理解和把握的理论;或者更确切地说,它是一种把社会革命作为活的整体来把握和实践的理论"④,这就把社会发展同"革命的实践"结合起来了;从社会职能看,历史唯物主义不仅要解释社会,而且要改变社会。与以往的"抽象的唯物主义"不同,"马克思主义的唯物主义首先是历史的和辩证的唯物主义。换言之,它是这样一种唯物主义,它的理论认识了社会和历史的整体,而它的实践则颠覆了这个整体"⑤。这就是说,理论和实践的统一是历史唯物主义的内在原则,而不是

① 〔匈〕卢卡奇:《历史和阶级意识》,第 240、241 页。
② 〔匈〕卢卡奇:《历史和阶级意识》,第 241 页。
③ 〔德〕柯尔施:《马克思主义和哲学》,王南湜等译,重庆人民出版社 1989 年版,第 49 页。
④ 〔德〕柯尔施:《马克思主义和哲学》,第 22—23 页。
⑤ 〔德〕柯尔施:《马克思主义和哲学》,第 38 页。

外在规定。对于把历史唯物主义实证化、学院化的思潮来说,卢卡奇和柯尔施的观点无疑是一支"解毒剂"。

三、从"实践人道主义"到"实践唯物主义"

如前所述,马克思一生都未使用"辩证唯物主义"、"历史唯物主义"这两个术语。研读马克思的著作可以看出,"实践唯物主义"是马克思为表达自己的哲学思想所使用的唯一术语。"实践唯物主义"是马克思在《德意志意识形态》中首次提出来的,但作为一个概念,却是从《1844 年经济学哲学手稿》的"实践人道主义"发展而来的。

在《1844 年经济学哲学手稿》中,马克思指出:"共产主义作为私有财产的扬弃就是对真正人的生活这种人的不可剥夺的财产的要求,就是实践的人道主义的生成"①。马克思在这里所说的作为"共产主义"的"实践的人道主义",不仅仅是一种政治理论、社会理想,更重要的,是一种世界观、哲学理论。"共产主义是私有财产即人的自我异化的积极的扬弃,因而是通过人并且为了人而对人的本质的真正占有;因此,它是人向自身、向社会的(即人的)人的复归,这种复归是完全的、自觉的而且保存了以往发展的全部财富的。这种共产主义,作为完成了的自然主义,等于人道主义,而作为完成了的人道主义,等于自然主义,它是人和自然界之间、人和人之间的矛盾的真正解决,是存在和本质、对象化和自我确证、自由和必然、个体和类之间的斗争的真正解决。"②显然,"实践的人道主义"是关涉到人与自然和人与人的关系,即人与世界关系的世界观,是关涉到存在和本质、自由和必然这一本体论核心的哲学理论。

马克思当时之所以用"实践人道主义"来表述自己哲学思想的特征,是针对唯心主义和旧唯物主义即"自然主义"而言的。按照马克思的观

---

① 《马克思恩格斯全集》第 42 卷,第 174 页。
② 《马克思恩格斯全集》第 42 卷,第 120 页。

点,唯心主义尤其是黑格尔的唯心主义强调了人的能动性,并深刻地研究了人的对象化活动的辩证法,但它却否认了对象化活动的主体和对象首先是一种自然的物质存在;自然主义肯定了人是自然的物质存在以及自然界的根源性,但它却忽视了人的能动性,不理解人类世界是人的实践活动的对象化。因此,新的哲学必须肯定自然界的先在性,肯定人是"自然存在物""受动的存在物",同时,肯定人是"有激情的存在物"①"能动的存在物",强调人本身、人的价值和尊严,并以人的实践活动为中心来理解和说明现实的人、现实的自然和现实的世界。因此,新的哲学是"完成了的自然主义"和"完成了的人道主义",即"彻底的自然主义或人道主义"。这种"彻底的自然主义或人道主义,既不同于唯心主义,也不同于唯物主义,同时又是把这二者结合的真理"②。这也是当时马克思没有使用"唯物主义"来表述自己哲学思想特征的原因。

马克思之所以用"实践人道主义"来表述自己哲学思想的特征,又是相对"理论人道主义"而言的。"正象无神论作为神的扬弃就是理论的人道主义的生成,而共产主义作为私有财产的扬弃就是对真正人的生活这种人的不可剥夺的财产的要求,就是实践的人道主义的生成一样。"③这种"理论的人道主义"是费尔巴哈在宗教批判的过程中创立的。费尔巴哈在宗教批判的过程中发现了人的异化,揭示了人的自我异化的"神圣形象",但他没有看到人的异化背后的私有制以及异化劳动。马克思则把"对天国的批判变成对尘世的批判,对宗教的批判就变成对法的批判,对神学的批判就变成对政治的批判"④,并进行了经济学批判,发现了人的异化背后的私有制以及异化劳动,从而揭示了"非神圣形象"中的人的自我异化。按照马克思的观点,要消除人的异化,必须消除私有制,扬弃异化劳动,"按照人的样子来组织世界"⑤。

---

① 《马克思恩格斯全集》第42卷,第169页。
② 《马克思恩格斯全集》第42卷,第167页。
③ 《马克思恩格斯全集》第42卷,第174页。
④ 《马克思恩格斯全集》第1卷,第453页。
⑤ 《马克思恩格斯全集》第42卷,第24页。

所以,新的哲学是实践的人道主义。由于实践人道主义把扬弃私有财产看作是"人的自我异化的积极的扬弃",因此,实践人道主义又是"积极的人道主义"①。

这表明,《1844年经济学哲学手稿》中的"实践人道主义"与《德意志意识形态》中的"实践唯物主义"不仅具有表面的相似性,而且具有内涵的一致性,即二者都在肯定自然界先在性的前提下强调人的实践活动及其能动性,强调人的实践活动在现存世界中的基础地位,其主旨都在于改变现存世界。正是在这个意义上,"实践人道主义"这一术语初步表达了实践唯物主义这个概念的内涵。换言之,实践唯物主义的概念在《1844年经济学哲学手稿》中初步形成。

在我看来,同一概念可以用不同术语来表达,同一术语也可能表达了不同的概念。一般说来,科学概念都要求用最准确的语言形式,即最恰当的术语来表达,以实现概念和术语完美的统一。然而,这是一个思想不断发展和术语不断选择的过程。因此,在新的概念开始形成的时候,思想家往往用一些旧的术语或不恰当的术语来表达其新的思想内涵,甚至思想家本人此时也未自觉意识到新的思想已经开始形成。这是思想史上的一个普遍现象。当然,我注意到,马克思的哲学本质上是一种新唯物主义,用"实践人道主义"来表达这种新唯物主义,毕竟不确切。

与《1844年经济学哲学手稿》尽可能回避唯物主义这一术语不同,1845年的《神圣家族》则明确地把唯物主义和人道主义联系起来了。在《神圣家族》中,马克思集中批判了"形而上学",尤其是黑格尔的"思辨的形而上学"和霍布斯的"敌视人"的唯物主义,并提出要建立一种"为思辨本身的活动所完善化并和人道主义相吻合的唯物主义"②。"为思辨本身的活动所完善化",实际上是指吸取了黑格尔的辩证法;"和人道主义相吻合",实际上是指弘扬人的主体性,消除人的异化,实现人的价值。换言

①《马克思恩格斯全集》第42卷,第175页。
②《马克思恩格斯全集》第2卷,第159、164、160页。

之，"为思辨本身的活动所完善化并和人道主义相吻合的唯物主义"是一种辩证的、弘扬人的主体性的唯物主义。马克思当时认为，费尔巴哈在理论方面体现了这种唯物主义。实际上，费尔巴哈并未完成这一任务。真正完成这一历史任务的是马克思本人，即马克思创立了这种"为思辨本身的活动所完善化并和人道主义相吻合的唯物主义"。

研读《神圣家族》可以看出，这种"为思辨本身的活动所完善化并和人道主义相吻合的唯物主义"，一是从物质生产方式出发，从"人对自然界的理论关系和实践关系"的双重关系去认识人类历史①；二是在"实物"中把握人与人的社会关系，把握人的存在，因为"实物是为人的存在，是人的实物存在，同时也就是人为他人的定在，是他对他人的人的关系，是人对人的社会关系"②；三是强调通过实践消除私有制，改变世界。"思想从来也不能超出旧世界秩序的范围；在任何情况下它都只能超出旧世界秩序的思想范围。思想根本不能实现什么东西。为了实现思想，就要有使用实践力量的人。"③

显然，这是一种从物质生产出发去理解和把握人与自然的关系和人与人的关系，即人与世界关系的唯物主义世界观。在我看来，《神圣家族》中的"为思辨本身的活动所完善化并和人道主义相吻合的唯物主义"，是对《1844 年经济学哲学手稿》中的"实践人道主义"的深化，同时，也为《德意志意识形态》中的"实践唯物主义"奠定了可靠的理论前提。

这里，我们遇到了一个无法回避的问题，这就是马克思主义与人道主义，或马克思主义哲学与人道主义哲学的关系。

从体系上看，马克思主义无疑不是人道主义。人道主义以一种抽象的人性为历史的唯一原则，并从这种抽象的人性出发去理解历史、评价现实，而马克思主义则是从实践活动、社会关系出发去理解人性、人的本质。按照马克思的观点，人的本质在其现实性上是一切社会关系的总和，"人

---

① 《马克思恩格斯全集》第 2 卷，第 191 页。
② 《马克思恩格斯全集》第 2 卷，第 52 页。
③ 《马克思恩格斯全集》第 2 卷，第 152 页。

的存在是有机生命所经历的前一个过程的结果。只有在这个过程的一定阶段上，人才成为人。但是一旦人已经存在，人，作为人类历史的经常前提，也是人类历史的经常的产物和结果，而人只有作为自己本身的产物和结果才成为前提"①。正是通过实践性、社会性和历史性维度的引入，马克思揭示了人的现实存在，由此瓦解了以抽象的人性论为基础的人道主义，并深刻地批判了资产阶级的人道主义。在这个意义上，阿尔都塞认为马克思主义是"理论的反人道主义"是正确的。

就尊重人的价值和尊严而言，马克思主义与人道主义的确具有共同之处，"马克思的哲学也代表着一种抗议，抗议人的异化，抗议人失去他自身，抗议人变物"②。所以，马克思本人把自己的哲学思想称为"实践的人道主义""积极的人道主义""彻底的人道主义""真正的人道主义""和人道主义相吻合的唯物主义"。西方马克思主义的创始人卢卡奇意识到这一点，所以他认为，马克思主义哲学是"新的人道主义"，这种新人道主义"是建立在唯物主义世界观的基础上的……只有唯物主义的历史观才能够认识到对人性原则真正的和最深刻的破坏、对人的完整性的肢解和歪曲正是社会物质经济结构的必然后果"。"列宁活动的世界观的基础是唯物主义哲学的人道主义。"③东欧新马克思主义的奠基者沙夫也意识到这一点，所以他指出："马克思主义是现实的人道主义，或者最好把它叫做唯物主义的人道主义，以区别于形形色色唯心主义的或唯灵论的人道主义。"④

实际上，不仅西方马克思主义、东欧新马克思主义，就是苏联马克思主义在其晚期发展中也意识到并高度重视马克思主义的人道主义，康斯坦丁诺夫、凯德洛夫、伊利切夫、纳尔斯基、奥伊则尔曼、弗罗洛夫等人一致认为，马克思主义哲学是一种特殊类型的人道主义，费多谢耶夫甚

① 《马克思恩格斯全集》第 26 卷 Ⅲ，人民出版社 1974 年版，第 545 页。
② 《西方学者论〈一八四四年经济学—哲学手稿〉》，复旦大学出版社 1983 年版，第 15 页。
③ 沈恒炎、燕宏远编译：《国外学者论人和人道主义》第 3 辑，社会科学文献出版社 1991 年版，第 200、193 页。
④ 沈恒炎、燕宏远编译：《国外学者论人和人道主义》第 3 辑，第 269 页。

至认为，人道主义是马克思主义的本质①。在我看来，不存在人道主义的马克思主义，但存在马克思主义的人道主义。马克思主义哲学就是"关于现实的人及其历史发展的科学"②，其理论前提就是"现实的个人"，理论任务就是"使现存世界革命化"，消除人的异化及其根源，理论目标就是确立"有个性的个人"，即实现人的每个全面而自由发展。《共产党宣言》明确指出："代替那存在着阶级和阶级对立的资产阶级旧社会的，将是这样一个联合体，在那里，每个人的自由发展是一切人的自由发展的条件。"③这是对人的现实存在和终极存在的双重关怀，是全部哲学史上最激动人心的关怀。

在《德意志意识形态》中，马克思明确提出了实践唯物主义这一术语，准确规定了实践唯物主义概念的内涵。马克思指出："对实践的唯物主义者，即共产主义者说来，全部问题都在于使现存世界革命化，实际地反对和改变事物的现状。"④"实践唯物主义"是从"实践人道主义"演化而来的。但是，从"实践人道主义"到"实践唯物主义"又不是单纯的术语更换，而是概念内涵不断深化的过程。

马克思用"实践唯物主义"表述自己的新唯物主义的特征，是针对旧唯物主义和唯心主义而言的，因为旧唯物主义和唯心主义的共同的主要缺点，就是不知道"真正现实的、感性的活动"，"不了解'革命的'、'实践批判的'活动的意义"。费尔巴哈"从来没有把感性世界理解为构成这一世界的个人的共同的、活生生的、感性的活动"，所以，"正是在共产主义的唯物主义者看到改造工业和社会制度的必要性和条件的地方，他却重新陷入唯心主义"⑤。这里的"共产主义的唯物主义"与"实践的唯物主义"是同一概念，因为"实践的唯物主义者，即共产主义者"。

---

① 沈恒炎、燕宏远编译：《国外学者论人和人道主义》第 2 辑，社会科学文献出版社 1991 年版，第 246 页。
② 《马克思恩格斯全集》第 21 卷，第 334 页。
③ 《马克思恩格斯选集》第 1 卷，第 294 页。
④ 《马克思恩格斯全集》第 3 卷，第 48 页。
⑤ 《马克思恩格斯全集》第 3 卷，第 50、50—51 页。

马克思用"实践唯物主义"表述自己的新唯物主义的特征,又是相对费尔巴哈的"直观唯物主义"而言的。按照马克思的观点,"直观的唯物主义,即不是把感性理解为实践活动的唯物主义"①,而实践的唯物主义则是从实践活动出发,去理解"对象、现实、感性"何以成为这样的存在的唯物主义。在我看来,实践唯物主义这一概念所要表明的,不仅仅是一种要把理论付诸实践的哲学态度,更重要的是指,实践的观点是马克思主义哲学的首要的和基本的观点,实践原则是马克思主义哲学的建构原则。

按照马克思的观点,实践首先是人与自然之间物质变换的过程;为了实现人与自然之间的物质变换,人与人之间必须实现活动互换。"人们在生产中不仅仅同自然界发生关系。他们如果不以一定的方式结合起来共同活动和互相交换其活动,便不能进行生产。为了进行生产,人们便发生一定的联系和关系;只有在这些社会联系和社会关系的范围内,才会有他们对自然界的影响,才会有生产。"②正是在这种"物质变换""活动互换"的过程中,形成了人与自然和人与社会的关系,即人与世界的关系。可以说,人类实践活动是人与世界关系的缩影。实践唯物主义正是通过人类实践活动来反思、批判"现存世界",并以"实践"为原则来建构世界观,从而在对实践活动的全面把握中求得对人与世界关系的总体把握。因此,实践唯物主义不仅是一种实践观、一种历史观,更重要的,是一种世界观,一种以改变世界、"使现存世界革命化"为己任,以确立"有个性的个人"为目标的新唯物主义世界观。

"实践唯物主义"是马克思在 19 世纪中叶提出的,然而,它在相当长的时间内并未引起人们的关注。20 世纪中叶的历史运动、科学、哲学以及马克思主义哲学本身的发展,使"实践唯物主义"的理论价值凸显出来了,人们重新发现了"实践唯物主义",并重新认识到"实践唯物主义"的理论价值和现代意义。西方马克思主义、东欧新马克思主义以及日本学者都

① 《马克思恩格斯全集》第 3 卷,第 8 页。
② 《马克思恩格斯选集》第 1 卷,第 344 页。

自觉地意识到了实践的观点在马克思主义哲学中的基础地位,以及"实践的唯物主义"的重要性。日本学者芝田进午、岛崎隆等人明确地用"实践唯物主义"来指称马克思主义哲学。芝田进午批评了辩证唯物主义和历史唯物主义的体系,提出了"辩证的、历史的唯物主义"的概念,并认为马克思主义哲学是"实践唯物主义",即"辩证的、历史的唯物主义";辩证唯物主义、历史唯物主义、实践唯物主义是"马克思哲学同一世界观的不同体现"。岛崎隆则认为,"实践唯物主义"是表征马克思主义哲学本质特征的用语,但它并不表征整个马克思主义哲学,因为马克思主义哲学还包括自然辩证法。"就体系而言,马克思主义哲学是辩证唯物主义和历史唯物主义,而这个体系的本质特征是实践唯物主义。"①

芝田进午、岛崎隆的观点都涉及到一个重要问题,即实践唯物主义与辩证唯物主义、历史唯物主义的关系问题。

就体系而言,辩证唯物主义和历史唯物主义的体系无疑是苏联学者创建的。1929 年出版的芬格尔特和萨尔文特的《辩证唯物主义和历史唯物主义》首次明确地把"辩证唯物主义"与"历史唯物主义"相提并论,并开始在马克思主义哲学体系中划分了辩证唯物主义与历史唯物主义这种"二分结构"。

1932 年、1934 年出版的米丁和拉祖莫夫斯基的《辩证唯物论与历史唯物论》则固化了这种"二分结构"。按照《辩证唯物论与历史唯物论》的观点,马克思主义哲学是辩证唯物主义,"辩证法唯物论——这是一种完整的、彻底革命的、包括自然界、有机体、思维和人类社会的宇宙观"②;历史唯物论则是辩证唯物论在社会生活领域的运用,同时,历史唯物论的创立"加深和发展哲学的唯物论","达到唯物论之彻底的发展"③;辩证唯物论与历史唯物论之间存在着"直接的和不可分裂的联系",这就是,一般唯

---

① 参见《中日学者关于实践唯物主义的对话》,《哲学动态》1994 年第 8 期。
② 〔苏〕米丁、拉祖莫夫斯基等:《辩证唯物论与历史唯物论》上册,沈志远译,商务印书馆 1936 年版,第 25 页。
③ 〔苏〕米丁、拉祖莫夫斯基等:《辩证唯物论与历史唯物论》下册,商务印书馆 1936 年版,第 1 页。

物论根据存在说明意识,历史唯物论根据社会存在说明社会意识。《辩证唯物论与历史唯物论》以一种脱离人的活动和社会历史的"抽象物质"为起点范畴建构了一个完整的辩证唯物主义和历史唯物主义体系。米丁后来不无得意地自我评价道:"我把马克思主义哲学分为辩证唯物主义和历史唯物主义,这种分法被人接受,流传下来了。"①实际上,米丁等人建构的辩证唯物主义和历史唯物主义"二分结构"体系不仅"流传下来了",而且经过斯大林《论辩证唯物主义和历史唯物主义》的"法典化",支配了苏联马克思主义哲学体系达半个世纪之久。

我并不赞成辩证唯物主义和历史唯物主义"二分结构"体系,因为它没有准确、深刻地反映马克思主义哲学的本真精神和体系特征;但我无意否定"辩证唯物主义""历史唯物主义"这两个概念,因为它们从不同的维度体现了马克思主义哲学的理论特征,并与"实践唯物主义"这一概念具有本质的一致性。

就实践唯物主义与辩证唯物主义的关系而言,二者在本质上是一致的。如前所述,在实践活动中,人是以物的方式去活动并同自然发生关系的,得到的却是自然或物以人的方式而存在,从而使"自然界对人生成",人由此成为主体,自然成为客体,人与自然的关系由此成为"为我而存在"的关系。这种"为我而存在"关系就是一种否定性的矛盾关系。

具体地说,人类要维持自身的存在,即肯定自身,就要对自然界进行否定性的活动,即改变自然界的原生态,使之成为"人化自然""为我之物"。与动物不同,人总是在不断制造与自然的对立关系中去获得与自然的统一关系的,对客体的否定正是对主体自身的肯定。这种肯定、否定的辩证法使主体与客体处于双向运动中。实践不断地改造自然、创造着社会,同时又不断地改造、创造着人本身,包括人的肉体组织、思维结构和社会关系。

人与世界之间的这种"为我而存在"的否定性关系是最深刻、最复杂

---

① 安启念:《新编马克思主义哲学发展史》,中国人民大学出版社 2004 年版,第 173 页。

的矛盾关系。马克思高出一筹的地方就在于：通过对人的实践活动及其意义深入而全面的剖析，发现并科学地解答了"为我而存在"的矛盾关系问题，从而使唯物主义和人的主体性统一起来了，唯物主义和辩证法因此也结合起来了。这就是说，实践唯物主义与辩证唯物主义具有一致性，或者说，实践唯物主义就是辩证唯物主义。

就实践唯物主义与历史唯物主义的关系而言，二者在本质上也是一致的。按照马克思的观点，人们为了创造历史，必须能够生活；为了能够生活，必须进行物质实践，实现人与自然之间的物质变换；为了实现人与自然之间的物质变换，人与人之间必须互换其活动，并必然结成一定的社会关系，实践因此构成了全部社会关系的发源地和全部社会生活的本质。从根本上说，社会就是在人与自然的物质变换中形成和发展起来的，人与自然的物质变换构成了社会存在和发展的"永恒的自然必然性"。正因为如此，以往的哲学家，把人对自然的实践关系从历史中排除出去之后，只能走向唯心主义历史观；马克思从人对自然的实践关系出发去解释观念以及历史进程，则创立了唯物主义历史观。当马克思通过实践的观点把唯物主义和辩证法有机结合起来时，也就实现了唯物主义自然观和唯物主义历史观的统一，创立了历史唯物主义。反过来说，当马克思通过实践的观点实现唯物主义自然观和唯物主义历史观的统一，即创立历史唯物主义时，也就把唯物主义和辩证法结合起来了，即创立了辩证唯物主义。实践唯物主义不仅与辩证唯物主义具有一致性，而且与历史唯物主义也具有一致性，或者说，实践唯物主义就是历史唯物主义。

这就是说，历史唯物主义的创立与辩证唯物主义的形成是同一个过程的两个方面。正因为如此，阿尔都塞认为，马克思主义哲学是"实践的辩证唯物主义和历史唯物主义"，并在阐述马克思的"认识论断裂"时指出："在创立历史理论（历史唯物主义）的同时，马克思同自己以往的意识形态哲学信仰决裂，并创立了一种新的哲学（辩证唯物主义）。我特地用了约定俗成的术语（历史唯物主义、辩证唯物主义）来指出这一断裂的双重成果。""马克思的历史唯物主义不仅提出了关于社会历史的新理论,同时还含蓄地,但又必然地提出一种涉及面无限广阔的新'哲学'。"①

除了"含蓄地"之类用词不当外,阿尔都塞的观点可谓正确而深刻,并启示我们:在马克思主义哲学体系中,不存在一个独立的、作为理论基础的辩证唯物主义,也不存在一个独立的、仅仅具有应用性质的历史唯物主义。换言之,辩证唯物主义就是历史唯物主义,历史唯物主义也就是辩证唯物主义。在哲学史上,马克思第一次把实践提升为哲学的根本原则,转化为哲学的思维方式,科学地解答了人与自然、人与社会的关系,即人与世界的关系问题,解答了人类解放何以可能的问题,从而实现了唯物主义和辩证法、唯物主义自然观和唯物主义历史观的统一,创立一种实践、辩证、历史的唯物主义。

在我看来,"实践唯物主义""辩证唯物主义""历史唯物主义"不是三个不同的"主义",而是同一个"主义",即马克思的新唯物主义三个不同称谓,是从三个不同维度反映了同一个世界观,即马克思的世界观的三个理论特征。用"实践唯物主义"称谓马克思主义哲学,是为了凸显新唯物主义的实践性维度及其首要性、基本性,因为马克思主义哲学不仅以一种新的方式解释世界,更重要的,是要改变世界,实现每个人的全面而自由发展;用"辩证唯物主义"称谓马克思主义哲学,是为了凸显新唯物主义的辩证法维度及其批判性、革命性,因为"辩证法在对现存事物的肯定的理解中同时包含对现存事物的否定的理解,即现存事物的必然灭亡的理解……按其本质来说,它是批判的和革命的"②;用"历史唯物主义"称谓马克思主义哲学,是为了凸显新唯物主义的历史性维度及其彻底性、完备性,因为在马克思主义哲学中,自然是"历史的自然",历史是"自然的历史","实物"是承载着社会关系内涵的"可感觉而又超感觉的物",而自从历史也得到唯物主义的解释之后,一条新的哲学发展道路和理论空间也

①〔法〕阿尔都塞:《保卫马克思》,第225、16页。
②《马克思恩格斯全集》第23卷,第24页。

从这里开辟出来了。因此,我们无须因西方马克思主义、东欧新马克思主义以及日本学者倡导实践唯物主义而忌讳"实践唯物主义"这一概念;我们也无须因苏联马克思主义哲学体系的缺陷而"废"辩证唯物主义、历史唯物主义之"名"。

第三章

马克思哲学的理论主题与理论特征

马克思哲学的创立是人类思想史上的壮丽日出,它使哲学的主题、职能和思维方式发生了根本的转向。然而,马克思哲学又受到来自不同方面的曲解、非难和挑战;人类思想史表明,任何一门科学在发展过程中,除了要研究新问题外,往往还需要再回过头去重新探讨像自己的主题和职能这样一些对学科的发展具有方向性、根本性的理论问题,哲学以及马克思哲学也是如此。"熟知并非真知。"准确而全面理解马克思哲学仍是一个重大的理论课题。

一、时代课题的哲学解答

哲学体系往往以哲学家个人的名字命名,但它并非专属哲学家个人。黑格尔说过,哲学是"思想所集中表现的时代"。马克思把这一观点进一步发挥为"哲学都是自己时代精神的精华"。由哲学家们创造的哲学体系不管其形式如何抽象,也不管它们具有什么样的"个性",都和哲学家所处的时代密切相关。法国启蒙哲学明快泼辣的个性,德国古典哲学艰涩隐晦的特征,离开它们各自的时代是无法理解的。

从根本上说,任何一种哲学体系的出现都和它所处的时代相联系,都是一定时代的产物。马克思哲学的产生就是19世纪中叶社会发展的必然结果。英国工业革命及其后果、法国政治革命及其后果、世界历史的形成及其意义,这三者是资产阶级进行历史性创造活动的主要成果,这些成果及其引起的规模宏伟、具有现代形式的社会矛盾,是推动马克思创立"新唯物主义"的根本原因,构成了马克思哲学得以产生的时代背景。

肇始于18世纪60年代的英国工业革命,到了19世纪40年代已经取得了决定性胜利,生产已经机械化、社会化。1789年开始的法国政治大革命,到了1830年推翻复辟王朝时也取得了历史性胜利,资本主义制度得到了确立和巩固。英国工业革命和法国政治革命的胜利,标志着人类历史从封建时代进入资本主义时代。同时,这也就从农业文明时代转向工业文明时代,从自然经济时代转向商品经济时代,从"人的依赖关系"时代转向"以物的依赖性为基础的人的独立性"的时代①。

问题在于,资产阶级在取得巨大的历史性胜利的同时,也给自己带来了巨大的社会性问题:生产社会化与生产资料私有制之间存在着无法解决的矛盾,这一矛盾导致人的活动、人的关系和人的世界都异化了,人的生存状态成为一种异化的状态。这是一个"颠倒的世界"。具体地说,在资本主义社会中,"物的世界的增值同人的世界的贬值成正比",物的异化与人的异化走着同一条道路。在这种异化状态中,资本具有"个性",个人却没有"个性",人的个性被消解了,个人成为一种"孤立的人",国家也不过是"虚幻的共同体"。在马克思看来,19世纪中叶的西方社会是一个由资本关系所造成的人的生存状态全面异化的社会,揭露并消除这种异化

①《马克思恩格斯全集》第46卷上,第104页。

因此成为"为历史服务的哲学的迫切任务"①。

可是,西方传统哲学包括德国古典哲学无法完成这一"迫切任务"。这是因为,从总体上看,西方传统哲学就是"形而上学",即关于超验存在之本性的理论,它在寻求"最高原因"的过程中把本体同人的活动分离开来,同人类面临的种种紧迫的生存问题分离开来,从而使存在成为一种抽象的存在,物质成为一种"抽象的物质",本体则是同现实的人及其活动无关的抽象的本体。从这种抽象的本体出发无法认识现实的人和人的现实。以"形而上学"为存在形态的西方传统哲学从一种同现实的人无关的"终极存在"出发去理解真、善、美,向人们展示的实际上是抽象的真与善。这种哲学形态似乎在给人们提供某种希望,实际上它在掩饰现实的苦难,抚慰被压迫的生灵,因而无法消除人的生存的异化状态,将现实的人带出生存的困境。因此,随着自然科学的独立化并"给自己划定了单独的活动范围",随着社会实践的发展"把人们的全部注意力集中到自己身上"②,哲学需要从"天上"来到"人间",关注人的生存的异化状态的消除,关注人类解放。这实际上就是19世纪中叶的时代课题。

这一时代的内在矛盾、时代课题必然要在理论上反映出来。首先在理论上反映这时代课题的,是英国和法国"批判的空想的社会主义"。

在对资本主义制度的批判中,"圣西门首先在历史中找寻规律性"③。傅立叶认为,"社会的各个时期是服从于一般成长的规律的"④。在傅立叶看来,社会运动规律就是"情欲引力规律",人类内在的情欲与外在的物质财富之间的矛盾构成了社会发展的基本动力,物质财富的生产与分配构成了社会发展的基本力量。"社会的变革是依生活的和经济的行为为转移,而不是依行政系统为转移的。"⑤圣西门进一步指出,"议会政府的

---

① 《马克思恩格斯全集》第 1 卷,第 453 页。
② 《马克思恩格斯全集》第 2 卷,第 161—162 页。
③ 〔俄〕普列汉诺夫:《论一元论历史观之发展》,博古译,生活·读书·新知三联书店 1961 年版,第 29 页。
④ 《傅立叶选集》第 1 卷,赵俊欣等译,商务印书馆 1979 年版,第 242 页。
⑤ 《傅立叶选集》第 1 卷,第 57 页。

形式比其他一切政府形式都好，但这仅仅是形式，而确立所有制才是本质。这种制度正是社会大厦的基石"①。提出所有制是社会大厦的基石，实际上就是提出了经济关系决定政治制度。

欧文又深入一步，认为生产力决定社会制度。按照欧文的观点，在资本主义社会，生产力的增长比一百多年前大得多，是一种"新奇的生产力"，然而，这种本来可以消除贫困的手段却成为制造贫困的工具。"由此可以断定，现存的社会制度已经过时，迫切要求实行人类事业中的巨大变革。"因此，生产力状况"是要求迅速改造社会的时代即将到来的另一个意义特别重要的标志"②。这表明，欧文已经意识到了生产力与社会制度的真实关系。

"批判的空想的社会主义"不仅肯定并探讨了社会发展的规律，而且探讨了人类历史的进程。傅立叶认为，随着生产的发展，人类历史经历了四个时期，即蒙昧制度、宗法制度、野蛮制度和文明制度。每一个历史时期都包括上升阶段和下降阶段，每一个社会走完了它的年富力强的历程之后，便会进入凋谢阶段，资本主义社会也是如此。圣西门把人类历史划分为五个时期，即人类开化初期、奴隶制度、神学和封建制度、"新封建制度"（即资本主义社会）和未来"实业制度"，并认为这五种社会的产生都是必然的，即使"中世纪"也不是"历史的中断"，它的产生同样具有必然性。但是，每一个社会又都是相对的，任何一个社会内部都存在着"正在消失的过去的残余"和"正在成长的未来的萌芽"，二者的斗争必然使历史呈现出一个连续上升的、进步的发展过程。

更重要的是，"批判的空想的社会主义"谋求人的解放和全面发展。圣西门"毕生所追求"的就是"所有的人的天资得到最自由的发展"。傅立叶把人的全面发展作为未来社会的目的，认为人的"幸福在于情欲的全面发展。这是一种文明制度最富有的人还远远不能得到的幸福"③。欧文明

① 《圣西门选集》上卷，董国良译，商务印书馆 1964 年版，第 226、22 页。
② 《欧文选集》第 2 卷，柯象峰等译，商务印书馆 1981 年版，第 52、51 页。
③ 《傅立叶选集》第 1 卷，第 136 页。

确主张人的全面发展，并认为理想社会"将具有一切手段去培养人们的高尚性格，能用适当的方式在人的一生中按照每个人的天赋才能和力量去利用人们的体、智、德、行的特性"①，以培养全面发展的人。值得注意的是，"批判的空想的社会主义"是从劳动的角度来考察人的发展的，认为只有改变资本主义制度下劳动的性质，实现自觉的自由的劳动，才能实现人的全面发展。欧文认为，旧的分工造成了工人的畸形发展和活动本身的畸形发展，因此，应消灭整个旧的分工，使每个社会成员都有机会全面发展自己能力的机会。

从"批判的空想的社会主义"的阶级属性看，"批判的空想的社会主义"是无产阶级早期的世界观，是无产阶级的"象征、表象和先声"，同时，资产阶级倾向还有一定的影响。实际上，"批判的空想的社会主义"是一个理论矛盾体，无产阶级世界观与资产阶级的倾向、唯物主义与唯心主义、辩证法与形而上学在它那里神奇地结合在一起。这似乎是一个矛盾，然而它却实际存在着。正是这种内在矛盾迫使"批判的空想的社会主义"退出了人类认识的发展行列，只能作为思想博物馆的标本陈列于世，而不是兴盛于世了。取而代之的是马克思主义。

马克思的哲学不是"学院派"，更不是以往的哲学主题延伸的产物。马克思哲学的创立与其对时代课题的解答是密切相关、融为一体的。在解答时代课题的过程中，马克思对英国和法国"批判的空想的社会主义"进行过批判性的研究和哲学的反思。不仅德国古典哲学，而且"批判的空想的社会主义"以及英国古典政治经济学、法国复辟时代历史学也构成马克思哲学的理论来源。精神生产不同于肉体的物质生产。基于物质遗传的人种延续是同种相生的，而哲学思维则可以通过对不同学科成果的吸收、消化和再创造，形成新的哲学形态。马克思的新唯物主义无疑属于哲学，但它的理论来源却不限于哲学。正像亲缘繁殖不利于种的发育一样，一种创造性的哲学理论一定会突破从哲学到哲学的局限。

---

① 《欧文选集》第 2 卷，第 25 页。

马克思又极为重视哲学思维。马克思对时代课题的解答始终贯穿着哲学批判。"德国人是一个哲学民族。"①在德国,社会变革问题首先要表现为理论活动、哲学运动。"即使从历史的观点来看,理论的解放对德国也有特别实际的意义。德国的革命的过去就是理论性的,这就是宗教改革。正像当时的革命是从僧侣的头脑开始一样,现在的革命则从哲学家的头脑开始。"②马克思所走的道路就是一条典型的德国人的道路。对马克思主义史的反思使我得知,马克思并不是直接从现实出发去解答时代课题,而是通过对哲学的批判改造返归现实,从而解答时代课题的。可以说,马克思每前进一步都是通过哲学的批判取得的:"黑格尔法哲学批判""对黑格尔的辩证法和整个哲学的批判""对批判的批判所做的批判""对法国唯物主义的批判""对费尔巴哈、布·鲍威尔和施蒂纳所代表的现代德国哲学的批判",这一系列的哲学批判使马克思得到了严格的理论锻炼,使他对历史学、经济学、哲学本身以及"批判的空想的社会主义"有了更透彻的理解,对现实的社会矛盾有了更深刻的认识,从而创立了新唯物主义。反过来,新唯物主义的创立又使马克思比与他同时代的人站得更高、看得更透,以高瞻远瞩的深沉智慧科学地解答了时代的课题。

马克思哲学产生之前,民族性是哲学的主要特征。即使孔子、老子、康德、黑格尔的哲学对其他民族发生过影响,但这仍然属于文化交流和传播的范围,并未改变哲学的民族性。老庄哲学是中国哲学,黑格尔哲学是德国哲学,如此等等。与此不同,马克思哲学是世界性的学说。尽管德国是马克思哲学的故乡,但马克思哲学并非专属德国,而是一种"世界的哲学"。马克思曾经预言,必然会出现这样的时代:"那时,哲学对于其他的一定体系来说,不再是一定的体系,而正在变成世界的一般哲学,即变成当代世界的哲学。"③马克思哲学本身就是这样一种世界哲学,它是世界历史的产物。

---

① 《马克思恩格斯全集》第 1 卷,第 591 页。
② 《马克思恩格斯全集》第 1 卷,第 461 页。
③ 《马克思恩格斯全集》第 1 卷,第 121 页。

这里所说的世界历史，不是通常的历史学意义上的世界史，即整个人类历史，而是特指各民族、各国家进入全面相互作用、相互影响、相互制约、相互渗透的使世界"一体化"以来的历史。世界历史在今天已经是一个可经验到的事实了，但它却形成于 19 世纪。马克思以其惊人的洞察力注意到这一历史趋势，他用"历史向世界历史的转变"这一命题表征了这一历史趋势，并明确指出，资产阶级"首次开创了世界历史，因为它使每个文明国家以及这些国家中的每一个人的需要的满足都依赖于整个世界，因为它消灭了以往自然形成的各国的孤立状态"①。

世界历史的形成使以往那种各自闭关自守、自给自足的状态，被各民族各方面的相互交往和相互依赖所代替了，民族的片面性、局限性不断被消除。物质生产和精神生产都是如此。不但存在着世界市场，而且"形成了一种世界的文学"，即世界性的精神产品。马克思哲学就是这种世界性的精神产品，它是在世界历史这个宏大的时代背景中产生的世界哲学。正因为马克思哲学是世界哲学，所以它"远在德国和欧洲境界以外，在世界的一切文明语言中都找到了拥护者"②，从而在不同的民族那里能够生根发芽，开花结果，成为民族文化的一部分。

二、哲学主题的根本转换：从"世界何以可能"转向"人类解放何以可能"

毫无疑问，马克思哲学是唯物主义哲学。但是，唯物主义哲学的主题是随着时代的发展而变化的。作为新唯物主义，马克思哲学绝不是旧唯物主义以至整个传统哲学原有主题的延伸和对这个主题的回答。相反，马克思哲学实现了哲学主题的根本转换，并由此建构起了一个新的理论空间。恩格斯甚至这样表述了新唯物主义的特征："这已经根本不再是哲学，而只是世界观。"③这当然不是说新唯物主义不是哲学，而是指它不是

① 《马克思恩格斯全集》第 3 卷，第 68 页。
② 《马克思恩格斯选集》第 4 卷，第 212 页。
③ 《马克思恩格斯选集》第 3 卷，人民出版社 1995 年版，第 481 页。

传统意义上的哲学。从根本上说，马克思哲学属于现代哲学范畴，是现代唯物主义。

要真正理解恩格斯的这一观点，就要弄清传统哲学的性质和马克思的世界概念。

"传统哲学"是相对于"现代哲学"而言的，它是指从古希腊到19世纪中叶这一历史阶段的哲学形态，包括古代哲学和近代哲学。追溯整个世界的本原或基质是传统哲学的目标，并构成了其中不同派别的共同主题。从根本上说，传统哲学是"形而上学"，即关于超验存在之本性的理论，它力图从一种"终极存在""初始本原"中去理解和把握事物的本性，以及人的本质和行为依据。

近代唯物主义一开始就具有反形而上学的倾向，在培根那里，唯物主义"包含着全面发展的萌芽"。然而，"唯物主义在以后的发展中变得片面了""变得敌视人了"①。那种"抽象的物质""抽象的实体"成了一切变化的主体，构成了"万物的本性和存在的致动因"。在笛卡尔看来，哲学追求的就是把握这个"第一原因和真正原理"，由此演绎出一切事物的本性和原因。近代唯物主义从批判形而上学开始，最终又回归形而上学。

黑格尔把形而上学和思辨辩证法结合起来，又建立起一个形而上学王国，从而使形而上学在德国古典哲学中"曾有过胜利的和富有内容的复辟"。问题在于，黑格尔把一切都还原为"绝对理性"，绝对理性成了一种新的迷信，高高地耸立在祭坛上，要人们顶礼膜拜，人本身成了这种绝对理性自我实现的工具。黑格尔哲学只是在形式上肯定了人的能动性，由于它把人看作是"工具"，因而在实际上彻底剥夺了人的能动性、创造性、主体性。这样，在亚里士多德把"存在的存在"规定为"第一哲学"的主题后，到了黑格尔这里完成了一次形而上学的大循环。

这就是说，无论是在近代唯物主义，还是在近代唯心主义中，不仅"本体"成为一种抽象的存在，人也成了一种抽象的存在，人和人的主体性失

① 《马克思恩格斯全集》第2卷，第163、164页。

落了。因此,形而上学在德国古典哲学经历了悲壮的"复辟"之后,不仅"在理论上威信扫地",而且"在实践上已经威信扫地"。① 马克思断言:"这种形而上学将永远屈服于现在为思辨本身的活动所完善化并和人道主义相吻合的唯物主义。"②完成这一时代任务的正是马克思。换言之,把唯物主义和人的主体性"吻合"起来是马克思哲学关注的问题,而反对或拒斥形而上学同样是马克思哲学的基本原则。

在哲学史上,马克思和孔德同时举起了"拒斥形而上学"的旗帜,马克思甚至认为,他所创立的新哲学才是"真正实证的科学"。在时代性上,马克思的"拒斥形而上学"与孔德的"拒斥形而上学"具有一致性;在指向性上,马克思的"拒斥形而上学"与孔德的"拒斥形而上学"却有本质的不同。孔德把"拒斥形而上学"局限于经验、知识以及"可证实"的范围内;马克思提出的是另一条思路,即"拒斥形而上学"之后,哲学应关注"自己时代的现实世界""现存世界""感性世界""人类世界","把人们的全部注意力集中到自己身上"③。

马克思所说的"现存世界"当然包括自然界,但这个自然界已不是原生态的自然界,而是"人类学的自然界"。按照马克思的观点,自然界具有"优先地位",但"先于人类历史而存在的自然界",或者在人的活动范围之外的自然界,对人类来说是"无",或者说"是不存在的存在"。这是因为,原生态自然界本身的意义只有通过人的开掘、发现,才能获得对人而言的现实性;只有通过人的实践改造之后,才能构成人们生活于其中的感性世界;通过实践,人们不仅改造自然存在,而且自身也进入到自然存在之中,并赋予自然存在以新的尺度——社会历史性。显然,马克思所说的现存世界不是作为自然、社会和思维之总和的宇宙,即人们通常所说的"整个世界",而是人类世界。自然史和人类史"这两方面是密切相关的;只要有

---

① 《马克思恩格斯全集》第 2 卷,第 162、161 页。
② 《马克思恩格斯全集》第 2 卷,第 159—160 页。
③ 《马克思恩格斯全集》第 2 卷,第 159—162 页。

人存在,自然史和人类史就彼此相互制约"①。在现存世界中,自然和社会相互制约、相互渗透,显现在人们面前的是社会的自然和自然的社会,或者说是"历史的自然和自然的历史"。人类世界就是自然与社会"二位一体"的世界。

传统哲学关注宇宙本体,注目于上苍的"绝对精神"或"抽象物质",却恰恰忘记了对人类世界的关怀;马克思哲学则关注人类世界,注目于现实的人及其发展。对于马克思哲学来说,"全部问题都在于使现存世界革命化",即以人的发展为坐标来重新"安排周围世界","把人的世界和人的关系还给人自己"②。这样,马克思便把哲学的聚集点从整个世界的本体转向人的生存本体,从"世界何以可能"转向"人类解放何以可能",从而使哲学的理论主题发生了根本的转换。

哲学主题的这一转换是与哲学对象的变革一起完成的。

从历史上看,不同时代的哲学以至同一时代的不同哲学派别,都有自己特殊的研究对象。费希特指出:"我们想把每种哲学提出来解释经验的那个根据称为这种哲学的对象,因为这个对象似乎只是通过并为着这个哲学而存在的。"③这一观点颇有见地。纵览哲学史可以看出,每一种哲学用以解释世界并构造其理论体系的依据,就是这种哲学的对象。费尔巴哈哲学力图以"感性对象"为基本原则来解释人与世界并构造体系,所以,费尔巴哈"将人连同作为人的基础的自然当作哲学唯一的,普遍的,最高的对象"④。黑格尔哲学以抽象化的人类理性——绝对理性为依据来解释世界并构造体系,实际上就是以人类理性为研究对象,所以,黑格尔认为,"哲学是探究理性东西的"⑤。正是按照这种认识,黑格尔建立了一种"科学之科学"的哲学体系。"就哲学被看作是凌驾于其他一切科学之上的特

① 《马克思恩格斯全集》第 3 卷,第 20 页。
② 《马克思恩格斯全集》第 1 卷,第 443 页。
③ 北京大学哲学系编译:《十八世纪末—十九世纪初德国哲学》,商务印书馆 1975 年版,第 187 页。
④ 《费尔巴哈哲学著作选集》上卷,第 184 页。
⑤ 〔德〕黑格尔:《法哲学原理》,范扬等译,商务印书馆 1961 年版,第 10 页。

殊科学来说,黑格尔体系是哲学的最后的最完善的形式。全部哲学都随着这个体系没落了。"①

当马克思把目光转向现存世界,即人类世界时,他就同时在寻找理解、解释和把握人类世界的依据,并以此作为自己哲学的研究对象。这个依据终于被发现,这就是人类实践活动。

按照马克思的观点,人类世界中的自然和社会是在人类实践中融为一体的。实践犹如一个转换器,通过实践,社会在自然中贯注了自己的目的,使之成为社会的自然;同时,自然又进入社会,转化为社会中的一个恒定的因素,使社会成为自然的社会。人类世界当然不能归结为人的意识,但同样不能还原为原生态的自然。人类实践活动才是人类世界或现存世界得以存在的根据和基础,在人类世界的运动中具有导向作用,即人通过自己的实践活动"为天地立心",在物质实践活动的基础上重建世界。换言之,实践是人类世界真正的本体。这是一个动态的、不断发展、不断生成的本体;人类世界因此成为一个不断形成更大规模、更多层次的开放性体系。

实践不仅是现存世界的本体,而且是人的生存本体。按照马克思的观点,人类历史的"第一个前提"就是"有生命的个人"的存在;"有生命的个人"要存在,首先就要进行物质生产活动,生产物质生活本身。物质生产活动是人类生存的"第一个前提",是人的"第一个历史活动"。从根本上说,人就是在物质生产活动中自我塑造、自我改变、自我发展的。"一当人开始生产他们所必需的生活资料的时候,……他们就开始把自己和动物区别开来。"人是什么样的,"这同他们的生产是一致的——既和他们生产什么一致,又和他们怎样生产一致"。②

人不仅是自然存在物,而且是社会存在物。换句话说,人是自然存在物和社会存在物的统一,而这种统一恰恰是在实践活动中完成的,直接决

① 《马克思恩格斯选集》第 3 卷,第 362 页。
② 《马克思恩格斯全集》第 3 卷,第 24 页。

定人的本质的社会关系也是在实践活动中生成的。人通过实践创造了自己的社会关系、社会存在。换言之，人是实践中的存在，实践构成了人的存在方式，或者说，构成了人的生存本体。正因为实践构成了人的生存本体，所以，人的生存状态不是凝固不变的，而是处在不断的建构和改变之中。人的生存状态的异化及其扬弃也是在实践活动中发生和完成的，"异化借以实现的手段本身就是实践的"①。在资本主义社会，劳动，这种人的生命活动的异化使人与人的关系转化为物与物的关系，不是人支配物，而是物统治人，人本身的活动对人来说成为一种异己的、同他对立的力量。

马克思正是通过对资本主义私有制的批判，揭示出被物的自然属性掩蔽着的人的社会属性，揭示出被物与物的关系掩蔽着的人与人的关系，并力图付诸"革命的实践"消除人的生存的异化状态，"确立有个性的个人"。如果说无产阶级和人类解放是马克思哲学的理论主题，那么，"确立有个性的个人"，实现人的自由全面发展就是马克思哲学的最高命题。

人与世界处在双向关系中。一方面，现存世界生成于人的实践活动中，现存世界中的自然与社会是在人的实践活动中融为一体的。实践"这种活动、这种连续不断的感性劳动和创造、这种生产，是整个现存感性世界的非常深刻的基础"②。现存世界是人的实践活动的对象化，是人的对象世界。另一方面，现存世界一经形成又反过来制约甚至决定人及其活动，现存世界的状况如何，现实的人的状态就如何。要改变资本主义社会中的人及其异化状态，首先就要改变资本主义社会；要改变现实的人，首先就要改变现实的世界。所以，马克思关注的是"自己时代的现实世界"，并认为哲学家们只是用不同的方式解释，问题在于改变世界。

"环境的改变和人的活动或自我改变的一致，只能被看作是并合理地理解为革命的实践。"③在马克思哲学的视野中，实践不仅是现存世界的本体，而且是人的生存本体，是改变现存世界、消除人的异化的现实途径，是

---

① 《马克思恩格斯全集》第42卷，第99页。
② 《马克思恩格斯全集》第3卷，第50页。
③ 《马克思恩格斯选集》第1卷，第55页。

"确立有个性的个人"这一人的生存和发展的终极状态的现实途径。

我们应该明白,马克思哲学不是抽象的人道主义,关怀的不是抽象的人的命运。马克思发现,如果不能给工人、劳动者这些占人口绝大多数、被压迫的人们以真实的利益和自由,人类解放就是空话,甚至沦为一种欺骗。所以,马克思提出了超越"政治革命"的"彻底革命、全人类解放"的问题,并认为能够完成这一历史使命、担当"解放者"这一历史角色的,只能是无产阶级。按照马克思的观点,无产阶级本身就是一个需要解放自己的阶级,在他身上体现着使人"受屈辱、被奴役、被遗弃和被蔑视的一切关系","表现了人的完全丧失";同时,无产阶级又是一个"只有通过人的完全恢复才能恢复自己本己"的阶级,是一个只有解放全人类才能最后解放自己的阶级。在人类解放过程中,哲学把无产阶级当作自己的"物质武器",无产阶级则把哲学当作自己的"精神武器";如果说无产阶级是人类解放的"心脏",那么,哲学就是人类解放的"头脑"。[①] "头脑"不清,就不可能确立人类解放的真实目标,不可能理解人类解放的真正内涵。因此,联系经济学的研究和历史学的考察,从哲学上探讨人类解放的内涵、目的和途径,就成为马克思的首要工作。这一工作的成果,就是马克思哲学,即新唯物主义的创立。马克思哲学的理论主题就是无产阶级和人类解放。

因此,马克思把哲学的对象规定为人类实践活动,把哲学的任务规定为解答实践活动中的人与世界、主体与客体、思维与存在的关系,从而为改变世界提供方法论。马克思哲学是为改变现存世界的实践活动而创立的,实践的内容就是它的理论内容。马克思哲学本身就是对人类实践活动中各种矛盾关系的一种理论反思,所以,马克思认为,新唯物主义"是描述人们实践活动和实际发展过程的真正实证的科学",其基本内容就是"从对每个时代的个人的实际生活过程和活动的研究中得出的"[②]。这

---

① 《马克思恩格斯全集》第 1 卷,第 461、466、467、467 页。
② 《马克思恩格斯全集》第 3 卷,第 31 页。

样,马克思哲学便找到了哲学与改变世界的直接结合点,实现了对人的现实关怀和终极关怀的统一。这是一种双重关怀,是全部哲学史上对人的生存、尊严和价值的最激动人心的关怀。

马克思哲学所实现的哲学主题的转换和哲学对象的变革,与现代科学的发展是一致的。"一旦对每一门科学都提出要求,要它们弄清它们自己在事物以及关于事物的知识的总联系中的地位,关于总联系的任何特殊科学就是多余的了。"①马克思在任何时候、任何地方都没有赋予新唯物主义这样的特权,即依靠自然科学以及社会科学的成果来建构关于整个世界的综合图景。随着现代科学的产生,"在以往的全部哲学中仍然独立存在的,就只有关于思维及其规律的学说——形式逻辑和辩证法。其他一切都归到关于自然和历史的实证科学中去了"②。到了 20 世纪,对思维本身的研究也从哲学中分化出去了,成为一门独立的学科。现代科学表明:企图在科学之上再建构一种关于整个世界"普遍联系"的世界观的确是"多余"的,其实质只能是"形而上学"在现代条件下的"复辟"。

马克思哲学所实现的哲学主题的转换和哲学对象的变革,与现代哲学的发展也是一致的。从总体上看,现代哲学关注的就是人类的生活世界以及人的存在,用雅斯贝尔斯的话来说,就是"哲学所力求的目标在于领悟人的现实境况下的那个实在"。即使是分析哲学所实现的"语言学转向",从本质上看,所体现的仍是对人与世界联结点或中介环节的寻求,显示的则是现代哲学对思想、语言和世界三者关系的总体理解。这种总体理解就是:世界在人的思想之外,但人只能通过语言理解世界和表达对世界的理解。人类关于世界的认识成果就积淀并表现在语言中,从语言的意义去研究世界的意义,实际上就是从对人的关系中去理解和把握世界。在我看来,分析哲学实际上是以倒退的形式推进了对人与世界关系的研究。

---

① 《马克思恩格斯选集》第 3 卷,第 364 页。
② 《马克思恩格斯选集》第 3 卷,第 364 页。

三、马克思哲学的理论特征：实践、辩证、历史的唯物主义

马克思哲学是在对旧唯物主义以及唯心主义哲学的批判中发展起来的。因此，要真正理解作为新唯物主义的马克思哲学的特征，首先要了解旧唯物主义以及唯心主义的主要缺点。

从总体上看，旧唯物主义包括自然唯物主义和人本唯物主义两种形态。

自然唯物主义始自古希腊哲学，后在霍布斯那里达到了系统化的程度，并一直延伸到法国唯物主义中的机械唯物主义派。从总体上看，自然唯物主义依据"时间在先"的原则，把整个世界还原为自然物质，物质成了"一切变化的主体"，人则成了自然物质的一种表现形态，"人和自然都服从于同样的规律"。自然唯物主义确认了世界的物质统一性，却一笔抹杀了人的主体性；它研究"整个世界"，却唯独不给现实的人一个切实的立脚点。换言之，在自然唯物主义体系中，存在着"人学空场"。正是在这个意义上，马克思认为，自然唯物主义是一种"纯粹的唯物主义"，而到了霍布斯那里，"唯物主义变得敌视人了"[①]。

人本唯物主义起源于法国唯物主义中的另一派，即"现实的人道主义"，在费尔巴哈那里达到了典型的形态。"费尔巴哈比'纯粹的'唯物主义者有巨大的优越性：他也承认人也是'感性对象'。"[②]具体地说，费尔巴哈把人看作是思维和自然相统一的基础，力图以"现实的人"为基本原则来理解世界。然而，费尔巴哈却不理解实践是人的存在方式，"从来没有把感性世界理解为构成这一世界的个人的共同的、活生生的、感性的活动"[③]。因此，费尔巴哈最终得到的仍是抽象的人，忽视的仍是人的主体性。同自然唯物主义一样，人本唯物主义也"只是从客体的形式"，而没有

---

① 《马克思恩格斯全集》第2卷，第164页。
② 《马克思恩格斯全集》第3卷，第50页。
③ 《马克思恩格斯全集》第3卷，第50页。

"从主体方面"去理解"对象、现实、感性"。正是在这个意义上,马克思把费尔巴哈的唯物主义"包括"在"旧唯物主义"的范畴之中,并认为旧唯物主义的主要缺点就是不了解实践活动及其意义。

与此相反,唯心主义却肯定了主体意识的能动性,论证了人在认识活动中是通过自身的性质和状况去把握外部对象的。这种认识成果集中体现在康德的批判哲学和黑格尔的思辨哲学中。问题在于,无论是康德的批判哲学,还是黑格尔的思辨哲学,都否定了能动的意识活动的唯物主义基础,因而只是"抽象地发展了"人的"能动的方面"。造成这种状况的主要原因,就在于唯心主义也不理解现实的实践活动及其意义。

可见,旧唯物主义和唯心主义共同的主要缺点就是,二者都不理解人类实践活动及其意义。也正是由于这一主要缺点,在近代哲学中造成了唯物论和辩证法的分离;在旧唯物主义哲学中又形成了"唯物主义和历史彼此完全脱离",即形成了唯物主义自然观和唯心主义历史观的对立。

旧唯物主义和唯心主义的主要缺点惊人地一致,促使马克思深入而全面地探讨了人类实践活动及其意义,并把马克思哲学规定为"实践的唯物主义"。在我看来,"实践的唯物主义"所要表明的不仅仅是一种要把理论付诸行动的哲学态度,更重要的是指,实践的观点是马克思哲学首要的和基本的观点,实践原则是马克思哲学体系的建构原则。换言之,实践唯物主义构成了马克思哲学的理论特征。

按照马克思的观点,实践首先是人以自身的活动来引起、调整和控制人与自然之间物质变换的过程;在这个过程中,人和人之间又必然要结成一定的关系并互换其活动;同时,实践结束时得到的结果,在这个过程开始时就已经在实践者头脑中作为目的以观念的形式存在着,这个目的是实践者"所知道的,是作为规律决定着他的活动的方式和方法的"。① 这就是说,实践内在地包含着人与自然的关系、人与社会的关系以及人与其意识的关系,正是这些关系构成了现存世界中的基本关系。可以说,实践

---

① 《马克思恩格斯全集》第 23 卷,第 202 页。

以缩影的形式映现着现存世界,它蕴含着现存世界的全部秘密,是人类所面临的一切现实矛盾的总根源。正因为如此,马克思哲学从实践出发去反思、透视和理解现存世界,把"对象、现实、感性""当作实践去理解"。

从实践出发去理解现存世界的根本点在于,从物质实践出发去把握现存世界,把物质生产活动所引起的人与自然之间的物质变换作为现存世界的基础。在马克思看来,现存世界的整体化就是通过人与自然的物质变换对现存世界的诸关系、诸结构的规范实现的。人与自然之间的物质变换始终是现存世界的深层结构,它从根本上决定着社会结构、政治结构、观念结构等等。"以一定的方式进行生产活动的一定的个人,发生一定的社会关系和政治关系。经验的观察在任何情况下都应当根据经验来揭示社会结构和政治结构同生产的联系。"①

实践是人的生存本体、存在方式。马克思哲学把现存世界"当作实践去理解",实际上就是"从主体方面去理解"现存世界。在马克思哲学中,实践原则与主体性原则具有内在的一致性。这也就为理解人的本质以及人与世界的关系提供了一种新的思维方式。

按照马克思的观点,人最初来自自然界,"人的存在是有机生命所经历的前一个过程的结果。只是在这个过程的一定阶段上,人才成为人。但是一旦人已经存在,人,作为人类历史的经常前提,也是人类历史的经常的产物和结果,而人只有作为自己本身的产物和结果才成为前提"②。这就是说,人是通过自己的活动自我创造、自我塑造的结果。动物是以自身对环境的消极适应获得与自然的统一,从而维持自己生存的,所以,动物只能成为自然界的一部分。人则是以自身对环境的积极改造、创造获得与自然的统一,从而维持自己生存并不断发展自己的,所以,人自成一类,构成了独特的人类存在。人类进化不仅仅是生物学意义上的遗传与变异,而且是历史学意义上的延续与创新,而二者的统一正是在实践活动

①《马克思恩格斯全集》第3卷,第29页。
②《马克思恩格斯全集》第26卷Ⅲ,第545页。

中完成的。实践因此构成了人的存在方式、生存本体，人的秘密就在实践活动中。"个人怎样表现自己的生活，他们自己就怎样。因此，他们是什么样的，这同他们的生产是一致的——既和他们生产什么一致，又和他们怎样生产一致。"①因此，要判明人是什么，首先就要理解人的生存本体和存在方式是什么。无疑，这提供了一种从人自身的活动去理解和把握人的本质的思维方式。

在实践中，人是以物的方式去活动并同自然发生关系的，得到的却是自然或物以人的方式而存在，从而使人成为主体，自然成为客体，世界成为人的对象世界。"整个所谓世界历史不外是人通过人的劳动而诞生的过程，是自然界对人说来的生成过程。"②这表明，实践使人与自然的关系成为"为我而存在"③的关系。这种"为我而存在"的关系是一种否定性的矛盾关系。马克思认为，人类要维持自身的存在，即肯定自身，就要对自然界进行否定性的活动即改变自然界的原生态，使之成为"人化自然"、"为我之物"。与动物不同，人总是在不断制造与自然的对立关系中去获得与自然的统一关系的，对自然客体的否定正是对主体自身的肯定。这种肯定、否定的辩证法使主体与客体处于双向运动中。实践不断地改造、创造着现存世界，同时又不断地改造、创造着人本身，包括人的肉体组织、社会关系、思维方式和价值观念作为人的存在方式，实践当然体现着人的内在尺度以及对现存世界的批判性，包含着人的自我发展在其中。

可以看出，人与自然之间的这种"为我而存在"的否定性关系是最深刻、最复杂的矛盾关系。这种矛盾关系构成了马克思之前众多哲学大师的"滑铁卢"，致使唯物主义对人的主体性"望洋兴叹"，物质原则与能动原则、唯物论与辩证法遥遥相对。而马克思高出一筹的地方就在于，通过对人的实践活动及其意义深入而全面的剖析，使唯物主义与人的主体性、物质原则与能动原则统一起来了，唯物主义与辩证法因此也结合起来了。

---

① 《马克思恩格斯全集》第 3 卷，第 24 页。
② 《马克思恩格斯全集》第 42 卷，第 131 页。
③ 《马克思恩格斯全集》第 3 卷，第 34 页。

这也就是说,辩证唯物主义构成了马克思哲学的又一理论特征。

当马克思以科学的实践观为基础把唯物主义与辩证法有机结合起来时,也就实现了唯物主义自然观与唯物主义历史观的统一。这是同一个过程的两个方面。

通常认为,唯物主义历史观是一般唯物主义在历史领域中的"推广""运用"。然而,事实并非如此。爱尔维修早就"把他的唯物主义运用到社会生活方面"①,得到的却是唯心主义历史观。社会生活的特殊性犹如横跨在自然与社会之间的"活动翻板"。在马克思之前,即使是坚定的唯物主义者,当他们的视线由自然转向社会,开始探讨社会历史时,几乎都被这块活动翻板翻向了唯心主义的深渊。从认识论的角度看,造成这种状况的根本原因,仍在于以往的哲学家不理解社会生活在本质上是实践的。而马克思的高明之处就在于,他从实践出发去理解社会以及社会与自然的关系,从而创立了唯物主义历史观。实践的观点不仅是马克思主义认识论的首要的和基本的观点,而且是马克思主义历史观的首要的和基本的观点。

按照马克思的观点,人们为了创造历史,必须能够生活;为了能够生活,必须进行物质实践,实现人与自然之间的物质变换;为了实现人与自然之间的物质变换,人与人之间必须互换其活动,并必然结成一定的社会关系。社会关系"不过是他们的物质的和个体的活动所借以实现的必然形式"②,并使自然物质转变为社会物质。即使社会生产力本质上也是在人们改造自然的实践活动中形成的。实践的确是全部社会关系的发源地和全部社会生活的本质。从根本上说,社会就是在人与自然之间的物质变换中形成和发展起来的。人与自然之间的物质变换形成了社会存在和发展的"永恒的自然必然性"。

正因为如此,以往的哲学家,包括旧唯物主义者把人对自然的实践关

① 《马克思恩格斯全集》第 2 卷,第 165 页。
② 《马克思恩格斯选集》第 4 卷,第 532 页。

系从历史中排除出去后，只能走向唯心主义历史观；而马克思从物质实践出发去理解和把握人与自然的关系，去解释观念以及历史过程，则创立了唯物主义历史观，从而消除了物质的自然与精神的历史对立的神话，实现了唯物主义的自然观和唯物主义历史观的统一。这种"统一"的标志就是历史唯物主义，历史唯物主义因此构成了马克思哲学的又一理论特征。

在哲学史上，马克思第一次把实践提升为哲学的理论原则，转化为哲学思维方式，从而创立一种实践、辩证、历史的唯物主义。在我看来，承认自然物质的"优先性"，这只是新唯物主义与旧唯物主义的共性，它并未构成新唯物主义本身的特征；确认人以自身的实践活动所引起的人与自然之间的物质变换构成了现存世界的基础，确认在人的实践活动中生成的物，是承载着社会关系内涵的"可感觉而又超感觉的社会的物"，这才是新唯物主义的"新"之所在，或者说，是马克思的唯物主义的"唯物"之所在。

"实物是为人的存在，是人的实物存在，同时也就是人为他人的定在，是他对他人的人的关系，是人对人的社会关系。"①这就是说，在现存世界中，"实物"存在实际上是人的存在，"实物"与"实物"关系的背后是人与人的关系，或者说，"实物"不仅体现着人与自然的关系，而且体现着人与人的关系。马克思哲学划时代的贡献就在于，它从"实物"存在的背后发现了人的存在，从物与物关系的背后发现了"人对人的社会关系"以及人与自然的关系，并从人与自然和人与社会的双重关系中追溯人的实践活动的意义。

如前所述，人与自然的关系和人与人的关系都生成于实践活动中，人的实践活动自始至终包含着并展现为人与自然的关系和人与人的关系，或者说，包含着并展现为人与自然的矛盾和人与人的矛盾，而在马克思看来，共产主义就是"人和自然界之间、人和人之间的矛盾的真正解决"②。正是由于认识到实践活动是人与自然和人与人关系的基础，所以，马克思

---

① 《马克思恩格斯全集》第 2 卷，第 52 页。
② 《马克思恩格斯全集》第 42 卷，第 120 页。

哲学力图通过改变资本主义私有制对物的占有关系来改变人与人的关系，从而实现无产阶级和人类解放。人类解放的问题不是一个科学问题，也不仅仅是一个"人学"问题，而是一个如何理解和把握人与自然和人与社会的关系，即人与世界的关系问题，是一个世界观问题。反过来说，马克思哲学就是从人与自然和人与社会的双重关系，从世界观的视角解答"人类解放何以可能"这一根本问题的。

实现无产阶级和人类解放、"确立有个性的个人"，让马克思一生魂牵梦萦，从精神上和方向上决定了马克思一生的理论活动。在《1844年经济学哲学手稿》中，马克思提出，共产主义就是私有财产，即人的自我异化的积极扬弃，是通过人并且为了人而对人的本质的真正占有，或者说，人以一种"全面的方式"，作为一个"完整的人"，占有自己的"全面的本质"。在《德意志意识形态》中，马克思提出，要消除"个人力量转化为物的力量"，人本身的活动对人来说成为一种异己的、同他对立的力量的现象，从而确立"有个性的个人"，使"各个人在自己的联合中并通过这种联合获得自己的自由"。在《共产党宣言》中，马克思又提出，共产主义社会将是一个"联合体"，在那里，每个人的自由发展是一切人的自由发展的条件。在《资本论》中，马克思再次重申，共产主义社会就是要确立人的"自由个性"，实现每个人的全面而自由发展。

可以看出，无论是在所谓的"不成熟"时期，还是在所谓的"成熟"时期，马克思关注的都是消除人的生存的异化状况，实现无产阶级和人类解放。在我看来，马克思哲学所提出的消除人的异化状态、实现人类解放的问题是历史本质性的课题，并契合着当代的重大问题。在当代，人的异化不仅没有消除，反而在广度和深度上愈演愈烈、登峰造极。因此，无论你是否赞同马克思的哲学，你都不可能回避或超越它所提出的消除人的异化状态、实现人类解放的这一历史课题。这正是马克思哲学所实现的哲学变革的实质和当代意义之所在。

第四章

马克思：现代西方哲学的开创者

通常认为,马克思哲学与现代西方哲学处在根本的对立之中。现代西方哲学的基本原则是"拒斥形而上学",而马克思哲学不同于或高于现代西方哲学的地方就在于,马克思哲学仍然保持着形而上学这种哲学形态的"本色",即以追溯整个世界的本原或基质为目标,力图从这种终极存在——物质出发去理解和把握一切事物的本性,然后从自然存在推导出社会存在。实际上,这是一种误解。对马克思哲学和现代西方哲学的反思使我得知,"拒斥形而上学"或"反对形而上学"同样是马克思哲学的基本原则。与西方传统哲学不同的是,马克思哲学关注的是人的存在方式,其特点就在于,从人的存在出发去解读存在的意义。这样,马克思便终结了形而上学,并同孔德一起开启了现代西方哲学的进程。

一、反对形而上学与建立"和人道主义相吻合的唯物主义"

就起源而言,马克思哲学无疑属于西方哲学;从西方哲学的发展历程来看，马克思是近代西方哲学的终结者和现代西方哲学的开创者，马克思哲学无疑属于现代哲学范畴，其理论标志就是，马克思在19世纪中叶明确提出："反对一切形而上学。"在我看来，马克思哲学在哲学史上所造成的革命变革是从本体论层面上发动并展开的，其结果就是从根本上终结了形而上学，并使西方哲学从传统形态转向现代形态。

作为哲学的传统形态，形而上学所追求的是一切实在对象背后的那种终极的存在，并把这种存在看作是事物的具体和特殊的存在及其各种特性的基础，即本体，然后据此推论出其他一切，包括人的本性和行为。正是在这个意义上，亚里士多德认为，哲学是"寻求最高原因"的"最高智慧"。

形而上学在对存在的存在和世界终极根据的探究中，确立了一种严格遵循逻辑的推理规则，即从公理、定理出发，按照推理规则得出必然结论。这无疑具有积极意义，标志着理论形态的哲学的诞生。然而，从柏拉图、亚里士多德一直到黑格尔，形而上学中的存在日益脱离现实的事物和现实的人及其活动，成为一种抽象的存在、抽象的本体，人的现实存在反而被遮蔽了，人的生存本体被消解了。人的创造性和主体性，人的自由和价值都被消解在这种抽象的本体之中，而不管这种抽象的本体是"绝对理性"还是"抽象物质"。

同时，形而上学又逐步演变成一种凌驾于一切科学之上的"科学的科学"，它自视发现了最普遍、绝对可靠、自明的理性概念和原则，从而能够推演出全部科学和知识。换言之，哲学成了全部科学和知识的基础与标准。实际上，这是一种虚妄。用海德格尔的话来说，这是"对哲学的本质过于奢求的期望和要求"。实际上，恩格斯等就指出："一旦对每一门科学都提出要求，要它们弄清它们自己在事物以及关于事物的知识的总联系中的地位，关于总联系的任何特殊科学就是多余的了。于是，在以往的全部哲学中仍然独立存在的，就只有关于思维及其规律的学说——形式逻辑和辩证法。其他一切都归到关于自然和历史的实证科学中去了。"[1]

---

① 《马克思恩格斯选集》第3卷，第364页。

到了 19 世纪中叶,随着自然科学的独立化并"给自己划定了单独的活动范围",随着社会实践的发展并凸现了人的异化了的生存状态,人们开始把"全部注意力集中到自己身上",于是,这种脱离了实证科学,脱离了人的存在的形而上学便失去了自身的神圣光环,"变得枯燥乏味了"。随着时间的推进,形而上学不仅"在理论上威信扫地",而且"在实践上已经威信扫地"①。反对形而上学因此成为一种潮流、一种时代精神。马克思以其敏锐的观察力注意到了这一趋势,明确提出"反对一切形而上学",并断言:"形而上学将永远屈服于现在为思辨本身的活动所完善化并和人道主义相吻合的唯物主义。"②完成这一历史任务的正是马克思本人。

从历史上看,近代唯物主义一开始具有反对形而上学的倾向。认为"形而上学不是科学",而是"幻想和神学的偏见"。然而,近代唯物主义,尤其是机械唯物主义的发展却使它事与愿违,即从提出以"人"为中心演变为以"物质"为主体并"敌视人"③,刚从神权的重压下解放出来的人在机械唯物主义那里又变成了一架"机器",那种脱离现实的人及其活动的物质成了"一切变化的主体"。以此为前提,近代唯物主义把哲学变成了一种无所不包的形而上学体系,即一个庞大的"自然体系",人和人的存在都被消解于"抽象的自然"之中。

在批判近代唯物主义的过程中,黑格尔又建立起一个庞大的、包罗万象的形而上学王国。正如马克思所说,"黑格尔天才地把 17 世纪的形而上学同后来的一切形而上学及德国唯心主义结合起来并建立了一个形而上学的包罗万象的王国",从而使形而上学"在德国哲学中,特别是在 19 世纪的德国思辨哲学中,曾有过胜利的和富有内容的复辟"④,即黑格尔使形而上学与概念辩证法融为一体了,整个世界被描述为处在不断运动、变化和发展的过程之中。

---

① 《马克思恩格斯全集》第 2 卷,第 162、161 页。
② 《马克思恩格斯全集》第 2 卷,第 159—160 页。
③ 《马克思恩格斯全集》第 2 卷,第 164 页。
④ 《马克思恩格斯全集》第 2 卷,第 159 页。

然而,在黑格尔哲学中,人的本质不是存在于人的现实存在中,而是存在于人的概念中,是人的概念的外部表现,人的主体性和创造性、人的自由和尊严消失在"绝对理性"的阴影之中。如果说柏拉图哲学是全部形而上学的真正滥觞,那么,黑格尔哲学就是全部形而上学的巨大渊薮。一句话,黑格尔哲学是形而上学的集大成者和发展顶峰。正是在这个意义上,马克思对黑格尔哲学的批判则意味着对"一切形而上学"的批判。

马克思对形而上学的批判实际上是对西方近代哲学以及整个传统哲学的批判,这种批判的根本特征在于,从人的社会存在出发去批判形而上学,并认为在批判形而上学之后,哲学应转换自己的理论主题,关注人类世界、人的存在,对人的异化状态给予深刻批判,对人的解放给予深切关注。所以,对马克思的哲学来说,"全部问题都在于使现存世界革命化",消除人的异化状态,实现无产阶级和人类解放,从而实现每个人的全面而自由发展。

二、从人的存在出发与开辟从本体论认识现实的道路

从内容上看,形而上学与本体论密切相关。作为一个哲学概念,本体论是由高克兰纽斯在 1613 年首先使用的。按其原义,本体论就是关于作为一切存在的最初和最后根据的存在本身的学说。由于这种存在属于超感觉的对象,所以,形而上学与本体论这两个概念在哲学史上往往被混同使用。实际上,本体论是形而上学的基础或分支,而不是全部。正如海德格尔所说,"'本体论'这一名称的最初出现是到了十七世纪。它标志着传统的关于在者的学说形成为哲学的一个分支,成为哲学体系的一个组成部分"①。

从根本上说,马克思批判并终结形而上学的工作就是从本体论层面上发动并展开的。在马克思看来,人类生存的第一个前提就是必须能够

①〔德〕海德格尔:《形而上学导论》,熊伟等译,商务印书馆 1996 年版,第 41 页。

生活,而全部社会生活在本质上是实践的,历史不过是人的实践活动在时间中的展开,实践因此构成了人的存在、现实世界的基础和本质。正是在这个意义上,马克思哲学是生存论的本体论,即实践本体论。这种本体论把人的存在本身作为哲学所追寻的本体。这是一种动态的、不断发展、不断生成着的本体,它使存在成为一种社会或历史中的存在。

按照马克思的观点,人不仅是自然存在物,而且是社会存在物。换言之,人是自然存在物和社会存在物的统一,而这种统一恰恰是在实践中完成的。正如马克思所说,人"本身的存在就是社会活动",实践构成了人的存在方式。具体地说,在实践中,人是以物的方式去活动并同自然发生关系的,得到的却是自然或物以人的方式而存在;同时,人们总是在一定的社会形式中并借助这种社会形式而实现对自然的占有,"自然界的人的本质只有对社会的人说来才是存在的","只有在社会中,自然界才是人自己的人的存在的基础"①。

这就是说,人通过实践创造了人的存在,并在这个过程中赋予自然存在以新的尺度——社会性或历史性,使自然存在转化为社会存在,自然物质转化为"社会的物",自在自然转化为"历史的自然"。可见,马克思并不是以一种抽象的、超时空的方式去理解和把握存在问题的,而是从人的存在出发去解读存在的意义,并凸现了存在的根本特征——社会性或历史性。这是正确理解所有问题的本体论的出发点。这样,马克思不仅肯定了存在物和存在的差异,而且区分了社会存在与自然存在,并从人的存在出发询问、追问存在的意义。用海德格尔的话来说就是,使存在从存在者中显露出来,并对存在本身进行解释,从而使隐蔽着的存在的意义显现出来。正是在这个意义上,海德格尔认为,马克思完成了对形而上学的颠倒。应该说,海德格尔的这一评价是公正的。

在马克思"完成了对形而上学的颠倒"之后,唯物主义哲学以至整个哲学的理论主题发生了根本性的转换。恩格斯说过,随着自然科学划时

---

① 《马克思恩格斯全集》第42卷,第122页。

代的发现,唯物主义必然要改变自己的形式。实际上,随着自然科学的重大发展和社会生活的重大变化,唯物主义不但要改变自己的理论形式,而且要转换自己的理论主题。从理论主题看,古代唯物主义以至整个古代哲学关注的是万物的本原、存在的存在;近代唯物主义具有反对形而上学的倾向,但最后不仅没有摧毁形而上学,相反,又复归形而上学,近代哲学仍注目于宇宙的本体,关注上苍的"绝对理性"或"抽象物质",二者都忽视了人的存在以及人本身的发展。与此不同,马克思哲学关注"自己时代的现实世界",注目于人的存在以及"人和自然界之间、人和人之间的矛盾的真正解决"①。

按照马克思的观点,人们为了能够生存和生活,必须进行物质实践,实现人与自然之间的物质变换;为了实现人与自然之间的物质变换,人与人之间必须互换其活动,并必然结成一定的社会关系。这就是说,人们的生存实践活动和"实际日常生活"自始至终包含着并展现为人与自然的关系和人与人的关系,或者说,包含着并展现为人与自然的矛盾和人与人的矛盾。因此,作为"共产主义的唯物主义",马克思的哲学所要解决的基本问题,就是人们的生存实践活动、"实际日常生活"所包含和展现出来的人与自然的关系和人与人的关系问题。

"实物是为人的存在,是人的实物存在,同时也就是人为他人的定在,是他对他人的人的关系,是人对人的社会关系。"②这就是说,作为物质实践对象化的劳动产品,即物与物的关系背后是人与人之间的关系,或者说,在现实世界中,"物"不仅体现着人与自然的关系,而且体现着人与人的关系。对于马克思哲学来说,那种脱离了人的活动和社会历史、与人无关的物或自然,是"无",是一种"不存在的存在"。与"抽象的唯物主义"不同,马克思的唯物主义不是从"抽象的物质"出发,更不是以一种超时空的方式抽象地谈论世界的物质统一性,而是从人的存在方式——实践出

①《马克思恩格斯全集》第42卷,第120页。
②《马克思恩格斯全集》第2卷,第52页。

发,通过对现存世界异化状态的批判,揭示被物的自然属性掩蔽着的人的社会属性,以及被物与物的关系掩蔽着的人与人的关系,并通过改变现存世界"把人的世界和人的关系还给人自己"①。

这样,马克思便把哲学的聚焦点从世界的"终极存在"转向人的现实存在,关注"现实的人及其历史发展"②,关注"人类解放何以可能",从而使哲学的主题发生了根本转换。马克思哲学所实现的哲学主题的这一转换标志着西方哲学的转轨,即从传统哲学转向现代哲学。

从总体上看,现代西方哲学关注的就是人类的生活世界和生存状态。用雅斯贝尔斯的话来说就是,"哲学所力求的目标在于领悟人的现实境况下的那个实在"。马克思的确为西方哲学的发展开辟了一条从本体论认识现实的道路,现代西方哲学总是自觉或不自觉地从人的存在出发去解读存在的意义,总是自觉或不自觉地从人的活动出发去理解和把握人与世界的关系。即使是分析哲学所实现的"语言学转向",从本质上看,所关注的仍是人的存在方式,所体现的仍是对人与世界关系的联结点的寻求。人类关于现实世界的认识成果就积淀并表现在语言中,从语言的意义去理解和把握世界,实际上就是从对人的关系中去理解和把握世界。维特根斯坦后期从生活形式的观点去理解语言和意义,并揭示了语言的公共性、实践性,这与马克思哲学具有相似或契合之处,而塞尔等人的语言行为理论具体分析了"以言行事"的语言功能,不自觉地为马克思哲学提供了语言哲学的论证和说明。

当然,分析哲学毕竟走得太远了,在它那里,语言成了一个独立的王国。马克思仿佛预见到了这种"语言学转向"似的,他指出:"正像哲学家们把思维变成一种独立的力量那样,他们也一定要把语言变成某种独立的特殊的王国。"③在我看来,分析哲学实际上是以一种"倒退"的形式推进了对人的存在方式以及人与世界关系的研究。

---

① 《马克思恩格斯全集》第 1 卷,第 443 页。
② 《马克思恩格斯选集》第 4 卷,第 241 页。
③ 《马克思恩格斯全集》第 3 卷,第 525 页。

我注意到,形而上学在现代西方哲学中并没有销声匿迹。如果说黑格尔的辩证法是形而上学在近代的一次悲壮的"复辟",那么,胡塞尔的现象学就是形而上学在现代的一次辉煌的复兴。问题在于,在经历了现象学运动之后而开辟了存在主义新路的现代西方哲学,重新认识到马克思反对形而上学及其指向性的伟大原创性。海德格尔通过对存在与存在者之间关系的研究,意识到"在总是此在之在",存在的意义只有通过作为人的存在的"此在"才能显现出来。由此,海德格尔认识到"马克思完成了对形而上学的颠倒"以及这一颠倒的深刻性、超前性和巨大的优越性,并断言:"马克思在体会到异化的时候深入到历史的本质性维度中去了,所以马克思主义关于历史的观点比其余的历史学优越。但因为胡塞尔没有,据我看来萨特也没有在存在中认识到历史事物的本质性,所以现象学没有、存在主义也没有达到这样的维度中,在此维度中才有可能有资格和马克思主义交谈。"①萨特既意识到马克思对现代社会的深刻批判为存在主义提供了重要的理论依据,同时也觉察到存在主义自身的某种空缺,所以他提出要使存在主义"依附"在马克思主义身上,并断言:历史唯物主义是我们这个时代唯一不可超越的哲学。

在我看来,马克思哲学之所以不可超越,从根本上说,是因为产生马克思哲学的"情势"还没有被超越,从根本上说,现代西方哲学所关注的问题没有超出马克思哲学的问题域,没有超出马克思哲学的视野,甚至仍在用马克思哲学的话语在说话。即使后现代主义力主"重写现代性",其实质仍是在关注人的异化了的生存状态,后现代主义所谓的"人的终结",实际上是对资本主义制度所造成的异化状态的批判。用杰姆逊的话来说就是,"真正的历史噩梦是异化劳动",应当"引开"异化劳动这个令人不堪的事实。

在解构了人的先在性和超验性之后,后现代主义宣告:人是"创造性的存在物",并力图消除"现代性"所设置的人与自然的对立,重建人与世

---

① 《海德格尔选集》上卷,第 383 页。

界的关系。"资本主义是现代性的名称之一。"①所以,在审视和反思现代性以及人与世界的关系时,马克思对资本主义社会及其异化状态的批判很自然地浮现在后现代主义思想家的语境中。杰姆逊认为,马克思的哲学是我们当今用来恢复自身与存在之间关系的认知方式。福柯指出:马克思"在政治经济学的基础上"揭示了一个"全新的话语实践","在现时,写历史而不使用一系列和马克思的思想直接或间接地相联系的思想,并把自己放在由马克思所定义和描写的思想地平线内,那是不可能的"②。

马克思哲学的深刻性、超前性和巨大的优越性,使得现代西方哲学中的任何一个流派都无法避开马克思的哲学,都不可能对马克思的哲学视而不见。在我看来,现代西方哲学的其他流派都是从人的活动的某一侧面、某一环节、某种关系出发,并把人类世界归结于这一侧面、环节、关系,因而它们未能从根本上、总体上把握人的存在以及人与世界的关系;而马克思的哲学抓住了人的存在方式以及人与世界关系的根本——实践,并从这一根本出发向人类世界的各个侧面、各个环节、各种关系发散出去,本身形成一个思维整体,并构成了现代西方哲学包括后现代主义的源头活水。用杰姆逊的话来说就是,现代西方哲学的其他流派只是同"某个零碎生活的局部原则"相一致,马克思哲学则提供了"整体社会的视界",它让现代西方哲学其他流派"各就其位","既消化又保留了它们",因而成为"不可超越的意义视界"③。

就内容而不就表现形式,就总体而不就个别流派而言,现代西方哲学的运行是以马克思的哲学所实现的主题转换为根本方向的,马克思的确是现代西方哲学的开创者和奠基人。作为现代唯物主义,马克思的哲学不仅是现代西方哲学中创造性的对话者,而且是现代西方哲学进程中极

---

① 〔法〕利奥塔:《后现代性与公正游戏:利奥塔访谈、书信录》,谈瀛洲译,上海人民出版社 1997 年版,第 147 页。

② Foucault, *The Order of Things: An Archaeology of the Human Sciences*, Random House, 1970, p.21.

③ 〔美〕杰姆逊:"马克思主义与历史决定论",载《新文学史》第 11 卷,第一期,1979 年,第 42 页。

其重要的参与者和强有力的推动者。

三、超越近代唯物主义的视野

在本章的结束语中,我不想对以上的论述作一概括,而是准备就苏联马克思主义哲学模式及其与马克思哲学的关系作一简要评述。这将有助于我们理解马克思哲学的根本特征,以及苏联马克思主义哲学模式的根本缺陷。

从时间上看,苏联马克思主义哲学模式形成于 20 世纪 30 年代;从内容上说,苏联马克思主义哲学模式初步形成于芬格尔特、萨尔文特的《辩证唯物主义和历史唯物主义》,基本形成于米丁、拉祖莫夫斯基的《辩证唯物论与历史唯物论》,定型于斯大林的《论辩证唯物主义和历史唯物主义》。随着《论辩证唯物主义和历史唯物主义》被定于一尊,"辩证唯物主义和历史唯物主义"这一在特定历史条件下形成的苏联马克思主义哲学模式,成了马克思主义哲学的唯一形式或正统形式。从斯大林的《论辩证唯物主义和历史唯物主义》到康斯坦丁诺夫的《马克思列宁主义哲学原理》,尽管后者在局部上深化了前者,但在总体框架和根本特征上,后者并没有超出前者,相反,后者实际上是以前者为蓝本的。这是一个统一的苏联马克思主义哲学模式。

我并不否认苏联马克思主义哲学模式反映并深化了马克思哲学的一些观点。但是,从总体上看和根本上说,这种模式没有反映出马克思哲学的本真精神,相反,它在很大程度上曲解了马克思哲学。具体地说,在苏联马克思主义哲学模式中,辩证唯物主义成为一种研究自然界的方法和解释自然界的理论;历史唯物主义不过是这种所谓的辩证唯物主义在社会历史领域中的推广运用①。在这种所谓的辩证唯物主义中,自然是脱离了人的活动的自然,是从历史中抽象出来的自然,实际上就是马克思在批

---

① 参见《斯大林选集》下卷,第 424 页。

判费尔巴哈时所说的那种"开天辟地以来就已存在的、始终如一的东西"。经过这一分离、抽象之后，一种"抽象的物质"便构成了苏联马克思主义哲学模式的基石，形成了以"抽象的自然"或"抽象的物质"为基石的本体论。

以此为基础，苏联马克思主义哲学模式进行了一系列从自然到社会的逻辑推演："既然自然界、存在、物质世界是第一性的，而意识、思维是第二性的，是派生的；既然物质世界是不依赖于人们意识而存在的客观实在，而意识是这一客观实在的反映，那么由此应该得出结论：社会的物质生活、社会的存在，也是第一性的，而社会的精神生活是第二性的，是派生的；社会的物质生活是不依赖于人们意志而存在的客观实在，而社会的精神生活是这一客观实在的反映，是存在的反映"；"既然自然现象的联系和相互制约是自然界发展的规律，那么由此可见，社会生活现象的联系和相互制约也同样不是偶然的事情，而是社会发展的规律"；"既然我们关于自然界发展规律的知识是具有客观真理意义的、可靠的知识，那么由此应该得出结论：社会生活、社会发展也同样可以认识，关于社会发展规律的科学成果是具有客观真理意义的、可靠的成果"[①]，如此等等。这就是说，在苏联马克思主义哲学模式中，从辩证唯物主义到历史唯物主义实际上是自然存在到社会存在的逻辑运行过程。

这样一来，马克思哲学从社会存在到自然存在的逻辑方向被颠倒了，人的存在方式——实践的本体论意义以及人的主体性被遮蔽了。这是向以"抽象的物质"为本体的近代唯物主义的复归，是一次惊人的理论倒退。它表明，苏联马克思主义模式实际上是在用近代唯物主义的逻辑解读马克思的哲学。从根本上说，苏联马克思主义哲学模式就是马克思所批判的那种"抽象的唯物主义"，或者说，是"那种排除历史过程中的、抽象的自然科学的唯物主义"。当苏联马克思主义哲学模式脱离人的活动和社会生活，侈谈"世界的物质性"时，实际上悄悄地踏上马克思所批判的"抽象物质的或者不如说是唯心主义的方向"。马克思的哲学"反对一切形而上

---

① 《斯大林选集》下卷，第436、435页。

学",而苏联马克思主义哲学模式本身又成为一种形而上学。要真正理解和把握马克思哲学就必须超越近代唯物主义、近代哲学以至整个传统哲学的视野。

马克思反对形而上学的思想和实践本体论是在 19 世纪中叶提出、创建的,然而,由于种种原因,它在当时以至相当长的历史时期内并未引起人们的理解和关注。正因为如此,苏联学者在建构马克思主义哲学体系时,忽视的恰恰是马克思反对形而上学的思想和实践本体论,丢掉的恰恰是从人的存在出发去解读存在意义的方法,因而造成苏联马克思主义哲学模式的内在缺陷。这是一种根本性的缺陷,它使马克思哲学划时代的贡献在相当大的程度上被抛弃了。

20 世纪的历史运动,实践和科学以及现代西方哲学本身的发展,使马克思反对形而上学的思想、实践本体论以及从人的存在出发解读存在的意义这一方法的理论价值凸现出来了,并使人们重新认识到马克思哲学的现代性和当代意义。可以预言,从人的存在出发去解读存在的意义,以实践为基础去理解和把握人与世界的关系,从而建构一种和马克思哲学"文本"相吻合的、新的马克思主义哲学体系,在不久将会"洛阳纸贵",重新成为马克思主义者之间一个重要的话题。

第五章

马克思哲学的后现代意蕴

在哲学史上，存在着这样一些思想体系，它们产生于某个特定的时代却并非专属这个时代，相反，它们具有跨时代的特征。马克思的哲学就属于这些为数极少并且具有恒久魅力的思想体系。"如果马克思当初不是有时超越他所生活的19世纪后半叶的话，他就不可能在20世纪后半叶在政治上和理论上仍然这样重要。"①的确如此。马克思生活在工业社会，但他对"后工业社会"的某些重要特征做了"准确"的预见②；马克思哲学属于现代唯物主义，但它又以敏锐的洞察力捕捉到"现代"中露出的"后现代"端倪，并对其加以批判审视，因此，兴盛于20世纪后半叶的后现代主义无法忽略、漠视产生于19世纪后半叶的马克思哲学。对于后现代主义来说，马克思哲学是

---

① 〔英〕佩里·安德森：《西方马克思主义探讨》，高铦、文贯中、魏章玲译，人民出版社1981年版，第141页。

② 〔美〕丹尼尔·贝尔：《后工业社会的来临：对社会预测的一项探索》，高铦译，商务印书馆1984年版，第66页。

一座从现代走向后现代必经的思想桥梁,是"不可超越的意义视界"。尽管我们无法泛泛而谈马克思哲学与后现代主义的关系,但无论如何,马克思哲学与后现代主义在当代的"相遇"却是一个毋庸争论的事实。马克思哲学当然不是一种后现代主义,我断然拒绝所谓的"后现代主义的马克思主义"。但我同时认为,马克思哲学具有后现代意蕴,探讨马克思主义哲学的当代发展必须充分阐发马克思哲学的后现代意蕴。

一、后现代语境中的马克思哲学

20世纪50年代以来,西方社会及其文化领域出现了一系列引人注目的新现象,对于这些现象,不仅传统理论无法解释,而且现代观念也无法涵盖。哈桑由此认为,可以用"后现代"来命名这些不同于"现代"的现象,并指出"后现代主义是对于现代主义在其预示性时刻直接或间接瞥见到的难以想象之物所作出的一种反应"①。换言之,后现代主义就是对现代、现代性以及现代主义的审视和反思。在后现代主义思想家看来,"资本主义是现代性的名称之一"②。因此,在审视和反思现代、现代性以及现代主义的过程中,马克思对资本主义的批判很自然地在后现代语境中浮现出来。后现代主义的理论先驱海德格尔,后现代主义的核心人物德里达、福柯、利奥塔、罗蒂、杰姆逊等,都对马克思哲学显示出充分的重视。从中,我们可以把握后现代语境中的马克思哲学。

后现代主义从其产生之日起,就反对"任何形而上学"。可以说,反对形而上学是后现代主义思想家的共识。

海德格尔注意到马克思"拒斥形而上学"的努力,并认为马克思完成了"终结形而上学"的工作:"形而上学就是柏拉图主义。尼采把他自己的哲学标示为颠倒了的柏拉图主义。随着这一已经由卡尔·马克思完成了

---

① IHab Hassan, *The Postmodern Turn: Essays in Postmodern Theory and Culture*, Ohio State University Press, 1987, p.39.

② 〔法〕利奥塔:《后现代性与公正游戏:利奥塔访谈、书信录》,第147页。

的对形而上学的颠倒,哲学达到了最极端的可能性。哲学进入其终结阶段了。"①在《关于人道主义的书信》中,海德格尔还认为,马克思在体会到异化的时候,深入到历史的本质性的维度中去了,所以,马克思的历史观比其余的历史观具有优越性。

德里达认为,解构主义与马克思主义密切相关,"尝试将马克思主义激进化的做法可以被称做是一种解构",因此,"求助于某种马克思主义的批判精神仍然是当务之急,而且将必定是无限期地,必要的。如果人们知道如何使这种马克思主义的批判适应新的条件,不论是新的生产方式、经济和科学技术的力量与知识的占有,还是国内法或国际法的话语与实践的司法程序,或公民资格和国籍的种种新问题等等,那么这种马克思主义的批判就仍然能够结出硕果"。② 在德里达看来,"不能没有马克思",没有马克思,没有对马克思的"记忆和继承",也就没有未来。

按照福柯的观点,支配法国乃至当代批判思想的三个基本来源是尼采、弗洛伊德和马克思,这三位大师各自发挥了一种根本性的"解中心"作用,共同开辟了当代解释学的道路。在福柯看来,马克思是在解释资产阶级对生产的解释,而不是在解释生产本身;马克思的《资本论》通过揭示资产阶级价值观念的本质,即对日常价值观念的掩饰,实际上否定了通常所谓的"深层意义"或"真理"。福柯"相信马克思的历史分析",并认为马克思的历史分析并不是"建立在任何 18 世纪模式的基础上",相反,马克思"在政治经济学的基础上"揭示了一个"全新的话语实践";"在现时,写历史而不使用一系列和马克思的思想直接或间接地相联系的思想,并把自己放在由马克思所定义和描写的思想地平线内,那是不可能的"。③

在利奥塔看来,资本主义是现代性的名称之一,资本主义已经变成一

---

① 〔德〕海德格尔:《面向思的事情》,第 59—60 页。
② 〔法〕德里达:《马克思的幽灵——债务国家、哀悼活动和新国际》,何一译,中国人民大学出版社 1999 年版,第 129、122 页。
③ Foucault, *The Order of Things: An Archaeology of the Human Sciences*, p.21.

个"形而上学的符号了","马克思对此有深刻的理解,尤其在《共产党宣言》之中"①;马克思哲学借助辩证法成为一种解释无限矛盾运动的话语,问题恰恰在于,"现在正是辩证逻辑本身正在成为一种纯粹的风格语言"②。

罗蒂对马克思哲学的态度具有二重性:一方面,他把马克思和尼采、海德格尔相提并论,认为马克思属于教化型哲学家,马克思的哲学属于启迪哲学,即后哲学文化,它主张实践的优先性,并始终坚持历史主义意识,其目的在于不断进行人与自然、人与人、人与文本之间的对话;另一方面,他又认为,马克思尽管主张实践的优先性,却仍然坚持这样两个信念,即试图深入到现象背后的实在,以及为政治寻找理论基础的信念。显然,罗蒂强调在马克思哲学的方法和理论体系之间存在着裂痕。

杰姆逊致力于马克思哲学的当代阐释,认为马克思早已为我们确立了对待后现代主义的"恰当立场";马克思的哲学绝不是什么"唯生产的、简约的、过时的整体论话语",相反,它是一种更为宏大深刻的研究方法,"是我们当今用以恢复自身与存在之间关系的认知方式"。在杰姆逊看来,马克思哲学提供了"整体社会的视界",它"让那些互不相容,似乎缺乏通约性的批评方式各就其位,确认它们局部的正当性,它既消化又保留了它们",而"其他批评方法的权威性只是来自它们同某个零碎生活的局部原则,或者同迅速增生的复杂上层建筑的某个亚系统的一致性"③。因此,当代任何一种批判理论都无法避开马克思哲学,都不可能对马克思哲学视而不见。对于当代批判理论来说,马克思哲学是"不可超越的视界"。

可以看出,后现代主义思想家们对马克思哲学的论述,涉及到马克思哲学与形而上学的关系,马克思哲学与当代西方哲学包括后现代主义的关系。尽管后现代主义思想家们对马克思哲学的理解各异,取舍不同,但

① 〔法〕利奥塔:《后现代性与公正游戏:利奥塔访谈、书信录》,第148页。
② Jean-Francois Lyotard, *Pergerinations*, Columbia University Press, 1988, p.50.
③ Jameson, Fredric, *The Political Unconscious*, Cornell University Press, 1981, p.10.

从总体上看,在后现代语境中,马克思哲学的"拒斥形而上学"性、实践的存在论意义以及马克思哲学的当代意义这些被忽略、被抑制乃至被遗忘的部分得以彰显。

马克思的哲学与"形而上学"的关系直接关涉到马克思哲学的主题以及马克思哲学与柏拉图以来的西方哲学传统的关系。西方思想界的通常看法是,马克思哲学本身就是一种形而上学,它沿袭了柏拉图以来的哲学主题,即以追溯整个世界的本质或基质为目标,力图从一种"终极存在"、"初始本原"去理解和把握一切事物的本性,以及人的本质和行为依据。后现代主义思想家则强调,马克思哲学真正"颠倒了柏拉图主义"并"完成了对形而上学的终结"。这一见解凸现了马克思哲学的"拒斥形而上学"性,而且与马克思哲学的文本相符。

"纵观整个哲学史,柏拉图的思想以有所变化的形态始终起着决定性作用。形而上学就是柏拉图主义"①,而马克思的哲学从一开始就批判柏拉图主义并"拒斥形而上学"。在马克思看来,"对一种更高的本质的深切追求"是柏拉图哲学的根本特点,在这个"追求"的过程中,柏拉图哲学使"善、目的的这一抽象规定转化为囊括世界的、全面展开的哲学"②;这种对抽象普遍性的崇拜必然导致神秘主义,从而为后来的基督教精神创造了思想前提。在这一点上,后现代主义理论先驱尼采与马克思不谋而合,认为柏拉图哲学把善作为最高理念,是"先于基督教而基督教气味十足"。

"形而上学就是柏拉图主义",所以,对柏拉图主义的批判必然促使马克思批判"一切形而上学"。研读《神圣家族》可以看出,马克思从理论和实践两个方面批判了"形而上学",并认为随着科学和实践的发展"把人们的全部注意力集中到自己身上的时候,形而上学的全部财富只剩下想像的本质和神灵的事物了"③。在马克思看来,形而上学这种哲学形态的根

---

① 〔德〕海德格尔:《面向思的事情》,第70页。
② 《马克思恩格斯全集》第40卷,第69页。
③ 《马克思恩格斯全集》第2卷,第161—162页。

本缺陷就在于,它关注的是脱离了人及其活动的宇宙本体或"终极存在",不仅"本体"在其中成为一种抽象的存在,而且人本身也成为了一种抽象的存在,人和人的世界都消失了。因此,应"否定现存的哲学、否定作为哲学的哲学"并"消灭哲学"①,即"终结形而上学",使哲学面向"自己时代的现实世界",关注"人类世界"。马克思断言:"这种形而上学将永远屈服于现在为思辨本身的活动所完善化并和人道主义相吻合的唯物主义。"②

完成这一任务的正是马克思本人。马克思的唯物主义同样确认自然界的"优先性",但它关注的并不是抽象的本体、抽象的物质,更不是以经院哲学的方式抽象地谈论世界的物质统一性,而是通过对资本主义社会的异化状态和普遍存在的"拜物教"的批判,揭示被物的自然属性以及物与物之间的关系掩蔽着的人的社会属性以及人与人之间的关系,从而把"人的世界和人的关系还给人自己"。

这就是说,马克思的哲学"拒斥形而上学"并实现了哲学主题的转换,即从宇宙本体转向人类世界,关注着人的存在和人的解放。用后现代主义思想家的话来说就是,马克思哲学不是为了占有"全部真理",而是无限地追求真理;不是"为千秋万代而营建",而是"为他们自身的时代而拆解"。在马克思这里,"哲学进入其终结阶段了"。

在"传统"的马克思主义哲学谱系中,实践范畴仅仅被作为认识论的范畴,在认识论之外,即使提到实践范畴,也只是一种应酬式的热情。后现代主义思想家则强调实践的存在论意义,认为马克思对社会生活实践本质的强调,旨在突破西方哲学的知识论谱系,以立足于从人的活动来理解社会存在。应该说,这一见解深刻并具有启示性,在马克思哲学中,实践的确具有存在论意义。

按照马克思的观点,实践是使存在和人的存在相互生成、相互转化的原创性活动,人在这个世界上诞生之后,就通过实践进入到存在的组合

---

① 《马克思恩格斯全集》第 1 卷,第 459 页。
② 《马克思恩格斯全集》第 2 卷,第 159—160 页。

中，并以自身赋予存在以新的尺度——社会性，从而使存在具有"为我而存在"的性质；人通过自己的实践活动"为天地立心"，在物质实践活动的基础上重建世界，实践因此构成了现存世界得以存在的根据和基础。因此，人们的存在就是人们实践活动的结果和产物。正如马克思所说，"人们的存在就是他们的实际生活过程"[1]。在马克思的哲学中，实践的权威是全方位的，它不仅存在于认识论中，而且搏动于自然观、历史观之中：在自然观中，实践是自在自然与人化自然分化与统一的基础，"实践"扬弃了人与自然之间的二元对立；在历史观中，实践构成了社会的本质和人的存在方式，是"自然的历史"与"历史的自然"相统一的基础，"实践"消除了"物质的自然"与"精神的历史"对立的神话。

正因为实践具有存在论意义，所以，马克思以实践为出发点范畴来考察和理解人类世界，来审视、评价和改变以往哲学的范畴和规范。实践是马克思的哲学为之旋转的真正的太阳，只有把"实践"作为主旋律导入马克思哲学这一宏伟的交响乐中，马克思主义哲学体系才能表现为美妙的和谐。

马克思的哲学与形而上学的关系同时蕴含着马克思哲学与当代西方哲学包括后现代主义的关系。确认马克思哲学的"拒斥形而上学"性，必然使后现代主义思想家注意到马克思哲学的当代意义。

的确如此。马克思的哲学在对现代化负面效应的批判中预见到"后现代"，即当代社会的某些重要特征，因而它与当代西方哲学包括后现代主义的关系并非如同冰炭，不可相容。同时，当代西方哲学的其他流派都是从人类世界的某一侧面、某一环节、某种关系出发，并把人类世界归结于这一侧面、环节、关系，因此它们并未从根本上、整体上把握人类世界；马克思的哲学则抓住了人类世界的根本——实践，并从这一根本出发向人类世界的各个方面、各个环节、各种关系发散出去，其本身成为一个思维整体，因而"不可超越"，并构成了当代西方哲学包括后现代主义的源头

---

[1]《马克思恩格斯全集》第 3 卷，第 29 页。

活水。用后现代主义思想家的话来说就是，当代西方哲学的其他流派只是同"零碎生活的局部原则"相一致，而马克思的哲学则提供了"整体社会的视界"，它让当代西方哲学各个流派"各就其位"，"既消化又保留了它们"。马克思的哲学的确是当代"不可超越的意义视界"。由于把握住了马克思的哲学的本质特征——实践的唯物主义，所以，我比杰姆逊本人更深刻地理解他的这一重要命题。

当然，我同时注意到，后现代主义思想家对马克思的哲学也不乏微词，其主要批评包括三个方面：一是马克思的哲学具有强烈的怀疑、批判精神，但它又能够被嵌入共产党人建构的"实体"之中，并被整合为统一的理论体系，被作为某种政治的思想基础和行动纲领，因而不可避免地成为"元叙事"，从而难以逃脱保守和封闭的命运；二是马克思的哲学倡导实践的首要性，强调人的现实性及生活的多元化，但它关于阶级斗争和人性解放的学说，仍是一种"宏伟叙事"，从而导致现实社会主义运动对于统一整体的偏执和对异质成分的压抑；三是马克思的哲学提供了考察资本主义社会结构的认识框架，但他对作为一种认识范式的"结构"过于迷恋和依赖，因而对犯罪、疾病、孤独和死亡等人类生存的基本困境涉猎甚微，等等。

显然，后现代主义思想家赞赏的是马克思的哲学中重视非确定性、非中心、非基础性的一面，批评的是马克思的哲学中强调确定性、中心性、基础性的一面。

后现代主义思想家对马克思哲学的褒与贬，公正也好，偏颇也罢，对我们来说，其意义主要在于其中呈现出来的一种对马克思哲学的新理解。后现代主义思想家既解构了苏联马克思主义哲学模式，又解构了西方马克思主义解释系统，重新直面马克思的哲学的文本，使马克思的哲学中某些长期以来被忽略、被抑制乃至被遗忘的成分得以"苏醒"；后现代话语倡导异质性和边缘性，后现代主义思想家所理解的马克思的哲学，即后现代语境中的马克思的哲学，也有助于我们重新认识和把握游离于"传统"的马克思主义哲学谱系之外的马克思的哲学，从而促使我们重新思考马克思关于自由和必然关系以及人和自然、东方和西方关系的论述,以把握马克思哲学的当代价值。

值得注意的是,后现代语境中的马克思的哲学是以零散、疏离的形式呈现出来的,对于马克思的哲学,后现代主义思想家往往强调其方法而非结论,重视其思路而非体系,赞赏其某些片断而非整体。更重要的是,一些后现代主义思想家对马克思哲学中某些成分的强调,其意图在于对作为整体的马克思哲学进行解构,使其呈现内在的对抗性和自我消解性。后现代主义思想家或隐或显有这样一种看法,即当马克思的哲学被发挥成一种批判性的政治观念时,其原初的哲学观念的批判性就受到严重抑制,从而不可能贯彻始终。因此,在后现代语境中,马克思的哲学变得支离破碎,不再具有一以贯之的统一意义。

二、马克思哲学视野中的"后现代"

整个 20 世纪的核心命题,一言以蔽之,就是"后现代",即如何"重写现代性"。启蒙运动以来关于普遍理性和历史进步的理念为两次世界大战及其后果所粉碎,当代科技革命及其后果则使人们对现代性本身发生质疑。现代性由此成为一个问题,而非确定无疑的答案。所谓后现代、后现代性、后现代主义,就是对现代、现代性、现代主义进行"从后思考"、重新阐释、重新理解。按照哈桑的观点,后现代与现代之间并不存在一道不可逾越的"铁障"或"长城",因为"历史是可以抹去旧迹另写新字的羊皮纸,而文化则渗透着过去、现在和未来"①。

这就是说,后现代主义是从现代主义派生而来的,是对现代主义的重新阐释,二者之间并不具有本质的差别。在利奥塔看来,"后现代"就是把那些在"现代"中无法表现的东西设法加以表现,使之从一种"无形"转变

---

① 〔美〕伊哈布·哈桑:《后现代主义转折》,王岳川、尚水编:《后现代主义文化与美学》,北京大学出版社 1992 年版,第 113 页。

为"有形",所以"后现代总是隐含在现代里",或者说,"后现代"是"现代"的一部分。利奥塔由此认为:"这样理解之后,后现代主义就不是穷途末路的现代主义,而是现代主义的新生状态,而这一状态是一再出现的。"①换言之,后现代并不是指一个新的时代,而是对现代性的改写或"重写"。更重要的是,这种"重写现代性"的工作在现代性本身中已经进行很长时间了。

的确如此。"重写现代性"作为一种情绪、一种吁求,贯穿于现代化运动的始终,可以说,马克思以及尼采、弗洛伊德等当代西方思想家所做的工作,都是在自觉不自觉地"重写现代性"。从历史上看,"现代"作为一个历史分期概念而运作始于 17 世纪,现代建立起来的关于理论、自由、进步的"宏伟叙事"与席卷西方的工业革命、科技革命以及社会革命是同步进行的。尽管不能把现代性或现代化等同于资本主义,但毫无疑问,始于工业革命的现代化运动是资产阶级发动的,表征历史分期的"现代"概念与资本主义历史进程是相促并生的。因此,"资本主义是现代性的名称之一"。正因为资本主义是现代性的名称之一,所以,马克思对资本主义的批判同时也就包含着对现代性或现代化负面效应的批判,换言之,是在"重写现代性"。正是在这个意义上,马克思的哲学具有后现代意蕴。

当然,我注意到,马克思的哲学原本没有"后现代"这一概念。但是,马克思的哲学却蕴含着"后资本主义理论"。如前所述,资本主义是现代性的名称之一,所以,"后资本主义"与"后现代"既有区别,又有联系。概括地说,"后资本主义"侧重于社会政治、经济的思考,预示了社会革命的可能和前景,"后现代"则侧重于对文化、观念、知识状况的思考,蕴含了改造的目标和可能。经过西方马克思主义对马克思哲学的文化理论或意义理论的阐发,"后资本主义"与"后现代"之间呈现出既排斥又融合、既平行又交叉的微妙局势。

---

① 〔法〕利奥塔:《后现代性与公正游戏:利奥塔访谈、书信录》,第 138 页。

从根本上说,后现代主义是对行将到来的"后工业社会"的一种文化反映。首先把马克思的名字同"后现代"联系起来的是丹尼尔·贝尔。在其名著《后工业社会》中,贝尔认为,马克思曾"准确"地预见到"后工业社会"的某些重要特征。贝尔的这一见解是深刻的。在我看来,尽管马克思的哲学没有"后现代"概念,但其中不乏后现代思想。人类思想史表明,概念与思想或理论既有联系又有区别,二者可能一致,但也经常处于矛盾之中;当一种思想、一种理论已经提出时,概括这一思想或理论的概念却往往未能准确地表述出来。这是思想史,尤其是马克思主义史上常见的现象。例如,马克思在 1846 年就创立了历史唯物主义理论,但直到 1890 年,恩格斯才概括并提出"历史唯物主义"这一概念。

按照后现代主义的观点,"后现代"就是对"元叙事"的怀疑和批判态度。所谓元叙事,是指黑格尔式的思想传统——"纯思辨理论叙事"和法国启蒙主义的思想传统——"自由解放叙事",前者注重同一性价值的思维模式,后者注重人文独立的思维模式,二者联合起来,共同为制度化的科学研究服务,为占有"全部真理"和追求永恒正义辩护。但始料未及,辩护的结果与"元叙事"的初衷构成绝妙的讽刺:理性极度膨胀,个体的人却被消解了;科学突飞猛进,人文世界却趋向僵化窒息。

从理论上看,马克思的哲学在创立之初,就致力于对黑格尔式思想传统和法国启蒙主义思想传统的批判。恩格斯在《社会主义从空想到科学的发展》中的一段话,代表着他和马克思对黑格尔式思想传统和法国启蒙主义思想传统的共同看法:"在法国为行将到来的革命启发过人们头脑的那些伟大人物,本身都是非常革命的。他们不承认任何外界的权威……一切都必须在理性的法庭面前为自己的存在作辩护或者放弃存在的权利。思维着的知性成了衡量一切的唯一尺度。那时,如黑格尔所说的,是世界用头立地的时代。最初,这句话的意思是:人的头脑以及通过头脑的思维发现的原理,要求成为人类一切的活动和社会结合的基础。""现在我们知道,这个理性的王国不过是资产阶级的理想化的王国……而理性的国家、卢梭的社会契约在实践中表现为,而且也只能表现为资产阶级的民主共和国。"①在"对黑格尔的辩证法和整个哲学的批判"和"对法国唯物主义的批判"过程中，马克思的目光关注着自然科学和人的科学如何成为"一门科学"，趋向着"有个性的个人"。在针对"元叙事"的怀疑和批判上，马克思的哲学与后现代主义具有相通之处，并具有"后现代"指向。

马克思的哲学和后现代主义都是对现代性及现代化负面效应的批判，如果说后现代主义表征了"资本主义持续变革的逻辑"，并凸现出持续变革中的危机色彩，即"叙事危机、表征危机、合法化危机"，那么，马克思的哲学则在资本主义处于早期阶段时就揭示了"资本主义持续变革的逻辑"，并极富预见性地阐述了资产阶级时代所面临的经济危机、文化危机、社会危机："生产的不断变革，一切社会状况不停的动荡，永远的不安定和变动，这就是资产阶级时代不同于过去一切时代的地方。一切固定的僵化的关系以及与之相适应的素被尊崇的观念和见解都被消除了，一切新形成的关系等不到固定下来就陈旧了。一切等级的和固定的东西都烟消云散了，一切神圣的东西都被亵渎了。"②

利奥塔由此认为，马克思对"现代"和"后现代"有"深刻的理解"。受马克思的启发，一些后现代主义思想家开始研究上述变革的效应，如贝尔抨击"文化渎神现象"的蔓延，布迪厄分析"文化生产场"的发达机制，吉登斯透视现代的"知识不确定性"及其后果，等等。正是在这个过程中，后现代主义直面当代资本主义所面临的危机，发出"中心的消解""基础的塌陷""理性的陨落""人的终结"这些惊世之叹。在探讨"资本主义持续变革的逻辑"及其危机意识上，马克思的哲学与后现代主义具有相通之处，并具有"后现代"指向。

危机意识与问题意识、批判意识密切相关。马克思哲学和后现代主义都具有"问题学"的特征。"凡是现实的都是合理的"绝不是马克思哲学的思维方式。马克思在谈到时代精神与哲学的关系时，强调"问题就是口

---

① 《马克思恩格斯选集》第 3 卷，第 719—720 页。
② 《马克思恩格斯选集》第 1 卷，第 275 页。

号",并认为问题比答案更有意义:"一个时代所提出的问题,和任何在内容上是正当的因而也是合理的问题,有着共同的命运:主要的困难不是答案,而是问题。"①正是从这种问题意识出发,马克思坚持"不想教条式地预料未来,而只是希望在批判旧世界中发现新世界"②。换言之,马克思的哲学把"现代社会"存在的问题作为关注的焦点。这是马克思哲学注重"批判"的本质所在。后现代主义同样表现出一种强烈的问题意识。实际上,在西方,后现代主义首先是作为课题或问题而存在的,它关注的焦点就是现代性本身存在的问题;它并不是要向人们"说"出真理,而是为了排除通向真理的"障碍",以"去掉""摆脱"笼罩在现代主义身上的"假象"和"迷雾"。这是后现代主义注重"解构"的秘密所在。

从马克思所处的时代到法兰克福学派、存在主义、结构主义时代,再到后现代主义时代,对现代性的批判工作经历了从社会政治、经济批判到文化批判和意识形态批判,再到语言批判的过程。从学理的角度说,这种转换是批判工作不断细化、深化和精致化的过程,它揭示出社会批判的艰难性和复杂性,同时又显示出这种批判有其转承逻辑和现实意义。在对待现代性的问题上,马克思的哲学与后现代主义有相通之处,其"批判"具有后现代主义的"解构"指向。

无疑,马克思对现代性的正面作用是有充分估计的。他将 17 世纪以来由资产阶级所开创的新时代,称之为有别于传统社会的"现代社会",有别于工场手工业时期的"大机器工业时代",有别于以往以人身依附为特征的"以物的依赖为基础的人的独立"的时代。《共产党宣言》对现代资产阶级社会在历史上的积极作用的估价甚至比资产阶级思想家更充分。然而,马克思更多的不是注意现代性的成就,而是现代性的"问题"。从唯物史观创立时期的《1844 年经济学哲学手稿》到《资本论》的创作时代,对现代社会异化状态的关注始终是马克思理论活动的焦点之一。对现代社会

---

① 《马克思恩格斯全集》第 40 卷,第 289 页。
② 《马克思恩格斯全集》第 1 卷,第 416 页。

异化的分析与批判,充分而集中反映了马克思哲学批判的后现代指向。其特点在于,不是希求站在资本主义之"内"达到对资本主义运行规律的"理解",而是站在之"外"去透视、揭露其病症。用利奥塔的话来说就是,马克思"试图表明资本主义的符号在何处破坏了自身"①。

为了真正理解马克思对现代性的"问题"所进行的批判及其后现代指向,我们需要重读马克思关于"自由王国与必然王国"的经典论述。为便于行文,有必要详引那段为人们所熟知的经典段落:"事实上,自由王国只是在由必需和外在目的规定要做的劳动终止的地方才开始;因而按照事物的本性来说,它存在于真正物质生产领域的彼岸。象野蛮人为了满足自己的需要,为了维持和再生产自己的生命,必须与自然进行斗争一样,文明人也必须这样做;而且在一切社会形态中,在一切可能的生产方式中,他都必须这样做。这个自然必然性的王国会随着人的发展而扩大,因为需要会扩大;但是满足这种需要的生产力同时也会扩大。这个领域内的自由只能是:社会化的人,联合起来的生产者,将合理地调节他们和自然之间的物质变换,把它置于他们的共同控制之下,而不让它作为盲目的力量来统治自己;靠消耗最小的力量,在最无愧于和最适合于他们的人类本性的条件下来进行这种物质变换。但是不管怎样,这个领域始终是一个必然王国。在这个必然王国的彼岸,作为目的本身的人类能力的发展,真正的自由王国,就开始了。但是,这个自由王国只有建立在必然王国的基础上,才能繁荣起来。"②

从表面看,这段论述是马克思哲学的视域伸向未来的一个最动人心弦的例子。但实际上,这段论述是马克思哲学具有后现代意蕴的典型例证。这里,马克思将现代性的积极作用推到了极限,同时也就凸现出现代性的局限性。在马克思看来,现代性为人类开辟的只是有限的自由,其最高成就就是社会化的人们,即联合起来的生产者,将合理地调节人与自然

---

① 〔法〕利奥塔:《后现代性与公正游戏:利奥塔访谈、书信录》,第148页。
② 《马克思恩格斯全集》第25卷,第926—927页。

第五章 马克思哲学的后现代意蕴 **115**

之间的物质变换；这种合理性表现在靠消耗最小的力量，"在最无愧于和最适合于他们的人类本性的条件下来进行这种物质变换"，但也仅此而已，因为这还不是"作为目的本身的人类能力的发展"。所以，马克思强调，"这个领域始终是一个必然王国"。这也就是说，现代性的逻辑是在必然王国获得有限自由的逻辑，人的自由的全面发展或"有个性的个人"虽然要以此为前提，但他并非现成地内涵于现代性之中，而是站在它的"彼岸"。

处于"彼岸"的自由王国，当然可以理解为是未来的共产主义社会，但共产主义并不是指现实应当与之适应的未来思想，而是现实的运动，是用于对抗现代性负效应的批判性要素。实际上，"自由王国"表明了马克思哲学的批判向度。在马克思看来，自由王国并不是对必然王国的取代，因为"外在目的规定要做的劳动"将存在于"一切社会形态""一切可能的生产方式中"。这里，马克思的运思取向明显地具有"批判的""问题学"的特征。用后现代主义的语言说，就是自由王国是对必然王国的"解构"，"自由王国"不是用于提供未来的乌托邦，而是为了狙击必然王国的理性逻辑操纵一切的僭妄，是诉诸永恒历史过程的批判要素。

马克思的哲学与后现代主义具有相通之处，马克思哲学具有后现代意蕴，但马克思哲学视野中的"后现代"与后现代主义语境中的"后现代"又有重大的差别。具体地说，后现代主义以知识生活涵盖整个社会生活，或者说仅仅从知识状况出发思考当代社会，其"后现代"以对知识状况的解构为旨趣，甚至把解构集中在语言上；而且，后现代主义在致力于消解本质与现象、必然与偶然、中心与边缘等先验的二元对置时，实际上抱持着特殊的目标和旨趣，即偏重非基础性、非确定性和非中心性，从而促成以现象消解本质，以偶然取代必然，以边缘分割中心的效应和影响，而且它肯定的只是片断的、无深度的、不确定的生活模式的意义与价值。因此，相对于"现代"，"后现代"在此走向另一个极端。

后现代主义的失误和不足之处，也正是马克思哲学的后现代话语得以显示其高出一筹的地方。在我看来，后现代主义看出了西方社会的"病症"，却开错了"药方"，马克思的哲学则不仅揭示出西方社会的困境，而且指出了一条摆脱困境的出路。从整体上看，马克思哲学中的后现代话语可以容纳以下内容：一是以贯穿整个现代化进程中的现代性观念为研究对象，以实践原则为研究方法，从异化的表象走向经济的深层批判；二是以确定性和不确定性、中心和边缘、东方和西方、历史和话语等二元对置为研究背景，以重建"个人所有制"和确立"有个性的个人"为目标；三是致力于防止客观主义或相对主义的极端性摇摆，创造性地思考和回答"后资本主义"时代、"后形而上学"时代人类何以生存的根本性问题。马克思哲学框架中的"后现代"，既表征着一种知识态度，一种对现代性神话进行质疑和解构的知识态度，又表征着一种历史境域，一种我们这个时代据以生存并确立"有个性的个人"的历史境域。

三、马克思哲学与后现代主义在当代的"相遇"

如前所述，马克思哲学和后现代主义在当代的相遇是一个毋庸争论的事实。在探讨了后现代语境中的马克思哲学和马克思哲学视野中的"后现代"之后，充分体认和集中探讨这种相遇，考察其现实背景，把握其理论渊源，从而深化对马克思哲学的研究是十分必要的。

马克思的哲学和后现代主义在当代的相遇，从现实生活的背景来看，是源于这样一个事实，即二者都是对资本主义社会的批判。

批判性是马克思哲学的基本精神。马克思的哲学在其创立之初就宣布：要对现存的一切进行无情的批判，而这种批判的锋芒所向就是资本主义社会。无论是"对黑格尔的辩证法和整个哲学的批判""对黑格尔以后的哲学形式的批判"，还是"对法国唯物主义的批判"以及"政治经济学批判"，归根到底，都是对资本主义社会及其异化状况的批判。用后现代主义话语来说，就是对资本主义社会进行"解构"。马克思以后的马克思主义哲学也始终坚持、贯彻这一批判，即致力于对资本主义社会在其发展过程中所造成的不断扩张、深化的异化状况进行批判。即使是颇有争议的西方马克思主义，就其理论脉络而言，它的全部理论工作都是对马克思的异化学说的应用、发挥和某种程度上的深化。从早期的卢卡奇对资本主义"物化"的批判，到法兰克福学派的"社会批判理论"，再到晚近的法国"新马克思主义"，可以说，是在不同时期，从不同侧面对资本主义社会及其异化状况进行了相当尖锐、相当深刻的清算和批判。从总体上看，西方马克思主义的宗旨不是维护资本主义，而是批判资本主义。

后现代主义对现代性负面效应的批判，也是立足于对资本主义社会异化状态进行批判的基地上的。从总体上看，后现代主义就是对现代性进行"解构"，而在后现代主义思想家看来，资本主义与现代性具有重合性，所以，后现代主义对现代性的"解构"是同对资本主义的批判联系在一起的。德里达指出："解构不是，也不应该仅仅是对话语、哲学陈述或概念以及语义学的分析；它必须向制度、向社会的和政治的结构、向最顽固的传统挑战。"①福柯坦言："我关注的是知识、学术、理论同真实历史的奇特的关系"②，他对知识与权力、监狱与权力等关系的探讨，都旨在揭示资本主义的压迫机制。鲍德里亚认为，资本主义生产方式从 19 世纪发展到 20 世纪，是一个实现对"社会表征的完全操作"的过程，因此他从马克思的商品转换理论过渡到"符号转换"问题，并在马克思政治经济学批判的基础上对资本主义进行"符号经济学"的批判。杰姆逊明确地把后现代主义定义为"晚期资本主义的文化逻辑"，并认为"真正的'历史恶梦'是劳动这个事实本身，异化劳动这个不可弥补的损失和创造精力的浪费，这个耻辱的事实无法从任何形而上学范畴获得意义"③，因此，应"引开"异化劳动这个令人不堪的事实。

这表明，后现代主义并非无根的浮萍，并非某些思想家的"喃喃自语"，它有其特定的现实背景和实践根源，是批判地指向当代资本主义社会的政治、经济，尤其是文化状况和知识状况的。"后现代批判是彻底的

---

① 〔法〕德里达：《一种疯狂守护着思想》，何佩群译，上海人民出版社 1997 年版，第 21 页。
② 〔法〕福柯：《权力的眼睛：福柯访谈录》，严锋译，上海人民出版社 1997 年版，第 12 页。
③ 〔美〕杰姆逊："马克思主义与历史决定论"，载《新文学史》第 11 卷，第一期，1979 年，第 42 页。

反原旨性——避开一切本体的、认识的或伦理的绝对主义。同时，它也坚定地表明改革西方现存社会秩序的激进态度。"①

正是由于马克思的哲学和后现代主义都是对资本主义尤其是异化状态的批判，所以，马克思的哲学准确地预见到了"后现代"的某些特征，而后现代主义思想家在从事批判时不由自主地想到了马克思哲学，二者在当代"相遇"了。这不是神话，而是客观存在的事实。

我们应当对后现代主义在总体上与现代资本主义"相敌对"的态度做出科学的分析与评价。马克思在论及物质生产与精神生产的关系时曾指出，二者的关系并不是直接对应的，不像人们"原先设想的那样简单。例如资本主义生产就同某些精神生产部门如艺术和诗歌相敌对"②。马克思的这一见解极为深刻，它揭示了文学艺术乃至整个精神生产与资本主义的物质生产方式"相敌对"的一面。同19世纪相比，20世纪资本主义制度产生的技术异化、社会异化同整个精神生产的发展更为"敌对"。正因为如此，揭露、批判资本主义的现代异化成为当代西方思想文化重大的主题之一。从艾略特的《荒原》、萨特的《呕吐》以及哲学的"非理性转向"，一直到后现代主义的"解构"，都贯穿着一条反异化的主题，都是以一种极端形式对资本主义现代异化的抗争。自尼采之后，资本主义的现代异化及其"整个生活的现代条件"，成为包括后现代主义在内的当代西方哲学"批判的靶子"。由于这种批判来自资本主义内部，所以这种批判比来自外部的批判更为有力，更能击中要害。

当然，马克思的哲学与后现代主义对资本主义的批判在着眼点和策略上都有明显不同。马克思的哲学着眼于对资本主义宏观状况的批判，因此往往表现为一种"宏伟叙事"，而后现代主义着眼于对资本主义微观领域的剖析，因此热衷于"小型叙事"；马克思的哲学着眼于对资本主义经济基础和社会制度的批判，其目的在于从根本上推翻资本主义制度，而后

---

① John McGowan, *Postmodernism and Its Critics*, Cornell University Press, 1991, p.9.
② 《马克思恩格斯全集》第26卷 I，人民出版社1972年版，第296页。

现代主义主要是展开对资本主义主流意识形态的批判，而较少涉及这种主流意识形态赖以滋生的经济基础，尤其是所有制关系，这是一种在不触动资本主义根本制度前提下的批判。正是这种不同导致马克思主义者指责后现代主义对资本主义所作的"小型叙事"式的批判实质上无所作为，无伤资本主义制度的宏旨，而后现代主义思想家则指责马克思的哲学对资本主义所作的"宏伟叙事"式的批判归根到底仍服膺于资本主义的总体逻辑。我们不能无视马克思的哲学与后现代主义的明显不同，但也不能不承认这样的事实，即二者都是对现实资本主义的批判，所以，二者在当代能够不期而遇。

把握马克思的哲学与后现代主义的相遇，从理论上来说，应注意二者关于人与自然关系的理论和东方与西方关系的理论。

在当代，"全球问题"的出现使人们逐渐认识到，社会的异化不仅表现在人与人、人与社会关系的异化上，也表现在人与自然关系的异化上，而所有这些异化与西方近代以来的"理性的人"的观念有着根本性关联。马克思的哲学和后现代主义在对待"理性的人"以及人与自然关系的问题上有着诸多的共同点。

西方哲学自笛卡尔的"我思故我在"开始，确立了理性的优先权。马克思的哲学则不再承认人先天具有一种普遍的理性本质，并认为所谓"内在的、无声的、把许多个人自然地联系起来的普遍性"是不存在的。按照马克思的观点，实践是人的存在方式和生命活动的本质特征，人的特性是在社会实践中逐步生成的，人的本质在其现实性上是一切社会关系的总和；个人怎样表现自己的生活，他们自己就是怎样。因此，人与世界的关系首先是实践的关系，而非认识的关系。马克思早于海德格尔就表述了这样的思想：人的本质特征就在于，他是"在世界中的存在"，人并非透过他的孤独自我的窗户去看外部世界的，在他认识世界之前，他已处于世界之中。

与此相应，马克思的哲学极为关注人与自然的关系，认为人通过实践使自在自然转化为人化自然，使"自在之物"转化为"为我之物"；在这个过程中，又出现了自然界对人的"报复"问题，"如果说人靠科学和创造性天才征服了自然力,那么自然力也对人进行报复,按人利用自然力的程度使他服从一种真正的专制,而不管社会组织怎样"①。在西方思想史上,马克思的哲学最早提出"人类同自然界的和解",以及"合理地调节人与自然之间的物质变换"问题,强调"任何历史记载都应当从这些自然基础以及它们在历史进程中由于人们的活动而发生的变更出发"②,并认为应从人的内在尺度和外在尺度的双重关联中去改造自然界,使自然界真正成为"人类学的自然界"。应该说,这一任务的提出本身就具有深刻的洞察力和超前性,更何况马克思的哲学为完成这一任务指出了必由之路。这无疑显示了马克思哲学的当代意义。

后现代主义所谓"人的终结"的论断,也是要求重新思考主体性问题,重新思考人与自然的关系问题,其锋芒所指就是笛卡尔以来的"理性的人"的观念。按照后现代主义的观点,启蒙活动以来,我思主体的心灵或精神分离并对立于外在的物质世界,从而导致"人类中心主义",这不仅造成了当代西方的文化危机,而且也造成了当代全球性的生态问题。因此,后现代主义试图给人一个新的定位。用福柯的话来说,就是后现代主义思想家"承担了在人和他的科学,他的发现和他的世界——一个具体的世界——之间建立一种关系的任务"③。

后现代主义解构了人的先在性、中心性和超验性,并明确宣告:人是"创造性的存在物",人的自我形象"是创造而不是去发现的形象"。在格里芬看来,"个体并非生来就是一种具有各种属性的自足的实体,他只是借助这些属性同其他的事物发生表面上的相互作用,而这些事物并不影响他的本质。相反,个体与自我的关系,他与广阔的自然环境的关系、与家庭的关系、与文化的关系等等,都是个人身份的构成性的东西"④。这就是说,人本质上是通过自己的活动自我创造、自我塑造的产物,对人来说,

① 《马克思恩格斯选集》第 3 卷,第 225 页。
② 《马克思恩格斯全集》,第 3 卷,第 23—24 页。
③ 福柯:《论后现代主义的三种形态》,载《国外社会科学》1995 年第 1 期,第 43 页。
④ Griffin, *Spirituality and Society*, *Postmodern Visions*, State University of New York Press, 1988, p.14.

个人与他人、他物的关系不是外在的,而是内在的、本质的、构成性的关系。

与此相应,后现代主义也极为关注人与自然的关系问题。按照后现代主义的观点,在"后现代"或"后工业社会"中,"'自然'已一去不复返地消失。整个世界已不同以往,成为一个完全人化了的世界,'文化'变成了实实在在的'第二自然'"①。因此,后现代主义并不是只讲"否定""摧毁",实际上,它非常关注人与自然关系的重建,力主消除"现代性"所设置的人与自然之间的对立。由此出发,后现代主义十分推崇"生态主义"和"绿色运动",并力图"为生态运动所提倡的持久的见解提供哲学和意识形态方面的根据"。因此,我们也就不难理解格里芬的"后现代思想是彻底的生态学"这一名言了。

后现代主义所谓"人的终结",实际上是对资本主义制度所造成的异化的人的批判,它要求重新审视人的自我,重建人与自然的和谐关系。正是基于这一点,后现代主义认同海德格尔关于"人是自然的守护者"的论断。在我看来,这一论断同马克思关于人与自然和谐的思想是一致的。

纵观整个 20 世纪,不发达国家和地区面临的核心问题就是:现代化是不可避免的历史取向,然而,现代化是否等同于西化? 换言之,以"西方中心主义"为基点的普适性历史话语是否合理? 在对这个问题,即关于东方与西方关系问题的思考上,马克思的哲学和后现代主义存在着一些不谋而合的见解。

马克思哲学的故乡是欧洲,但马克思绝不是一个"欧洲中心主义"者。马克思在创立唯物史观之初,其立足点无疑是西方社会,但随着研究的深化和时间的推移,马克思又把视线转向东方社会,并建构了自己独特的东方社会理论。正是在剖析西方社会,研究世界历史以及探讨东方社会的

---

① Jameson, *Postmodernism or The cultural logic of late capitalism*, Duke University Press, 1991, p.9.

社会结构和历史命运的过程中，马克思解构了"西方中心主义"。具体地说，马克思在研究东方社会的过程中，反对把西方社会的演化模式套在东方社会，认为西方意义上的封建制度在东方社会并非普遍存在。例如，"柯瓦列夫斯基忘记了农奴制，这种制度并不存在于印度，而且它是一个基本因素"[1]。这实际上解构了西欧封建制度的普适性。这是其一。

其二，马克思明确地把资本主义原始积累的历史必然性限于西欧各国，并反对把他"关于西欧资本主义起源的历史概述彻底变成一般发展道路的历史哲学理论"[2]，从而解构了西欧资本主义起源的普适性。

其三，在探讨俄国社会发展道路时，马克思提出了跨越资本主义制度"卡夫丁峡谷"的设想，这一设想实际上是解构了西欧资本主义制度的普适性，充分体现出马克思的哲学对"西方中心主义"的解构。由于哥白尼，我们知道了地球不是宇宙的中心；由于马克思，我们知道了西方不是世界的中心。

正是在批判资产阶级"东方学"，解构"西方中心主义"的过程中，马克思揭示了西方经济与政治霸权，认为西方社会掌握着经济、政治输出的主导权，并通过战争以及经济、政治交往"使未开化和半开化的国家从属于文明的国家，使农民的民族从属于资产阶级的民族，使东方从属于西方"[3]。在马克思看来，殖民地以及整个东方社会要得到真正的发展，只能是既"吸取资本主义制度所取得的一切肯定成果"，同时又超越资本主义。

马克思对"西方中心主义"的解构及其东方社会理论在当代产生了经久不衰的影响。在后现代主义背景中产生的后殖民主义同样关注着东方和西方的关系。萨义德的《东方主义》一书开卷便引用马克思的名言："他们不能再现自己，一定要别人来再现他们"，以此来形容历史上的东方和西方的关系。

按照后殖民主义的观点，伴随着西方资本主义对东方社会的经济侵

---

[1]《马克思恩格斯全集》第45卷，人民出版社1985年版，第284页。
[2]《马克思恩格斯全集》第19卷，人民出版社1963年版，第130页。
[3]《马克思恩格斯选集》第1卷，第277页。

略和政治扩张，在文化层面上也有一个同步进行的、将整个世界的方方面面文字化、符号化的过程，这也是形成西方"文化霸权"或"文化帝国主义"的过程，而后殖民主义就是要对此进行"揭秘""解码"。萨义德从对西方的"东方主义"的批判出发，致力于颠覆西方"文化霸权"的合法性，重新界定东方文化和西方文化的关系。杰姆逊认为，第一世界掌握着文化输出的主导权，并通过文化传媒把自己的价值观念和意识形态编码在整个文化机器中，强行灌输给第三世界，这实际上是一种文化侵略。由此，杰姆逊极为关注第三世界文化的命运，并力图在东方文化和西方文化的二元对立关系中，寻觅后现代氛围中人类文化发展的新契机。

可见，在东方与西方的关系问题上，马克思的哲学与后现代主义"不期而遇"，的确具有共识。当然，二者关注的重心又不相同：马克思的哲学关注的是西方经济与政治霸权的消除，后现代主义关注的是西方文化霸权的"解码"；马克思的哲学关注的是殖民地如何通过实际行动走向非殖民化，后现代主义关注的是语言对于"思想非殖民化"的重要性，并"沉溺在话语之中，对那些起作用的社会经济政治体制以及其他社会实践形式漠不关心"①。

马克思的哲学与后现代主义在当代的"相遇"，凸现了马克思哲学的后现代意蕴，同时也促使我进一步思考如何发展马克思主义哲学的问题。"他山之石，可以攻玉。"后现代主义思想家们对马克思哲学的阐释，使我发现，马克思的哲学中有许多长期以来被搁置、被抑制乃至被遗忘的成分，这些成分长期以来游离于"传统"的马克思主义哲学谱系之外。正如福柯所说："对剩余价值理论的浩如烟海的评论，使得马克思有很多非常重要的材料几乎被人们完全忽视了。"②

更重要的是，这些被抑制乃至被完全忽视的思想或"异质成分"往往又契合着当代社会问题，展示出马克思哲学的超前性和"令人震惊的空间

---

① Benita Parry, Problems in Current Theories of Colonial Discourse, *The Oxford Literary Review* vol.9, 1997, p.43.
② 〔法〕福柯：《权力的眼睛》，第 212 页。

感"。因此,在当代发展马克思主义哲学,必须"从空间的角度重读马克思",关注马克思哲学中的"异质成分",捕捉马克思哲学在当代的理论生长点,并使那些被搁置、被抑制乃至被遗忘的思想凸现出来,予以深入而系统的研究,使其获得充分的意义。德里达在解构了福山的"历史终结论"之后强调:要理解目前世界上的种种冲突,"必须要长期依赖于马克思主义传统的一种提问方式",即源于马克思的"一个开放的不断转型的提问方式"。这充分显示出马克思哲学的后现代意蕴和当代意义。

第六章

后马克思主义：历史语境与多重逻辑

　　1950年，匈牙利裔哲学家波兰尼在《个人知识：走向一种后批判哲学》中首先提出了"后马克思主义"这一概念，尽管这一概念在《个人知识》中仅仅出现一次，但它意味着一种不同于传统马克思主义的理论规划开始萌发。正因为如此，"后马克思主义"这一概念并没有"昙花一现"，相反，从20世纪60年代开始在西方思想界流传，并引起人们的广泛关注。1973年，贝尔在《后工业社会的来临：对社会预测的一项探索》中再次提出"后马克思主义"这一概念，并认为后马克思主义就是用马克思关于资本主义发展的"第二种图式"来分析后工业社会的社会结构，重新审视资本主义的积累问题。1985年，拉克劳和墨菲出版了《霸权与社会主义战略：走向激进民主政治》。正是在这部著作中，作为一种新的理论规划，后马克思主义得到了深入分析和系统论证，并由此成为一种有重大影响的社会思潮。如何深入分析后马克思主义的理论逻辑，辨析它们对马克思主义的批评，构成了建构马克思主义哲学当代形态绕不过的课题。

一、后马克思主义产生的历史语境

哲学是思想所集中表现的时代。任何一种哲学理论或社会思潮的产生都不可能脱离它的时代,都有其特定的历史背景。哲学不像文学,不是以人物、情节、故事,而是以概念、命题、规律来反映对象,似乎与时代无关。实际上,任何哲学都是对时代课题的一种或直接或间接、或多或少的理论解答。无论是法国启蒙哲学明快泼辣的"个性",还是德国古典哲学艰涩隐晦的特征,无论是存在主义消极低沉的情绪,还是解构主义高深莫测的"个性",离开了它们各自的时代,都是无法理解的。对后马克思主义的理解和把握应该也必须如此。在我看来,后马克思主义是一种与后现代思潮相重叠,并对传统马克思主义和西方马克思主义进行解构或重构的政治理论、哲学思潮。20 世纪 60—70 年代西方社会的转型,即从现代工业社会转向"后工业社会"、从现代资本主义转向"后资本主义"构成了后马克思主义得以产生的历史背景。

从根本上说,20 世纪 60—70 年代西方社会的转型是生产方式的转变,这一转变体现为从组织化生产转向弹性生产。

在 20 世纪 70 年代以前,以福特主义为基础的组织化生产是西方社会的主体结构,它一方面解决了自由资本主义时期生产无计划性的问题,另一方面通过刺激消费实现对生产的引导,并把个人的消费活动纳入到了规划之中,个人成为消费规划的执行者。这种福特主义体制在 20 世纪 70 年代发展到了自身的极限。普遍存在的通货膨胀暴露出西方社会过量的生产力与资本市场的不匹配,引发了世界范围的资本市场的崩溃;发达国家向发展中国家的大规模投资,使得西方国家生产形式和管理方式发生了变化;石油输出国组织提高油价,以及阿拉伯国家一度禁止向西方出口石油,使得西方国家必须通过技术和体制变革来寻找节约能源的出路,这就导致了资本空间布局的改变,形成了一种与福特主义完全不同的经济、政治和社会调节系统。这种调节系统依靠的就是"同劳动过程、劳动力市场、产品和消费模式有关的灵活性",即所谓的"弹性生产",并使"灵活积累"成为跨国资本主义时代的资本积累机制。

同时,随着电子计算机及其应用的普及化,科学成为生产过程中越来越重要的因素,电子网络成为资本世界市场构成的主要技术构架,先进的电脑系统能够容纳全新而强大的数学模型,能够高速执行交易;随着资本的金融化、虚拟化,资本完全摆脱了物质形态的束缚,获得了最大限度的自主权和灵活性,而复杂的电信系统即时连接全球的金融系统,线上管理让资本得以跨越国界,横跨全世界而运作:以微电子技术为基础的生产活动促成零件的标准化,使最终产品能够以弹性生产的方式定制,并以国际组装组织起来。"当前资本主义国家中的社会秩序可以被看成是新技术与资本主义的一种综合,其特点是新的技术、社会及文化形式与资本主义生产关系相结合,构成了我们这个时代的社会母体。"[①]

生产方式的这一重大变化导致西方学者对马克思主义的生产理论进行反省。

生产结构的变化必然导致阶级构成的变化。随着知识与技术成为西方社会的主体结构,以及所有权与管理权的分离,"生产力(技术)取代了社会关系(财产)而成为社会的主要轴心",这就对传统马克思主义提出了挑战。这种挑战可以概括为:"社会生产力已成为工业的,但这是各种政治制度的共同情况;社会生产关系已成为官僚主义的,所有权在其中的地位缩小了。"[②]这一方面使企业以至整个社会的官僚科层化了,另一方面又使新的阶层(特别是技术和白领行业)上升到社会的主导地位,从而改变了阶级的构成和性质。这是其一。

其二,全球资本的形成使越来越多的发展中国家劳动力进入资本市场之中,形成了多重剥削关系;社会物质基础的差异,使发展中国家的"工

---

①〔美〕凯尔纳、贝斯特:《后现代理论:批判性的质疑》,张志斌译,中央编译出版社 2006 年版,第 337—338 页。

②〔美〕贝尔:《后工业社会的来临》,第 92 页。

人"与发达国家的"工人"并不是处于同一社会层面上,什么是工人阶级因此成为一个令人难以回答的问题。

其三,消费社会的兴起使社会主体不再锁定在阶级这个"普遍主体"上,而是弥散在学生、少数族群、环境保护主义者、反战分子以至同性恋者、失业者等边缘人群上,这些人反对组织化生产的压抑甚至通过吸毒来对抗现实。从表面上看,消费社会是一个充分体现个性的社会,实际上是一种以通过被编码的意象所实现的对大众全面控制的社会。正是这一原因,产生了许多反抗消费社会的边缘人群。阶级构成和性质的变化、多重剥削关系的形成以及边缘人群的产生,加上种族问题和女性主义的兴起,使得传统马克思主义的阶级理论受到了质疑。

阶级构成的变化又必然导致社会斗争的内容和形式发生变化。随着战后西方经济的发展和社会控制的全面化,社会斗争也分散在社会生活的各个领域中进行了。"在现代宏观政治概念中,冲突力量之间争夺的是对扎根于经济和国家中的中心化权力之源的控制权,而在后现代微观政治概念中,无数的局部群体争夺的是散布于整个社会中的分散的、非中心化的权力形式。"①例如,随着环境的恶化而产生的生态主义运动,其斗争对象是生产方式与整个社会发展的规划问题;学生运动反对的是消费社会所带来的对个性的压抑和科层制所导致的学生地位的边缘化,追求的是"总体的人";对于黑人来说,首要的问题是种族隔离;对于妇女来说,资本统治是一种男性统治,反对资本的斗争实际上就是反对男性统治的斗争,如此等等。

过去以阶级斗争为目标的斗争策略被分散了,阶级主体也被分散了,即分散为不同领域中的斗争群体,如何将这些斗争联合起来,这一问题已经超出了传统马克思主义的理论域。拉克劳和墨菲指出,"新女性主义的兴起,少数族群的、民族以及性征上的少数人的抗议运动,边缘人群发动的反制度的生态保护运动,反核运动,处于资本主义边缘地带的国家中所

---

① 〔美〕凯尔纳、贝斯特:《后现代理论:批判性的质疑》,第64—65页。

发生的种种不定型的社会斗争,所有这一切都意味着社会的冲突性质扩展到了更加宽广的范围","当代社会斗争的复杂性和多样性不可改变地消解了那种宏大政治想像的最后基础"①。

历史情境的变化必然导致思想语境的变迁。从总体上看,西方马克思主义的逻辑终结和后现代主义的产生,构成了后马克思主义得以产生的思想语境。

资本主义进入到组织化生产体系之后,西方马克思主义对此进行了较为深刻的批判。按照卢卡奇的观点,随着泰勒制的普及化,资本主义的"物化"从社会结构渗透到心理结构,使人从身体到心灵发生了全面"物化";与这种物化同时发生并以此为基础的是资本主义意识形态的物化,这种物化体现为思想领域的"二律背反",即主体与客体的对立;资产阶级思想家不可能解决这一"二律背反",只有无产阶级在历史实践中形成的阶级意识,才能真正地解决主体与客体的"二律背反"。卢卡奇把马克思主义社会关系批判理论发展为生产结构批判理论,并把它与主体性、同一性和总体性理论结合起来,甚至融为一体了。

法兰克福学派把马克思主义的批判精神延伸到了文化领域,揭示出资本主义社会的工具理性特征。霍克海默和阿多诺(又译阿多尔诺)既揭示了工具理性的深层文化根源,又结合大众文化的兴起揭示出工具理性已经渗透到人的存在的所有领域,并通过大众文化使人们自觉地服从于工具理性的统治。在霍克海默和阿多诺看来,这是主体自觉走向理性操控与支配,以主动的态度完成了当代资本主义社会操控的"总体性"。正是在这样的语境中,卢卡奇的总体性理论成为阿多诺《否定辩证法》批判的对象。

在阿多诺看来,"矛盾是同一性掩盖下的非同一性",因此,"辩证法是始终如一的对非同一性的意识",否定的辩证法就是通过解释、批判现实

---

① Ernesto Laclau and Chantal Monffe, *Hegemony and Socialist Strategy*, Verso Books, 1985, p.1, p.2.

来否定、废除现实。阿多诺对同一性的批判不仅是哲学批判,而且是政治批判、社会批判,是对资本主义制度的批判。这种批判极为强调"异质性和独特性",反对"屈从于世界的抽象同一性",自觉意识到资本主义这一"物化世界"是被资本同一性逻辑整合起来的"被管理的世界",意识到在这个"奴役一切的同一性原则之下,任何不进入同一性的东西、任何在手段领域逃避计划的合理性的东西都成为同一性带给非同一物的灾难而进行的可怕的报复",意识到"同一性,作为总体性,具有本体论的优先性,这是通过将非同一的间接性提升为绝对的存在概念的等级中实现的"①。

因此,当阿多诺强调否定的辩证法,强调"松散星丛"的连接作用时,实际上已经打破了以主体—客体辩证法为中心的总体性理论,"碎片"的意义被展示出来了。阿多诺从根本上否定西方马克思主义的主体性、同一性和总体性的理论模式和思维方法,向我们展示了不同于西方马克思主义的另一种思维方式,并具有后现代主义的意蕴。正是在这个意义上,阿多诺的否定辩证法的形成,标志着西方马克思主义的逻辑终结。

与西方马克思主义逻辑终结同时发生的是后现代主义的兴起。后现代主义反对启蒙理性所建构的主体性、同一性、总体性,代之以非主体、非中心、碎片,并力图通过对现代性的重新审视来实现对西方文化的重新编码。从总体上看,后现代主义是对后工业社会,即当代资本主义社会的一种文化反映,或者说是晚期资本主义的文化逻辑。

按照后现代主义的观点,在现代化过程中,资本主义不仅"合法化"了,而且被定于一尊,成为一种专制性的权威,"忘记如何进行历史性思考",即忘记了资本主义自身的历史性。所以,"最稳妥把握后现代主义这一概念的办法,就是把它看作是一个已经在忘记如何进行历史性思考的时代里去历史性思考现实的一种努力"②。正是在这种"历史性思考"过

---

① 〔德〕泰奥多尔·W. 阿多尔诺:《否定的辩证法》,张峰译,重庆出版社 1993 年版,第319 页。

② Jameson, *Postmodernism or The cultural capitalism*, Duke University Press, 1991, p.9.

程中,后现代主义为日渐病入膏肓的资本主义社会开出一剂药方——"向同一性开战"。

后现代主义重在"向同一性开战""对总体性发动战争",它推崇异质成分,拒斥中心主义、本质主义和基础主义;同时,后现代主义又是一种"针对元叙事的怀疑态度"①,而所谓的元叙事,就是指黑格尔式的思想传统——"纯思辨理论叙事"和法国大革命式的思想传统——"自由解放叙事",前者注重同一性、总体性的思维模式,后者注重人文独立解放的思维模式。在利奥塔看来,后现代主义就是致力于对"元叙事"或"宏大叙事"的批判,致力于对同一性的消解,以增强对差异性的敏感,促成对不可通约事物的宽容能力。

后现代主义提供了一种"另类"思维方式,并一度成为西方思想界的主导思潮,几乎成为一种"流行病"。以后现代主义的思维方式来反思传统马克思主义和西方马克思主义,那么,主体性、实践活动、阶级斗争、革命策略、经济基础与上层建筑的二分法、人的自由解放等重大理论都具有同一性或总体性,都属于"元叙事"或"宏大叙事",都是现代性的、形而上学式的概念,体现了一种理性的控制与支配,体现了本质主义、基础主义和中心主义。一句话,在后现代,需要对马克思主义进行解构或全面修正。

由此可见,20世纪70年代西方社会的历史情境和思想语境的变化,向马克思主义提出一系列具有根本性质的问题,正是对这些问题的思考,促使了后马克思主义产生。拉克劳和墨菲指出:"我们相信,通过把我们定位在后马克思主义领域,我们不仅澄清了当代社会斗争的意义,而且也赋予了马克思主义以理论尊严,马克思主义的理论尊严只能来自对它的局限性和历史性的认识。只有承认它的局限性和历史性,马克思主义才能在我们的思想传统和政治文化中常在常新。"②

---

① 王岳川、尚水编:《后现代主义文化与美学》,第76页。
② Ernesto Laclau, et al., Post-Marxism Without Apologies, *New Left Review* No. 166, 1987, p.106.

二、后马克思主义的三种理论逻辑

从词源学的角度看,"后马克思主义"这一概念首次出现在波兰尼的著作《个人知识》中。在这部著作中,波兰尼用"后马克思主义"这一概念来指称斯大林逝世之后东欧社会主义国家的思想解放过程。所以,波兰尼提出的"后马克思主义"实际上是"后斯大林主义"。只不过在波兰尼的视野中,马克思主义与斯大林主义是同一个概念。

波兰尼之后,不同的学者赋予"后马克思主义"以不同的含义。杰姆逊断言:伯恩斯坦是"第一代后马克思主义者",齐泽克认定,黑格尔是"第一个后马克思主义者";图雷纳力图建构"后马克思主义的分析范式",柯亨则力图为"后马克思主义的批判分层理论"奠定基础;贝尔自称"后马克思主义者",但其主导思路又显然不同于拉克劳和墨菲的"后马克思主义"。"后马克思主义"这一概念从出现之日起,就是一个使用得较为混乱的概念。

在我看来,后马克思主义不同于存在主义的马克思主义、结构主义的马克思主义、分析的马克思主义等思想流派,它没有思想领袖,没有统一主张甚至没有同一脉络。因此,界定明确的后马克思主义并不存在。我宁愿把后马克思主义看作是一场围绕着马克思主义的某些话题、某些观点而展开的争论。因此,在讨论后马克思主义时,应当分清其中的不同的理论逻辑。

从理论逻辑看,后马克思主义可分为三种不同的主导思路:曾经是马克思主义者或深受马克思主义的影响,后来用后现代主义否定马克思主义;以后现代主义解构马克思主义,同时又在一定意义上继承并重构马克思主义的批判理论;从马克思的思想中寻求后马克思主义的理论资源,并认为后马克思主义是马克思主义的当代形态。

利奥塔、鲍德里亚是第一种后马克思主义逻辑的主要代表。

早期,利奥塔是左派马克思主义组织"社会主义或野蛮"的重要成员,关注的核心问题是在资本主义社会如何实现革命。但在后期,利奥塔脱离了"社会主义或野蛮"组织,并否定马克思主义。按照利奥塔的观点,辩证逻辑在马克思那里只是一种"纯粹的风格语言",当代资本主义的发展已经不再遵循马克思所揭示的辩证逻辑的发展方式;马克思的思考仍然是以一种理性为中心的思维方式,仍然是对统一性的追求,属于"元叙事";正是"元叙事"使得现代科学合法化和社会体制权力合法化了。站在后现代主义的立场上,利奥塔反对以矛盾的二元对立为动力的总体性理论,强调"对总体性发动战争""激活差异性"。

在这样的语境中,马克思主义的阶级斗争理论受到全面批判:"二分原理的社会基础,即阶级斗争,已经朦胧地失去了任何激进性,批判模式终于面临失去理论根据的危险,它可能沦为一种'乌托邦',一种'希望',一种为了荣誉而以人的名义、理性的名义、创造性的名义或社会类别(如第三世界或青年学生)的名义提出来的抗议,这个社会类别在最后时刻被赋予批判主体的功能,但这样的功能从此将变得不大可能。"①为了逃避"元叙事"的制约,一种以误构为取向的后现代知识或后现代主义的马克思主义成为利奥塔的理论取向。这种所谓的后马克思主义实质上是否定马克思主义的一种理论形态。

与利奥塔一样,鲍德里亚也对马克思主义提出了根本性的批判。早年,鲍德里亚深受马克思主义影响,并力图实现马克思主义批判理论与精神分析理论、符号学理论的融合,但在这种理论运演过程中,鲍德里亚的思路与马克思的逻辑产生了背离。在鲍德里亚看来,马克思主义以生产理论作为分析、批判资本主义社会的理论基础,实际上是在幻象中批判资本主义社会,是对现实社会的意识形态证明。

通过劳动概念批判、历史唯物主义人类学的自然观念批判、历史唯物主义原始社会分析批判、历史唯物主义奴隶社会与封建社会分析批判,以

---

① 〔法〕利奥塔:《后现代状态:关于知识的报告》,车瑾山译,生活·读书·新知三联书店1997年版,第25页。

及历史唯物主义与政治经济学体系内在关联批判这五个批判,鲍德里亚认为,历史唯物主义及其社会批判理论实际上是站在资本主义政治经济学的立场上,论证了资本主义社会的合法性;能够真正取代资本主义政治经济学体系的,是以消费模式为中心的象征交换理论,只有象征交换理论才能超越现代理性和形而上学①。对马克思主义生产理论的批判,对阶级主体的解构,使鲍德里亚将各种"边缘人"作为斗争的主体,并认为对这个世界的最终反抗只能是病毒、癌变等方式。鲍德里亚逐渐走向一种虚无主义的理论建构,并最终告别了马克思主义。

德里达、拉克劳和墨菲是第二种后马克思主义逻辑的主要代表。

德里达从后现代主义出发力图建立一种"解构的马克思主义"。这种"解构的马克思主义"实际上也是一种后马克思主义。一方面,这种"解构的马克思主义""求助于某种马克思主义的批判精神","忠实于总是在原则上构成马克思主义而且首要地是构成马克思主义的一种激进的批判的东西"。②在德里达看来,只有马克思主义的批判精神才能揭示当代资本主义的真实面目;同时,解构活动就"在某种马克思主义的传统中,在某种马克思主义的精神中",因此,"尝试将马克思主义激进化的做法可以被称作是一种解构","除了是一种激进化之外,解构活动根本就没有什么意义或主旨"。③这就是说,解构、批判、激进化是同一序列的范畴,具有同样的功能。德里达之所以想建立这样一种后马克思主义,就是要"使这种马克思主义的批判适应新的条件",并"结出硕果"④。

另一方面,这种"解构的马克思主义"所要继承的马克思主义的批判精神又是同马克思主义的其他精神区别开来的,因为后者被纳入到本体

---

① Jean Baudrillard, *The Mirror of Production*, Mark Post trans., Telos Press, 1975; Jean Baudrillard, *Symbolic Exchange and Death*, Lain Hamilton Grant trans., Sage Publications, 1993.

② 〔法〕德里达:《马克思的幽灵》,何一译,中国人民大学出版社 1999 年版,第 122、124 页。

③ 〔法〕德里达:《马克思的幽灵》,第 129 页。

④ 〔法〕德里达:《马克思的幽灵》,第 122 页。

论、形而上学体系之中,被固定在劳动、阶级这些基本概念中,是必须抛弃的。问题在于,任何一种主义的根本精神或本质特征都是在其他精神、基本概念、理论体系的演绎中呈现出来的。如果马克思主义的其他精神、基本概念、理论体系都被抛弃了,那么,作为马克思主义本质的批判精神就难免虚无缥缈了,只能成为"某种解放的和弥赛亚式的声明",成为"某种允诺"。对德里达来说,马克思主义实际上喻示着一种乌托邦精神,一种理论意象。在这里,全球化时代的实践批判变成了文化意义上的形而上学解构。

与德里达的后马克思主义思路相近的是拉克劳和墨菲的后马克思主义。正是通过拉克劳和墨菲的努力,后马克思主义的"所有主题和最后结论"都得到了阐述和总结,并由此获得了一种招牌式的效应。拉克劳和墨菲也因此成为后马克思主义的旗手和典型代表,而《霸权与社会主义战略》则被称为"最深刻的后马克思主义著作"。

在《霸权与社会主义战略》中,拉克劳和墨菲明确表达了他们的理论意图,并对后马克思主义作了精心规划和细致阐述。按照拉克劳和墨菲的观点,"为了按照当代的问题重新阅读马克思主义理论,必然包含对它的理论核心范畴的解构。这就是我们所说的后马克思主义"①。后马克思主义就是要"通过减缩马克思主义理论的自负与有效性范围",与马克思主义理论中"深层的东西,即通过它的范畴来把握宏大历史的本质和根本意义的强烈的一元论倾向,发生一种根本性的决裂"。"只有抛弃了任何以'普遍阶级'的本体论优先地位为基础的认识论特权,我们才能深入讨论马克思主义范畴有效性的现实程度。正是在这一点上,我们应该很清晰地申明:我们正处于后马克思主义(post-Marxist)领域中。已经不再可能去坚持马克思主义所阐述的阶级和主体性概念,也不可能再坚持马克思主义关于资本主义历史发展进程的观点,当然也不再能坚守马克思主义关于共产主义是没有对抗的透明性社会的看法。在这本书中,如果我

①〔美〕拉克劳:《后马克思主义的理论和实践》,载《马克思主义与现实》2003 年第 2 期。

们的知识规划是后马克思主义(post-marxist)的,显然它也是后马克思主义(post-Marxis)的"①。

可以看出,马克思主义的实践理论、主体理论、阶级理论、资本主义理论和共产主义理论都成为拉克劳和墨菲重新审视的对象,都受到了他们的理论改造。拉克劳和墨菲在理论目标上将自己的理论归属于马克思主义的问题域,但这种归属又是通过解构马克思主义的传统,并在新的历史条件下重新解读马克思主义而完成的。

以"链接"的方式将不同的主体和不同领域的斗争"缝合"起来,构成一种新的激进批判力量,这是拉克劳和墨菲后马克思主义的理论方向。在拉克劳和墨菲看来,社会是围绕对抗关系而构成的,而在当代资本主义社会,对抗形式已经多元化,各种边缘人群、各种社会领域、各种"新社会运动",如绿色运动、女权运动、和平运动、少数族群运动以至同性恋,等等,都成为反抗不平等、抵制压迫、建立新的权利关系的斗争主体和斗争场所。这是其一。

其二,在这样一个主体多样化、对抗多元化的后现代社会,"坚持本来就成问题的阶级斗争观念已毫无意义"②,通过一个作为"普遍主体"的特定阶级来解放全人类已绝不可能。

其三,社会主义的实质就是建构激进民主,而激进民主就是承认社会主体的多样性,确认任何一个主体都不可能成为凌驾于其他主体之上的普遍主体、永恒中心;哪一个主体能够把社会的多重主体连接成一个"联邦体",哪一个主体就获得了政治认同的主导权,即获得了"霸权"。为此,拉克劳和墨菲力图改造和超越葛兰西的霸权理论,"走向一种新的霸权概念"。

按照葛兰西的观点,在主导规定上,霸权是指市民社会中具有政治规划意义的文化领导权;在霸权的建构中,经济具有根本作用,主体是无产

① Ernesto Laclau and Chantal Moffe, *Hegemony and Socialist Strategy*, Verso Books, 2001, p.4.
② Ernesto Laclau and Chantal Moffe, *Hegemony and Socialist Strategy*, p.159.

阶级,霸权就是以无产阶级为主导的阶级之间的联合,尤其是无产阶级与农民的联合。拉克劳和墨菲站在后现代主义的立场上对葛兰西的霸权概念进行了改造:首先,以后期维特根斯坦的话语理论将霸权改造为一种具有话语链接特征的概念;其次,以阿尔都塞的多元决定论对霸权进行一种多中心化的解释,认为霸权是由各种不同质的内在要素构成的链接体,而各种要素处在同一个平面上;再次,以德里达的解构理论反对任何来自中心的解释,强调对经济决定作用、无产阶级的主体作用的解构。

这样一来,霸权概念就具有了后现代意蕴。拉克劳和墨菲认为,当下的社会是由话语链接而成的,经过改造后"霸权"恰恰构成了链接各种不同主体并构造激进批判主体的重要方案,是建构激进民主的重要策略。

"拉克劳和墨菲的后马克思主义试图在 20 世纪晚期从作为全球文化和政治力量的马克思主义的崩溃中挽救马克思主义,并对之进行调整、重新定位,从而使马克思主义在迅速变化的文化氛围中呈现出新的意义。"[1]西姆的这一评价具有合理性。拉克劳和墨菲的确想使马克思主义在当代"呈现出新的意义",并认为只有通过马克思主义才能"阐发出一种新的政治观念";拉克劳和墨菲坚信他们的理论探索"并没有拒绝马克思主义",甚至"根基在马克思主义那里"。

可问题在于,拉克劳和墨菲反对马克思主义的分析范式,并解构了马克思主义的核心范畴,抛弃了马克思主义的基本观点,实际上已经脱离了马克思主义的根基。拉克劳和墨菲的后马克思主义最具独特性、也是最具内在矛盾性的地方就在于,它以同马克思主义脱离、决裂的方式来弘扬马克思主义的批判精神,重申社会主义的价值目标。可是,这是一个不可解决的悖论。

与上述两种后马克思主义具有不同逻辑的,是贝尔的后马克思主义。

在贝尔那里,"后马克思主义"是与"后工业社会"密切相关的概念。

---

[1] Stuart Sim, *Post-Marxism*, *An Intellectual History*, Routledge, 2001, p.1.

"后马克思主义时期中经理与业主的分离,企业的官僚科层化,职业结构的复杂化,这一切都使得一度明确的财产统治和社会关系的情况模糊了"①,但问题的关键在于,马克思的《资本论》第三卷就对后工业社会的某些重要特征作了"准确"的预见②,已经蕴含着能够面对后工业社会的思路,蕴含着后马克思主义的理论要素。

具体地说,在马克思那里,存在着两种社会变革的图式:一是《资本论》第一卷的图式,这是一种纯理论的图式,是一种阶级分化和斗争的图式,最后是社会主义革命的来临;二是《资本论》第三卷的图式。后一图式的核心在于,银行体系的发展和股份公司的出现开始改变资本主义社会的社会结构:一是银行体系的出现使一切可用的社会财富被交给资本家使用,资本积累开始以社会的方式完成;二是股份公司的产生使所有权与管理权发生分离,指挥生产的不再是资本家而是经理;三是白领工人不断增多,中产阶级正在形成并不断扩大。

按照贝尔的观点,在马克思主义理论体系中,第一种图式是显性的、主导的思想,但问题在于,当代资本主义社会并没有按照第一种图式运转;第二种图式是隐性的、微弱的思想,但问题在于,它蕴含着能够面对后工业社会的思路,当代社会发展理论实际上是在与第二种图式"对话"。在这样一种思考的基础上,贝尔把自己依据《资本论》第三卷分析后工业社会的理论称为后马克思主义。在我看来,贝尔的后马克思主义具有二重性:一方面,它质疑了马克思主义的阶级理论和社会发展理论,并指责马克思主义忽视了政治的自主性;另一方面,它又开启了从马克思的思想中寻找后马克思主义理论资源的先河。

贝尔坚持从马克思思想中寻找理论资源,并结合当代资本主义的发展重新思考马克思主义的精神,在杰姆逊、贝斯特和凯尔纳等人身上得到延伸和体现。与贝尔相同,杰姆逊等人在后现代主义语境中坚守马克思

---

① 〔美〕贝尔:《后工业社会的来临》,第84页。
② 〔美〕贝尔:《后工业社会的来临》,第66页。

主义,并认定马克思为我们确立了对待后现代的"恰当立场";与贝尔把马克思主义实证化不同,杰姆逊等人强调的是马克思主义的批判精神,并力图吸取后现代主义的成果来更新马克思主义。尽管杰姆逊否定自己是后马克思主义者,但他力图建构的能够说明"后工业垄断资本主义"的"后工业马克思主义",实际上就是一种后马克思主义。

贝斯特和凯尔纳则一方面结合后现代主义,想建立一种合乎当代社会的多向度、多视角的社会批判理论,另一方面又针对后现代主义缺乏一种受社会制度中介的、能动的自我理论,强调在制度、话语及实践中建构新的主体,并重申马克思主义对资本主义的批判是当代社会批判理论的重要成分,必须将经济作为社会分析框架的核心要件。"在分析后现代社会理论所强调的消费社会、媒体、信息、计算机等现象时,马克思的范畴仍然是至关重要的。尽管后工业社会理论家和后现代社会理论家都提到了知识和信息的至关重要性,并将之视为新的社会组织原则,但是,不难看出,资本主义才是真正的决定性因素,它完全依照其自身的逻辑和利益,决定着什么样的媒体、信息、计算机以及其他技术和商品将被生产和分配。"因此,利奥塔、鲍德里亚等人在批判当代资本主义社会时,"同马克思对政治经济学和资本主义的批判割裂开来,这实在是一个严重的错误"。[1]

三、后马克思主义的意义与困境

后马克思主义自觉意识到当代资本主义社会的新变化,并力图揭示这种变化过程及其内在逻辑。贝尔揭示了资本主义社会的社会阶层和社会基础的新变化,认为"旧的社会关系(由财产决定的)、现有的权力的结构(集中于少数权贵集团)、以及资产阶级的文化(其基础是克制和延迟满足的思想)都正在迅速消蚀"[2]。卡斯特的"信息时代三部曲"从技术水

---

[1]〔美〕凯尔纳、贝斯特:《后现代理论:批判性的质疑》,第338页。
[2]〔美〕贝尔:《后工业社会的来临》,第47页。

平、生产结构、社会制度的变迁，到民族国家的发展与经济全球化的形成，再到自我的心理结构、社会认同、意识形态等领域变化，较全面地分析了随着网络兴起所造成的资本主义社会的新变化对于我们来说，不管他们的分析是否正确，这种在新的历史语境中做出的新的思考及其对理论的历史意识却是值得我们关注的。

后马克思主义自觉吸收了当代社会科学的新成果，并展示出广阔的问题域。在一定意义上，后马克思主义打破了传统马克思主义研究中学科壁垒的局面，将哲学、经济、政治、文化等方面的内容融为一体，并把许多马克思主义过去没有关注或较少关注的问题纳入到自己的理论框架中。例如，在鲍德里亚的思想建构中，不仅吸收了西方马克思主义尤其是法兰克福学派的重要成果，而且还吸收了符号学、精神分析学、社会学以及媒介文化批评理论等思潮，论述的问题涉及到哲学、社会学、符号学、媒介文化学等多个领域。此外，高兹对生态学与资本主义经济学的批判、苏贾对地理学的反思、哈特曼对马克思主义与女性主义关系的思考、齐泽克对当代电影的分析向我们展示出一幅丰富的理论画面。在这些思考中，不管是坚持马克思主义在后现代语境中的有效性，还是对马克思主义持一种批评态度，都在某种程度上继承了马克思主义的批判精神，并将这一批判精神融化到特定的理论分析中。在我看来，这恰恰是中国马克思主义哲学研究中所欠缺的内容。

后马克思主义的理论规划是想在当代资本主义历史语境中保持一种批判的立场，呈现马克思主义批判精神的当代意义。但是，正是在这里，后马克思主义陷入根本性的理论困境中。后马克思主义想在后工业社会与后现代语境中重建一种批判性的激进策略，把不同的主体和不同领域的斗争结合为带有"统一化"的斗争，并坚信"解构可以通过新的方式激发进步、解放和革命"①。问题在于，这样一种激进的姿态是真的面对了当代资本主义社会，还是仅仅是一种话语革命？

---

① 杜小真、张宁编：《德里达中国讲演录》，中央编译出版社 2003 年版，第 102 页。

正是基于这种反思,西方许多学者对后马克思主义的理论逻辑提出了质疑与批评。按照格拉斯的观点,拉克劳和墨菲的后马克思主义实际上是对马克思主义根本原则的拒绝,与其说是一种后马克思主义,不如说是一种修正主义。这是因为,拉克劳和墨菲否定了马克思主义的三个重要方面:一是对阶级观点的否定;二是对资本主义生产关系起解放作用的社会主义的否定;三是把社会与历史置于一种话语与理论框架中,而这正是传统修正主义的方法①。在雷诺兹看来,"后马克思主义把从语言学和符号学、哲学、文学、文化研究以及社会科学这一系列领域中汲取的,既冗长又深奥难解的话语集中在一起了。的确,这个标签出现在极其多样的语境中,遮蔽了它所采取的各种论断的异质性。也许把它看作是一出有关斗争的戏剧,或者看作是某种理论运动更好"②。

后马克思主义看到了当代资本主义的新变化,看到了后工业社会所呈现出来的社会主体的多样化,特别是看到了一些"边缘人"对资本主义的抵抗运动多元化,但它又没有解决如何使这些多元抵抗运动形成具有集体意志的斗争主体,构成具有明确目标的批判运动这一根本问题。更重要的是,后马克思主义把一切具有社会规定性的内容都化解为一种话语逻辑,并认为只有话语逻辑才是社会的真实存在,这就把马克思主义的实践批判精神转换为一种话语革命理论,并使社会主义的价值目标可望而不可即。在我看来,这种转换体现了当代资本主义社会的知识分子一种无奈与悲凉的情绪。也正因为如此,随着新世纪的到来,后马克思主义已经成为思想博物馆的标本陈列于世,而不是兴盛于世了。

① Norman Geran, *Post-Marxism?*, in Sim ed., *Post-Marxism: A Reader*, Edinburgh University Press, 1998, p.31.
② 〔英〕雷诺兹:《后马克思主义是超越马克思主义的激进的政治理论和实践吗?》,张明仓译,载《世界哲学》2002 年第 6 期。

第七章

实践：人的存在方式与世界二重化的基础

与旧唯物主义相同，马克思的新唯物主义也承认世界的物质性，承认自然界的"优先地位"；与旧唯物主义不同，马克思的新唯物主义不仅从客体方面，而且从"主体方面"，从实践去理解"对象、现实、感性"，去把握人与世界的关系。实践是人的存在方式，本质上是一种对象性的活动。因此，实践不仅是客观世界和主观世界分化与统一的基础，而且是自在世界和人类世界分化与统一的基础；实践不仅改造世界，而且创造世界。因此，实践具有世界观意义。我们只有深刻理解实践的本质和作用，才能真正理解马克思新唯物主义世界观的本质特征。

一、实践：人的存在方式

实践虽然在古代就进入哲学家的视域，但是，在马克思的哲学产生以前，无论是唯物主义，还是唯心主义，都没有真正理解它的内涵、本质和作用等问题。在中国古代哲学中,实践被看作"行",是与"知"相对应的范畴,主要是指认识和道德上的行为、践履等。在《论语》中,孔子就从哲学上论述了"知"与"行"的关系,提出"听其言而观其行"。这里的"行",就具有践履的含义。荀子从唯物主义出发,不仅把"行"与"知"对应起来,而且提出了"行"高于"知"的观点,认为"不闻不若闻之,闻之不若见之,见之不若知之,知之不若行之,学至于行之而止矣"。王守仁从唯心主义出发,提出了"知行合一"的学说,认为"外心以求理,此知行之所以二也;求理于吾心,此圣门知行合一之教"。但在王守仁哲学中,"行"只是一种"理念","我今说个知行合一,正要人晓得一念发动处便即是行了"。

在西方古代哲学中,苏格拉底就提出过"哲学的实践"这一概念。亚里士多德区分了理论活动与实践活动,并认为实践是包括了完成目的在内的活动。但是,在亚里士多德那里,实践主要是指伦理和政治行为。在欧洲哲学史上,康德正式把"实践"引入哲学中,提出了"理论理性"和"实践理性"两个概念,并认为实践理性具有行动的能力或功能,即实践理性通过规范人的意志而支配人的道德活动,从而使人达到自由。在康德哲学中,实践没有超出伦理实践的范围,仅仅是一种在善良意志支配下达到自由的善的道德活动。

在黑格尔哲学体系中,实践一般是指"行动""意志活动""人类活动"。在黑格尔看来,"人的真正的存在就是他的行为"①,正是通过劳动,人们改造自然、"陶冶事物",与对象构成一种"否定性关系","使得这世界成为应如何";同时,人使自己从自然界中分离出来,并通过劳动产品觉察到自己的独立性,达到自我意识。黑格尔的主要贡献就在于,把实践理解为劳动,并把劳动提升到哲学层面。但是,从根本上看,黑格尔所说的实践、劳动是抽象的理念活动,现实的人的活动只是这种抽象的理念活动的有限"样式"。黑格尔的否定性的辩证法只是对现实的人的活动作了一种"抽象的、逻辑的、思辨的表达"。这表明,唯心主义哲学不理解实践批

---

① 〔德〕黑格尔:《精神现象学》上卷,贺麟等译,商务印书馆 1979 年版,第 213 页。

判活动及其意义,从而抽象地发展了人的能动的方面。

费尔巴哈把实践同生活联系起来,认为实践能够解决理论所不能解决的疑难。但是,费尔巴哈并没有真正理解实践与生活的关系,他仅仅把理论活动看作是真正的人的活动,而把实践活动看作是犹太人的一种牟取私利的行为;仅仅把人看作"感性对象",而没有把人看作"感性活动",不理解"感性对象"是"感性活动"的对象化,不理解实践是感性世界的现实基础。同自然唯物主义一样,费尔巴哈的人本唯物主义也是仅仅从客体的形式去理解"对象、现实、感性",同样不理解实践批判活动及其意义,从而使旧唯物主义对人的能动的方面"望洋兴叹"。

马克思总结和概括了现代工业实践的时代精神,批判和改造了德国古典哲学和英国古典经济学中劳动理论中的合理因素,科学地解答了实践活动的内在矛盾,即能动性与物质性、自然性与社会性的矛盾问题,并对实践的内涵做了科学规定。

"人们为了能够'创造历史',必须能够生活。但是为了生活,首先就需要衣、食、住以及其他东西。因此第一个历史活动就是生产满足这些需要的资料,即生产物质生活本身。"①在哲学史上,马克思第一次把物质生产活动看作是实践的首要的和根本的形式,并把实践提升到人的存在方式的高度来理解,并认为物质生产活动构成了人类社会存在和发展的基础,是决定人类其他一切活动的活动。

实践是人的有目的的创造性的活动,具有能动性。实践的能动性,说明实践不是动物式的消极适应自然的活动,而是一种有目的地改造自然的活动。正是在这个过程中,自在自然成为人化自然,"自在之物"转化为"为我之物"。在实践活动中,人们不仅改变了自然物的存在形态,而且在自然物中注入人的目的,创造出按自然界本身的运动不可能产生的事物,创造出属人的世界。换言之,实践不仅改造世界,而且创造世界。但是,实践的能动性离不开物质性,实践能动性的发挥总是以认识、把握和利用

---

① 《马克思恩格斯全集》第3卷,第31页。

物质运动规律为前提;实践能动性的发挥离不开物质工具;实践能动性的发挥并没有创造物质本身。实践是能动性与物质性的统一。

实践是社会性活动,其对象、范围、方式都受到社会关系的制约。实践不仅是人与自然之间物质变换的过程,而且是人与人之间活动互换的过程。在这个过程中,不仅人与自然形成一定的关系,而且人与人之间也结成一定的社会关系。"为了进行生产,人们相互之间便发生一定的联系和关系;只有在这些社会联系和社会关系的范围内,才会有他们对自然界的影响,才会有生产。"①人们总是在一定的社会关系中进行实践活动的,这种活动总是受到特定的历史条件的制约。当这种社会关系不适应实践活动的需要时,人们必然为适应实践活动的需要而调整或变革社会关系,从而在新的社会关系中、新的历史条件下进行新的实践活动。这就使实践具有了历史性。实践是自然性与社会性的统一。

实践是人的对象化的活动,具有对象性。所谓对象性,是指实践是以人为主体,以客观事物为对象的现实活动;更重要的,是指实践能够把人的目的、知识、能力等本质力量对象化为客观实在,创造出一个属人的对象世界。作为对象性的活动,实践使人们把自身的本质力量外化、物化并凝结在客体中,使其取得客观实在的形式。同时,又通过这种外化、物化的对象来认识和确证自己的本质力量。正如马克思所说,"劳动的产品就是固定在某个对象中、物化为对象的劳动,这就是劳动的对象化。劳动的实现就是劳动的对象化②。""工业的历史和工业的已经产生的对象性的存在,是一本打开了的关于人的本质力量的书。"③

作为一种对象化活动,一种能动地改造世界的活动,实践构成了人的存在方式。"一个种的全部特性、种的类特性就在于生命活动的性质。"④这就是说,判断一个物种的存在方式和本质特征,就是看其生命活动的形

①《马克思恩格斯选集》第1卷,第344页。
②《马克思恩格斯全集》第42卷,第91页。
③《马克思恩格斯全集》第42卷,第127页。
④《马克思恩格斯全集》第42卷,第96页。

式。动物是在本能地消极适应自然的过程中维持其生存的,所以,动物的存在方式就是其本能活动。与此不同,人是在有目的地积极改造自然的过程中维持自己的生存的,所以,实践构成了人的存在方式。

首先,实践改铸和发展着人的自然属性。所谓人的自然属性,是指人的肉体组织、生物性的欲望和需要。毫无疑问,人们之所以劳动,是受人的"肉体组织所决定"。问题在于,劳动、实践一经开始就成为强大的推动力,开始支配人类生物进化的方向。"已经得到满足的第一个需要本身、满足需要的活动和已经获得的为满足需要而用的工具又引起新的需要。"①实践使人的自然需要的对象、内容和满足方式与动物相比发生了质的变化,赋予它们属人的社会、历史性质,从而改铸和发展着人本身特有的自然属性,使人成为"能动的自然存在物"。

其次,实践生成和发展着人的社会属性。"无论是自己生活的生产(通过劳动)或是他人生活的生产(通过生育)——立即表现为双重关系:一方面是自然关系,另一方面是社会关系。"②在实践中生成的社会关系反过来制约和规定人的本质。人的本质在其现实性上是社会关系的总和,而现实的社会关系又是在实践活动中生成的。换言之,人是在实践活动中"创造、生产人的社会关系、社会本质",从而使自己成为"社会存在物"。

再次,实践生成和发展着人的精神属性。人的生命活动是"有意识的生命活动",有意识的生命活动把人同动物区别开来,使人成为"有意识的类存在物"。问题在于,人的意识是在实践中生成、实现和确证的,即使语言也"是一种实践的、既为别人存在并仅仅因此也为我自己存在的、现实的意识"③。这就是说,实践使人的生命活动成为有意识的生命活动,使人成为"有意识的类存在物"。

可见,人的自然属性、社会属性和精神属性是在实践活动中改铸、生成和发展起来的,是在实践活动中统一的。所以,马克思指出:人是什么

① 《马克思恩格斯全集》第3卷,第32页。
② 《马克思恩格斯全集》第3卷,第33页。
③ 《马克思恩格斯全集》第3卷,第34页。

样的，"这同他们的生产是一致的——既和他们生产什么一致，又和他们怎样生产一致。因而，个人是什么样的，这取决于他们进行生产的物质条件"①。一言以蔽之，实践构成了人的存在方式，是人的生命之根和立命之本。

二、实践的主体与客体及其关系

在实践活动中，人把自身之外的存在变成了自己活动的对象，变成了客体，同时也就使自己成为主体性的存在。从对象性活动的视角去考察人与世界的关系，就凸显出主体与客体这两个范畴。换言之，主体与客体是表示活动者和活动对象之间特定关系的哲学范畴。

实践主体既不是旧唯物主义所理解的那种生物学意义上的自然存在物，也不是唯心主义所主张的那种纯粹的先验自我意识，而是一个物质与精神、情感与意志、自然与社会等多种因素构成的有机统一体。

从主体的能力结构看，"人本身的自然力"是物质基础。正是借助于这种物质力量，人才能够与自然进行物质交换。但是，人的物质力量是在精神支配下的力量。所以，知识与经验、情感与意志构成了主体能力结构中的精神因素。在实践活动中，知识与经验对主体能力的发挥起着主导作用；同时，情感与意志可以激发主体释放自己的潜能，从而百折不挠，"过五关斩六将"，以实现实践的目的。正是在这个意义上，马克思认为，"激情、热情是人强烈追求自己的对象的本质力量。"②

从主体的社会结构看，主体有个人主体、集团主体、社会主体和人类主体四种形式。社会存在的前提无疑是"有生命的个人的存在"。个人有其相对独立的实践范围和形式。在这个意义上，个人是独立的主体，即个人主体。以一定的集体、团体、群体形式进行实践活动的人们构成集团主

---

① 《马克思恩格斯全集》第 3 卷，第 24 页。
② 《马克思恩格斯全集》第 42 卷，第 169 页。

体。在阶级社会中,阶级是集团主体的主要存在形式。当某一社会还没有因内部的对抗而引起剧烈的外部冲突时,该社会就有可能在一定程度上以整体形式从事某些实践活动,从而形成社会主体。不同民族、国家以整体的、类的形式从事实践活动,就形成了人类主体。但是,迄今为止,由于自然原因和社会原因,人类只是在特定条件下,在某些方面以共同主体的身份从事实践活动,形成一定意义上的人类主体。只有在未来消灭阶级、国家消亡之后,自觉的人类主体才能真正形成。

实践客体是进入主体活动领域,并成为主体活动所指向或改造的客观事物。客观事物在成为客体之前是客观的,进入主体与客体的关系结构以后,这种客观性特征仍然存在。但是,作为实践活动所指向或改造的对象,客体又不等于客观事物。一个客观事物之所以能够成为客体,不仅取决于客观事物的自在本性,而且取决于人类的实践水平能否指向、改造这些客观事物,这些客观事物是否取得了属人的性质、"人化"的形式。

被纳入主体活动范围的客体随着实践的发展,总是处于不断的变化之中。从总体上看,客体有三种形式,即自然形式的客体、社会形式的客体和精神形式的客体。自然形式的客体既包括同人的活动发生关系的自然物,也包括人们用某种方式改造或制造出的人工自然物。社会形式的客体是指现实的社会结构,如经济制度、政治制度等等,同时也包括体现在物上的社会关系。精神形式的客体则是指以物的形式存在的精神生产的结果。精神形式的客体都有自己的"物化"形式,但人们所注重的不是它们的物质形式,而是这些物质形式所体现或携带的精神内容。

实践的主体与客体处在相互作用中。主体与客体的相互作用具有物质性特点,但又不能归结为物质性。主体与客体都是一种物质实体,二者的相互作用是物质实体之间的相互作用,但这种相互作用又不同于一般的物质实体之间的相互作用。在实践活动中,主体从一定的目的出发,通过工具作用于对象,使对象按照主体的需要和目的发生结构或形式上的变化,形成了既来自自在自然又不同于自在自然的"人化自然"这一客体。"人化自然"是人的本质力量的物化形式,是人们在实践活动中的创造的

"为我之物"。除人之外,一切物和物之间的相互作用都是无意识的、盲目的,都不可能以主体与客体这一特定的相互作用形式出现。

实践主体与客体的相互作用具有一种新的关系,这就是精神与物质、目的与手段、能动者与受动者、创造者与被创造者之间的关系。在这种关系中,主体处在主导和中心地位,客体则成为主体的"为我之物"。这表明:一方面,主体受到客体的制约和限定;另一方面,主体又以能动的活动不断地打破客体的限定,超越客体。主体与客体之间这种限定与超越或限定中的超越关系,是主体与客体之间相互作用的实质。

主体与客体相互作用的内容和结果是通过主体对象化与客体非对象化的双向运动来实现的。所谓主体对象化,是指人通过实践使自己的本质力量转化为对象物;而客体非对象化,是指客体从客观对象的存在形式,转化为主体生命结构的内在因素或主体本质力量的内在因素。客体从客观对象的存在形式转化为主体生命活动结构的因素,包括成为人的身体器官的延伸,就是客体非对象化。"在生产中,人客体化,在消费中,物主体化。"①这一过程就是主体客体化和客体主体化的过程。主体客体化的过程,同时就是客体主体化的过程。

主体对象化与客体非对象化或主体客体化与客体主体化互为前提,互为媒介。主体对象化或客体化表征着主体的能动性、超越性;客体非对象化或主体化表明了客体的受动性和制约性。实践活动的这种能动性与受动性、超越性与制约性所形成的矛盾运动,或者说客体对主体制约性和主体对客体超越性的双向运动及其所形成的"为我而存在"的关系,构成了人类实践活动的本质内容。

三、实践过程中的实践理性与评价理性

作为人的存在方式和本质活动,实践是人们从一定目的出发,运用工

---

① 《马克思恩格斯全集》第46卷上,第26页。

具改造客体,并通过结果的反馈进行调控的自在自为的运动过程。这一过程体现了理论理性、实践理性和评价理性的辩证关系。

任何目的的确立,都表现为要建立一种或实现一种现存世界目前还不存在的东西。实践目的的提出,意味着人们对自身的需要有了一定的认识,意味着对客观事物及其规律有了一定的认识,既体现了人的内在尺度,又体现了物的外在尺度。所以,目的的确立是主体实际改造客体之前在思维中对客体所进行的观念改造,是主体对客体的一种否定性、批判性的反映,是在观念中形成的理想客体。因此,目的鲜明地体现了主观与客观、理想与现实、实然与应然之间的矛盾。

实践是一种有目的地改造世界的活动。在实践过程中,目的既是初始环节,又是内控因素,目的贯穿和渗透整个实践过程之中。正如马克思所说,"劳动过程结束时得到的结果,在这个过程开始时就已经在劳动者的表象中存在着,即已经观念地存在着。他不仅使自然物发生形式变化,同时他还在自然物中实现自己的目的,这个目的是他所知道的,是作为规律决定着他的活动的方式和方法的"①。

但是,目的毕竟是观念形态。要实现目的,就必须借助工具。工具不是天然的自然物,而是人类活动的产物,凝聚着、物化了人们过去的活动,并指向未来的活动。工具使前人活动与后人活动、过去活动与未来活动建立起内在的联系。这样,每一代人在使用工具时,实际上是把前一代人的活动及其成果作为自己的手段,从而把历史上创造的人类力量的总和纳入到自身之中。正是依靠工具这个身外器官,人们突破了身内器官的局限,使自己的本质力量获得了无限发展的可能性。更重要的是,每一代人既继承着前一代人的工具,又都在不断创造着新的工具,从而不断突破本身力量和活动范围的局限,以社会总体的形式和人"类"的资格去从事新的实践活动。这就形成了不同于生物进化规律的人类实践活动规律,即社会发展规律。

———————

① 《马克思恩格斯全集》第23卷,第202页。

目的通过工具（手段）而外化的过程，是一个不断实现和扬弃自身的过程。在这个过程中，主体实际地否定了作为目的本身的单纯主观性，同时也实际地否定了作为目的前提的对象的现实客观性，使其成为符合主体要求的客体，从而建立了一种主观与客观相统一的存在。这就达到了实践的结果。换言之，实践结果是人的目的在客观事物中的凝结和体现，是实践过程中各种要素的融合。实践结果一旦形成就成为一种客观实在，不以人的主观意志为转移，并反过来制约着人的活动。

在从目的通过手段而达到结果这一过程中，实践理性发挥着重要作用。所谓实践理性，是指人们在实践活动开始之前预先建立的关于实践结果的观念原型或蓝图。实践理性既是认识过程的最高环节，又是认识活动性向实践活动转化的中介环节，其任务是扬弃客体的片面性，按照主体的目的去改造现存事物。如果说理论理性揭示的是现存事物的本质和规律，那么，实践理性则是人们为了满足自身需要而制定的改造现存事物的规划和方案。

实践理性以理论理性为基础，但它又不是理论理性的逻辑推演。实践理性形成的根据是物的外在尺度和人的内在尺度。作为理论理性向实践活动转化的中介环节，实践理性的确立只有在主体通过理论理性认识客观事物的本质和规律，并利用这种认识的结果时才是可能的。同时，实践理性又体现着人的理想意图，包含着对人自身需要的认识。人们之所以进行实践活动，并不是简单地重复和模仿现存事物，而是为改变现存事物以满足自己的需要。

因此，实践理性绝不仅仅是对现存事物"本来如此"的反映，而是同时根据人的尺度对现存事物"能够如此"的反映。实践理性的形成过程，就是主体在观念中按照一定的方式将其内在尺度运用到物的外在尺度上去，并将二者统一起来，创造出某种"理想意图"或理想客体的过程。

为了使这一过程合理化，需要评价理性对此进行评判。在我看来，评价理性就是指对事物、活动和过程所进行的价值判断这样一种特殊的认识形式，其特点是把人的内在尺度引入认识活动，并以此为依据评判事物、活动和过程对人是有利还是有害，是有价值还是无价值，从而决定是取还是舍。与理论理性追求对现存事物"本来如此"的认识不同，与实践理性追求对现存事物"能够如此"的认识也不同，评价理性追求的是对现存事物"应当如此"的认识。

评价理性关注的是对实践结果的评价。实践结果是人的理想意图、本质力量在客观事物的凝聚和体现，是实践过程各种要素的融合，它一经产生就成为不以人的意志为转移的对象性存在。人们可以通过实践结果这一对象性的存在，反思、评价实践理性、实践活动、实践过程的合理性问题。当实践结果与实践目的之间出现偏差时，应修正、完善实践理性，改变计划方案和实践手段，并调整实践活动本身，使理想意图与客观实际相一致。从实践理性到实践结果的评价，实际上是人的实践活动的自我评价、自我反馈、自我调节的过程。

总之，实践是以主体、中介（工具）和客体为基本构架，通过目的、手段、结果的反馈和调控而自在自为的运动过程。作为主体客体化和客体主体化的双向运动过程，实践在改造客观世界的过程中，又形成了人的主观世界，创造着属人世界。主观世界和客观世界、自在世界和人类世界分化与统一的基础就是人的实践活动。

四、实践：主观世界和客观世界分化与统一的基础

所谓主观世界，是指人的意识、观念世界，是人的头脑反映和把握物质世界的精神活动以及心理活动的总和，既包括意识活动的过程，又包括意识活动过程所创造的观念，即意识活动的成果。主观世界不仅起于主体的心意，而且表现为主体的心意状态。人的愿望、情感、意志、目的、观念、信念、思维等等，都是主观世界不同的存在形式。从总体上看，主观世界是知、情、意的统一体。

客观世界则是指"物质的、可以感知的世界"，是人的意识活动之外的一切物质运动的总和。从内容上看，客观世界包括两个部分，即自然和社

会。前者不依赖人的活动而独立存在,后者形成于人的实践活动之中但又不以人的意识为转移。二者的共同之处就在于,它们都是客观存在,而非意识、观念存在。自然存在和社会存在的统一构成了"外部世界"或"物质的世界",即客观世界。

主观世界不同于客观世界。客观世界存在于人的意识活动之外,具有直接现实性,并按照自己固有的规律运动着。外部自然存在的物质基础在其自身,人的社会存在的物质基础是物质生产方式。主观世界则是以人脑为物质(生理)基础,以意识诸要素及其运动为机理的。主观世界存在于人脑之内,是主体意识活动所具有的智力、智慧、思维能力大小强弱的幅度、界限,以及它所能接受、理解和处理信息的思维容量。不同的主体有不同的主观世界。主观世界与客观世界具有异质性。这是其一。

其二,主观世界的发展与客观世界的发展具有不完全同步性。从根本上说,客观世界是主观世界的外在空间,客观世界决定主观世界,主观世界和客观世界的关系是反映与被反映的关系。然而,主观世界毕竟是一种非直接现实性的存在,起于心意之内的"由己性"使人们可以在心意之内随意组合、建构客体,从而使主观世界既可能在某些方面和状态上背离客观世界,发生幻想、错误,也可能超越客观世界,对未来存在作出超前反映。这样,就出现了主观世界的发展与客观世界的发展不完全同步的状态。主观世界和客观世界有着复杂的矛盾关系,主观世界一方面肯定、表现、反映着客观世界,另一方面又是对客观世界的偏离、否定和超越。二者始终交织在一起。

主观世界和客观世界又具有统一性。

首先,主观世界和客观世界在内容上是同构的。所谓同构,是指具有彼此对应的基本要素及其结构方式。主观世界和客观世界的同构性是由主观世界本身形成的前提、条件和基础造成的。主观世界并不是离开客观世界而独立自存的实体,也不是一个超然于客观世界而绝对孤立自存的世界。从根本上说,主观世界是对客观世界的反映,它在观念形式中反映着客观世界的内容,在概念中凝结着对客观世界本质的理解。主观世界实质上是被人的头脑所反映并转换为观念形式的客观世界,在内容上源于客观世界,因而必然与之具有同构性。

其次,主观世界的运动规律和客观世界的运动规律具有同一性。由于主观世界在内容上与客观世界具有同构性,主观世界的运动规律是对客观世界运动规律的反映和升华,所以,它同样具有必然性、重复性的特征。不管人们是否意识到思维规律的要求,是否遵循思维规律进行认识活动,思维规律都要起作用。辩证法的基本规律既适合客观世界,也适合主观世界。当我们把概念辩证法看作是现实世界辩证运动的自觉反映时,辩证法就归结为关于外部世界和人类思维运动的一般规律的科学。这两个系列的规律在本质上是同一的,但在表现形式上是不同的。

再次,主观世界和客观世界又是互相转化的。如前所述,主观世界本质上是反映在人的头脑中并转换为观念形式的客观世界;主观世界,尤其是其中的理想存在通过实践又能够转化为现实的存在,成为客观世界的一部分,并不断地更新着客观世界的内容。正是在这个意义上,列宁指出:"人的意识不仅反映客观世界,并且创造客观世界。"①

主观世界和客观世界分化与统一的现实基础就是人的实践活动。

主观世界和客观世界的关系形成于人的实践活动中。主观世界并不是客观世界自动分化的结果,也不是由各种"先天范畴"构成的思维之网。就其发生而言,实践是主观世界最切近的基础,主观世界是实践活动在人脑中的"内化"。正是在实践活动中,物质世界发生了分化,它被反映在人的头脑中并转化为主观世界。就是说,实践使统一的物质世界分化为主观世界和客观世界。

实践是主观世界和客观世界的接触点。正是在主观世界和客观世界相互接触的过程中,客观世界的内容才转变为主观世界的内容。这一转变是一个不断深入和扩大的过程。对于每一时代特定的主体来说,并不是客观世界的所有内容都能构成主观世界的内容,只有纳入到实践以及

---

① 《列宁全集》第 55 卷,人民出版社 1990 年版,第 182 页。

认识活动范围内的那部分客观世界才能转化为主观世界的内容,或者说,只有被纳入到实践以及认识活动范围内的那部分客观世界并为主体所接受和认识,并沉积、内化为意识的容量框架、纵横幅度和界限的时候,才能转化为主观世界。实践从根本上制约着主观世界和客观世界接触的范围,以及主观世界的广度和深度。

实践是主观世界和客观世界相互转化的基础与途径。不仅客观世界只有通过实践以及认识活动才能转化为主观世界,而且主观世界也只有通过实践才能转化为客观世界。实践本身就是主观见之于客观的活动,是主观和客观的"交错点","它不仅具有普遍性的品格,而且还具有直接现实性的品格"①。正因为如此,实践是主观世界和客观世界相互转换的基础与途径。

实践是人的有目的的活动。这种有"'目的的活动'不是指向自己……而且为了通过消灭外部世界的规定的(方面、特征、现象)来获得具有外部现实形式的实在性……"②。换言之,人在实践活动中并非仅仅接受客观世界及其规律,而且要依据自己的目的利用客观规律去改变客观世界的现存状况,使它成为符合人的目的要求的新的状态,即成为属人世界。因此,在主观世界和客观世界分化与统一的过程中,又同时形成了自在世界和属人世界即人类世界的分化与统一。

五、实践:自在世界和人类世界分化与统一的基础

自在世界和人类世界是两个相对应的概念。自在世界又称天然自然,这一概念包含着两重含义:一是人类世界产生之前的自然界,这是人类产生之前的先在世界;二是尚未被纳入到人的活动范围的自然界,即自然界中尚未被"人化"的部分。人类世界又称属人世界,是在人类实践基

---

① 《列宁全集》第55卷,第183页。
② 《列宁全集》第55卷,第183页。

础上形成的人化自然和人类社会的统一体。

自在世界和人类世界都具有客观实在性。人们并不是在自在世界之外创造人类世界,而是在自在世界所提供的材料的基础上表现自己的本质力量,建造人化自然、人类世界的。人的实践可以改变天然自然的外部形态、内部结构乃至其规律起作用的方式,但是,它不可能消除天然自然或自在世界的客观实在性。相反,天然自然的客观实在性通过实践延伸到人化自然、人类世界之中,并构成了人类世界客观实在性的自然基础。

自在世界和人类世界的区别在于,自在世界是独立于人的活动或尚未被纳入到人的活动范围内的自然界,其运动变化完全是自发的,一切都处在盲目的相互作用之中。人类世界和人的活动不可分离。人化自然是被人的活动所改造过的自然,它体现了人的需要、目的、意志和本质力量;社会关系则是人的活动的对象化。人类世界的独特性就是它的对人的实践活动的依赖性。固然,人类世界不可能脱离自在世界,它要以自在世界为自己存在和发展的前提,但人类世界毕竟不同于自在世界,毕竟不是自在世界自动延伸的产物。从根本上说,人类世界是人的实践活动的对象化,是人的对象世界。

统一的物质世界本无自在世界和人类世界之分,只是出现了人及其活动之后,"自然之网"才出现了缺口并一分为二,即在自在世界的基础上叠加了一个与它既对立又统一的人类世界。实践是自在世界和人类世界分化与统一的基础。

实践不仅使天然自然发生形态的改变,同时还把人的目的性因素注入到自然界的因果链条当中,使自然界的因果链条按同样客观的"人类本性"发生运转。由此,"我们还能引起自然界中根本不发生的运动(工业),至少不是以这种方式发生运动;我们能够给这些运动以预先规定的方向和规模"[①]。换言之,实践虽然不能使自然物的本性和规律发生变化,但能把人的内在尺度运用到物质对象上去,按人的方式来规范物质运动的方

---

① 《马克思恩格斯全集》第 20 卷,第 573 页。

向和过程,改变物质的自在存在形式。在实践中,天然自然、"自在之物"不断转化为体现了人的目的并能满足人的需要的人化自然、"为我之物"。

从天然自然、"自在之物"转化为人化自然、"为我之物",这一过程就是"自然的人化"过程。"自然的人化"强调的是"自然界对人说来的生成过程"①。换言之,"自然的人化"强调的不是自然界的变化,而是自然界在人的实践过程中不断获得属人的性质,不断地被改造为人的生存和发展的条件,成为"人的现实的自然界",即"人类学的自然界"②。

自然的"人化"过程同时就是人类社会形成和发展的过程。人们在从事物质生产、改造自然的同时,又形成、改造和创造着自己的社会联系和社会关系。没有人与人之间的社会关系,也就不可能有人与自然的现实关系。自然的"人化"是在社会之中,而不是在社会之外实现的。正是在这个意义上,马克思认为,"自然界的人的本质只有对社会的人说来才是存在的","只有在社会中,自然界才是人自己的人的存在的基础"③。在人的实践活动中生成的人化自然和人类社会及其统一,构成了人类世界。

人通过自己的实践活动在自在世界的基础上建造了属人世界,从而使世界二重化为自在世界和人类世界。自在世界和人类世界具有内在联系。这种内在联系体现在两个方面。

一方面,自在世界构成了人类世界存在和发展的自然基础,人在实践活动中把天然自然同化于自身,转化为自己的本质力量,同时又把这种本质力量对象化于人类世界中;人类世界形成之后又反过来制约天然自然,不断地改变自在世界的界限。在实践活动中,自在世界和人类世界这两方面是密切相关的。只要有人存在,自然史和人类史就彼此制约。当代科学成果表明,自然史上最高的"会聚"发生在自然史向人类史的转化阶段,此时,较低层次的自然系统成为较高层次的社会系统的组成部分,而社会系统又对自然系统施加着"约束"。

---

① 《马克思恩格斯全集》第 42 卷,第 131 页。
② 《马克思恩格斯全集》第 42 卷,第 128 页。
③ 《马克思恩格斯全集》第 42 卷,第 122 页。

另一方面,天然自然通过人的实践活动转化为人化自然,并在人化自然、人类世界中延续了自己的存在;同时,人化自然不可避免地要参与到整个大自然的运动过程,或者说,仍然要加入到由自然规律支配的自在世界的运动过程中。这里,会出现两种情况:一是自在世界的运动以其强大的力量强行铲除人化自然的痕迹,使人的活动成果趋于淡化和消失;二是人化自然改变了自然规律起作用的范围和结果,改变了自然过程,特别是生物圈内物质、能量的流通与变换。这就可能对人产生负面效应,如当今出现的生态失衡问题。从根本上说,环境污染、生态失衡是以"天灾"的形式而表现出来的"人祸"。正因为如此,恩格斯提出了自然界"对人进行报复"以及"人类同自然的和解"问题。

总之,人的实践活动是一种不断分化世界,不断使世界二重化,又不断统一世界的活动。对人来说,世界既是本原性的存在,又是对象性的存在。所以,马克思指出,不仅要从客体方面,而且要从主体方面,从"感性的人的活动",即实践方面去理解"对象、现实、感性"。

六、实践的世界观意义

实践改造自然,不仅仅是改变自然物的形态,更重要的,是在自然物中灌注人的需要、目的和本质力量,使其从自在自然转化为人化自然,从"自在之物"转化为"为我之物",从而创造出按照自在世界本身的运动不可能产生的事物。实践分化世界的过程,实际上就是"按照人的样子来组织世界"①、创造世界的过程。实践因此具有世界观意义。

实践的世界观意义体现在,实践使世界二重化并创造出一个与自在世界既对立又统一的人类世界。

人类世界在内容上包含着自然和社会两个方面。但是,人类世界不是自然和社会的"相加",而是在实践的基础上形成的人化自然和人类社

①《马克思恩格斯全集》第42卷,第24页。

会"二位一体"的世界。在人类世界中,自然和社会相互制约、相互渗透,摆在人们面前的是社会的自然和自然的社会,或者说是历史的自然和自然的历史。

人类世界中的自然不是脱离人及其活动的自然,而是被人们"加工"过的自然;人不仅改造自然存在,而且自身也进入到自然存在当中,并赋予自然存在以新的尺度。一切对自然的加工、改造都是在"一定的社会形式中并借助这种社会形式"进行的。人类世界中的自然是被打上了社会烙印的自然。在人类世界中,自然界意味着什么,自然对人的关系如何,人对自然的作用采用什么样的形式、内容和范围等,都受到社会关系的制约。要把人类世界中的自然从社会关系中分离出去是不可能的。在人类世界中,自然不仅保持着天然的物质本性,而且被打上了人的烙印;不仅具有客观实在性,而且具有社会历史性。在这个意义上,自然是一个社会(历史)范畴。

在人类世界中,如同自然被社会制约一样,反过来,社会也被自然制约。人类社会是在人与自然的物质变换中形成并发展起来的,人类历史也无非是"自然界对人的生成过程"。在人类世界中,作为客体的自然,其本身的规律不可能被完全消融到对它进行占有的社会过程中;自然不是外在于社会,而是作为一种恒定的因素出现在社会历史中。社会的目的、需要只有通过自然过程的中介才能实现。人与自然之间的物质变换构成了社会存在和发展的"永恒的自然必然性"。社会发展既不是纯自然的过程,也不是脱离自然的超自然的过程,而是与自然运动"相似"的过程。把自然以及人对自然的关系从社会(历史)中排除出来,也就等于把社会(历史)建立在虚无上,并必然走向唯心史观。

社会的自然与自然的社会都是人们对象性活动的产物。实践是人类世界得以存在的根据和基础,在人类世界的运动中具有导向作用,即人通过实践"为天地立心",按照物的尺度和人的尺度的统一重建世界。人类世界当然不能归结为人的意识,但同样不能还原为天然自然。人类意识、人类社会以至整个人类世界对天然自然具有不可还原性。社会的自然和自然的社会都是通过人类的实践活动来实现或表现的。人类世界只能是实践中的存在。

实践的世界观意义不仅体现在世界的二重化以及人类世界的形成上,而且还体现在人类世界的不断发展中。

人类世界是实践中的存在,而实践本身就处在不断的变化发展之中。人类世界因此成为一个动态的并不断生成、不断发展、不断形成更大规模和更多层次的开放性体系。换言之,实践使人类世界呈现出历史性。马克思早就批判过费尔巴哈对世界的直观性:"他没有看到,他周围的感性世界决不是某种开天辟地以来就已存在的、始终如一的东西,而是工业和社会状况的产物,是历史的产物,是世世代代活动的结果,其中每一代都在前一代所达到的基础上继续发展前一代的工业和交往方式,并随着需要的改变而改变它的社会制度。"①在马克思看来,实践"这种活动、这种连续不断的感性劳动和创造、这种生产,是整个现存感性世界的非常深刻的基础"②。现实性、客观性、历史性、实践性构成人类世界及其与自在世界关系的总体特征,其中,实践性是根本特征。

"动物的生产是片面的,而人的生产是全面的";"动物只生产自身,而人再生产整个自然界"。③ 在当代,人类实践活动已经上天、入地、下海,涉及广袤的宇宙、辽阔的海洋,深入到地球深处以及生物的分子结构等等。正如当代著名科学家赫伯特·A·西蒙所说:"我们今天生活着的世界,与其说是自然的世界,还不如说是人造的或人为的世界。在我们周围,几乎每样东西都刻有人的技能的痕迹。"④当代实践活动以及人类世界的变化发展更加凸显出实践的世界观意义。

确认实践的世界观意义,并不是否定自然界对人类世界的"优先地位"。同一切唯物主义一样,马克思的哲学确认自然界的"优先地位"。但

① 《马克思恩格斯全集》第3卷,第48—49页。
② 《马克思恩格斯全集》第3卷,第50页。
③ 《马克思恩格斯全集》第42卷,第96—97、97页。
④ 〔英〕赫伯特·A·西蒙:《关于人为事物的科学》,杨砾译,解放军出版社1987年版,第8页。

是,马克思的哲学并没有把旧唯物主义的自然概念原封不动地移入到新唯物主义之中,而是用科学的实践观扬弃了旧唯物主义的自然概念;马克思的哲学不是把自然唯物主义推广或运用到社会(历史)领域,相反,是用社会实践的框架来理解人类世界中的自然,把自然同实践活动、社会生活过程联系起来考察,认为"任何历史记载都应当从这些自然基础以及它们在历史进程中由于人们的活动而发生的变更出发",并把"感性世界理解为构成这一世界的个人的共同的、活生生的、感性的活动"。①

实践不仅改造世界,而且创造世界,它内在地包含着人与自然、人与社会,即人与世界的关系。可以说,实践是现存世界的缩影,是人类面临的一切现实矛盾的总根源。马克思正是通过人类实践活动来反观、反思、批判现存世界,从而建构了一种新世界观,一种唯物主义的、"真正批判的世界观"②,并认为"对实践的唯物主义者,即共产主义者说来,全部问题都在于使现存世界革命化,实际地反对并改变事物的现状"③。这是哲学世界观的深刻变革。

---

① 《马克思恩格斯全集》第 3 卷,第 23—24、50 页。
② 《马克思恩格斯全集》第 3 卷,第 261 页。
③ 《马克思恩格斯全集》第 3 卷,第 48 页。

第八章

实践本体论：内涵、实质与意义

任何哲学的基础都是本体论。从根本上说，马克思批判并终结传统哲学的工作是从本体论层面上发动并展开的，而其中的关键就在于，马克思创立了实践本体论。然而，马克思的实践本体论受到了种种误解、曲解和非难，准确而全面地理解马克思的实践本体论仍是一个有待解决的重大的理论问题。

一、实践本身的矛盾特征

实践作为一种社会现象早就引起了哲学家的注意，但正式把"实践"概念引入哲学的，却是康德。问题在于，康德的"实践"概念没有脱离伦理实践的范围。费尔巴哈把"实践"和"生活"联系起来，提出了一些富有启发性的见解，但费尔巴哈不理解实践与生活的真实关系，不理解革命的、实践批判的活动的意义。黑格尔以抽象思辨的形式揭示了人类实践活动的创造性特征，不仅指出了理论活动与实践活动的区别,而且涉及实践在改造世界、创造人类历史方面的重要意义。但是,黑格尔讲的实践在根本上是抽象的理念活动,现实的人的活动只是这种抽象理念活动的"样式"。从根本上说,黑格尔"是在抽象的范围内把劳动理解为人的自我产生的行动",人的生命表现为"一个与人自身有区别的、抽象的、纯粹的、绝对的本质所经历的过程"[①]。

旧哲学之所以没有正确解决实践的本质问题,除了唯心主义与旧唯物主义各自的主观原因以外,还有客观原因,即实践作为人所特有的活动本身就具有矛盾的特征:一方面,实践是人的有目的的活动,含有人的主观因素,受人的理性、意志的支配,体现了人对理想世界的追求;另一方面,实践又是作为物质实体的人,通过工具等物质手段同物质世界之间进行物质变换的客观过程。

马克思发现,物质生产活动是人类的第一个历史活动,也是每日每时必须进行的基本活动。物质生产首先是人类调整、控制人与自然之间物质变换的过程;在这个过程中,人与人之间必然要互换活动并结成一定的社会关系。人与自然的关系制约着人与人的关系,人与人的关系又制约了人与自然的关系。同时,物质生产过程结束时得到的物质结果,在这个过程开始时就作为目的在生产者的头脑中以观念的形式存在着,这个目的是生产者"所知道的,是作为规律决定着他的活动的方式和方法的"[②],并通过实践活动转变为现实存在。这是一个在实践基础上的"物质变精神"和"精神变物质"的过程。这就是说,生产实践既是人与自然之间物质变换的过程,又是人与人之间互换活动的过程,同时还是人与自然之间物质和观念的转换过程。

可见,当马克思把物质生产作为实践的首要的、决定性的形式和根本内容时,他所理解的实践是同自然过程既相联系又相区别的社会过程,是一种自在自为的活动。这样,马克思就找到了把能动性、自由性、创造性

[①]《马克思恩格斯全集》第 42 卷,第 175—176 页。
[②]《马克思恩格斯全集》第 23 卷,第 202 页。

与现实性、客观性、物质性统一起来的基础。

在马克思的视野中,实践是指人能动地改造物质世界的对象性活动。对实践本质的这一理解和规定,首先肯定了实践活动的对象性质,即它是以人为主体、以客观事物为对象的现实活动。更重要的是,实践把人的目的、理想、知识、能力等本质力量对象化为客观实在,创造出按照自然规律本身无法产生或产生的概率几乎等于零的事物,创造出一个属人的对象世界。因此,实践是人所特有的对象化活动。正如马克思所说:"劳动的产品就是固定在某个对象中、物化为对象的劳动,这就是劳动的对象化。劳动的实现就是劳动的对象化。"①

作为人所特有的对象化的活动,人通过实践使自己的本质力量转化为对象物,这就是主体对象化。在这一过程中,对象按照主体的要求和需要发生了结构和形式上的变化,形成了自然界原来所没有的种种对象物。这种种对象物是人在与外在世界相互作用中创造出来的,是人的体力和智力的物化体现,也就是主体的本质力量通过活动转化为静止的物质的存在形式,即积淀、凝聚和物化在客体中。因此,主体的对象化也就是主体通过对象性活动向客体渗透和转化,即主体的客体化。人类一切实践活动的结果都是主体对象化的结果。

在主体对象化的同时,还发生着客体非对象化的运动。所谓客体非对象化,是指客体从客观对象的存在形式转化为主体生命结构的因素或主体本质力量的因素,客体失去对象化的形式,变成主体的一部分。在实践中,主体一方面通过物质和能量的输出改变着客体,同时主体也需要把一部分客体作为直接的生活资料加以消费,或者把物质工具作为自己身体器官的延长包括在主体的生命活动之中。这些都是客体向主体的渗透和转化,即客体主体化。

主体对象化或者说主体客体化造成人的活动成果的体外积累,形成了人类积累、交换、传递、继承和发展自己本质力量的特殊方式——社会

————————
① 《马克思恩格斯全集》第42卷,第91页。

遗传方式,从而使人类的物质文化与精神文化的成果不会因个体的消失而消失。而人通过客体非对象化或者说客体主体化这种形式占有、吸收对象(包括前人的活动成果),则不断丰富人的本质力量,从而提高着主体能力,使主体能以新的更高的水平去改造客体。主体对象化和客体非对象化,或者说主体客体化和客体主体化的双向运动,是人类实践活动两个不可分割的方面,它们互为前提、互为媒介,人们就是通过这种运动形式不断解决着现实世界的矛盾。这种运动形式是客体对主体的制约性和主体对客体的超越性的生动表现,也是人类实践活动的本质内容。

从运行机制上看,实践活动是通过目的、手段和结果的反馈调控过程而实现的。人对物质世界的实践把握正是通过这三个环节进行的,这三个环节实际上构成了人的实践活动的运行机制。

目的是实践过程之前在人的头脑中预定的活动结果。从目的的形成来看,目的首先是人们对自身需要的意识,同时包含着对客体及其与主体关系的认识。由于外部对象不能现成地满足人的需要,因此人必须根据自己的内在需要对外部对象进行改造。这种改造首先是在思维中进行的,即通过"思维操作",消灭外部对象"当前存在"的自在的客观性,在思维中形成了一个符合人的内在需要和主观要求的"理想存在",在观念中建立起主体与客体新的统一的关系。这种思维改造对于实际改造来说是一种超前改造,是实践改造外部对象的过程在思维中的预演。这种超前改造形成了实践的目的,并规定了人们活动的目标。

实践活动中的目的性把人的实践过程同自然运动过程区别开来。在自然运动过程中,客体和客观状态及其发展直接受因果规律制约,事物的现状主要是被过去的事件所支配的,是过去制约现在。人的实践过程却不是一般的"原因—结果"的转化过程,而是"目的—结果"的转化过程,目的作为环节插入客观联系的因果链条之中,作为一种特殊的原因而起作用。在这种特殊的因果关系中,目的作为原因并不指向过去的事件,而是指向一种尚未发生的事件。因此,人的活动并不是纯粹地为过去的事件所制约,而是同时受到未来事件的制约;未来的事件在现实中并不存在,而是主体选择的结果。这样,实践过程就表现为一种自在自为的物质运动过程。这种过程改变了客体的自然进程,使其成为主体制约下的运动过程。这就是主体活动的客观性与客体运动的客观性的本质区别。

"'因果关系的运动'=实际上在不同的广度或深度上被捉摸到、被把握住内部联系的物质运动以及历史运动。"①可以说,整个自然科学就是依据因果范畴建立起来的,离开因果范畴就没有自然科学。但是,人的实践活动总是体现着目的性的活动,离开目的就无法说明人的实践活动,而这种有目的的活动与客观的因果性的关系并非如同冰炭,难以相容。正如恩格斯所说:人的活动能够"引起自然界中根本不发生的运动(工业),至少不是以这种方式发生运动,并且我们能赋予这些运动以预先规定的方向和范围。因此,由于人的活动,就建立起因果观念……。人类的活动对因果性作出验证……可以说是对因果性作了双重的验证"②。

目的是主观的,而它要改造的对象却是客观的。因此,目的不能直接作用于客观对象,客观对象只能被一种客观力量所改变。手段正是这样一种现实的客观力量。目的要在外部对象中实现自身,必须依靠手段,但是手段是依据主观目的的要求选定的,只有符合主观目的要求的"物"才能成为手段。实现不同目的必须使用具有不同功能的手段。同时,手段功能的发挥也必须服从于目的,手段依据目的而运动,并始终为目的所制约。"劳动者利用物的机械的、物理的和化学的属性,以便把这些物当作发挥力量的手段,依照自己的目的作用于其他的物。"③因此,手段是服务于目的并为目的所控制的物质运动过程。

按照马克思的观点,手段就是主体置于自己和客体之间的、用来把自己的活动传递到客体上去的物或物的综合体:"这样,自然物本身就成为他的活动的器官,他把这种器官加到他身体的器官上……延长了他的自

① 《列宁全集》第 55 卷,第 135 页。
② 《马克思恩格斯选集》第 4 卷,第 328、329 页。
③ 《马克思恩格斯全集》第 23 卷,第 203 页。

然的肢体。"①因此,手段是人的身内器官的功能与身外自然力的矛盾统一。手段由身外的自然物所构成,它在人的实践活动中的功能却是人的身内器官功能的外化,是人的身外器官。正是依靠这种身外器官的作用,人首先占有和支配了一部分外部自然力,把这些自然力变成主体自身的力量,并用这部分自然力去征服其他自然力,以实现自己的目的。这样,人们就可以突破身内器官功能的局限,使主体的力量具有了无限发展的可能性。

因此,马克思提出要注意"社会人的生产器官"和"批判的工艺史"问题,并指出:"达尔文注意到自然工艺史,即注意到在动植物的生活中作为生产工具的动植物器官是怎样形成的。社会人的生产器官的形成史,即每一个特殊社会组织的物质基础的形成史,难道不值得同样注意吗?"②只要认真研究作为手段的工具,创建"批判的工艺史","工艺学会揭示出人对自然的能动关系"③。

"社会人的生产器官"的形成表明,人的实践活动的特点是使用人们自己制造的工具,而不是使用天然工具。这说明手段首先是人们过去活动的结果,而后才是未来活动的前提;手段不是天然的自然物,而是凝聚了、物化了人的过去活动的自然物。如果说人的身内器官是一种天然器官,那么,手段作为一种身外器官却是一种人工器官,是"社会人的生产器官"④。因此,手段与人的肉体器官的关系,不仅是身外器官与身内器官的关系,而且是人工器官与天然器官的关系。只有同时具备过去活动结果与未来活动前提这两种性质的东西,才具备手段的性质。换言之,手段是人的过去活动和未来活动的矛盾统一。

手段把人的过去活动与未来活动统一起来,把前人活动与后人活动统一起来,就使人的活动具有不同于动物活动的特点。这样,每一代人在

①《马克思恩格斯全集》第23卷,第203页。
②《马克思恩格斯全集》第23卷,第409页。
③《马克思恩格斯全集》第23卷,第409、410页。
④《马克思恩格斯全集》第23卷,第409页。

使用手段进行活动时,实质上是把前人活动及其成果作为自己的手段,因而每一代人都突破了本身力量的局限,把人类历史上创造力量的总和纳入自身之中,以"类"的资格去从事新的活动。这就使人类能力的发展成为一个不断向上的、滚雪球式的过程,形成了区别于生物进化规律的社会发展规律。

目的通过手段而实现。实践结果就是在外部对象世界中以客观形式实现了的主观目的,因此实践的结果是主观性与客观性的现实统一。在这个过程中,主体自觉地认识、把握和利用客体自身的规律,使客体达到适应主体需要的性质和状态。这样一来,自然界本身潜存着的因果联系,就通过"目的→手段→结果"的运动被有选择地实现出来了。

同自然运动的结果相比,实践活动的结果有一个显著的特点,这就是它具有成败的属性。自然结果仅仅是由原因引起的,自然运动本身受自然规律支配,不存在违背客观规律的可能性。所以,在这种原因和结果之间没有成败问题。而实践的结果却始发于目的,而且在整个实践过程中目的都没有消失,并支配着人活动的方式和方法。在这个过程中,人既可能遵循客观规律,也可能违背客观规律,因而实践结果一旦形成,就马上进入与目的的对比之中。这种对比关系构成实践结果所独有的成败属性。因此,实践结果对实践目的具有反馈作用,人们可以以此或坚定或修正实践活动的目的,反思实践活动。

可见,人的实践活动之所以与自然的物质运动具有不同的特点,就是因为人的活动是在理性支配下的活动。人作为主体,其活动根本特点就在于:在这个活动过程中,理性向主体展现了可供选择的客体的多种可能性以及对各种可能性后果的估计;同时,理性又反映着主体内在需要的多种层次及其实现的可能性,从而确定活动的目标,把客体的可能性和主体的可能性结合起来,并在活动中把这种可能转为现实。这样,就实现了必然性与应然性的统一,创造出属人的对象世界,即人类世界。

二、实践的本体论意义

属人的对象世界即人类世界是自然与社会的统一。摆在人们面前的是社会的自然和自然的社会。从本质上看,社会的自然也就是"人化自然"。毫无疑问,人们并不是在自在自然之外创造人化自然,而是在自在自然所提供的材料基础上表现自己的本质力量,建造人化自然。人的实践可以改变自在自然的外部形态和内部结构,乃至其规律起作用的方式,但是它不可能消除自在自然的客观实在性。相反,自在自然的客观实在性通过实践延伸到人化自然之中,并构成了人化自然客观实在性的自然基础。

人化自然又不同于自在自然,自在自然是独立于人的活动或尚未被纳入到人的活动范围内的自然界,其运动完全是自发的,一切都处在盲目的相互作用之中。人化自然和人的活动不可分离。人化自然是被人的活动所造成的自然,它体现了人的需要、目的、意志和本质力量,是人的活动的对象化。人化自然的独特性就是它的主体性及其对主体实践活动的依赖性。从根本上说,人化自然是人的实践活动的对象化,属于人的对象世界。

统一的物质世界本无自在自然和人化自然之分,只是出现了人及其活动之后,"自然之网"才出现了缺口并一分为二,即在自在自然的基础上叠加了一个与它既对立又统一的人化自然。而实践就是自在自然和人化自然分化与统一的基础。

如前所述,实践不仅使自在自然发生形态的改变,同时还把目的性因素注入到自然界的因果链条之中,使自然界的因果链条按同样客观的"人类本性"发生运转。生产实践虽然不能使自然物的本性和规律发生变化,却能把人的目的运用到物质对象上去,按人的方式来规范物质转换活动的方向和过程,改变物质的自在存在形式。正如恩格斯所说:"我们不仅发现一个运动后面跟随着另一个运动,而且我们也发现,只要我们造成某个运动在自然界中发生时所必需的那些条件,我们就能引起这个运动,甚至我们还能引起自然界中根本不发生的运动(工业),至少不是以这种方式发生运动,并且我们能赋予这些运动以预先规定的方向和范围。"①

在实践中,自在自然这个"自在之物"日益转化为体现了人的目的并能满足人的需要的"为我之物",这一过程就是自然的"人化"过程,其结果是从自在自然中分化出人化自然。"自然的人化"强调的是"自然界对人说来的生成过程",换言之,"自然的人化"强调的不是自然界的变化,而是自然界在人的实践过程中不断获得属人的性质,不断地被改造为人的生存和发展的条件,成为人的本质力量的确证和展现。因此,人化自然"是人的现实的自然界",是"真正的、人类学的自然界"②。

自然的"人化"过程同时就是人类社会形成和发展的过程。人们在从事物质生产、改造自然的同时,又形成、改造和创造着自己的社会联系和社会关系:"人在积极实现自己本质的过程中创造、生产人的社会联系。"③没有人和人之间的社会关系,也就不可能有人与自然的现实关系,"一切生产都是个人在一定社会形式中并借这种社会形式而进行的对自然的占有"④。这就是说,自然的"人化"是在社会之中而不是在社会之外实现的。正是在这个意义上,马克思指出:"自然界的人的本质只有对社会的人说来才是存在的;因为只有在社会中,自然界对人说来才是人与人联系的纽带……才是人的现实的生活要素;只有在社会中,自然界才是人自己的人的存在的基础。"⑤

实践改造自然,不仅仅是改变自然物的形态,更重要的是在自然界中贯注人的本质力量和社会力量,使人的本质力量和社会力量本身进入到自然存在当中,并赋予自然存在以新的尺度——社会性或历史性。在现实世界中,自然界意味着什么,自然对人的关系如何,人对自然的作用采

① 《马克思恩格斯选集》第 4 卷,第 328 页。
② 《马克思恩格斯全集》第 42 卷,第 128 页。
③ 《马克思恩格斯全集》第 42 卷,第 24 页。
④ 《马克思恩格斯全集》第 46 卷上,第 24 页。
⑤ 《马克思恩格斯全集》第 42 卷,第 122 页。

用了什么样的形式、内容和范围等，都受到社会关系的制约。一定的社会关系体现在人化自然上，并给自然物一种独特的社会性质。要把人化自然从实践的社会形式中分离出去是不可能的。在现实世界中，自然不仅保持着天然的物质本性，而且被打上了人的烙印；不仅具有客观实在性，而且具有社会历史性。人化自然是一个社会（历史）范畴，本质上是社会的自然或"历史的自然"。

在属人的对象世界中，如同自然被社会中介一样，反过来，社会也被自然中介。人类社会是在劳动所引起的人与自然之间的物质变换中形成并发展起来的，人类历史也无非是"自然界对人的生成过程"。在人类世界中，作为客体的自然其本身的规律绝不可能被完全消融到对它进行占有的社会过程中。通过实践，自然进入到社会之中，转化为社会生活的要素，并制约着社会的发展。自然不是外在于社会，而是作为一种恒定的因素出现在历史过程中；社会的需要归根到底只有通过自然过程的中介才能实现。"在实践上，人的普遍性正表现在把整个自然界——首先作为人的直接的生活资料，其次作为人的生命活动的材料、对象和工具——变成人的无机的身体。"①

人与自然之间的物质变换构成了社会存在和社会发展得以实现的"永恒的自然必然性"。社会发展既不是纯自然的过程，也不是脱离自然的超自然的过程，而是包括自然运动在内的、与自然历史"相似"的过程。正是在这个意义上，社会是自然的社会，历史是自然的历史。把自然以及人对自然的理论和实践关系从社会（历史）中排除出来，也就等于把社会（历史）建立在虚无上。

社会的自然与自然的社会都是人们对象性活动的产物。实践是社会与自然相互作用、相互制约、相互渗透的中介，也是两者互为中介的现实基础。一句话，实践是人类世界得以存在的根据和基础，在人类世界的运动中具有导向作用。实践的本体论意义首先体现在它使世界二重化了，

①《马克思恩格斯全集》第 42 卷，第 95 页。

创造出一个与自在世界既对立又统一的人类世界。

实践的本体论意义不仅体现在世界的二重化以及人类世界的形成上，而且还体现在人类世界的不断发展中。如前所述，人类世界是实践中的存在，而实践本身就处在不断的变化发展之中。因此，属人的对象世界是一个动态的、不断生成、不断形成更大规模和更多层次的开放体系。马克思早就批判过费尔巴哈唯物主义认识世界的直观性："他没有看到，他周围的感性世界决不是某种开天辟地以来就已存在的、始终如一的东西，而是工业和社会状况的产物，是历史的产物，是世世代代活动的结果，其中每一代都在前一代所达到的基础上继续发展前一代工业和交往方式，并随着需要的改变而改变它的社会制度"①；人与自然的统一"在每一个时代都随着工业或慢或快的发展而不断改变"②，"这种活动、这种连续不断的感性劳动和创造、这种生产，正是整个现存感性世界的非常深刻的基础"③。

人类世界对人的生存具有直接的现实性，所以，马克思又把人类世界称为"感性世界""现存世界""现实世界"。人类世界的现实性包含着客观性，而人类世界的实践性又进一步确证人类世界的客观性，并使人类世界及其与自在世界的关系呈现出历史性。现实性、客观性、历史性、实践性，构成了人类世界及其与自在世界关系的总体特征，其中实践性是根本特征。人类世界只能是实践中的存在，实践构成人类世界的真正的本体。正因为如此，马克思把感性世界理解为"构成这一世界的个人的共同的、活生生的、感性的活动"④。

正因为人类世界对人的生存具有现实性，而实践又构成了人类世界的本体，所以，实践与人的生存状态密切相关。一句话，实践是人的存在方式，即人的生存本体。马克思指出："一个种的全部特性、种的类特性就在于生命活动的性质"⑤。这一论断极为深刻，它表明这样一个真理，即判

---

① 《马克思恩格斯全集》第 3 卷，第 48—49 页。
② 《马克思恩格斯全集》第 3 卷，第 49 页。
③ 《马克思恩格斯全集》第 3 卷，第 50 页。
④ 《马克思恩格斯全集》第 3 卷，第 48—49 页。
⑤ 《马克思恩格斯全集》第 42 卷，第 96 页。

断一个物种的存在方式就是看其生命活动的形式。具体地说,动物是在消极适应自然的过程中维持自己生存的,动物的存在方式就是其本能活动,是由其生理结构特别是其活动器官的结构决定的。与此不同,人是在利用工具积极改造自然的过程中维持自己生存的,实践成为人的生命之根和立命之本。人的秘密就在实践活动中。正如马克思所说:"个人怎样表现自己的生活,他们自己也就怎样。因此,他们是什么样的,这同他们的生产是一致——既和他们生产什么一致,又和他们怎样生产一致。"①实践由此构成了人类特殊的生命形式,即构成了人类的存在方式和人们生存的本体。人的一切包含其生存状态的异化及其扬弃,都是在实践活动的过程中发生和完成的。"只有人本身才能成为统治人的异己力量","异化借以实现的手段本身就是实践的"②。

因此,马克思在确认实践是人类世界的本体的同时,又确认实践是人的生存的本体,两者是同一个问题的两个方面。由于马克思关注的是人的生存异化状态的消除,所以在这个意义上,马克思哲学是生存论的本体论,即实践本体论。

传统的本体论所追寻的宇宙本体是一个"不动的原动者",所以它必须断定有一个永恒的不动实体,在感觉事物之外有一个永不变动而独立的实体。这是一种脱离现实的社会、现实的人及其活动的抽象的本体,是一切现实事物背后的所谓的"终极存在",实际上是一种"不存在的存在"。从这种抽象的存在或本体出发,无法认识现实。唯心主义本体论是这样,旧唯物主义本体论也是如此,而且两者是两极相通的。正如马克思所说:"那种排除历史过程的、抽象的自然科学的唯物主义的缺点,每当它的代表越出自己的专业范围时,就在他们的抽象的和唯心主义的观点中立刻显露出来。"③

马克思把哲学的聚焦点从整个世界转向人类世界,从宇宙本体转向

---

① 《马克思恩格斯全集》第 3 卷,第 24 页。
② 《马克思恩格斯全集》第 42 卷,第 99 页。
③ 《马克思恩格斯全集》第 23 卷,第 410 页。

人的生存状态,并确认实践是人本身感性存在的基础,也是人生活于其中的感性世界存在的深刻基础,确认实践是人的本体活动或活动本身,人通过实践创造了人的存在。因此,马克思并不是以一种抽象的、超时空的方式去理解和把握存在问题,而是从实践出发去理解和把握人的存在,从人的存在出发去解读存在的意义,并凸现了存在的根本特征——历史性。

这就是说,马克思的实践本体论把人的存在本身作为哲学所追寻的目标。这样一种本体论所探求的并不是"对象、现实、感性"的存在到底是什么,即不是探求所谓的"终极存在",而是探求"对象、现实、感性"的存在何以成为这样的存在,即它们存在的意义。意义来自人的生存实践,是"对人而言"的。换言之,"对象、现实、感性"是与人的生存实践连接在一起的,本体论与人的生存实践密切相关。所以,马克思认为,对"对象、现实、感性",不能只是从客体的形式去理解,而应同时"从主体方面去理解",即从人的实践活动出发去理解。这样,马克思的实践本体论就开辟出一条从本体论认识现实的道路。

三、实践本体论与否定性的辩证法

在实践活动中,人以否定的方式实现自身与世界的统一,从而形成人类历史运动中的否定性的辩证法。换言之,实践本体论与"否定性的辩证法"具有内在的关联,是"一而二、二而一"的关系。

"黑格尔的《现象学》及其最后结果——作为推动原则和创造原则的否定性的辩证法——的伟大之处首先在于,黑格尔把人的自我产生看作一个过程,把对象化看作失去对象,看作外化和这种外化的扬弃;因而他抓住了劳动的本质,把对象性的人、现实的因而是真正的人理解为他自己的劳动的结果。"[1]在规定人的本质时,黑格尔引入了劳动以及生成的观

---

[1]《马克思恩格斯全集》第42卷,第163页。

点,认为人是在活动中展现自己的本质的,"人的真正存在是他的行为"①。马克思由此认为,黑格尔"把劳动看作人的本质,看作人的自我确证的本质",看作"人在外化范围内或者作为外化的人的自我的生成"②。正是由于对劳动进行了相当深刻的哲学思考,并用劳动来理解否定,黑格尔提出了作为推动原则和创造原则的否定性的辩证法。

按照黑格尔的观点,劳动是人对自然物进行"赋形"的活动,即对自然物加以改造的活动,它构成了人与自然之间的"否定的中项"。正是借助这个否定的中项,人从自然界中分离出来,并在自然物上打上人的烙印,否定了自然物的原生形态;在这个过程中,人使自身的力量得以外化,并占有、获取自然物。"我做成了某个东西,我就实现了外化;这种否定是积极的,外化也就是获取。"③劳动的否定性使人本身的力量外化,即对象化,这种对象化所形成的客体又反过来同人发生矛盾,产生异化。

所以,否定不仅表现为外化、异化,而且还要表现为扬弃这种外化、异化的活动。在这个过程中,人在自己的劳动产品中直观到自身,自觉地意识到自己的独立性,使外化的对象即客体回到人本身,主体与客体达到统一,主体由此得到自我实现。在黑格尔看来,这就是一个否定之否定的过程。"这个否定性是自身的否定关系的单纯之点,是一切活动——生命的和精神的自身运动——最内在的源泉,是辩证法的灵魂,一切真的东西本身都具有它,并且唯有通过它才是真的。"④

但是,在黑格尔那里,只有抽象的思维活动和精神劳动,才具有本源意义上的能动性和创造性,物质的、感性的劳动只是"精神活动的样式";真正的人在根本上是自在自为的自我意识,人的关系领域是"现在世界的精神的光天化日"。马克思一针见血地指出:"人的本质,人,在黑格尔看来是和自我意识等同的。因此,人的本质的一切异化都不过是自我意识

---

① 〔德〕黑格尔:《精神现象学》上卷,第213页。
② 《马克思恩格斯全集》第42卷,第163页。
③ 〔德〕黑格尔:《精神现象学》上卷,23页。
④ 〔德〕黑格尔:《精神现象学》下卷,贺麟等译,商务印书馆1979年版,第543页。

的异化……因此,对异化的、对象性的本质的任何重新占有,都表现为把这种本质合并于自我意识:掌握了自己本质的人,仅仅是掌握了对象性本质的自我意识。因此,对象之返回到自我就是对象的重新占有。"①

这表明,黑格尔的否定性辩证法是在唯心主义的基础上,以一种"抽象的、逻辑的、思辨的"形式表达了人类历史运动的辩证法。"由于黑格尔根据否定的否定所包含的肯定方面把否定的否定看成真正的和唯一的肯定的东西,而根据它所包含的否定方面把它看成一切存在的唯一真正的活动和自我实现的活动,所以他只是为那种历史运动找到抽象的、逻辑的、思辨的表达。"②

实际上,在黑格尔之前,卢梭已经用否定之否定思想研究人类历史运动,并具有了否定性的辩证法思想。按照卢梭的观点,人类历史运动是一个平等——不平等——平等的过程。在人类社会的原始状态,人类生活在没有私有财产的状况中,人与人之间是自由平等的;随着生产和技术的发展,人类社会进入文明状态,同时产生了私有制,从而造成了人与人之间的不平等,这是一个"个人完善化"与"类的没落"的时代;随着不平等发展到极限,不平等又重新转变为平等,但这种平等不是回到原始人的自发的平等,而是达到更高级的以社会契约为基础的平等。卢梭在这里向我们展示了一个否定之否定的图景,一个在对抗和矛盾中向着自己对立面转化的辩证过程。

这表明,卢梭已经较为自觉而明确地用了否定之否定思想来研究人类历史了,由此显示了出乎他的时代意料之外的历史主义敏感,"几乎是堂而皇之地把自己的辩证起源的印记展示出来"。恩格斯高度评价了卢梭的这一辩证法思想,认为"在卢梭那里不仅已经可以看到那种和马克思《资本论》中所遵循的完全相同的思想进程,而且还在他的详细叙述中可以看到和马克思所使用的完全相同的整整一系列辩证的说法:按本性说

---

① 《马克思恩格斯全集》第 42 卷,第 165 页。
② 《马克思恩格斯全集》第 42 卷,第 159 页。

是对抗的,包含着矛盾的过程,一个极端向它的反面的转化,最后,作为整个过程的核心的否定的否定"①。

马克思批判继承了黑格尔的否定性辩证法以及卢梭的否定之否定思想。当马克思把实践理解为人的存在方式,并把物质实践理解为人与自然、人与社会关系的基础时,否定性的辩证法就获得了一个现实的基础,成为一种"合理形态"的辩证法。

人与自然的关系不同于动物与自然的关系。人并不是像动物那样肯定自然的直接存在状态,使自己消极地适应自然,而是以自身的实践活动否定自然的直接存在的状态,并赋予它合乎人的需要和目的的形式。但是,目的本身并不能直接加于对象之上,要把目的赋予对象,还必须有把它们统一起来的中介,这个中介就是劳动工具。人是持有某一工具或某一工具系统、为着某种目的进入到改造自然的实践活动之中的。

工具与目的、对象都具有同一性:一方面,工具作为人的肢体的延伸,是合乎人的目的的,或者说,与目的具有同一性;另一方面,工具本身也是一个物质客体,与实践的物质对象具有同一性。因此,工具能够在目的的支配下以其物质性与实践对象的物质性相互作用,并将人的目的赋予实践活动的对象,否定其原生形态,使其具有属人性质,即使自在自然转化为人化自然,"自在之物"转化为"为我之物"。在这个过程中,自然"对人生成",人与自然的关系成为一种"为我而存在"的关系②。实践本身就内含着一种否定性的辩证法,在实践过程中生成的"为我而存在"的关系,标志着人与自然的关系是一种否定性的矛盾关系。

人对自然的否定性活动发展到一定程度、一定阶段产生了生产资料私有制,私有制以及自然分工的存在使人的活动本身发生了异化,异化的形成标志着人类历史进入到人受异己力量支配的阶段。"只要人们还处在自发地形成的社会中,也就是说,只要特殊利益和公共利益之间还有分

---

① 《马克思恩格斯选集》第 3 卷,第 483 页。
② 参见《马克思恩格斯全集》第 42 卷,第 131 页;《马克思恩格斯全集》第 3 卷,第 34 页。

裂,也就是说,只要分工还不是出于自愿,而是自发的,那末人本身的活动对人说来就成为一种异己的、同他对立的力量,这种力量驱使着人,而不是人驾驭着这种力量"①。

资本主义社会是异化的典型和极端形式。在资本主义社会,资本具有个性,而活动着的个人却没有个性;不是人支配物,而是物支配并奴役人;而物之所以能支配并奴役人,实际上是少数人借物的力量支配并奴役多数人。"关键不在于物化,而在于异化、外化,外在化,在于巨大的物的权力不归工人所有,而归人格化的生产条件即资本所有,这种物的权力把社会劳动本身当作自身的一个要素而置于同自己相对立的地位。"②但是,资本主义社会毕竟形成"以物的依赖性为基础的人的独立性","形成普遍的社会物质变换,全面的关系,多方面的需求以及全面的能力的体系"③,为每个人的全面而自由发展创造和建立了前提条件。换言之,资本主义社会在把异化推向极端的同时,又为扬弃异化准备了条件。生产力的巨大增长和高度发展、劳动和资本的对立达到极限,必然导致私有制的灭亡和异化的扬弃。

人的异化和异化的扬弃并不是一个纯粹的自我意识的矛盾运动过程,而是一个"改造对象世界""创造对象世界"的实践活动的矛盾运动过程,是一种具有历史必然性的否定之否定过程。异化"这种颠倒的过程不过是历史的必然性,不过是从一定的历史出发点或基础出发的生产力发展的必然性,但决不是生产的某种绝对必然性,倒是一种暂时的必然性,而这一过程的结果和目的(内在的)是扬弃这个基础本身以及过程的这种形式。"④在《1844年经济学哲学手稿》中,马克思指出:"共产主义是私有财产即人的自我异化的积极的扬弃,因而是通过人并且为了人而对人的本质的真正占有;因此,它是人向自身、向社会的(即人的)人的复归,这种

① 《马克思恩格斯全集》第1卷,第37页。
② 《马克思恩格斯全集》第46卷下,人民出版社1980年版,第360页。
③ 《马克思恩格斯全集》第46卷上,第104页。
④ 《马克思恩格斯全集》第46卷下,第361页。

复归是完全的、自觉的而且保存了以往发展的全部财富的……是人和自然界之间、人和人之间的矛盾的真正解决，是存在和本质、对象化和自我确证、自由和必然、个体和类之间的斗争的真正解决。"①在《资本论》中，马克思指出："从资本主义生产方式产生的资本主义占有方式，从而资本主义的私有制，是对个人、以自己劳动为基础的私有制的第一个否定。但资本主义生产由于自然过程的必然性，造成对自身的否定。这是否定之否定。这种否定不是重新建立私有制，而是在资本主义时代的成就的基础上，也就是说，在协作和对土地及靠劳动本身生产的生产资料的共同占有的基础上，重新建立个人所有制。"②无疑，这是一种否定之否定的过程，是人类历史运动中的否定性辩证法。

可以看出，在马克思的哲学中，否定性的辩证法是与实践本体论以及唯物主义历史观有机结合、融为一体的。马尔库塞由此认为，在马克思哲学中，"现实的否定变成一个历史条件，一个不能被作为形而上学关系状态的而具体化的历史条件。换句话说，它变成一个与社会的特定历史形式相联系的社会条件"。"马克思的辩证法的历史特征包含着普遍的否定性，也包含着自身的否定。特定的关系状态就意味着否定，否定之否定伴随着事物新秩序的建立。"③应该说，马尔库塞的这一评价是中肯而合理的。

我不能同意阿多诺的观点，即马克思主张"绝对否定"，即不带有肯定的纯粹的否定。这是一种误解甚至是曲解。马克思在评价黑格尔的否定之否定思想时指出："把否定和保存即肯定结合起来的扬弃起着一种独特的作用。"④马克思的确看到了这种"独特的作用"，并指出共产主义这一否定之否定"决不是人所创造的对象世界的即人的采取对象形式的本质力量的消逝、抽象和丧失，决不是返回到违反自然的、不发达的简单状态去的贫困"⑤，而是"在资本主义时代成就的基础上""重新建立个人所有制"。

---

① 《马克思恩格斯全集》第 42 卷，第 120 页。
② 《马克思恩格斯全集》第 23 卷，第 832 页。
③ 〔美〕马尔库塞：《理性和革命》，第 284、285 页。
④ 《马克思恩格斯全集》第 42 卷，第 172 页。
⑤ 《马克思恩格斯全集》第 42 卷，第 175 页。

实际上,马克思的否定性辩证法既不同于近代黑格尔的否定性辩证法,也不同于现代阿多诺的否定的辩证法。

按照阿多诺的观点,在事物的矛盾体中,同一性与非同一是绝对对立的,否定的辩证法就是要用非同一性代替同一性,因为"矛盾是同一性掩盖下的非同一性","辩证法是始终如一的对非同一性的意识"[①];否定的辩证法就是要用"绝对的否定"代替否定之否定,因为事物的发展是不带有肯定的否定、否定、再否定,"被否定的东西直到消失之时都是否定的"[②];否定的辩证法就是"瓦解的逻辑",是批判、破坏,通过解释现实来否定和废除现实,"否定的辩证法:崩溃性的破坏"。阿多诺力图"辩证地进行思考","在矛盾中进行思考",他在对同一性的批判中强调"异质性和独特性",反对"屈从于世界的抽象齐一性",在一定程度上抓住了西方传统哲学的根本缺陷,以及黑格尔否定性辩证法的不彻底性,这无疑具有合理性。但是,阿多诺没有真正理解矛盾,没有真正理解否定与肯定的辩证关系,并没有达到他自己所企望的"否定的深度"。

阿多诺对同一性的批判,不仅是哲学的批判,而且是政治批判、社会批判,是对资本主义制度的批判,这种批判意识到"物化世界"是被资本同一性逻辑整合起来的"被管理的世界",意识到在这个"奴役一切的同一性原则之下,任何不进入同一性中的东西、任何在手段领域逃避计划的合理性的东西都成了为同一性带给非同一物的灾难而进行的可怕的报复"[③]。所以,阿多诺把否定与"革命"联系起来,力图否定资本主义现实,具有积极的理想指向。但是,阿多诺只是小心翼翼地在特定的历史语境中展示否定性的辩证法,否认人的自由依存于实践活动,没有真正理解马克思提出的"使现存世界革命化"的内涵,因而他所说的否定不仅意味着"革命",而且意味着"灭亡、恐惧、绝望"。在阿多诺那里,否定的辩证法直接表现为一种美学的浪漫主义和宗教式的救世主义情怀。

① 〔德〕阿多尔诺:《否定的辩证法》,第3页。
② 〔德〕阿多尔诺:《否定的辩证法》,第157页。
③ 〔德〕阿多尔诺:《否定的辩证法》,第319页。

四、斯大林对马克思哲学本体论的理解

行文至此,不能不提到斯大林对马克思哲学本体论的理解和论述。斯大林对马克思哲学本体论的理解和论述在马克思主义史上曾长期占据主导地位,被定于一尊、奉为经典,造就了苏联模式的马克思主义哲学。而要把握斯大林关于马克思本体论的思想,首先就需要把握列宁关于马克思本体论的思想,因为前者是对后者的直接继承,并把后者发挥到极致。

列宁没有明确提出马克思哲学是辩证唯物主义和历史唯物主义,但他的哲学著作中却蕴含着这一观点。在列宁看来,马克思的哲学是哲学史上第一个彻底的、完备的唯物主义形态,即马克思的哲学不仅在自然观上是唯物主义,而且在历史观上也是唯物主义;自然观上的唯物主义就是"马克思的辩证唯物主义",历史观上的唯物主义则是"马克思的历史唯物主义"①。可是,在马克思哲学体系中,辩证唯物主义与历史唯物主义的地位却不一样。具体地说,辩证唯物主义是理论基础,历史唯物主义具有应用性质,是辩证唯物主义或者说唯物主义原理在社会历史中的"推广""运用"。

在《马克思主义的三个来源和三个组成部分》中,列宁明确提出了"推广说",即"马克思加深和发展了哲学唯物主义,而且把它贯彻到底,把它对自然界的认识推广到对人类社会的认识"。在《卡尔·马克思》中,列宁又明确提出了"推广运用"说,即"发现唯物主义历史观,或者更确切地说,把唯物主义贯彻和推广运用于社会现象领域"。这样,马克思就"修盖好唯物主义哲学的上层"。所以,"马克思的哲学是完备的哲学唯物主义"②。这里,从辩证唯物主义"推广运用"出历史唯物主义的逻辑是,"既

---

① 《列宁选集》第 2 卷,人民出版社 1995 年版,第 310、311 页。
② 《列宁选集》第 2 卷,第 311 页。

然唯物主义总是用存在解释意识而不是相反,那么应用于人类社会生活时,唯物主义就要求用社会存在解释社会意识"①。

问题在于,作为历史唯物主义的理论基础,即作为"对自然界的认识",并被"自然科学的最新发现"所证实的"马克思的辩证唯物主义"与一般唯物主义的区别是什么? 这是把握列宁视野中的马克思本体论的关键所在。

按照列宁的观点,在自然观上,马克思的唯物主义与一般唯物主义的区别就在于,马克思用黑格尔的辩证法丰富了18世纪的唯物主义以及费尔巴哈的唯物主义,所以,"马克思和恩格斯在他们的著作中特别强调的是辩证唯物主义,而不是辩证唯物主义"②。这就是说,在本体论上,马克思的唯物主义与一般唯物主义没有本质的区别。正如列宁本人所说,"物质的存在不依赖于感觉。物质是第一性的。感觉、思想、意识是按特殊方式组成的物质的高级产物。这就是一般唯物主义的观点,特别是马克思和恩格斯的观点"③。

显然,列宁把马克思的唯物主义自然观等同于一般唯物主义,并把那种"排除历史过程的唯物主义"作为历史唯物主义的理论基础,实际上也就把那种脱离了现实的人及其活动的"抽象的物质"作为本体论。列宁没有真正理解马克思的观点,即"从前的一切唯物主义(包括费尔巴哈的唯物主义)的主要缺点是:对对象、现实、感性,只是从客体的或者直观的形式去理解,而不是把它们当作感性的人的活动,当作实践去理解,不是从主体方面去理解",而马克思的辩证唯物主义就是"把感性理解为实践活动的唯物主义"④。所以,尽管列宁看到实践的认识论意义,甚至提出"实践的观点是认识论的首要的和基本的观点",但他不理解实践的本体论或存在论意义,因而也就没有从根本上把握马克思哲学的本体论。

---

① 《列宁选集》第2卷,第423页。
② 《列宁选集》第2卷,第225页。
③ 《列宁选集》第2卷,第51页。
④ 《马克思恩格斯选集》第1卷,第54、56页。

斯大林是非常熟悉列宁的,并把列宁的观点发挥到了极致。斯大林非常明确地把马克思的哲学一分为二,划分为辩证唯物主义和历史唯物主义,并认为辩证唯物主义"所以叫作辩证唯物主义,是因为它对自然界现象的看法、它研究自然现象的方法、它认识这些现象的方法是辩证的,而它对自然界现象的了解、它的理论是唯物主义的";"历史唯物主义就是把辩证唯物主义的原理推广去研究社会生活,把辩证唯物主义的原理应用于社会生活现象,应用于研究社会,应用于研究社会历史"①。

不难看出,斯大林实际上是把辩证唯物主义理解为一种与历史过程无关的自然观,并把这种所谓的辩证唯物主义作为历史唯物主义的理论基础。为了论证历史唯物主义是辩证唯物主义在社会历史领域中的"推广"与"应用",斯大林进行了一系列从自然现象到社会生活现象、从自然存在到社会存在、从物质世界到社会的物质生活、从自然发展规律到社会发展规律的逻辑推演。在斯大林那里,从辩证唯物主义到历史唯物主义实际上就是从自然到社会的逻辑运行过程。

问题在于,自然界与人类社会既有联系又有本质区别。在自然界中,一切都是盲目的相互作用,任何事情的发生都没有预期的目的,而在人类社会中,进行活动的人都具有自觉的意图,任何事件的发生都有预期的目的。所以,从唯物主义自然观并不能"推广""应用"出唯物主义历史观。爱尔维修早就"把他的唯物主义运用到社会生活方面"②,得到的却是唯心主义历史观。费尔巴哈也是这样。"当费尔巴哈是一个唯物主义者的时候,历史在他的视野之外;当他去探讨历史的时候,他决不是一个唯物主义者。在他那里,唯物主义和历史是彼此完全脱离的。"③

撇开自然观能否作为历史观的理论基础不说,斯大林的观点也包含着致命的理论错误,即斯大林所理解的自然存在是脱离了现实的人及其活动,脱离了历史过程的"抽象的自然",实际上就是马克思在批判费尔巴

---

① 《斯大林选集》下卷,第424页。
② 《马克思恩格斯全集》第2卷,第165页。
③ 《马克思恩格斯全集》第3卷,第51页。

哈时所说的那种"开天辟地以来就直接存在的、始终如一的东西"。在谈到自然环境不是社会发展的决定原因时，斯大林认为，自然环境稍微重大一些的变化都需要几百万年，"在几万年间几乎保持不变的现象，决不能成为在几百年间就发生根本变化的现象发展的主要原因"。

这里，斯大林实际上是在孤立地考察自然环境，而不理解马克思所说的"历史的自然和自然的历史"的深刻内涵，不理解马克思所说的"从这些自然基础以及它们在历史进程中由于人们的活动而发生的变更出发"的重要意义，从而犯了一个费尔巴哈式的错误，即"他没有看到，他周围的感性世界决不是某种开天辟地以来就已存在的、始终如一的东西，而是工业和社会状况的产物，是历史的产物，是世世代代活动的结果……甚至连最简单的'可靠的感性'的对象也只是由于社会发展、由于工业和商业往来才提供给他的"[1]。

经过这一分离、抽象之后，一种"抽象的物质"便构成了斯大林心目中的马克思哲学的基石，形成了以自然为基石的本体论。尽管斯大林没有提到"本体"或"本体论"一词，但他实际上是把马克思的哲学归结为自然本体论。正因为如此，斯大林混淆了马克思唯物主义与机械唯物主义的本质区别。在论述"马克思主义唯物主义的基本特征"时，斯大林向我们展示的实际上只是马克思唯物主义和机械唯物主义的共同点，而没有看到马克思唯物主义的本质特征是实践唯物主义，正是这种理论上的特殊性，才使马克思的新唯物主义有别于机械唯物主义以及一切旧唯物主义。

在《论辩证唯物主义和历史唯物主义》中，斯大林把"物质是一切变化的主体"这句话当作马克思本人的话加以引用，并把它作为马克思唯物主义的基本特征之一。实际上，这是一段明显的误引，即斯大林把马克思对于霍布斯思想的复述看成是马克思本人的思想，把马克思所要批评的观点看成是马克思本人所赞赏的观点。

按照马克思的观点，唯物主义在培根那里，"还在朴素的形式下包含

---

[1]《马克思恩格斯全集》第3卷，第48—49页。

着全面发展的萌芽。物质还带着诗意的感性光辉对人的全身心发出微笑"。然而,到了霍布斯那里,"唯物主义变得敌视人了"①。这是因为,在霍布斯看来,"物质是一切变化的主体",而人不过是物质的一种表现形态,"人的一切情欲都是正在结束或正在开始的机械运动","人和自然都服从于同样的规律。强力和自由是同一的"。由此,马克思认为,在霍布斯那里,"感性"与人无关,从而"失去了它的鲜明的色彩而变成了几何学家的抽象的感性"②。换言之,在机械唯物主义体系中,"抽象的物质"或"抽象的感性"成了一切变化的主体或基础,成为所谓的世界本体。

斯大林没有理解马克思的观点的深刻内涵,所以,他把霍布斯的观点当作马克思本人的观点。在我看来,这不是偶然的疏忽,它表明,斯大林根本没有认识到马克思的新唯物主义与机械唯物主义以及一切旧唯物主义的本质区别。

可以看出,斯大林所理解的辩证唯物主义实质上是一种唯物主义和辩证法简单相加,并且带有浓厚的机械唯物主义色彩的自然观③,以这样一种"排除历史过程"的所谓的辩证唯物主义作为历史唯物主义的理论基础,必然使历史唯物主义发生"变形"甚至变质:马克思所关注的人与自然的"物质变换"以及"人类学的自然界"和"社会的物"不见了,作为人的存在方式、社会生活本质和现实世界基础的实践被遮蔽了,人的主体性被消解了。更重要的是,在所谓的辩证唯物主义中,自然是脱离了人的活动以及历史过程的自然,实际上就是马克思所批判的"抽象的自然""抽象的物质"。这是向以"抽象物质"为本体的近代唯物主义的复归,是一次惊人的理论倒退,马克思哲学划时代的贡献在相当大的程度上被抛弃了。它表明,斯大林企图通俗地阐述马克思的哲学,但他却简单地、片面地理解了马克思的哲学及其本体论,实际上是在用近代唯物主义的逻辑解读马

① 《马克思恩格斯全集》第 2 卷,第 164 页。
② 《马克思恩格斯全集》第 2 卷,第 164 页。
③ 首先把马克思的唯物主义自然观混同于机械唯物主义的是梅林。梅林认为,马克思、恩格斯"在自然科学领域也是机械唯物主义,正像在社会领域中,他们是历史唯物主义者一样"(〔德〕梅林:《保卫马克思主义》,第 94 页)。

克思的哲学。

无论从历史上看,还是从逻辑上说,历史唯物主义都不是"辩证唯物主义"在社会历史领域中的"推广"与"应用"。在马克思的哲学体系中,不存在一个独立的、作为理论基础的辩证唯物主义,也不存在一个独立的、仅仅具有应用性质的历史唯物主义。对马克思主义哲学史的深入考察可以看出,马克思在成为历史唯物主义者之前,还不是一个唯物主义者;而当他成为历史唯物主义者的时候,他同时就成为辩证唯物主义者。换言之,历史唯物主义创立之日也就是辩证唯物主义形成之时。辩证唯物主义和历史唯物主义不是两个主义,而是同一个主义,即马克思新唯物主义的两个理论特征。那种"排除历史过程"、脱离了历史唯物主义的所谓的辩证唯物主义不是马克思的辩证唯物主义,就其实质而言,它只能是自然唯物主义在现代条件下的"复辟"。从根本上说,由斯大林定型的苏联马克思主义哲学模式就是马克思所批判的那种"抽象的唯物主义",或者说,是"那种排除历史过程的、抽象的自然科学的唯物主义"。当它脱离人的活动和社会历史侈谈"世界的物质性"时,就已经悄悄地踏上马克思所批判的"抽象物质的或者不如说是唯心主义的方向"。

五、卢卡奇对马克思哲学本体论的理解

如果说斯大林对马克思哲学及其本体论的理解曾被定为一尊,在马克思主义哲学史上占据主导地位几十年,那么,卢卡奇(又译卢卡契)对马克思哲学及其本体论的理解一开始就引起人们的激烈争论,仁者见仁、智者见智,风风雨雨几十年。卢卡奇曾被认为是正统马克思主义哲学的叛逆者和"理论上的修正主义者",其哲学思想曾被指责为"企图取消唯物主义来阉割辩证唯物主义",后又被称作"现代马克思主义的典范""20世纪马克思主义哲学的最高成就",并由此成为西方马克思主义的开创者。卢卡奇究竟是马克思主义者,还是"西方马克思主义者",至今仍在争论之中。实际上,1985年,在卢卡奇诞辰100周年时,当时的匈牙利社会主义

工人党已对他"盖棺定论",即"乔治·卢卡奇是20世纪的一位伟大的马克思列宁主义思想的卓越代表"。我同意这个论断,并认为卢卡奇作为20世纪最为重要、最有影响的哲学家之一,其思想的磨难折射出20世纪马克思主义哲学史的风云变幻。

从总体上看,卢卡奇关于马克思本体论的论述有前期和后期之分。前期的思想集中体现在《历史和阶级意识》中,后期的思想集中体现在《关于社会存在的本体论》中。在卢卡奇看来,本体论是马克思主义的真正哲学基础。所以,无论是《历史和阶级意识》,还是《关于社会存在的本体论》,其注意的中心都是马克思的本体论,但二者对马克思本体论的理解又有较大的差别。

在《历史和阶级意识》中,卢卡奇对马克思本体论的探讨有一个显著特点,那就是否定自然辩证法,把辩证法"限定在历史和社会的范围内",并强调总体性。

按照卢卡奇的观点,不存在恩格斯所说的自然辩证法,对笛卡尔、康德、黑格尔遗留下来的所有辩证法问题,包括主体与客体、思维与存在、自由与必然的矛盾以及"二律背反"的扬弃,"都把我们引向了历史"①。即使自然也"是一个社会范畴","在任何特定的社会发展阶段上,无论什么被认为是自然的,那么这种自然是与人有关的,人所涉及的自然无论采取什么形式,也就是说,自然的形式,自然的内容,自然的范围和客观性总是被社会所决定的",而"不断去认识自然界是一种社会现象"②。这样,卢卡奇便把自然辩证法从历史辩证法中排除出去,把马克思的辩证法限定在历史的范围内,归结为历史辩证法。

对辩证法问题的解决把卢卡奇"引向历史",对历史的探讨又把卢卡奇引向人的实践活动。

在卢卡奇看来,历史是人的活动的产物,是被主体创造出来的客体。

①〔匈〕卢卡奇:《历史和阶级意识》,第161页。
②〔匈〕卢卡奇:《历史和阶级意识》,第252、236页。

作为客体,历史是人类实践的客观过程;作为主体,历史又是人类自己的创造过程。从本质上看,历史不过是人的实践活动在时间中的展开,即"历时态"的社会实践,历史可以被把握为我们的行为。卢卡奇通过对历史的考察认识到历史的实践本质,又通过对实践的分析认识到实践的历史本质,并认为实践是一种历史活动,而不是抽象的活动;是一种打破人的异化的历史活动,而不是纯粹的认识论范畴。

历史活动中的主体与客体的相互作用构成了辩证法的决定性因素,构成了历史的总体性运动。在卢卡奇看来,总体对局部具有普遍优越性,任何局部只有和总体联系起来才有意义。"只有在这样的联系中,把社会生活孤立的事实看作历史过程的各个方面,并且把这些方面结合到总体性中,关于事实的认识才能有希望变成现实的认识。""客观上,行动是指向一种总体性的转变。"①这样,卢卡奇便认为"在历史本身中找到了辩证法"。

由此,卢卡奇认为,一切都要立足于历史,都需要用历史去说明,即使实践的主体也是在历史的维度中展开的。就这样,卢卡奇便认为找到了马克思哲学的本体论基础——历史,并确认"这种批判哲学首先表示了历史的批判"②。

卢卡奇的这些见解是相当深刻的。在《德意志意识形态》中,马克思提出了"历史的自然"的思想,由此划破了费尔巴哈"自然崇拜"的帷幕,把历史的阳光照到了自然界。当卢卡奇确认自然是社会范畴时,与马克思不谋而合,这对把马克思哲学一般唯物主义化、把马克思哲学的本体论自然化是一支"解毒剂";他确认历史与实践的内在联系以及历史总体性,对于批判第二国际的经济唯物主义,即把唯物史观庸俗化很有意义。

但是,卢卡奇毕竟"矫枉过正"了。他肯定了"历史的自然",可又忽视了"自然的历史",不理解马克思的"自然的历史"的思想切断了黑格尔从绝对观念通向历史的道路;他肯定了历史的总体性,然而又夸大了无产阶

---

① 〔匈〕卢卡奇:《历史和阶级意识》,第10、198页。
② 〔匈〕卢卡奇:《历史和阶级意识》,第53页。

级意识的作用,甚至认为不是经济必然性而是历史总体性的观点构成了马克思主义和资产阶级意识形态之间的决定性差异;他肯定了历史与实践的内在联系,并把实践引入本体论,可又取消了实践活动中的人与自然的关系,人的实践活动的舞台被限定在人与人的关系范围之内,并被归结为无产阶级的阶级意识,从而使《历史和阶级意识》笼罩着一层唯心主义的阴影。

卢卡奇在《历史和阶级意识》中所犯的错误,从根本上说,就在于他对实践的片面理解,忽视了实践活动中人与自然之间物质变换这一根本内容。这再次证明了马克思观点的真理性、预见性,即把人与自然的关系从历史排除出去往往导致唯心主义历史观。对此,卢卡奇后期有清醒的认识和高度的自觉。从 20 世纪 30 年代开始,卢卡奇多次进行自我批评,并认为在《历史和阶级意识》中,"劳动这个作为自然和社会之间新陈代谢相互作用的中介,这个马克思主义的基本范畴被我忽略了",而把人与自然的实践关系从历史中排除出去,"意味着马克思主义世界观中最重要的基本支柱消失了"[1]。这就使《历史和阶级意识》"无意识地带上浓厚的主观主义色彩",屈从于马克思主义历史上已发生过的这种倾向,即"认为马克思主义只是作为一种关于社会的理论,关于社会的哲学,从而忽视和否定了它关于自然的理论",并和这种倾向一样,"动摇了马克思主义本体论的基础"。[2]

卢卡奇自我批评的精神是令人感动的,见解也是相当深刻的。正因为如此,卢卡奇写下了《关于社会存在的本体论》这一重要著作,其愿望就是,为马克思的"历史是唯一的科学"这一思想奠定基础,"写出马克思主义本体论的原则"[3]。

按照卢卡奇的观点,马克思的理论工作直接衔接着黑格尔遗留下来的理论线索,同时,又对黑格尔哲学以至整个传统哲学实现了革命性变

---

[1] 〔匈〕卢卡奇:《历史和阶级意识》序言,第 21 页。
[2] 〔匈〕卢卡奇:《历史和阶级意识》序言,第 20 页。
[3] 《卢卡奇自传》,杜章智等编译,社会科学文献出版社 1986 年版,第 48 页。

革。这一革命性变革的奥秘就在于马克思创立了科学的实践观或劳动观。"只有马克思主义的劳动观点才能唯物主义地解决在黑格尔那里与他的天才预感一起不只一次地出现过的那些不可克服的困难。马克思主义的劳动观点所以能够做到这一点,是因为它使社会同自然的物质变换有了内容,因而既使劳动范畴同它们的自然前提的关系有了内容,也使由于劳动的社会发展这些前提所发生的变化有了内容。"①在马克思主义哲学史上,卢卡奇的创造性贡献之一,就是"重新把实践的因素提到马克思主义哲学的注意中心和主干的地位"②,确认科学的实践观是马克思哲学的理论基础,并把马克思哲学本体论规定为社会存在本体论,即实践本体论。

按照卢卡奇的观点,在社会存在中,实践,尤其是作为"第一实践"的劳动,始终处于基础、核心的地位。整个社会存在,就其基本的本体论特征而言,正是建筑在人类实践的目的性设定的基础上。"恰恰是马克思关于作为目的论而造出的存在物的唯一实存形式的劳动的理论,才第一次论证了社会存在的特性。"③正是在这个意义上,卢卡奇把社会存在本体论又称为实践本体论。

按照卢卡奇的观点,"人的劳动总是目的论的——它定下目的,而这个目的是选择的结果。因此人的劳动表达人的自由。但是这种自由的存在,只表现在使服从物质世界因果规律的客观自然力量运转起来"④。这就是说,劳动包含着人的目的性,存在着客观的物质前提。这是一种能动的、改造自然的活动,它在客观的因果链条中插入了人的目的这一环节,不仅使自然发生形式变化,而且还在自然中实现人的目的和社会的需要,从而使自然不断被"社会化";同时自然存在对社会存在的"限制"不会消

---

① 《卢卡契文学论文集》(一),范大灿译,中国社会科学出版社1980年版,第432页。
② 〔南斯拉夫〕弗兰尼茨基:《马克思主义史》第2卷,胡文建等译,人民出版社1988年版,第101页。
③ 〔匈〕卢卡奇:《关于社会存在的本体论》下卷,白锡堃等译,重庆出版社1993年版,第24页。
④ 《卢卡奇自传》,第294页。

失,"这里谈的是自然限制的退却,而不是自然限制的消失",而且人类不可能"完全扬弃这些限制"。这样,卢卡奇就把人与自然的物质变换以及物质与观念的变换过程纳入了实践范畴,从而克服了《历史和阶级意识》的缺陷,使实践概念有了实在内容。

卢卡奇的见解与马克思的见解是完全一致的。在《1861—1863 年经济学手稿》中,马克思指出劳动是"占有自然物质的有目的的活动"。这个观点被马克思重复了不止一次,而且被写进了《资本论》的定稿。在《资本论》中,马克思指出,"劳动过程结束时得到的结果,在这个过程开始时就已经在劳动者的表象中存在着,即已经观念地存在着。他不仅使自然物发生形式变化,同时他还在自然物中实现自己的目的,这个目的是他所知道的,是作为规律决定着他的活动的方式和方法的。"①

从根本上说,《社会存在本体论》高出《历史和阶级意识》的地方就在于,它确立了正确的实践概念,并以此为基础把人与自然、社会存在与自然存在联系起来,把人的目的与客观的因果关系统一起来,并深刻地论述了价值和"应该"的关系。

在卢卡奇看来,价值范畴展示出社会存在的基础——劳动,价值问题不可避免地与"应该"的问题联系起来。"在任何一个实践中都涉及这种价值(肯定或否定),如果价值不能变成这样对象的目的假定,价值就不能在社会中得到同任何本体论的联系。"②这样,人就把自己提升到社会的高度,并在实践活动中不断实现着"自在存在"向"自为存在"的转变,使其越来越具有真正的社会形式和社会内容。"只有当我们理解到,社会存在的形成过程、它对自己的基础的超越以及获得独立的过程,都是以劳动,就是说,都是以不断实现目的论设定为基础的,我们才能合理地谈论社会存在。"③

---

① 《马克思恩格斯全集》第 23 卷,第 202 页。

② Lukacs, *Zur Ontologie des Gesellschafilichen Seins* 〔I Habband〕, Hermcmn Luchtemomd Verlag, 1984, p.94.

③ 〔匈〕卢卡奇:《关于社会存在的本体论》下卷,第 13 页。

由此,卢卡奇认为,实践构成了人的存在,即社会存在的本体论基础。"劳动把目的论和因果性之间的以二元论为基础的、统一的相互关系引入了存在之中,而在产生劳动之前,自然界中只有因果过程。因此,这类由两个方面构成的整体,只是在劳动及其社会结果当中,只是在社会实践当中,才现实存在着。这样,改造现实的目的论设定所具有的那种模式,就成了人类每一社会实践的本体论基础。"①

由于正确理解了实践及其作用,卢卡奇便极为强调"实践""劳动"是马克思哲学的基本范畴,明确地把实践本体论作为马克思哲学的理论基础,并通过实践范畴把社会和自然联系起来,力图建立社会存在本体论。卢卡奇明确指出:"劳动的过程是人和自然之间的过程,人和自然之间的新陈代谢有着本体论的基础"②,并认为劳动概念成为他分析问题的关键。"遵照马克思的思想,我把本体论设想为哲学本身,但是是在历史基础之上的哲学。……人类社会,它的本质就是人的有目的的行动,也就是劳动。这是最主要的新范畴,因为它把一切都包括在内。"③卢卡奇的论述使我不由自主地想起了马克思的名言,即"全部社会生活在本质上是实践的"。

如果说"历史"是《历史和阶级意识》的核心范畴,那么,"实践"或"劳动"则是《关于社会存在的本体论》的核心范畴。对实践的深入探讨,使卢卡奇意识到人的存在都是社会存在,而历史性则构成了社会存在的根本特征,同时,进入到社会存在中的自然及其客观性并没有消失,而是延伸在社会存在之中。卢卡奇由此认为,"尽管实践本身直接提供着关于社会存在本质的最重要的、直接的启示,尽管实践的客观核心对于形成真正的、批判的本体论来说是必不可少的,但若只是试图停留在社会存在的直接性这个水平上,那还是不能正确把握这些关于社会存在本质的直接启

---

① 〔匈〕卢卡奇:《关于社会存在的本体论》上卷,白锡堃等译,重庆出版社 1993 年版,第11 页。

② Lukacs, *Zur Ontologie des Gesellschafilichen Seins*〔*I Habband*〕, p.72.

③ 《卢卡奇自传》第 203 页。

示"①。至此,卢卡奇就超越了斯大林,超越了自己的《历史和阶级意识》,回到了马克思,恢复马克思哲学本体论的本来面貌,并展示了一个新的思想地平线。

可是,就在卢卡奇向我们展示了一个新的思想地平线时,他突然又后退了一步,即把一般本体论或者说自然本体论作为社会存在本体论的前提和基础。在卢卡奇看来,"社会本体论以一般本体论为前提",社会存在本体论只能建立在自然本体论的基础上。"只是在一种辩证唯物主义本体论的基础上,历史唯物主义才获得了它的内在必然性,才获得了它的坚实的科学根据。"②

卢卡奇曾对斯大林的哲学思想进行了严厉的批判,在具体阐述马克思哲学及其本体论思想时,卢卡奇的确不同于斯大林,达到了社会存在本体论的新境界。然而,在理解历史唯物主义与辩证唯物主义的关系以及辩证唯物主义与一般唯物主义的关系时,卢卡奇与斯大林又不谋而合,具有惊人的相似之处,即卢卡奇最终把辩证唯物主义本体论理解为历史唯物主义的理论基础,同时又把辩证唯物主义本体论自然本体论化。这样一来,马克思所批判的自然本体论竟然反过来成为马克思本体论的前提和基础了。卢卡奇在一些重大问题上超越了斯大林,可最终又回归斯大林。在这个意义上说,二者殊途同归。

这的确是一个悲剧,一个对卢卡奇来说似乎不该发生的理论悲剧。可是,它又的确发生了。从认识论的角度看,造成这种状况的根本原因就是,在卢卡奇的脑海中有一个挥之不去的阴影,即一种依据"时间在先性"的考察方法,即还原论的方法。以此为方法依据,卢卡奇把无机自然、有机自然和人类社会这三大存在方式"在伟大的不可逆转的世界存在过程中的先后顺序当作从本体论上进行自我思考的核心来加以理解"③。由此,我们也就不难理解卢卡奇为什么最终把自然本体论作为社会存在本

①〔匈〕卢卡奇:《关于社会存在的本体论》上卷,第27页。
②〔匈〕卢卡奇:《关于社会存在的本体论》下卷,第181—182页。
③〔匈〕卢卡奇:《关于社会存在的本体论》上卷,第26页。

体论的前提和基础了。

这里，卢卡奇忽视了马克思的这一深刻思想，即脱离了现实的人及其活动的自然或物质对人来说，是"无"，或者说，是"不存在的存在"，以这样"抽象物质"为基础的唯物主义是"抽象的唯物主义"，而这种"抽象的唯物主义"潜蕴着"唯心主义的方向"。在自然对人的"时间在先性"和人对自然的"为我而存在的关系"这种"逻辑在先性"的矛盾面前，卢卡奇似乎力不从心了。

六、重建马克思主义哲学的本体论

以上，我评述了斯大林和卢卡奇对马克思哲学本体论的理解。同时，在评述的过程中又随时随地地探讨了马克思本人对这个问题的看法。现在，我概括前述，作出如下结论。

我不能同意这样一种观点，即马克思没有论述过本体论问题，马克思哲学只是世界观而不是本体论。这是一种误解，一种偏见，而且是无端的傲慢与偏见。实际上，马克思在《博士论文》中就论述过本体论问题，论述了"本体论的证明"和"本体论的规定"；在《1844 年经济学哲学手稿》中又论述了"本体论的肯定的问题"；在《德意志意识形态》中又集中论述了人的存在的问题，这实际上就是本体论问题，因为本体论就是研究存在的本质和意义的。卢卡奇的这一观点是正确的，即马克思没有写过专门的本体论著作，但马克思哲学"在最终的意义上都是直接关于存在的论述，即它们都是纯粹的本体论"。① 在我看来，马克思哲学在哲学史上所造成的革命变革就是从本体论层面上发动并展开的，其结果就是终结了传统的本体论，建构起一种新唯物主义的本体论，即实践本体论。

按照马克思的观点，实践既是一种客观的物质活动，又是一种有目的的创造活动。自在自为运动着的就是人类实践活动。正是实践，一方

---

① 〔匈〕卢卡奇：《关于社会存在的本体论》上卷，第 637 页。

面为人类改造、创造与理解现存世界提供了基础和依据，另一方面又为人类的自我发展提供了基础和动力。通过实践，人们在不断改造、认识自然界的同时，又不断改造、创造和理解着人自身——他的生物结构、社会关系和思维方式等等。实践构成了现实世界的本质，也构成了人的生存的本体。正是在这个意义上，马克思认为，"人的感觉、激情等等不仅仅是在［狭隘］意义上的人类学的规定，而且是真正本体论的本质（自然）肯定"①。

马克思的实践本体论指向的就是"自己时代的现实世界"，关注的就是人的生存的异化状态的消除，并确认"对实践的唯物主义者，即共产主义者来说，全部问题都在于使现存世界革命化，实际地反对并改变事物的现状"②，从而真正解决人与世界、存在与本质、自由与必然、个体与类之间的矛盾。这样，马克思便使本体论从"天上"来到"人间"，把本体论与人间的苦难和幸福，把本体论与共产主义理想结合起来了，或者说使无产阶级和全人类的解放得到了本体论的证明，从而开辟了从本体论认识现实的道路，找到了哲学和改变世界的直接结合点。

马克思的深刻见解在很长时间内未引起人们的重视。在对马克思哲学本体论的理解中，列宁已做了不正确的理解，斯大林把列宁的观点，即历史唯物主义是唯物主义原理在历史领域中的推广与运用推向极端，把马克思哲学一般唯物主义化，把马克思本体论彻底自然本体论化，实际上是用近代唯物主义解读马克思哲学，马克思的划时代贡献在相当大程度上被抛弃了，这是马克思哲学史上一次惊人的理论倒退。

卢卡奇的目光可谓敏锐，他的社会存在本体论预示着解决问题的新思路，在"复活"马克思本体论的道路上，为我们全面而深入理解马克思本体论提供了广阔的思维空间。然而，由于方法论的不当，卢卡奇最终又走向一般唯物主义及其本体论，回归斯大林，回归近代唯物主义。卢卡奇的

---

① 《马克思恩格斯全集》第42卷，第150页。
② 《马克思恩格斯全集》第3卷，第48页。

优点与缺点、成功与失败，共同证明一个道理，即必须站在当代实践、科学和哲学的基础上重新理解马克思的本体论及其当代意义。

实践本体论是马克思哲学的根基，马克思哲学的创立之所以在哲学史上造成革命性变革，从根本上说，就是从本体论这个层面发动并展开的，就在于创立了一种新的本体论，即实践本体论。然而，马克思的实践本体论本身及其理论价值在当时以至相当长的历史时期内并未引起人们的理解和关注。正因为如此，后人在建构马克思主义哲学体系时，忽视的恰恰是马克思的实践本体论，丢掉的恰恰是从人的存在出发去解读存在意义的方法，因而造成了"传统"的马克思主义哲学体系的内在缺陷，即在脱离了历史过程的"抽象的物质"中寻找一切精神现象的依据。20世纪的实践、科学和哲学本身的发展，使马克思的实践本体论，以及从人的存在出发解读存在的意义这一方法的内在价值和当代意义凸现出来了。我们应当以此为前提，重建与马克思哲学文本相吻合的马克思主义哲学本体论，从而复兴马克思主义本体论。正如卢卡奇所说，"今天，如果人们试图站在存在的基础上现实地对世界进行思维，那么，只有通过马克思主义本体论的复兴之路才有可能完成"。①

---

① Lukacs, *Zur Ontologie des Gesellschafilichen* [*I Habband*], p.325.

第九章

社会历史过程与自然历史过程

　　长期以来,马克思主义哲学教科书一直把"社会形态的发展是一个自然历史过程"看作是历史唯物主义的基石和总纲。实际上,这是对马克思社会发展理论的误解。马克思从来没有在等同的含义上用"自然历史过程"来表述社会历史过程,他只是指出社会经济形态的发展同自然历史具有"相似"的一面。然而,相似不等于相同。这里,我们拟对社会形态的发展是自然历史过程的观点作一新的考察和审视,以深化对马克思的社会发展理论研究。

一、问题的提出

　　"社会形态的发展是自然历史过程"是马克思在《资本论》第一卷第一版序言中提出的。为了弄清问题,我们先来考察一下德文原文以及中译本。

　　在德文版《资本论》中,马克思的原话是:Mein Standpunkt, der die Entuicklung der k on o mischen

Gesellschaftsformation als einen naturgeschich tlich en Proze-β auffaβt。这段话应译为："我的观点是把社会经济形态的发展理解为自然史的过程。"郭大力、王亚南的译本把这段话译为："我的观点,是把经济社会形态的发展,理解为一个自然史的过程。"①中共中央编译局的译本把这段话译为："我的观点是:社会经济形态的发展是一种自然历史过程。"②对照德文原文,我们认为,郭大力、王亚南的译法较为准确。这是因为,把社会经济形态的发展"理解为"自然历史的过程,并不是说社会经济形态的发展"就是"自然历史的过程。

为了进一步明确问题,我们再考察一下 1983 年中共中央编译局根据马克思本人修订的法文版《资本论》(第一卷)翻译的中译本。在这里,马克思明确指出:"我的观点是:社会经济形态的发展同自然的进程和自然的历史是相似的。"③显然,马克思把社会经济形态的发展理解为自然历史的过程,并不是说社会经济形态的发展本身就是一种自然历史过程,而是说社会经济形态的发展与自然历史具有相似的一面。正是在这个意义上,马克思在法文版《资本论》第一卷中把具有"相似"的一面这层含义说得更明确、更突出了。

由此,我们不难作出判断:马克思本人从来没有说过社会形态发展是自然历史过程,即使把"社会形态"换成"社会经济形态",认为社会经济形态的发展是自然历史过程,也不是马克思的本意。马克思的本意是指,社会经济形态的发展可以从"自然的进程和自然的历史"方面来理解,因为社会经济结构、运行机制,特别是社会工艺过程同自然进程、自然历史有相似之处。显然,把社会发展说成是"自然历史过程"是一种误解,这里至少发生了这样几个思维"跳跃":

第一,"社会经济形态""跳跃"为"社会形态"。马克思所说的社会经济形态是特指"社会人的生产器官"构成形态④,即社会的经济活动结构,

---

① 马克思:《资本论》第 1 卷,郭大力、王亚南译,人民出版社 1963 年版,第Ⅻ页。
② 马克思:《资本论》第 1 卷,中共中央编译局译,人民出版社 1975 年版,第 12 页。
③ 马克思:《资本论》(根据作者修订的法文版第一卷翻译),中共中央编译局译,中国社会科学出版社 1983 年版,第 4 页。
④ 马克思:《资本论》(根据作者修订的法文版第一卷翻译),第 374 页。

这与我们现在理解的作为经济基础与上层建筑统一体的社会形态不是一个概念。

第二,社会经济形态的发展同"自然历史过程"的"相似"性"跳跃"为二者的"相同"性。社会发展作为现实的人的主体行为过程,它与自然过程是无法等同的。严肃的思考应该是,社会经济形态在何种意义上与自然历史过程"相似",又在何种意义上与自然历史过程不相似。

第三,马克思对资本主义社会的说明"跳跃"为对整个人类历史的说明。马克思在《资本论》中重点说明的不是整个人类的历史,而是解剖资本主义的经济形态以及与它们相适应的交往关系、生产关系,即分析社会运动的一个特殊阶段和特殊方面。毫无疑问,这一特殊阶段和特殊方面是十分重要的。但是,用这一方面来取代并跳跃为历史唯物主义的总观点,理由是不充分的。历史唯物主义的基本思想在《1844 年经济学哲学手稿》中开始形成,在《德意志意识形态》中第一次得到全面阐述后又在《政治经济学批判》《资本论》以及其他哲学、政治经济学、科学社会主义的论著和晚年的人类学手稿中作了全面的阐发。我们研究问题不能仅仅停留于一个方面。

二、何谓"自然历史过程"

为了把问题弄清楚,我们首先要弄清什么是"历史过程"和"自然历史过程"。

"历史过程"简称历史,这一概念在马克思那里具有极其重要的意义。马克思赋予历史以内在变化和发展的含义,他经常用"排除历史过程""没有历史的要素"来批判那种"抽象的"观点,其中不仅包括各种唯心主义、形而上学的唯物主义、自然科学的唯物主义,也包括费尔巴哈的直观唯物主义。马克思认为:"联系不断采取新的形式,因而就呈现出'历史'。"① "没有发展",也就"没有历史"。

---

① 《马克思恩格斯全集》第 3 卷,第 34 页。

在马克思看来,历史就是变化,就是联系的新形式不断产生的过程,也就是发展过程。同一的重复,没有形式和内容的变化,没有发展,尽管存在着也没有历史。例如,在谈到亚细亚生产方式的典型——印度时,马克思指出:"印度社会根本没有历史,至少是没有为人所知的历史"①,并认为"没有历史"本质上是指"不发生变化""不变性"。亚细亚生产方式中的"自给自足的公社不断地按照同一形式把自己再生产出来,当它们偶然遭到破坏时,会在同一地点以同一名称再建立起来,这种公社的简单的生产机体,为揭示下面这个秘密提供了一把钥匙:亚洲各国不断瓦解、不断重建和改朝换代,与此截然相反,亚洲的社会却没有变化。这种社会的基本经济要素的结构,不为政治领域中的风暴所能触动"②。

所以,马克思认为,"我们仅仅知道一门唯一的科学,即历史科学。历史可以从两方面来考察,可以把它划分为自然史和人类史",即历史可以区分为自然历史过程与社会历史过程。在人类实践活动中,在"现存世界"中,人类史与自然史是不可分离的,"只要有人存在,自然史和人类史就彼此相互制约"③。但是,为了分析方便,我们暂且把二者分离开来。

马克思当时所理解的"自然历史过程",是指自然界联系形式多样化的过程。依据马克思所处时代的科学条件,马克思是在达尔文进化论的含义上理解这一过程的,即把自然界联系形成多样化的过程理解为"生物进化过程"。马克思指出,"达尔文注意到自然工艺史,即注意到在动植物的生活中作为生产工具的动植物器官是怎样形成的"④。因此,马克思所说的"自然历史过程"不是泛指一种"自然必然性",而是指动植物"器官"的"形成史""生成史"。只不过这种"形成史""生成史"具有如下特点:一是这种形成的过程是动植物在其生存活动中,在与周围环境相互作用的过程中自组织地生成的;二是这种生成的过程表现为动植物"器官"不

---

① 《马克思恩格斯选集》第 1 卷,第 767 页。
② 《马克思恩格斯全集》第 23 卷,第 396—397 页。
③ 《马克思恩格斯全集》第 3 卷,第 20 页。
④ 《马克思恩格斯全集》第 23 卷,第 409 页。

断多样化的发生过程,其本质是动植物自身的发展史;三是这一过程又是动植物盲目地、无意识地进行的。然而,在这盲目的过程中,一条发展的道路、形式多样化的过程却显现出来。

可以说,马克思所说的"自然历史过程"与现行马克思主义哲学教科书所理解的"自然历史过程"存在着较大的差异。在马克思看来,自然历史过程是客观的、不以人的意志为转移的,它具有内在的规律性,但这种规律性是在动植物的自组织活动中存在,并通过动植物本身"器官"的多样化体现出来;自然的规律性、必然性是指动植物自组织活动中多样化的必然趋势。

我注意到,马克思对"自然历史过程"的理解已深入到地质学中,"正像地质的形成一样,在这些历史的形成中,有一系列原生的、次生的、再次生的等等类型"[①]。但也应当指出,马克思对"自然历史过程"的理解还没有也不可能深入到自然界的机械、物理、化学过程中去。马克思那个时代的科学还没有发展到这一步。当时,以热力学第二定律为基础的自然界发展的"熵增加"原理,只是证明着自然界的物理过程自发地走向"无序",为此,恩格斯批判了把"熵增加"原理推广到整个宇宙中去的"热寂说"。

但是,物理、化学过程是如何实现其"历史发展"的,这一问题在马克思、恩格斯的时代并没有被证明,至多只是哲学上的逻辑推导。直到20世纪70年代,普里戈金的"非平衡态热力学"以及哈肯的"协同学"才完成了对物理运动和化学运动的"历史过程"的证明。普里戈金在研究耗散结构演化时指出:"分岔在一定意义上把'历史'引进物理学中来了……这样我们就在物理学和化学中引入了历史因素,而这一点似乎向来是专属于研究生物、社会和文化现象的各门科学的。"[②]只是到了这个时候,我们才获得了"自然历史过程"全面含义的理解:"自然历史过程"无非是指自然界的发展是自然界自身运动的自组织过程,它的发展表现为自然界本身

---

① 《马克思恩格斯全集》第 19 卷,第 432 页。
② 〔比〕普里戈金:《时间、结构和涨落》,郝柏林等译,载《1977 年诺贝尔奖演讲集》,上海科学技术出版社 1980 年版,第 42 页。

形式越来越多样化、复杂化的生成过程。

自然的"历史过程"是自然本身在盲目的运动中形成的,不存在一个预成的发展过程,但它却表现为不可逆的有箭头的运动过程。这一运动过程大致是这样的:自然界最早产生的是低级的平衡结构,它自发地趋向"无序"和"熵增加";由于特定的涨落条件,形成远离平衡状态,于是平衡结构否定自身形成的自组织的耗散结构。从此以后,自然的历史过程表现为耗散结构自组织进行的、由简单到复杂的多样化的过程,特别是在动植物系统中表现为"器官"不断复杂化、高级化的过程。自然界的整个运动过程符合马克思所说的"历史"概念,即联系不断采取新的形式。

三、社会经济规律在何种意义上是自然规律

把社会发展看作是自然历史过程这一思维跳跃,是以把社会经济规律看作是自然规律的观点为前提的。马克思确实在许多地方谈到社会经济规律是自然规律,比如在《资本论》中,他一再提到"资本主义生产的自然规律","一个社会即使探索到了支配它的运动的自然规律,——本书的最终目的就是揭示现代社会运动的经济规律"[1]。列宁指出,"马克思谈到社会的经济运动规律,并把这个规律叫作 Naturgesetz——自然规律"[2]。然而,问题的关键在于,马克思在何种意义上认为社会经济规律是自然规律。

社会经济规律是人们经济活动的规律,它是最主要的社会规律,最深刻地体现出人的活动的社会性、历史性、时代性。社会经济规律本质上不同于自然规律,因为社会经济规律通过人与自然的交换关系贯穿着人与人的关系。这是其一。其二,社会经济规律是以人的形式、人的内在尺度来占有"物质交换"的过程。其三,社会经济规律本质上是一个实践问题,

---

[1] 马克思:《资本论》(根据作者修订的法文版第一卷翻译),第4页。
[2]《列宁全集》第1卷,第105页。

它是人在经济实践中的活动规律，随着人们经济实践格局的变化而不断变化，而且它的实现与否也取决于人的实践。自然规律却是自然界的机械、物理、化学、生物规律，它以自在的盲目的形式存在着，当人们没有认识它们时，自然规律就以与人对立的形式出现；当这些规律一经被发现，人们便可以利用它，用科学来征服自然力。自然规律与社会规律显然是两种本质不同的规律。

实际上，马克思是在两重意义上把社会经济规律看作是自然规律的。

一是马克思着眼于资本主义社会经济规律的特殊性，把经济规律看作是自然规律。在马克思看来，资本主义的经济运动是一种典型的社会运动。"在土地所有制处于支配地位的一切社会形式中，自然联系还占优势。在资本处于支配地位的社会形式中，社会、历史所创造的因素占优势。"①资本主义是社会历史因素占优势的社会形态，但它又是对抗性的社会形态。正是由于这种对抗性，使社会经济规律以与人对立的自然规律的特殊形式出现。

这就是说，当生产者丧失了对他们自己社会关系和自主活动的支配权时，"生产资料和产品的社会性反过来反对生产者本身，周期性地突破生产方式和交换方式，并且只是作为盲目起作用的自然规律强制性地和破坏性地为自己开辟道路"②。"我们应当怎样理解这个只有通过周期性的革命才能为自己开辟道路的规律呢？这是一个以当事人的盲目活动为基础的自然规律。"③可见，社会经济规律以与人对立的自然规律的形式出现，本质上是资本主义社会的"社会性"的体现，是资本主义及其以前社会形态中的对抗性的体现。换言之，人与人对抗的社会形式，使社会规律不得不以自然规律的形式出现。

二是马克思着眼于整个社会经济规律基础的特殊性，把经济规律看作是自然规律。马克思认为，经济规律有它永恒的基础，这就是人与自然

①《马克思恩格斯全集》第46卷上，第45页。
②《马克思恩格斯选集》第3卷，第629页。
③《马克思恩格斯全集》第23卷，第92页。

之间的物质变换过程。"劳动作为使用价值的创造者,作为有用劳动,是不以一切社会形式为转移的人类生存条件,是人和自然之间的物质变换即人类生活得以实现的永恒的自然必然性。"①只有在这个一般意义上,即从使用价值的创造意义上,社会经济规律才是一种体现人与物之间物质变换的自然规律。在《资本论》第三卷中,马克思更透彻地表达了这个思想。马克思认为,人与自然之间的物质变换是自然必然性的王国,是"一切社会形态""一切可能的生产方式"的基础,人类未来产生的只是"合理地调节他们和自然之间的物质变换","在最无愧于和最适合于他们的人类本性的条件下来进行这种物质变换"。② 显然,马克思是在经济活动规律的基础——人与自然之间的物质变换过程中,在抽象到具体的社会形式的意义上,承认经济规律的自然过程的。

但是,这种人与自然之间的物质变换既然是一切社会运动的基础,那么,在特定的社会中,这种物质变换也就不得不具有社会形式。因此,社会经济规律不会以纯粹的自然规律形式出现,社会经济规律的运动始终是以人与自然之间物质变换的自然规律为基础而展开的社会运动过程。所以,只要一进入任何具体社会形式,马克思立即用社会的眼光来看待经济规律。按照马克思的观点,区分社会阶段的标志,不是生产什么,而是怎样生产。马克思坚决反对用自然规律来说明社会发展。在致库格曼的信中,马克思批判了朗格把社会规律自然化的方式,并认为"朗格先生有一个伟大的发现:全部历史可以纳入一个唯一的伟大的自然规律。这个自然规律就是《struggle for life》,即'生存斗争'这一句话(达尔文的说法这样应用就变成了一句空话),而这句话的内容就是马尔萨斯的人口律,或者更确切些说,人口过剩律。这样一来,就可以不去分析'生存斗争'如何在各种不同的社会形态中历史地表现出来,而只要把每一个具体的斗争都变成'生存斗争'这句话,并且把这句话变成马尔萨斯关于'人口的狂

---

① 《马克思恩格斯全集》第 23 卷,第 56 页。
② 《马克思恩格斯全集》第 25 卷,第 926、927 页。

想'就行了"①。

这里,马克思关心的是"不同的社会形态中历史地表现出来"的东西,马克思始终用"历史"的方法来说明社会。更为重要的是,马克思认为,经济规律不是预成的,而是在人们的物质实践中生成的,是在历史中生成的;在人们面前绝没有一个现存的、一成不变的经济规律可供认识,经济规律同样具有历史性。对社会规律(包括经济规律)的把握是历史地变化的,"对社会生活形式的思索,从而对它的科学分析,遵循着一条同实际运动完全相反的道路。这种思索是从事后开始的,是从已经完全确定的材料、发展的结果开始的"②。

因此,企图事先预见一条社会发展的道路,认为有一个社会经济规律预先存在着,这不是马克思的社会规律观点。就经济规律制约人类历史行程而言,社会发展的确有一个大概趋势;就全部社会生活(包括经济生活)在本质是实践的意义上来说,经济规律的实现也是一个历史的过程,是物质实践和人类自主活动的过程。社会规律根本不同于自然规律,它是"人们自己的社会行动的规律"③。把社会经济规律等同于自然规律,其结果只能把社会经济规律抽象化、逻辑化、预成化,其实质是回归黑格尔的"绝对计划"。

四、社会经济形态的发展在何种意义上与自然历史过程相似

如同物质变换是社会经济规律与自然规律一致的中介一样,社会经济形态的发展与自然历史过程的相似,则是以社会经济工艺学为中介关系的。换言之,这里是这样一种关系:社会经济规律——物质转换——自然规律;社会经济形态——社会经济工艺学——自然历史过程。在这里,社会经济工艺学与物质转换之间又有着直接关系。然而,现行的历史唯

① 《马克思恩格斯全集》第 32 卷,人民出版社 1974 年版,第 671—672 页。
② 马克思:《资本论》(根据作者修订的法文版第一卷翻译),第 55 页。
③ 《马克思恩格斯选集》第 3 卷,第 634 页。

物主义体系是不讲物质转换、社会经济工艺学等概念的;传统的见解又把社会经济形态直接等同于生产关系,等同于经济基础,以至等同于社会形态。这是把社会经济形态与自然历史过程"相似"上升到"社会形态是一个自然历史过程"的认识根源。

应当指出,把社会经济形态、社会工艺学从社会发展中抽象出来,这是马克思对社会认识的深化。在《德意志意识形态》中,马克思已经把分工看作是生产力与所有制之间的中介关系,并认为"分工和私有制是两个同义语,讲的是同一件事情,一个是就活动而言,另一个是就活动的产品而言"[1]。但是,社会经济形态概念当时还没有从"活动"中剥离出来,马克思当时对所有制的关系更感兴趣。因此,他以所有制作为划分历史阶段的标准,即"部落所有制""古代公社所有制或国家所有制""封建的或等级的所有制""资本主义所有制"。

直到1859年的《〈政治经济学批判〉序言》,马克思才第一次提出"社会经济形态"的概念。从此以后,他始终以经济形态的观念来考察社会。在《〈政治经济学批判〉序言》中,马克思做出两项推进:

其一,用社会经济形态划分历史来取代以所有制划分历史。马克思指出:"大体说来,亚细亚的、古代的、封建的和现代资产阶级的生产方式可以看作是社会经济形态演进的几个时代。"这里,考察历史的坐标转换了。

其二,给社会经济形态下了一个定义,即"社会的经济结构"。《资本论》对社会经济形态概念的内容更深化了。马克思分析了社会经济运动中的工具发展史,并把人的生产工具同动植物的器官进行了比较,认为达尔文的进化论揭示了"自然工艺学"——动植物的器官作为动植物生活的生产工具怎样形成的历史,而社会工艺学——"社会人的生产器官"怎样形成的历史具有同样重要意义。"工艺学揭示出人对自然的活动方式,人的物质生活的生产过程,从而揭示出社会关系以及由此产生的精神观念

---

① 《马克思恩格斯全集》第3卷,第37页。

的起源。"①由此看来,社会经济形态概念应该是以社会工艺为基础的社会经济结构。

因此,马克思所说的社会经济形态的发展与自然历史过程"相似"是指:如同自然界动植物的发展是立足于自身器官的形成和发展过程一样,社会经济形态的发展也是立足于"社会人的生产器官"的形成和发展过程。任何夸大这方面意思,把"自然历史过程"上升为社会发展的预成性、单线性,认为一切民族的发展都必须经过一条唯一的道路,将会对社会和人类发展带来灾难性的后果。

社会工艺发展表现为一个有序的经济结构的演化过程,这条演化道路可以通过各种不同途径来达到。其中有"自然发生的""派生的""中间的""典型的"等各种形态。这里,我们必须把如下几个方面区分开来:

第一,马克思所说的社会经济形态的几个时代,即亚细亚的、古代的、封建的和现代资产阶级的,是有特定坐标系统、特定条件的。

马克思在1859年《〈政治经济学批判〉序言》中是以欧洲为坐标系来考察社会发展道路,分析资本主义产生的典型道路的。正如马克思所说,他研究的对象是资本主义生产方式,他研究的典型是英国。马克思绝没有要求所有民族都走同样的道路,恰恰相反,他坚决反对这一点。在给俄国《祖国纪事》编辑部的信中,马克思指出:"他一定要把我关于西欧资本主义起源的历史概述彻底变成一般发展道路的历史哲学理论,一切民族,不管他们所处的历史环境如何,都注定要走这条道路,⋯⋯他这样做,会给我过多的荣誉,同时也会给我过多的侮辱。"②在分析社会发展时,马克思常常指出,"这不适用于例如东方""这仅仅是从欧洲的观点来看的"等等。

这表明,马克思并没有把"自然历史过程"理解为亚细亚的、古代的、封建的、资本主义的、社会主义的这样一条发展道路,并没有把这样一条

① 马克思:《资本论》(根据作者修订的法文版第一卷翻译),第374页。
②《马克思恩格斯全集》第19卷,第130页。

发展道路看成是预成的、所有民族的一般发展道路。把"自然历史过程"理解为一种超历史的"必然性"，理解为所有民族的发展都必须经过原始社会、奴隶社会、封建社会、资本主义社会、社会主义社会这样一条唯一的道路，不过是把欧洲的发展道路强加给所有民族罢了，不过是把历史必然性抽象化、预成化罢了。

第二，马克思认为，社会发展的具体道路是多样化的。

马克思从来不以单线的方式考察历史，除了关心"典型的""原生的"生产关系外，马克思还经常向自己提问："第二级的和第三级的东西，总之，派生的、转移来的、非原生的生产关系。国际关系在这里的影响。"①显然，这里有一个更宏大的社会发展道路问题。按照马克思的观点，资本主义形成的途径和道路就是多样的，如美国的"资产阶级社会不是在封建制度的基础上发展起来的，而是从自身开始的"②。"在现实的历史上，雇佣劳动是从奴隶制和农奴制的解体中产生的，或者象在东方和斯拉夫各民族中那样是从公有制的崩溃中产生的，而在其最恰当的、划时代的、囊括了劳动的全部社会存在的形式中，雇佣劳动是从行会制度、等级制度、劳役和实物收入、作为农村副业的工业、仍为封建的小农业等等的衰亡中产生的。"③这里，不存在固定的模式和一种超历史的必然性，也没有一个所谓的"自然历史过程"。

第三，如果我们把眼光专注于社会工艺过程，即社会生产的具体构成模式，那么，在它们之中确实存在着一个由低级到高级的有序的历史过程。

社会工艺标志着人与自然界之间以何种具体方式进行物质变换与定型过程，它确实不以人的意志、情感、需要、选择为转移。社会工艺发展的这种不可逆性表现为不再重复历史上曾经走过的路，它是在人类自主活动中进行的，是不断以时代发展的最高水平为"普照光"的"变形"过程。

---

① 《马克思恩格斯全集》第46卷上，第47页。
② 《马克思恩格斯全集》第46卷上，第4页。
③ 《马克思恩格斯全集》第46卷上，第14页。

例如,我们今天来设计中国社会的发展,当然不必再经过一个自然形成的资本主义阶段。但是,要从落后的自然经济的社会工艺水平跳跃到现代社会工艺水平,也是不可能的。为此,必须从工艺学过程来确认商品经济阶段的必然性和合理性,这是一个无法逾越的"自然历史过程"。当然,我们可以立足现代世界格局,使这一进程缩短,走得更快一些。这里,显然存在着工艺学发展中的"派生的""转移来的""非原生的"过程,存在着世界交往和国际关系的影响作用。

五、社会发展中的自然形态、派生形态与超越形态

在社会发展过程中,社会形态的更替有三种不同的情况,即自然形态、派生形态和超越形态。当各个民族或国家处于封闭状态时,每一个民族的历史发展都要重复"同一的历史必然性",社会发展的模式以自然形态为主。当交往的因素出现后,尤其是当交往步入区域性、世界性之后,"过去那种地方的和民族的自给自足和闭关自守状态,被各民族的各方面的互相往来和各方面的互相依赖所代替了"①,从而形成了每一民族同其他民族的变革都有依存关系的状态。从这个时候起,社会发展中以自然形态为主的发展模式被扬弃了,派生形态或超越形态开始出现,并逐渐成为社会发展中的普遍现象或常规现象,社会发展开始加速化。

所谓自然形态,是指外部因素、外部关系对该社会的发展影响极小,从而可以忽略不计,发展主要是本民族或国家的内部因素、内部关系决定的。用当代社会发展理论话语来说,自然形态属于内源发展。古代文明圈,即中国、印度、两河流域、希腊、埃及等文明的发展几乎都是内源发展。中国封建社会和西欧资本主义社会的发展也属于内源发展。这些发展基本上是在彼此隔离、互不干扰的情况下完成的。从总体上看,在资本主义开创世界历史之前,自然形态是社会发展中的主导类型。

---

① 《马克思恩格斯选集》第 1 卷,第 276 页。

自然形态占主导地位的前提是，环境是孤立封闭的。按照马克思的观点，自然形态是该社会的各种要素和关系"自然发生"的过程，这一发展过程的各个阶段则是该社会"自然的发展阶段"。"自然发生"形成社会的"殊化"，即不同的自然发生的类型之间有不同的遗传"密码"机制，从而规定不同共同体的独立性；而这一"殊化"遗传"密码"又是形成社会发展多样性的源头。不同的社会共同体由于遗传"密码"不同，而后发展的道路、侧重点、生长点也有所不同。马克思十分重视对社会的"自然发生"分析。在马克思看来，"人的依赖关系（起初完全是自然发生的），是最初的社会形态"①，而远古时期的人则是"原始的、通过 generatio aequivoca［自然发生］的途径产生的人们"②。"自然发生"分析是马克思分析一切社会有机体的起点，即使社会发展到高级形式，它们仍然有着"自然发生"的痕迹。

即使在孤立封闭的环境中发展的社会，即社会发展中的自然形态，仍有其典型形态，如亚细亚或东方社会的典型，西欧资本主义的典型，等等。中国封建社会是东方社会的典型，是东方社会的"活的化石"，因为它体现着"一切东方运动的共同特征"③。资本主义的发生有三条道路，即从原始公有制的"崩溃"中产生；从奴隶制的"解体"中产生；从封建制度的"衰亡"中产生。其中，从封建制度的衰亡中产生是资本主义制度自然发生的典型。不仅如此，资本主义的不同方面也有各自的典型。马克思认为，英国是资本主义经济发展的典型，而法国则是资本主义政治发展的典型。

当交往超出了毗邻地区而成为各民族日常生活、行为中不可或缺的因素时，社会发展便产生了"派生形态"。在考察社会发展时，马克思又提出一个极其重要的思想，即"第二级的和第三级的东西，总之，派生的、转移来的、非原生的生产关系。国际关系在这里的影响"④。按照马克思的观点，那些自然发生的社会关系是原生的关系，即第一级的关系，而派生

① 《马克思恩格斯全集》第 46 卷上，第 104 页。
② 《马克思恩格斯全集》第 3 卷，第 50 页。
③ 《马克思恩格斯全集》第 15 卷，人民出版社 1963 年版，第 545 页。
④ 《马克思恩格斯全集》第 46 卷上，第 47 页。

的、转移来的关系则是第二级、第三级的关系,它们是由民族、国家之间的交往造成的。在第一级的关系与第二、三级的关系之间的关系中,第一级的关系是出发点,而后的发展从"原生的生产关系"发生偏离。马克思曾描述过这种偏离:"这种所有制的原始形式本身就是直接的公有制(东方形式,这种形式在斯拉夫人那里有所变形;直到发展成对立物,但在古代的和日耳曼的所有制中仍然是隐蔽的——尽管是对立的——基础)。"①

这也就是说,在社会的原生形态或原始形式中存在着这样的运动:典型的东方形式、斯拉夫人的变形形式、日耳曼人隐蔽对立的形式,它们构成了"原生的生产关系"的差异。在民族之间交往的过程中,"原生的生产关系"的差异向第二级的关系转化。在这个过程中,由于原生态的不同而产生较大差异。"在奴隶制、农奴制等等之下,劳动者本身表现为服务于某一第三者个人或共同体的自然生产条件之一(这不适用于例如东方的普遍奴隶制;这仅仅是从欧洲的观点来看的)。"②这就是说,在派生的、第二级的关系中,已经发生了形式的不可类同性。

到第三级关系,情况就更复杂了。这里有三种基本形式:一是征服者带给处于较低发展阶段的被征服者的;二是征服者带给处于较高发展阶段的被征服者的;三是二者处于相同的社会形态但不同发展阶段的。这三种情况对社会派生形态的发展有不同影响。马克思指出:"导入英国的封建主义,按其形式来说,要比在法兰西自然形成的封建主义较为完备。"③这是因为"这种交往形式在自己的祖国还受到过去遗留下来的利益和关系的牵累,而它在新的地方就能够而且应当毫无阻碍地确立起来,尽管这是为了保证征服者的长期统治(英国和那不勒斯在被诺曼人征服之后,获得了最完善的封建组织形式)"④。反过来,也有大量的"古老文明被蛮族破坏,接着就重新形成另一种社会结构(罗马和野蛮人,封建主

---

① 《马克思恩格斯全集》第 46 卷上,第 498 页。
② 《马克思恩格斯全集》第 46 卷上,第 496 页。
③ 《马克思恩格斯全集》第 46 卷上,第 489—490 页。
④ 《马克思恩格斯全集》第 3 卷,第 82 页。

义和高卢人,东罗马帝国和土耳其人)"①,这些都构成了社会发展的某种社会形态变形,即"导入的和带去的派生形式"②。

资本主义生产方式的兴起开辟了"世界交往"的新时代。在世界交往的时代,各个民族、国家都自觉或不自觉地加入到交往序列之中,形成了交往主体的全面性,形成了"全面的生产""全面的依存关系"和"世界历史性的共同活动形式";任何一个民族或国家面对的都是以全球为单位的、由其他民族或国家组成的整体,形成了交往中介的普遍性。

在世界交往中,中介性涉及每一个民族、国家,因而形成了世界性的、全球性的中介形式和相关性。在这种普遍中介性中,每一个民族、国家都可以进行普遍的比较,从各个方面吸取营养。随着交往成为世界交往,社会发展的特点发生了根本性的变化:以前各民族存在的片面性和局限性在交往中被充分揭示出来。正是通过交往,各民族的片面性发展为全面性的力量。

"各个相互影响的活动范围在这个发展进程中愈来愈扩大,各民族的原始闭关自守状态由于日益完善的生产方式、交往以及因此自发地发展起来的各民族之间的分工而消灭得愈来愈彻底,历史也就在愈来愈大的程度上成为全世界的历史。"③随着交往成为世界交往,历史转变为"世界历史",社会发展中的"超越"现象成为一种普遍或常规现象。如果说社会发展中的"第二级、第三级关系"还属于区域交往的产物,那么,超越形态成为一种社会发展的普遍现象则是世界交往的产物。

在世界交往以及由此形成的世界历史形成之前,社会发展也出现过超越形态,如日耳曼民族通过"战争交往"征服罗马帝国之后,越过奴隶制,从原始社会直接走向封建社会。然而,这在世界历史形成之前毕竟是一种特殊现象。世界历史形成之后,社会发展中的超越形态成为一种普遍现象。北美洲在欧洲移民到来之前仍处于原始社会,但随着欧洲移民

---

① 《马克思恩格斯全集》第3卷,第26页。
② 《马克思恩格斯全集》第46卷上,第489页。
③ 《马克思恩格斯全集》第3卷,第51页。

的到来,北美洲迅速建立起资本主义制度。所以,马克思认为,在美国,"资产阶级社会不是在封建制度的基础上发展起来的,而是从自身开始的"①,大洋洲也走着类似的道路;在非洲,有的民族从原始社会,有的从奴隶制,直接走上了资本主义道路;"在东方和斯拉夫各民族中",资本主义"从公有制的崩溃中产生";在亚洲,一些较为落后的国家超越了资本主义"卡夫丁峡谷",直接走上了社会主义道路。在世界历史的背景中,奴隶社会、封建社会以及后来的资本主义社会在不同的时期、不同的地区都被不同的民族跨越过,因而"超越"本身是普遍存在的,具有重复性,是社会发展的常规现象。

"超越"本身能够成为社会发展的常规现象,与世界交往密切相关,同时又以几种社会形态在空间上的并存为前提。社会形态的更替在不同的民族那里具有不同步性,当有的民族已经进入封建社会甚至资本主义社会时,有的民族还停留在奴隶社会甚至原始社会,从而在空间上呈现出几种社会形态同时并存的局面。同时,世界交往使不同的民族之间产生了全面的相关性,即进入到交往过程中的民族之间会产生相互作用、相互影响、相互渗透。当处于不同社会形态的民族进行交往时,就会产生三种"超越现象":

一是落后的民族征服了较为先进的民族之后,就会自觉或不自觉地适应被征服民族较高的生产力水平,重新形成一种社会结构,从而自觉或不自觉地超越某种社会形态。

二是先进的民族征服了落后的民族之后,把自己较高的生产力、社会关系"导入"到落后的民族之中,从而促使落后的民族超越一定的社会形态而进入更高级的社会形态。此时,先进的民族"充当了历史的不自觉的工具"。

三是当一个民族处在历史的转折点时,先进的社会形态对该民族具有更大的吸引力,在先进民族的"历史启示"下,较为落后的民族能够有意

① 《马克思恩格斯全集》第46卷上,第4页。

识地利用先进民族的经验和成果,并在先进的社会形态框架中选择和设计自己的发展形式,从而自觉地超越某种社会形态。所以,马克思指出:"一个民族本身的整个内部结构都取决于它的生产以及内部和外部的交往的发展程度。"①

由此可见,世界交往及其产生的相关性形成了社会发展的变异道路。尽管不同民族"超越"的对象及其途径都是特殊的,但是,只要在同一时代存在着不同的社会形态,只要存在着世界交往,那么,在相关性的作用下,"超越"现象就会不断发生、重复可见,成为社会发展的常规现象。

世界交往之所以能够改变社会发展的进程,使社会发展日益加速化,是由于在人类社会中存在着交往活动的相加效应规律,即进入交往过程的往往是各民族的最新成果或富余的东西,用富余的东西去交换自己短缺的东西,等于自己增长了一种新的力量,获得发展的"爆发力"。这样,进入到交往序列中的民族就可以与全人类共享最新成果,避免了"一切从头开始"的时间耗费以及失败的消极后果,从而以人类已经取得的成果为起点,不断创造更新的东西。从根本上摆脱重复劳动,也就摆脱了社会停滞,使发展日益加速化。

在各自闭关自守的状态下或交往只限于毗邻地区的时候则完全不同,在这种情况下,"每一种发明在每一个地方都必须重新开始;一些纯粹偶然的事件,例如蛮族的入侵,甚至是通常的战争,都足以使一个具有发达生产力和有高度需求的国家处于一切都必须从头开始的境地。在历史发展的最初阶段,每天都在重新发明,而且每个地方都是单独进行的"②。这就形成了重复劳动,形成了封闭行为的重复效应规律,从而造成了社会的停滞。"只有在交往具有世界性质,并以大工业为基础的时候,只有在一切民族都卷入竞争的时候,保存住已创造出来的生产力才有了保障。"③这是社会发展加速度化的前提。

①《马克思恩格斯全集》第 3 卷,第 24 页。
②《马克思恩格斯全集》第 3 卷,第 61 页。
③《马克思恩格斯全集》第 3 卷,第 61—62 页。

"超越"成为社会发展中的普遍或常规现象,社会发展道路的多样性存在,与世界历史的整体性并不是"二律背反",也不是对唯物辩证法的内因决定论的否定。一切社会发展都根源于生产力和交往形式之间的矛盾,但由于交往,尤其是世界交往的存在,使得某一特定国家的变革没有必要等到这种矛盾在这个国家发展到极端地步。"由于同工业比较发达的国家广泛的国际交往所引起的竞争,就足以使工业比较不发达的国家内产生类似的矛盾"①。正是在这种"类似的矛盾"的推动下,较为落后的国家在发展过程中"能缩短和减轻分娩的痛苦",以跳跃式的发展走向世界历史的前列,从而加快自身的社会发展。

这样一来,具体民族或国家的发展便呈现为各自的特殊性,即社会发展的道路、形式、模式是特殊的。这种多样性并不是多元性。社会发展在本质上是一元的,即物质生活条件是原始起因,经济的前提和条件归根到底是决定性的。经济必然性是一条贯穿于全部社会发展并能使我们从根本上理解这个发展过程的、包括社会主义在东方社会首先实现的历史进程的红线。

超越形态的出现及其普遍化不是对人类总体历史发展顺序的否定,不能由此认为社会形态的发展如瓶坠地,碎片四溅,没有确定的方向。在社会发展中,某些民族或国家可以超越一定的历史阶段,但它们的历史运行的线路是不可能同人类历史总进程相逆的,相反,其超越的方向同人类总体历史及其规律运行的方向是一致的,实际存在的社会形态规定着"超越"的限度。迄今为止,任何一个民族超越一定的社会形态,都是在世界上,尤其是在其周围国家已经存在着更先进的社会形态的条件下实现的。没有罗马帝国的存在,日耳曼人就不可能超越奴隶制而从原始社会直接进入封建社会;没有资本主义的存在及其开创的世界历史,一些民族就不可能超越封建制或奴隶制直接从奴隶社会或原始社会走上资本主义道路,东方一些较为落后的民族也就不可能超越资本主义的历史阶段而直

---

① 《马克思恩格斯全集》第3卷,第83页。

接跨入社会主义。

正因为如此,马克思认为,某些民族"超越"后达到的较为先进的社会关系并不是从它们之中自然发生的,而是"转移来的""导入的"。在几种不同社会形态同时存在的情况下,现实存在的较为先进的社会形态或时代发展所指向的更为先进的社会形态,对落后民族的"超越"具有导向作用。先进民族较为发达的生产方式及其"转移"或"导入"到落后民族的程度,在一定意义上决定着较为落后民族"超越"的限度。

第十章

历史规律的形成与特征

　　自维科创立历史哲学以来,历史的规律性问题一直是西方历史哲学关注的中心问题,至今仍是当代西方历史哲学争论的焦点;全面而科学地解决历史的规律性问题是马克思的哲学对人类思想史的巨大贡献,然而,马克思的历史规律观念在当代又受到种种的曲解、非难和挑战。因此,我们需要对西方历史哲学中的历史规律观念、马克思的历史规律观念作一新的考察和审视,以深化对历史的规律性的研究。

一、历史规律性观念的确立:从维科到黑格尔

　　在人类思想史上,率先探讨历史规律性的是意大利思想家维科。在历史哲学的开山之作——《关于民族共同性的新科学原理》中,维科着重考察了民族的"共同性",即历史规律性,并提出了两个重要观点,即人类的历史是由人类自己创造的;历史发展具有规律性,各民族的

历史都必然经历神权、英雄和人权三个阶段。

在维科之前，神学历史观占据统治地位，人们确信"人的历史是神定的一种秩序"。维科则把人类历史的中心从神移向人类本身，并从人本主义的角度肯定了历史规律的存在，这是维科历史哲学的独特之处，也是它对人类思想史的贡献。然而，当维科宣布"人类创造历史"时，他又同时提出"上帝创造自然"。这就以一种新的形式制造了自然与历史对立的神话，并开启了人本主义与科学主义对立的先河。

法国启蒙哲学进一步探讨了历史的规律性。卢梭认为，历史具有内在联系，生产和技术的发展是历史发展的主要动因；历史进程不可逆转，而历史正是在对抗和矛盾中向着自己的对立面过渡。卢梭已经用相互作用的观点来研究历史及其规律性了，由此而显示了出乎他的时代意料之外的历史主义敏感，"几乎是堂而皇之地把自己的辩证起源的印记展示出来"[1]。

卢梭的辩证方法为法国"批判的空想的社会主义"所接受，圣西门、傅立叶把历史规律观念大大地向前推进了一步。

一是确认历史发展具有内在的规律性。傅立叶明确提出"社会运动规律"这一概念，并断言"社会运动有规则地进行着"[2]。傅立叶把人类历史划分为五个时代，即蒙昧时代、宗法时代、野蛮时代、文明时代和未来的"谢利叶"时代，并认为这五种社会的产生都具有必然性，是"经济上命定"的。圣西门则把人类历史划分为五个时期，即开化期、奴隶制度、神学——封建制度、"新封建制度"（资本主义制度）和未来"实业制度"，并认为这五种制度的产生都是必然的。

二是确认社会的内在矛盾运动构成了历史的规律性。按照傅立叶的观点，人的内在情欲与外在物质财富之间的矛盾运动构成了历史的规律性，"社会的变革依生活和经济的行为而转移"[3]。圣西门则把历史分为

---

[1]《马克思恩格斯全集》第 20 卷，第 152 页。
[2]《傅立叶选集》第 1 卷，第 35 页。
[3]《傅立叶选集》第 1 卷，第 29 页。

现象与本质两个形态,认为前者受制于后者,政权的更迭只是历史的现象,财产的分配和经济的安排才是历史的本质。

可以看出,法国"批判的空想的社会主义"已经向着唯物主义地理解历史规律的方向迈出了重要一步,而且它还包含着丰富的辩证法思想,这不能不说是一个历史的进步。但是,从总体上看,法国"批判的空想的社会主义"是按照自然规律的特点去理解历史规律,并没有真正理解历史的规律。圣西门把自己的历史观称为"社会物理学"。傅立叶断言,历史规律"在各个方面都符合由牛顿和莱布尼茨所阐明的物质引力规律。物质世界和精神世界在运动体系上具有统一性"[①]。之所以如此,是因为牛顿经典力学的成功,构成了18—19世纪初历史理论变革的一般理论背景,并为众多的法国思想家所接受。它造成了一种强烈的科学主义情绪,刺激着圣西门和傅立叶企图把历史理论变为像自然科学一样精确的科学,并按照自然规律的特征去理解历史规律。如果说维科是人本主义历史哲学的奠基者,那么,圣西门、傅立叶则是科学主义历史哲学的开拓者。孔德的实证主义历史哲学正是从法国"批判的空想的社会主义"的解体中产生的。

"黑格尔第一次——这是他的伟大功绩——把整个自然的、历史的和精神的世界描写为一个过程,即把它描写为处在不断的运动、变化、转变和发展中,并企图揭示这种运动和发展的内在联系。"[②]同时,由于意识到自然与历史存在着某种形式的区别,黑格尔提出了一种解释历史规律的独特方式。

首先,历史规律是"绝对理性"在时间中的展开,体现为"自由意识的进展"。在黑格尔看来,这是一个从东方到西方,从希腊到日耳曼的不可逆的过程。世界历史的四个时期,即东方国家、希腊国家、罗马国家和日耳曼国家分别在自己的历史中体现着历史规律的特殊原则。

---

① 《傅立叶选集》第 1 卷,第 57、12 页。
② 《马克思恩格斯选集》第 3 卷,第 736—737 页。

其次,历史规律只有通过人的活动才能实现,绝对理性和人的活动"交织成为世界历史的经纬线"①。在黑格尔看来,没有人的活动,世界上任何伟大的事业都不可能成功。但他同时又认为,历史规律又是先于历史而预成的"绝对计划",人只是实现这种超历史"计划"的"活的工具"。

再次,历史必然性有"自己的绝对的最后目的",而达到这个目的的坚定不移的意向就构成了历史规律。因此,历史规律是在历时性的单线过程中表现其决定作用的。它君临一个民族的机会只有一次,在它的轨迹之外或在已经经历过它的一定原则的民族那里,就没有历史了。这就是说,历史规律只有合目的性、历时性或单线性的特征,而不具备重复性和常规性。由于历史规律不具备重复性、常规性,而且它是在无数个人追求自己特殊目的的、非精确限定的条件下显示其存在的,因而无法用自然科学的精确性来把握历史规律。在黑格尔看来,只有哲学的思辨才能透过历史表面的喧嚣去领悟历史的本质、把握历史的规律性。

黑格尔把维科以后的历史规律观念系统化了,但也神秘化了。可以说,在黑格尔的历史规律观念中,卓越与贻害是双生子。

一方面,黑格尔敢于对历史做总的思考,全面而深刻地探讨了历史的规律性,"形式尽管是那么抽象和唯心,他的思想发展却总是与世界历史的发展平行着"②。作为一种"宏伟的历史观""划时代的历史观",黑格尔的历史规律观念产生了巨大的影响,在 18 世纪末到 19 世纪初独占统治地位。黑格尔开创了历史哲学史上的"绝对理性"时代,从而在客观唯心主义的基础上确立了规律的权威。

另一方面,黑格尔又把历史规律归结于超历史的"绝对计划",犯了一种从历史的外面把规律输入历史的错误。黑格尔历史规律观念的起点和终点都是历史与人的分离,由于他把人仅仅看作是"绝对理性"自我实现的"活的工具",因而只是在形式上肯定了人的能动性,实际上彻底剥夺了

---

① 〔德〕黑格尔:《历史哲学》,王造时译,生活·读书·新知三联书店 1956 年版,第 62 页。
② 《马克思恩格斯选集》第 2 卷,第 42 页。

历史的属人性质。剥去黑格尔历史规律观念的神秘外衣，从历史的真正主体——现实的人的活动中去揭示历史的规律性，这是历史哲学进一步发展的"绝对命令"。

二、历史规律与人的实践活动：马克思历史规律观念的特征

在历史规律的观念上实现革命性变革的是马克思的哲学。按照马克思哲学的观点，历史不同于自然，自然界所发生的一切都是盲目作用的结果，而在社会领域内进行活动的，都是具有意识、经过思虑或凭激情行动、追求某种目的的人，任何事情的发生都是有自觉的意图、预期的目的的。一场地震可以毁灭一座城市和众多人口，一场战争也可以毁灭一座城市和众多人口，可地震就是地震，它没有利益关系、没有目的；而战争的背后则是人们特定的利益关系、特定的目的。历史不同于自然，历史本质上是追求着自己目的的人的活动。但是，历史又离不开自然，社会实际上是人与自然和人与人的双重关系的统一，"整个所谓世界历史不外是人通过人的劳动而诞生的过程，是自然界对人说来的生成过程"①。离开了人与自然的关系，社会只能建立在虚无之上；把人对自然的关系从历史中排除出去，只能走向唯心主义历史观。

把历史与自然区别开来的同时又把它们联系起来的是人的实践活动。作为实践的首要的和根本的形式，劳动是人以自身的活动来引起、调整和控制人与自然之间物质变换的过程；在这个过程中，人与人之间又必须互换其活动并必然结成一定的社会关系；同时，劳动结束时得到的结果，在这个过程开始时就在劳动者的头脑中作为目的、以观念的形式存在着。这就是说，实践内在地包含着三重关系，即人与自然的关系、人与人的关系以及人与意识的关系，这些关系的总和又构成了基本的社会关系。可以说，实践以浓缩的形式包含着全部社会关系，它是社会关系的发源地

① 《马克思恩格斯全集》第 42 卷，第 131 页。

和人类历史的现实基础,因而构成了历史的本质。从根本上说,历史不过是人的实践活动在时间中的展开。所以,马克思认为,"只要描绘出这个能动的生活过程,历史就不再像那些本身还是抽象的经验论者所认为的那样,是一些僵死事实的搜集,也不再像唯心主义者所认为的那样,是想象的主体的想象活动"①。正是以此为前提,马克思确立了科学的历史规律观念。

马克思首先把历史的规律性归结于物质实践过程,认为历史规律不但实现于人的活动中,而且形成于人的活动之中。如前所述,实践内在地包含着三种转换,即人与自然之间的物质转换、人与人之间活动的转换以及物质与观念的转换。前一种转换是人的活动与自然运动共同具有的,后两种转换仅仅为人的实践活动所具有。实践活动包含着物质变换,表明人的活动也必须遵循物质运动的共同规律;其特殊的人与人之间的活动互换和物质与观念的转换,又体现出新的、为其他自然物体所不具有的特殊运动规律,这就是体现主体活动特点的,包括物质运动在内的人的实践活动规律。社会生活在本质上是实践的。因此,人的实践活动的规律实际上就是历史运动的规律。

历史是人的实践活动在时间中的展开,历史规律就形成并实现于人的活动之中。这里,我们碰到了"自由是对必然的认识"这一命题。在马克思看来,这绝不意味着在人们从事某种历史活动之前有一个现成的历史规律可供认识,相反,"对人类生活形式的思索,从而对它的科学分析,总是采取同实际发展相反的道路。这种思索是从事后开始的,就是说,是从发展过程的完成的结果开始的"②。这是因为:

第一,不存在任何一种预成的、纯粹的、永恒不变的历史规律,任何一种具体的历史规律都形成于一定的历史活动和社会形态中;当这种特定的历史活动和社会形态结束时,这种特定的历史规律也就不复存在。

———————

① 《马克思恩格斯全集》第3卷,第32页。
② 《马克思恩格斯全集》第23卷,第92页。

第二，以往的历史传统和既定的历史条件为新一代的历史活动提供了前提，并决定了新的一代历史活动的大概方向；但这些历史条件又在新一代的历史活动中不断被改变，正是在这种改变以往条件的活动过程中，决定着新一代命运的新的历史规律才形成。

第三，只有当某种历史活动和社会关系得到充分发展、充分展示时，某种历史规律才能真正全面地形成；只有在此时，人们才能真正理解、把握这种历史规律。正是在这种意义上，马克思认为，在"从后思索"的过程中抽象出来的历史的一般规律，绝不提供可以适用于各个历史时代的药方或公式，相反，这些抽象离开了现实的历史就没有任何价值。

这就是说，人的自由和历史必然性或历史规律的关系本质上是一个实践问题，而不仅仅是认识问题。

按照马克思的观点，历史规律具有总体性。从根本上说，历史规律就是经济必然性对人类历史行程的制约性，生产力与生产关系的矛盾运动规律决定着历史运行的大概趋势，构成了历史运动的"中轴线"。但是，我们又不能把历史规律等同于经济必然性。在整个历史中，没有一个重大历史事件的起源不能用经济必然性来说明；同时，没有一个重大历史事件不为一定的政治因素和意识形态所引导、所伴同、所追随。历史的演变在任何时候都不是在一种经济的平面上进行的。经济必然性既不可能脱离人的物质实践活动成为独立的实体，也不可能脱离政治、文化等社会要素而纯粹地发生作用。经济必然性本身就具有社会性、历史性，以经济必然性为基础的历史规律因此具有总体性，是经济、政治、文化等社会要素交互作用的产物。

按照马克思的观点，历史规律同样具有重复性、常规性，即在一定条件下，某种历史规律会反复发生作用，成为一种常规现象。以此为前提，马克思制定了"五种社会形态"理论，认为在不同的历史时期、不同的民族那里，可以产生相同的经济形态、政治形态和社会形态。马克思"提供了一个完全客观的标准"，即"把生产关系划为社会结构，并使人有可能把主观主义者认为不能应用到社会学上来的重复性这个一般科学标准，应用到这些关系上来"。一分析"物质的社会关系",即社会生产关系,"立刻就有可能看出重复性和常规性,把各国制度概括为社会形态这个基本概念"①。列宁的这一见解正确而深刻。正是由于把社会关系归结于生产关系,把生产关系归结于生产力——人对自然的关系,马克思不仅发现了历史规律的重复性、常规性及其秘密,而且以"自然科学的精确性"指明"生产的经济条件方面所发生的物质……变革"②。"重复性""常规性"和"精确性"概念的出现,使唯物主义历史观成为一门科学、一门成熟的科学,自然科学与历史科学在这里达到了真正的"和解"。

但是,历史规律的重复性在表现形式上又不同于自然规律。从规律的表现形式看,自然规律更多地表现为动力学规律,历史规律主要表现为统计学规律。在《资本论》中,马克思不仅称赞比利时统计学家凯德勒运用统计平均数的方法来研究社会现象,而且他本人也运用统计学方法揭示了资本主义经济运动的一系列规律,并指出:"规则只能作为没有规律性的盲目起作用的平均数规律来为自己开辟道路。"③马克思所说的"平均数规律"实际上就是统计学规律。

动力学规律的概念是在经典力学研究机械运动规律的基础上产生的,其特点在于,可以根据一定的初始材料来确定一个体系的整个运动,确定这一体系在每一个定时点上的地位和运动速度。例如,根据牛顿第二力学定律,只要知道一个物体初始位置的动量以及作用于物体上的力,就可以准确地描述物体运动的轨迹,并推断出它从过去到未来任何时候的状况。一般来说,动力学规律体现的事物之间的规律性关系是一种一一对应的确定的联系,它表明一种事物的存在或发生必定导致另一种确定事物的存在或发生。在动力学规律作用下,偶然性可以忽略不计。

统计学规律是通过统计学方法所揭示的事物之间的必然联系,体现的是一种必然性与多种随机现象之间的规律性关系。对于统计学规律来

① 《列宁全集》第 1 卷,第 109、110 页。
② 《马克思恩格斯选集》第 2 卷,第 33 页
③ 《马克思恩格斯全集》第 23 卷,第 120 页。

说,不但不能忽略不计偶然性、随机现象,相反,它正是在大量的偶然性、随机现象中才能表现出来。换言之,事物或现象如果不是"大量"发生,它们之间就表现为一种非确定的联系;如果"大量"发生,它们之间表现为一种确定的联系。这就像抛掷同一枚质量均匀的硬币,出现正面和反面都是随机的,但在大量抛掷的情况下,出现正面、反面的概率都是1/2。这就是一种规律性。在社会生活中起主要作用的是统计学规律,历史规律主要表现为统计学规律。正因为自然规律更多地表现为动力学规律,历史规律主要表现为统计学规律,所以,自然科学能够准确地预报具体自然事件的发生,而社会科学只能预见社会发展的趋势,不能准确地预见具体历史事件的发生。

承认历史的规律性就是历史决定论,但马克思的决定论是辩证的决定论,而不是机械决定论。马克思的辩证决定论不仅承认经济必然性在政治、文化等社会要素的反作用下会发生某种程度的"变形",而且确认必然性要通过偶然性才能实现。"如果'偶然性'不起任何作用的话,那末世界历史就会带有非常神秘的性质。这些偶然性本身自然纳入总的发展过程中,并且为其他偶然性所补偿。"[1]历史规律即历史必然性是社会发展中不可避免的趋势,这种趋势只有在一定条件的作用下才能实现。但是,历史必然性本身又不能自由地选择这些条件,它遇到什么条件只能是一种"机遇"或"遭遇",即偶然性。所以,确定的历史必然性只有通过非确定的偶然性才能实现出来。偶然性因此成为历史规律的实现形式,并使同一历史规律具有不同的表现形式、不同的特征。

同时,马克思的辩证决定论又确认人是历史的主体,并认为历史规律只有通过人的活动才能实现。从规律的实现方式看,自然规律是在自然界各种因素盲目的相互作用过程中形成的,是通过这种盲目的相互作用实现的;历史规律则是在人的活动中形成和存在的,也只有通过人的有目的、有意识的活动才能实现。离开了人的实践活动以及个体之间的相互

---

① 《马克思恩格斯全集》第33卷,人民出版社1973年版,第210页。

作用,历史规律就失去了赖以存在的基础和发挥作用的场所,更谈不上实现了。

当代马克思哲学的批评者们一般都把马克思的历史决定论混同于机械决定论,然后大加讨伐。这一方面说明他们不理解马克思的历史决定论及其同机械决定论的本质区别,另一方面,这又不是误认风车为妖魔的堂吉诃德式的战斗,而是实实在在的两种历史观,即唯心主义历史观与唯物主义历史观的对立。

三、生产力与生产关系的矛盾运动规律

从根本上说,社会发展的规律性就是生产力与生产关系的矛盾运动规律对人类历史进程的决定性。可以说,这是马克思的哲学对人类思想史的无与伦比的贡献。

生产力无疑是人类历史发展的最终决定力量,但它绝不是一种具有独立人格意志的超历史存在物,不是始终用一只"看不见的手"操纵着人类历史的命运。生产力不是存在于人的活动之外,而是存在于人的活动之中,它是人们在生产劳动过程中形成的解决社会与自然之间矛盾的实际能力,或者说,解决自身需要与自然之间矛盾的实际能力。在与自然进行物质变换的过程中,作为主体的人不仅付出自身的体力和智力,而且还要借助于自然力;不仅改变着外部自然,而且也改变着他"自身的自然"。这是一个通过人的本质力量对象化而实现的"自然的人化"过程,同时又是一个自然力被同化于人的体力、自然规律转化为人的智力的过程,正是在这种双向运动过程中形成了现实的生产力。"一边是人及其劳动,另一边是自然及其物质"[1],二者的统一构成了生产力的本质内容,缺少其中任何一个方面,都不能构成现实的生产力。

生产力不是超历史的预成的实体,而是人的实践活动的产物,是人们

——————————

[1]《马克思恩格斯全集》第23卷,第209页。

的实践能力,它本身就体现着人的本质力量。正因为如此,马克思认为,生产力发展的历史也就是"个人本身力量发展的历史"①。个人的劳动能力是生产力构成的要素,生产力的作用、运行和发展都离不开个人的劳动能力这个"细胞"。但是,生产力又不是个人劳动能力的简单相加,而是个人的劳动能力通过一定的社会结合方式,包括分工、协作等中介环节而形成的社会力量,是"社会生产力"。"受分工制约的不同个人的共同活动产生了一种社会力量,即扩大了的生产力。"②这是其一。

其二,生产力是在人的需要向劳动的转化中形成的。然而,不仅人的需要向劳动转化,而且劳动也向人的需要转化,这就是"已经得到满足的第一个需要本身、满足需要的活动和已经获得的为满足需要用的工具又引起新的需要"③。人的需要与自然之间的矛盾是人类社会的永恒矛盾。正是这个矛盾,作为一种客观的、强制性的力量,推动着生产力处于不断的发展之中,生产力因此又具有历史性。

其三,生产力是在人与自然界的物质变换中形成的物质力量,所以,马克思把生产力称为"物质生产力"。生产力的物质性集中体现在生产工具上。生产工具是已经"人化"了的自然力,是"人化自然"所蕴含的物质力量,是人的智力施展威力的凭借。"主观生产力"或"精神生产力"只有"物化"为生产工具才能成为现实的生产力,才能转化为有"物质创造力"的改造自然的现实力量。

生产力通过分工、所有制关系决定生产关系。分工具有二重性:就它是生产过程中人与"物"的结合方式来说,它属于生产力范畴;就它是生产过程中人与人的结合方式而言,它又属于生产关系范畴。正是这种二重性,使得分工成为生产力与生产关系矛盾运动的中介。

分工首先同生产力的基本要素——生产工具直接相关。生产工具的性质和发展决定着分工的性质和发展,分工的发展又反过来影响、促进生

---

① 《马克思恩格斯全集》第 3 卷,第 81 页。
② 《马克思恩格斯全集》第 3 卷,第 38 页。
③ 《马克思恩格斯全集》第 3 卷,第 32 页。

产工具的发展。"正因为这样,机械方面的每一次重大发展都使分工加剧,而每一次分工的加剧也同样引起机械方面的新发明。"①分工实际上就是以一定的生产工具为前提,把统一的生产分解为既相互独立又相互联结的部分,各种不同形式的社会分工不过是物质生产各个不同过程的组合方式。因此,分工本质上是生产过程中生产者和生产工具的具体结合方式,标志着生产的技术构成。正因为如此,分工是生产工具水平和生产者水平的综合体现,因而是生产力水平的表现。"一个民族的生产力发展的水平,最明显地表现在该民族分工的发展程度。"②

分工不仅是生产过程中人与工具的结合方式,而且也是人与人的结合方式,人们之间的分配、交换等关系正是在分工的基础上发生的。分工"造成了社会生产过程的质的划分和量的比例,从而创立了社会劳动的一定组织,这样就同时发展了新的、社会的劳动生产力"③。同时,"分工从最初起就包含着劳动条件、劳动工具和材料的分配,因而也包含着积累起来的资本在各个所有者之间的劈分,从而也包含着资本和劳动之间的分裂以及所有制本身的各种不同的形式"④。这就是说,分工又是生产的社会组织形式。正是在这个意义上,马克思认为,分工和所有制是"同义语",分工发展的不同阶段,同时,也就是所有制的不同形式,"这就是说,分工的每一阶段还根据个人与劳动的材料、工具和产品的关系决定他们相互之间的关系"⑤。显然,分工具有所有制生产关系的属性。

我们应当注意所有制与生产关系的关系。所有制关系是人与生产资料的关系,它直接决定着人与人之间在生产过程中的关系,即生产关系。所有制的实质就在于,一定的社会集团通过对生产资料的占有达到对产品的占有。问题在于,一定的所有制关系只有通过生产和再生产过程的各个环节,才能得以存在和发展。正如马克思所说,"把资本主义生产过

① 《马克思恩格斯选集》第 1 卷,第 166 页。
② 《马克思恩格斯全集》第 3 卷,第 24 页。
③ 《马克思恩格斯全集》第 23 卷,第 403 页。
④ 《马克思恩格斯全集》第 3 卷,第 74—75 页。
⑤ 《马克思恩格斯全集》第 3 卷,第 25 页。

程联系起来考察,或作为再生产过程来考察,它不仅生产商品,不仅生产剩余价值,而且还生产和再生产资本关系本身:一方面是资本家,另一方面是雇佣工人"①。这就是说,从整个生产过程来看,所有制既是生产的前提,又是生产的结果。离开了生产和再生产过程中的生产、分配、交换和消费四个环节,生产资料所有制就无法存在,更谈不上发展。正因为如此,马克思认为,"给资产阶级的所有权下定义不外是把资产阶级生产的全部社会关系描述一番"。"要想把所有权作为一种独立的关系、一种特殊的范畴、一种抽象的和永恒的观念来下定义,这只能是形而上学或法学的幻想。"②

无论是生产力对生产关系的决定作用,还是生产关系对生产力的反作用,都是通过分工、所有制关系这个中介实现的。生产力—分工—所有制生产关系,这是生产力与生产关系相互作用的内在机制,形成了生产力与生产关系的矛盾运动规律。

在 1847 年的《哲学的贫困》中,马克思对生产力与生产关系的矛盾运动规律做过一个形象而深刻的说明:"社会关系和生产力密切相联。随着新生产力的获得,人们改变自己的生产方式,随着生产方式即谋生的方式的改变,人们也就会改变自己的一切社会关系。手推磨产生的是封建主的社会,蒸汽磨产生的是工业资本家的社会。"③在 1859 年的《〈政治经济学批判〉序言》中,马克思对生产力与生产关系的矛盾运动规律作了经典概括:"人们在自己生活的社会生产中发生一定的、必然的、不以他们的意志为转移的关系,即同他们的物质生产力的一定发展阶段相适合的生产关系,……社会的物质生产力发展到一定阶段,便同它们一直在其中运动的现存生产关系或财产关系(这只是生产关系的法律用语)发生矛盾。于是这些关系便由生产力的发展形式变成生产力的桎梏。那时社会革命的

① 《马克思恩格斯全集》第 23 卷,第 634 页。
② 《马克思恩格斯选集》第 1 卷,第 177、178 页。
③ 《马克思恩格斯选集》第 1 卷,第 141—142 页。

时代就到来了。"①

　　生产力与生产关系的矛盾运动在不同的时代具有不同的特点。在现代,生产力与生产关系矛盾运动的特征就是,在世界性发展的背景下以具有民族性特点的方式表现出来。随着"世界市场""生产的国际关系"的形成,一切国家的生产和消费都成为世界性的了。由此,历史向世界历史转变,世界成为一个统一整体,原来在不同的民族或国家内"单独进行"的生产力与生产关系的矛盾运动便具有了世界性,即进入全面相互依存、相互作用、相互影响和相互渗透的历史阶段。

　　在世界历史的背景中,某些民族或国家内的生产力与生产关系的矛盾会较快地达到激化状态。一切历史冲突都根源于生产力与生产关系的矛盾,但"对于某一国家内冲突的发生来说,完全没有必要等这种矛盾在这个国家本身中发展到极端的地步。由同工业比较发达的国家进行广泛的国际交往所引起的竞争,就足以使工业比较不发达的国家内产生类似的矛盾"②。正是这种"类似的矛盾"推动着"工业比较不发达的国家"以一种特殊的方式缩短自身矛盾的解决过程,以"跨越"式的发展走向世界先进行列。东方一些"工业比较不发达的国家"之所以能够跨越完整的或典型的资本主义阶段而直接走向社会主义,其秘密正在于此。

四、现代西方历史哲学对历史规律的否定及其失误

　　从维科到黑格尔再到马克思,可以说,是历史规律观念凯歌行进的时代,越来越多的思想家确认历史规律的存在。然而,从 19 世纪晚期开始,许多思想家又开始怀疑、否定甚至抛弃了历史规律观念。如果说历史规律观念在近代西方历史哲学中占据统治地位,那么,否定历史规律的观念则是现代西方历史哲学中的主导思潮。造成这种认识逆转的原因主要有

―――――――――――――

① 《马克思恩格斯选集》第 2 卷,第 32—33 页。
② 《马克思恩格斯全集》第 3 卷,第 83 页。

三个方面：

首先，对黑格尔历史哲学的反叛。如前所述，黑格尔的历史规律观念是卓越的，它曾产生了巨大的影响。但黑格尔却把一切都理性化了，理性成了一种新的迷信。为了证实自己的理性主义历史观，黑格尔常常不惜对历史施以粗暴的剪裁和歪曲，并把历史学降到了哲学婢女的地位。对于历史学来说，黑格尔的历史规律观念扮演的是一种专断的角色。这种非分的要求和蛮横的做法激起史学家的强烈不满和本能反抗。反叛黑格尔的历史哲学成为19世纪下半叶西方历史学的一个鲜明特征。

其次，孔德实证主义的影响。按照孔德实证主义的观点，科学只能叙述事实，而不能说明事实。"探索那些所谓始因或目的因，对于我们来说，乃是绝对办不到的，也是毫无意义的"①；所谓规律不过是经验中或感觉之间某种"不变的先后关系和相似关系"。孔德的实证主义在19世纪下半叶获得了一定的成功，被当时的史学家、哲学家看作是对黑格尔历史哲学的"解毒剂"。正是在孔德实证主义的影响下，19世纪下半叶的西方历史学走上了实证主义的道路，成为"实证主义历史编纂学"。这一时期的大多数历史学家对确定新的历史事实非常热衷，而对发现历史规律却很少有人问津。

再次，对唯物主义历史观的恐惧。唯物主义历史观的历史规律观念在对现存社会肯定的理解中同时包含着对其否定的理解，即对现存社会必然灭亡的理解。"凡是现实的都是合理的"并不是马克思的思考方式。在马克思看来，资本主义的产生是历史的必然，资本主义的灭亡和社会主义的胜利同样是历史的必然。这一科学的历史规律观念的确立犹如给资本主义社会下达了死亡通知书。资产阶级思想家们战栗了，他们由此从承认历史的规律性转向否定历史的规律性。

从历史规律观念的确立到反历史规律观念的盛行，这一转变在西方历史哲学中大体经历了三个环节：

---

① 洪谦主编：《西方现代资产阶级哲学论著选辑》，商务印书馆1982年版，第30页。

第一,兰克的历史客观主义。兰克历史客观主义的宗旨就是"秉笔直书",即只描述历史是这样而不探究历史为何是这样。兰克是一个转折点。兰克之前的历史理论以探求历史规律为重心,兰克之后的历史理论则以描述历史现象为己任。

第二,狄尔泰的历史理解理论。在狄尔泰看来,历史是已经逝去的东西,无法用客观主义的方法和自然科学的精确性来研究和把握,历史科学唯一可行的方法只能是"体验""理解",不存在客观历史及其规律,至少是不能认识客观历史及其规律。狄尔泰的历史理解理论犹如安放在传统史学中的"特洛伊木马",从内部摧毁了历史客观主义,并孕育了新的历史哲学——批判的历史哲学。

第三,克罗齐的历史主观主义。克罗齐是通过对历史知识、历史资料的分析来否定历史必然性的。在克罗齐看来,历史知识、历史资料并不是客观的,而是主观的,每一代人总是从自己时代的需要和价值观念出发去研究过去的历史;在这个过程中,历史学家不可避免地把自己的当代意识和需要介入到历史事件中。因此,一切历史都是当代史。既然不存在客观历史,那么,探求历史的规律性也就成了无意义的废话。克罗齐的这一观点对西方历史哲学以至整个思想界产生了广泛的影响。从此,否定历史规律的观念成为现代西方哲学的主导思潮,几乎成为一种"流行病"。

第一,现代西方历史哲学以历史事件的单一性否定历史规律。

按照现代西方历史哲学的观点,只有反复出现的东西才能形成规律,在自然界中,相同的事件反复出现,因而存在着自然规律;在历史中,一切都是"单纯的一次性东西",历史事件都是个别的、不重复的,因而不存在历史规律。文德尔班指出:"在自然研究中,思维是从确认特殊关系进而掌握一般关系,在历史中,思维则始终是对特殊事物进行亲切的摹写。""前者追求的是规律,后者追求的是形态。"[①]李凯尔特断言:"'历史规律'

———————

① 《西方现代资产阶级哲学论著选辑》,第59页。

这个概念是用语的矛盾。"①

历史不同于自然,历史事件的确都是独一无二的。法国大革命、美国独立战争、明治维新、戊戌变法等都是非重复性的存在,但由此否定历史规律却是不能接受的。戊戌变法是"一",但改良、改革作为历史现象在古今中外并不罕见,是"多";法国大革命是"一",但资产阶级革命在近、现代历史上却重复可见,是"多"。只要存在商品生产,价值规律就会发生作用;只要多发钞票,就会引起通货膨胀,如此等等。这表明,要把历史事件、历史现象和历史规律三个概念加以区分。历史事件是"一",历史现象是"多",在这"多"的背后存在着只要具备一定的条件就会重复起作用的历史规律。历史规律的重复性正是在一个个不可重复的历史事件中体现出来的。1640 年的英国革命、1789 年的法国大革命、1911 年的中国辛亥革命这一个个不可重复的历史事件的出现,体现的正是资产阶级革命的历史规律。

历史规律是历史的深层结构,隐藏在历史事件单一性的后面;而自然事件的差异性却深藏在其相似性的后面。在观察自然时,应从事件的相似中看到相异;在研究历史时,应从事件的相异中看到相同,从事件的单一性中透视出规律性。这样,才能走向历史的深处。而现代西方哲学却恰恰停留在历史的表层,并且混淆了历史事件、历史现象和历史规律的区别。

我们应当明白,历史规律的重复性不等于历史事件的重复性。任何一个历史事件的产生都是必然性和偶然性共同作用的结果,正是其中的偶然性使历史事件各具特色,不可重复;规律重复的只是同类历史事件中的共同的本质的东西,它不是也不可能重复其中的偶然因素。严格地说,任何事件,包括自然事件都是必然性与偶然性共同作用的结果,因此,自然事件也是不可重复的。当年,莱布尼茨在德国皇家花园给宫女们上哲学课时所说的"没有两片绝对一样的树叶",所表达的正是自然事件的不

---

① 〔德〕H.李凯尔特:《文化科学和自然科学》,涂纪亮译,商务印书馆 1986 年版,第Ⅸ页。

可重复性。实际上,自然规律也是在一个个不可重复的自然事件中体现出来的。现代西方哲学夸大了自然事件与历史事件的差异,并把历史规律的重复性等同于历史事件的重复性。当他们用历史事件的不可重复性来否定历史规律时,恰恰说明他们并没有真正理解必然性与偶然性的关系,不理解可重复的历史规律和不可重复的历史事件之间的内在联系。

第二,现代西方历史哲学以人的历史活动的选择性否定历史规律。

按照现代西方历史哲学的观点,人的历史活动具有选择性,不同的民族根据自己的需要选择了不同的社会制度,从而使历史发展具有多线性,因而不存在历史的规律。在萨特看来,"任何一件事情都是可能的",关键在于人的自由选择。胡克认为,全部人类历史就是人们不断选择的结果,这种选择表现的不是历史的规律性,而是人的自由,"是他自己本质的一个独特的和不可还原的表现"①。选择是人类创造历史活动的重要一环,尤其是当一个民族的历史处在一个转折点时,历史的进一步发展往往显示出多种可能的途径;在这多种可能性中,哪一种可能性能够成为现实,则取决于这个民族的自觉选择。但是,由此把人的历史活动的选择性同历史的规律性对立起来,以前者的存在否定后者的存在却是错误的。这是因为:

人的历史活动的选择前提——"可能性空间"的形成具有规律性。选择的对象只能存在于既定的"可能性空间"中,一定的"可能性空间"的形成是人们选择的前提;而一定的"可能性空间"的形成却是由人们不能自由选择的生产力决定的,生产力的状况从根本上决定着"可能性空间"的状况。人们在原始社会不可能选择资本主义社会。如果人们能够自由选择,那么,西方为什么曾经选择一个"黑暗的中世纪"? 西方社会和东方社会都走过专制主义道路这一事实,说明人的历史活动的选择性是有既定前提并受历史规律制约的。这是其一。

其二,人的历史活动的选择性不能改变人类历史的总体进程。选择

① 〔美〕胡克:《对卡尔·马克思的理解》,徐崇温译,重庆出版社 1989 年版,第 153 页。

可以使一个民族超越某种社会形态,以"跳跃"的发展形式进入到人类历史的先进行列,从而使历史发展呈现出多样性。但是,这种选择性、多样性并不能改变人类历史的总进程及其一元性——经济必然性。从人类总体历史来看,"五种社会形态"的确是依次更替的,资本主义制度的产生没有也不可能早于封建制度,社会主义社会的出现没有也不可能先于资本主义社会,相反,前者的产生正是后者的内在矛盾运动,尤其是生产力与生产关系矛盾运动的结果。

第三,现代西方历史哲学以历史认识的相对性来否定历史规律。

按照西方历史哲学的观点,只有现实生活的兴趣才能促使人们去研究过去,人们又总是根据当代意识去认识、评价历史的,因此,"当代性"是一切历史的内在特征。克罗齐由此认为,这种"当代性"使得人们只能知道与现实生活有关的有限的、特定的历史,"那种'下余的'历史是关于'物自体'的永恒幻想,它既不是'物',也不是'自体',它只是我们的行动与知识的无限性的想象的具体化而已"①。这就是说,在打上了"当代性"烙印的有限的、特定的历史中去寻找"普遍史""永远不会成功",历史"无任何规律可循",必须抛弃历史规律观念。

克罗齐的确提出了一个重要问题,这就是人们认识历史的特殊性问题。"一切历史都是当代史"的合理之处就在于,它揭示了历史认识总是从现在出发,由后向前追溯的逆向过程。如前所述,马克思也认为,对人类生活形式的思索,从而对它的科学分析,总是从事后开始,从发展过程的完成的结果开始。但是,克罗齐走得太远了,他把一切都相对化、主观化了,以至否定了客观历史及其规律性。从认识论的角度看,克罗齐至少犯了两个错误:

一是割裂了现实与历史的关系。历史虽属过去,但它并没有消失,而是以浓缩或萎缩的形式存在于现实社会中;现实社会是历史的延续、缩影,因而提供了认识历史的钥匙。正是在这个意义上,马克思认为,通过

---

① 〔意〕克罗齐:《历史学的理论和实际》,傅任敢译,商务印书馆1982版,第38页。

对资本主义社会结构的理解,"同时也能使我们透视一切已经覆灭的社会形式的结构和生产关系。资产阶级社会借这些社会形式的残片和因素建立起来,其中一部分是还未克服的遗物,继续在这里存留着,一部分原来只是征兆的东西,发展到具有充分意义,等等"①。当然,现实的社会形式与过去的社会形式又具有历史差别,不应当把它们等同起来。"资产阶级社会本身只是发展的一种对立的形式,所以,那些早期形式的各种关系,在它里面常常只以十分萎缩的或者完全歪曲的形式出现。"②

二是割裂了有限与无限的关系,只要具备一定的条件,规律就可以在无限的事物中发挥作用,重复出现。在这个意义上说,规律的确是无限的形式,但规律的这种无限性却不需要它现实地在无限多的事件中得到证明,在一定的有限事件中证明了规律,也就是在无限的同类事件中证明了它的存在及其重复有效性。要求从无限的历史事件去验证历史规律实际上是一种形而上学的要求。它表明,克罗齐割裂了有限与无限的内在联系,重归黑格尔早已批判过的"恶无限"观念,并在这条道路上走到了逻辑终点。

第四,现代西方历史哲学以历史事件的不可预测性来否定历史规律。

按照现代西方哲学的观点,历史决定论的核心就是根据历史规律来预测人类历史的未来进程,但问题在于,历史并不存在规律性,历史运动没有所谓的客观规律所循。在波普尔看来,人类社会的进化是一个单独的历史进程,对这一进程的描述只是一个单称的历史命题,而不是普遍的历史规律;从连续的历史事件中可以发现社会变迁的趋势,但趋势不是规律,人们可以根据规律做科学预测,但不能根据趋势来做科学预测,换言之,历史是不可预测的;预测是人的认识活动,而人又是历史的主体,如果历史可以预测的话,那么,这种预测本身就参与并将影响历史进程。在历史中,某一个预测甚至可以引起它所预测的历史事件的产生,如果没有这

---

① 《马克思恩格斯选集》第 2 卷,第 23 页。
② 《马克思恩格斯选集》第 2 卷,第 23 页。

个预测,这个历史事件也许根本不会发生。反过来,对某个行将到来的历史事件的预测,又可以防止这个事件的发生。因此,历史规律不存在,历史决定论不成立。

波普尔在这里至少犯了一个认识论的错误,即混淆了预报与预见。所谓预报,是对某一事物在确定的时空范围必然或可能出现的判断;预见则是以规律为依据的关于发展趋势的判断,或者说,是一种只涉及发展趋势的规律性的判断。如前所述,自然运动规律属于动力学规律,所以,自然科学既能预见,又能预报;社会活动规律是统计学规律,所以,社会科学只能预见,不能预报。面对客观事实,波普尔不得不承认,"马克思的预言可能也能实现",现代资本主义的发展"证实了马克思的预言,即贸易循环必然是造成无约束的资本主义制度崩溃的因素之一",但他又"自我解嘲",认为导致马克思历史预言成功的"并不是他的历史主义的方法,而一直是制度学分析的方法"①。实际上,在马克思那里,无论是历史主义方法,还是制度学分析方法,预见都是以发现和把握历史规律为前提的。

波普尔的结论是错误的,但他的思考却是深刻的,留下的问题是有价值的:一是历史规律与历史趋势的关系,具体地说,趋势的逐渐强化最终会成为一种必然性,从而转化为规律,而有的趋势本身就包含着某种规律性,反过来,随着条件的变化,规律的作用有可能弱化,最后转化为趋势;二是历史预测与历史进程的关系,即历史预测能否影响、如何影响历史事件,从而能否影响、如何影响历史进程。因此,我们应在现代实践、科学和哲学的基础上积极回应现代西方历史哲学的挑战,认真研究现代西方哲学留下的问题,深化、重构和发展马克思主义的历史规律理论。

---

① 〔英〕卡尔·波普尔:《开放社会及其敌人》第二卷,陆衡等译,中国社会科学出版社1999年版,第303页。

第十一章

世界历史、东方社会与社会主义

　　在马克思的哲学中，社会主义理论是同世界历史理论、东方社会理论结合在一起的。具体地说，马克思是从世界历史的视角阐述社会主义代替资本主义的必然性的，同时，在分析社会主义代替资本主义的历史进程时，马克思又提出了跨越资本主义"卡夫丁峡谷"的设想，分析了东方社会首先实现社会主义的可能性。关于资本主义必然灭亡和社会主义必然胜利的理论（以下简称"两个必然"）集中体现了马克思主义的真理性、批判性和革命性，并像一条红线一样贯穿在马克思的哲学中。然而，"两个必然"理论在当代又受到种种的误解、曲解和挑战。在这样一个直接关系到全部马克思主义学说真理性的重大问题面前，我们必须站在当代实践的高度，深刻反思、认真探讨和重新认识马克思的世界历史、东方社会和"两个必然"理论，并以此为基础重估马克思主义的当代价值。

一、社会主义代替资本主义的必然性

资本主义制度从它确立的第一天起就受到来自不同立场、不同方面的不同批判，资本主义的发展和对资本主义的批判是形影相随的。尤其是 19 世纪初以圣西门、傅立叶、欧文为代表的"批判的空想的社会主义"对资本主义的批判可谓淋漓尽致，"提供了启发工人觉悟的极为宝贵的材料"。然而，从总体上看，这种批判是激情多于理性，幻想压倒科学，针对的是结果而不是原因，没有解决社会主义代替资本主义的必然性及其客观依据问题。而科学社会主义之所以科学，从根本上说，就在于它以社会发展规律为基础，以对资本主义生产方式及其内在矛盾的经济学分析为依据，从结果到原因，揭示了社会主义代替资本主义的必然性及其客观依据。

社会发展有其内在规律，不以任何人的意志为转移。从历史上看，尽管每一代封建君主都被教导如何进行统治，被告诫"水能载舟，亦能覆舟"，甚至专门编撰了《资治通鉴》之类的书供他们阅读，以希图封建王朝万世一系，可是历史上照样发生农民起义，照样发生改朝换代，照样发生资产阶级革命。"随着新生产力的获得，人们改变自己的生产方式，随着生产方式即谋生的方式的改变，人们也就会改变自己的一切社会关系。手推磨产生的是封建主的社会，蒸汽磨产生的是工业资本家的社会。"①

这表明，某种社会形态的盛衰兴亡是一个规律性的现象。从封建社会的灭亡中产生出来的资本主义社会本身就是生产方式一系列变革的产物，具有历史必然性，所以，资本主义"在历史上曾经起过非常革命的作用"。但是，任何一种社会形态都不可能永恒存在，如同希图万世一系的封建王朝最终走向崩溃一样，在历史中产生的资本主义社会也必然历史地走向灭亡，为新的社会形态所代替。社会主义代替资本主义的必然性就根植于历史过程本身之中，根植于资本主义生产方式内在矛盾的本性之中。

---

① 《马克思恩格斯选集》第 1 卷，第 142 页。

资本主义生产方式的内在矛盾就是生产社会化与生产资料资本家私人占有制之间的矛盾。这一矛盾实际上是生产力与生产关系的矛盾在资本主义社会的特殊表现形式，它构成了资本主义社会中一切矛盾的基本矛盾，并造就了资本主义社会的基本经济规律，即剩余价值规律。"资产阶级生存和统治的根本条件，是财富在私人手里的积累，是资本的形成和增殖"①，而资本形成和增殖的过程实际上就是剩余价值的不断生产和实现的过程，对剩余价值无止境的追逐正是资本的本性。

因此，对剩余价值的追逐和贪婪构成了资本家——"人格化"的资本不断扩大再生产、无限发展生产力的内在动力。"劳动生产力的发展——首先是剩余劳动的创造——是资本的价值增加或资本的价值增殖的必然条件。因此，资本作为无限制地追求发财致富的欲望，力图无限制地提高劳动生产力并且使之成为现实。"②反过来说，在资本主义社会，发展生产力要受到资本的价值增殖这个规定性的限制。

从根本上说，资本的价值增殖或剩余价值的实现依赖于生产过程向流通过程的转化，而资本离开生产过程重新进入流通过程时，立即就受到两种限制：

一是资本作为生产出来的产品受到现有消费量或消费能力的限制。资本的生产和积累本质上就是资本主义生产关系的生产和再生产，它必然造成两极对立，即一边是为数较少的人不断积累财富，一边是为数众多的人不断陷入贫困；一边是发达国家越来越发达，一边是发展中国家越来越难以摆脱贫困的状态。这就造成了极其有限的消费能力，造成了生产能力和消费能力之间的巨大反差以及资产阶级和无产阶级、发达国家和发展中国家之间的深刻对立。

二是作为新的价值，资本生产出来的产品受到现有等价物的量的限制，首先是货币量的限制。剩余价值的实现需要"剩余等价物"。正如产

---

① 《马克思恩格斯选集》第 1 卷，第 284 页。
② 《马克思恩格斯全集》第 46 卷上，第 306 页。

品作为使用价值受到的限制是他人的消费,产品作为价值受到的限制是他人的生产。由于资本主义的生产都是以追求剩余价值为目的的生产,表现为个别企业生产的组织性和整个社会生产、世界市场弱组织性的对立,因而在交换总体上,就没有实现所有剩余价值的等价物,这就必然导致使用价值的生产受交换价值的限制。所以,马克思指出,资本首先受到"货币量的限制","剩余等价物现在表现为[对于资本的]第二个限制"①。

从根本上说,这两个限制就是资本主义私有制对生产力无限发展趋势的限制,而资本总是力图在不断发展生产力和不断变革生产关系的过程中突破这些限制。"资产阶级除非对生产工具,从而对生产关系,从而对全部社会关系不断地进行革命,否则就不能生存下去。"②问题在于,这每一次"创造性破坏"都使资本陷入一次比一次更大的危机之中。资产阶级不理解或者说忘记了,无论是消费量的限制,还是"剩余等价物"的限制,归根到底是资本主义私有制对生产力无限发展趋势的限制,这是资产阶级无法突破也不愿意突破的"大限"。因此,资本主义的发展总是伴随着经济危机。

以 1825 年的经济危机为开端,尔后反复出现的周期性经济危机及其所造成的社会危机使资产阶级意识到,不变革生产关系、社会关系,不改变经济运行机制,不建立反危机和预防经济危机的社会机制,就不能生存下去。资本主义由此进入到国家垄断资本主义阶段,其特征在于,国家对经济活动进行干预和控制,国家干预与私有企业并存,垄断与竞争并存,生产资料占有方式出现某种社会化趋势,资本主义生产的计划性有所增强。有的西方学者由此认为,这样一种经济制度实现了国家的权威和私有企业的策动力相互作用,既保持了自由资本主义的优点,又克服了其缺陷,体现了资本主义的永恒性。

我并不否认当代资本主义的新变化强化了资本主义的社会适应能力,并不否认资本主义生产方式的扩张能力尚未衰竭,但以此否定资本主

---

① 《马克思恩格斯全集》第 46 卷上,第 388 页。
② 《马克思恩格斯选集》第 1 卷,第 275 页。

义必然灭亡的趋势却是不能接受的。恩格斯早就提出：“由股份公司经营的资本主义生产，已经不再是私人生产，而是由许多人联合负责的生产。如果我们从股份公司进而来看那支配着和垄断着整个工业生产的托拉斯，那么，那里不仅没有了私人生产，而且也没有了无计划性。”①

在资本主义社会，不管国家对经济是采取自由放任形式，还是采取计划干预形式，其基础都是私有企业制度，政府的经济活动主要是在私有企业活动的基础上安排的，国家干预经济是为了私有企业的经营活动能够在全社会范围内正常进行，是为了资本积累能够得到可靠的保证。无论采取什么样的垄断形式，资本主义都不可能改变资本对剩余价值的贪婪，都不可能消除生产资料资本家私人占有制及其对生产力无限发展趋势的限制。正如马克思所说，“资本主义生产的真正限制是资本本身”②。

当然，当代发达资本主义国家可以通过从发展中国家获得的高额利润来缓和社会矛盾，可以通过各种社会保障政策调节阶级关系，可以通过“体制改良和改善缓解”“制度危机”并获得“延缓衰老之术”，但这种“缓和”“调节”“延缓”仍是在资本主义私有制的历史框架中进行的，仍受到“资本本身的限制”，因而也就不可能根本消除资本主义生产方式的内在矛盾及其所造成的经济危机。20 世纪 70 年代的石油危机，80 年代的滞胀危机、结构危机，90 年代的金融危机以及 21 世纪初的全球金融危机，这一系列危机一方面表明资本主义经济危机采取了新的表现形式，另一方面又体现出资本主义生产方式的内在矛盾在不断积累和加深。它表明，社会主义代替资本主义就像白昼跟随黑夜一样，非来不可。“两个必然”理论就是以资本主义生产方式的内在矛盾为客观依据的。当代西方著名学者海尔布隆纳公正地指出：“只要资本主义存在着，我认为我们就不能宣称他（马克思——引者注）对这一制度内在性质的认定是错误的。”③

---

① 《马克思恩格斯选集》第 4 卷，第 408 页。
② 《马克思恩格斯全集》第 25 卷上，第 278 页。
③ 〔美〕海尔布隆纳：《马克思主义：赞成和反对》，马林梅译，东方出版社 1982 年版，第 65 页。

的确，在资本主义国家中，至今"没有产生出任何一种可被认为是马克思的社会主义"。米尔斯由此断言，"两个必然"是一种"虚构"，应当修正"马克思的理论和预言的巨大历史框架"①。社会主义取代资本主义是一个相当长的历史过程，仅仅根据一定地区、一定时间内的资本主义状况否定"两个必然"，不是"近视"，就是偏见。这种观点不理解"两个必然"理论不是发现一个历史事件，而是揭示一种历史趋势。作为一种历史趋势，社会主义必然代替资本主义在实现过程中会遇到"实际的阻力""相反的趋势"阻碍其实现。正如马克思所说，"在整个资本主义生产中，一般规律作为一种占统治地位的趋势，始终只是以一种极其错综复杂和近似的方式，作为从不断波动中得出的、但永远不能确定的平均情况来发生作用"②。随着社会关系、阶级矛盾的历史变化，随着世界历史的形成以及西方资本主义生产方式内在矛盾对东方国家的冲击、渗透和影响，随着东方国家社会矛盾的激化，社会主义代替资本主义首先在东方国家开启了历史进程。

二、世界历史与资本主义世界体系

在马克思哲学的文本中，世界历史这一概念具有两种含义。

一是指整个人类历史的发展进程。在《1844 年经济学哲学手稿》中，马克思指出："整个所谓世界历史不外是人通过人的劳动而诞生的过程。"③这一命题中的"世界历史"就是指人类总体历史。在《德意志意识形态》中，马克思在批判青年黑格尔派用宗教、概念说明人类历史时指出："至于他们的全部其他论断，只不过是进一步来粉饰他们的一种奢望，以为他们用这样一些微不足道的说明作出了仿佛具有世界历史意义的发

---

① 〔美〕赖特·米尔斯:《马克思主义者》,商务印书馆编辑部译,商务印书馆 1965 年版,第 128 页。
② 《马克思恩格斯全集》第 25 卷上,第 181 页。
③ 《马克思恩格斯全集》第 42 卷,第 131 页。

现。"①这里的"世界历史",也是指人类总体历史。列宁也曾在人类总体历史这个意义上使用过"世界历史":"世界历史发展的一般规律,不仅丝毫不排斥个别发展阶段在发展的形式或顺序上表现出特殊性,反而是以此为前提的。"②

应当说,用"世界历史"表征人类总体历史,是常见的、流行的,甚至被学者确定来了。例如,苏联著名历史学家茹科夫在其《历史方法论大纲》中明确指出:"'世界历史'这一概念本身就总是引起一定的意见分歧或看法上的细微差别。我们把世界历史这一概念理解为整个人类所走过的道路。世界历史的任务,就是对人类社会从低级阶段向更高阶段前进运动的这一发展,给予概括的(但决不是抽象的)阐明。"③但是,我注意到,马克思用以表征人类总体历史的概念并不限于"世界历史",更多的是使用"历史""一切历史""整个历史过程"等这些术语,如"历史不外是各个世代的依次交替""一切人类生存的第一个前提也就是一切历史的第一个前提""这些不同的条件它们在整个历史发展过程中构成一个有联系的交往形式的序列",等等。

二是特指各个民族、国家通过普遍交往,进入全面相互依存、相互作用、相互影响、相互渗透,使世界整体化或"一体化"以来的历史。对于"世界历史"的这一层含义,马克思给予了特别的关注。在《德意志意识形态》中,马克思明确用"历史向世界历史的转变"④表征这一历史趋势;在《〈政治经济学批判〉导言》中,马克思强调指出:"世界史不是过去一直存在的;作为世界史的历史是结果。"⑤在马克思看来,资本主义时代,由于生产力和交往的普遍发展,各个民族或国家都被卷入到"一体化"的进程之中。随着这种发展,"狭隘地域性的个人为世界历史性的、真正普遍的个人所

① 《马克思恩格斯全集》第 3 卷,第 23 页。
② 《列宁选集》第 4 卷,第 776 页。
③ 〔苏〕茹科夫:《历史方法论大纲》,王瓘译,上海译文出版社 1988 年版,第 142—143 页。
④ 《马克思恩格斯全集》第 3 卷,第 52 页。
⑤ 《马克思恩格斯选集》第 2 卷,第 28 页。

代替"①。"每一个单个人的解放的程度是与历史完全转变为世界历史的程度一致的。"②马克思在这里所说的"世界历史"显然不同于历史学意义上的"世界史"。"世界史不是过去一直存在的;作为世界史的历史是结果。"这一命题表明,"世界历史"本身就是一个历史范畴。

人类历史首先在几个古老的民族那里取得其相应的独立起源,这些古老的民族一开始都是在各自的生活环境中获得各自的生存方式的。由于地理条件的限制,各个民族之间的交往甚少,人类各大文明圈在相当长的时间内处于相互隔离的状态。尽管他们都处于转变与发展之中,但这些转变与发展基本上是在彼此隔离、互不干扰的情况下完成的。从总体上看,在资本主义之前,民族之间的交往还不具备普遍性,人类还处于世界历史的史前阶段。历史向世界历史的转变是在生产力较为发展基础上民族交往普遍化的产物,它伴随着资本主义大工业的确立而得以形成。正如马克思所说:资本主义"首次开创了世界历史,因为它使每个文明国家以及这些国家中的每一个人的需要的满足都依赖于整个世界,因为它消灭了以往自然形成的各国的孤立状态"③。

世界历史的形成是以世界市场的存在为基础的。工业的繁荣和需求的扩大以及生产的社会化,驱使资产阶级奔走于全球各地,力图建立世界市场;大工业的建立、美洲的发现以及东印度和中国市场的发现,使世界市场得以形成。"资产阶级,由于开拓了世界市场,使一切国家的生产和消费都成为世界性的了。"④在经济交往的基础上,又形成了政治交往、文化交往,不但形成了世界市场,而且形成了"世界的文学"。于是,"过去那种地方的和民族的自给自足和闭关自守状态,被各民族的各方面的互相往来和各方面的互相依赖所代替了"⑤。世界由此成为一个整体,历史转

---

① 《马克思恩格斯全集》第 3 卷,第 39 页。
② 《马克思恩格斯全集》第 3 卷,第 42 页。
③ 《马克思恩格斯全集》第 3 卷,第 68 页。
④ 《马克思恩格斯选集》第 1 卷,第 275—276 页。
⑤ 《马克思恩格斯选集》第 1 卷,第 276 页。

变为世界历史。世界历史的形成标志着人类进入一个新的历史阶段，即各个民族、国家全面相互依赖、相互影响、相互作用、相互渗透的历史阶段。

在世界历史形成之前，人类总体历史与具体民族历史之间的关系是一般与个别、普遍与特殊的关系。在具体民族的"个别"之中存在着人类历史的"一般"，不同民族的历史发展以其个别的、特殊的形态体现出人类历史发展的一般规律。世界历史形成之后，人类总体历史与具体民族历史之间不仅具有一般与个别的关系，而且还具有整体与部分的关系。正如列宁所说，"世界历史是个整体，而各个民族是它的'器官'"。①

世界历史是各个民族相互依赖、相互影响、相互作用、相互渗透的产物，相互依赖、相互影响、相互作用、相互渗透必然产生一种新的力量。因此，世界历史并不是各个民族历史的简单相加，而是民族之间相互作用的"合力"，是一种"系统值"。所以，列宁把世界历史看作整体，把世界历史中的民族看作"器官"。因此，世界历史形成之后，任何民族或国家的发展都不可避免地受到它的影响，并在这种影响下发生某种程度的"变形"。如果无视这种整体化的趋势，继续闭关自守，那么，前途只有一个，即最终被"强力"拖进世界历史的运行轨道。马克思指出："与外界完全隔绝曾是保存旧中国的首要条件"，然而，"英国的大炮破坏了中国皇帝的威权，迫使天朝帝国与地上的世界接触"，"野蛮的、闭关自守的、与文明世界隔绝的状态被打破，开始同外界发生联系"。②

世界历史形成之后，各民族、各国家的相互依赖、相互影响、相互作用、相互渗透表现在各个方面，其深层结构则是生产方式运动成为民族性和世界性的统一。历史越往前追溯，生产方式运动的民族性就越突出。在古代，由于交通不便和信息传递的困难，生产方式运动一般都是在民族的狭隘地域内"单独进行"的，其显著特点是，每一种生产方式的形成在各

---

① 《列宁全集》第 55 卷，第 273 页。
② 《马克思恩格斯选集》第 1 卷，第 691 页。

个民族那里都必须"从头开始"。在民族间的交往有了一定发展的条件下,原来"单独进行"的生产方式矛盾运动之间便会产生相互影响、相互作用。例如,日耳曼民族征服罗马帝国之后,被征服者的较高生产力与征服者原来的生产关系产生交互作用,结果使日耳曼民族超越了奴隶制而直接建立封建制。马克思指出:"封建主义决不是现成地从德国搬去的。它起源于蛮人在进行侵略时的军事组织中,而且这种组织只是在征服之后,由于被征服国家内遇到的生产力的影响才发展为现在的封建主义的。"①随着交往的普遍化以及生产的国际关系的形成,原来"单独进行"的生产方式运动便真正越出了民族的疆域,具有了世界性。

世界历史对民族历史的影响突出地表现为交往行为的相加效应,即人们在普遍交往中往往用自己的优势部分换取对自己不足部分的弥补,从而避免重复劳动的耗费,给自己带来了新的发展力。正是这种新的发展力使较为落后的民族不必一切"从头开始",而是以人类的最新成果为起点去创造更新的东西,从而以"跳跃"式发展进入到世界历史的先进行列。正是在这个意义上,马克思认为,俄国能够享用资本主义的积极成果,同时又能够越过资本主义的"卡夫丁峡谷"直接走向社会主义,从而开创世界历史的新纪元。

同时,马克思敏锐地看到,资产阶级开创世界历史的过程,实际上就是"按照自己的面貌为自己创造出一个世界"②,即创造了资本主义世界体系。按照马克思的观点,资本主义生产方式区别于前资本主义生产方式的一个显著特征,就是它"具有国际的性质"。"资产阶级社会的真实任务是建立世界市场(至少是一个轮廓)和以这种市场为基础的生产。"③正是通过开拓世界市场、开创世界历史,资产阶级创造了"以国际分工为基础的商品生产"的世界经济体系。这是一个"中心—卫星"式的经济体系,即工业化国家是"中心",从事农业生产的地区即经济落后国家是"卫星"。

---

① 《马克思恩格斯全集》第 3 卷,第 83 页。
② 《马克思恩格斯选集》第 1 卷,第 276 页。
③ 《马克思恩格斯全集》第 29 卷,人民出版社 1972 年版,第 348 页。

恩格斯形象地指出,"英国是农业世界的伟大的工业中心,是工业太阳,日益增多的生产谷物和棉花的卫星都围着它运转"①。

马克思已经注意到,资本主义在开创世界历史的过程中"使未开化和半开化的国家从属于文明的国家,使农民的民族从属于资产阶级的民族,使东方从属于西方"②;已经注意到国际交换中的"不平等交换"问题,即"处在有利条件下的国家,在交换中以较少的劳动换回较多的劳动"③;已经注意到被"强力"纳入到世界历史中的民族或国家,即处于资本主义世界体系中的卫星国"所遭受的灾难具有了一种特殊的悲惨的色彩",资产阶级在"卫星"国所实行的一切,"既不会使人民群众得到解放,也不会根本改善他们的社会状况"。"当我们把目光从资产阶级文明的故乡转向殖民地的时候,资产阶级文明的极端伪善和它的野蛮本性就赤裸裸地呈现在我们面前,它在故乡还装出一副体面的样子,而在殖民地它就丝毫不加掩饰了。"④

可见,世界历史的形成过程也就是"中心—卫星"式的资本主义世界体系的形成过程。在资本主义世界体系中,卫星国从属于中心国;中心国通过种种手段,包括不平等交换,残酷地剥削卫星国,从而使经济本来就落后的卫星国处于一种畸形发展状态。换言之,中心国的发展是以卫星国的不发展或畸形发展为代价的。马克思认为,这是一种使卫星国中的个人和民族"遭受流血与污秽、穷困与屈辱"才能达到的发展。这里,马克思的世界历史理论对资本主义世界体系的批判性跃然纸上,并在当代产生了巨大的影响。

美国经济学家保罗·巴兰首先提出:资本主义世界体系形成了发达和不发达这两个对立的部分,当代不发达国家的资本主义发展和发达国家历史上的资本主义发展具有不同的性质;当代落后的资本主义国家不

① 《马克思恩格斯全集》第 22 卷,第 375 页。
② 《马克思恩格斯选集》第 1 卷,第 276—277 页。
③ 《马克思恩格斯全集》第 25 卷,第 265 页。
④ 《马克思恩格斯选集》第 1 卷,第 771、772 页。

可能再沿着发达资本主义国家已经走过的路继续发展,只有经过社会革命才能形成利于社会发展的社会制度。

巴兰之后,德国经济学家弗兰克提出了"不发达的发展"理论,对当代世界的不发达问题进行开拓性的系统研究。在弗兰克看来,当代的"不发达"并不是"原发"状态,而是"后发"过程。换言之,这种"不发达"是在资本主义世界体系中由于被发达国家剥削和控制而造成的一种扭曲的发展形式。"不发达并不是由于孤立于世界历史主流之外的那些地区中古老体制的存在和缺乏资本的原因所造成的。恰恰相反,不论过去或现在,造成不发达状态的正是造成经济发达(资本主义本身的发展)的同一个历史进程。"①

美国社会学家沃勒斯坦直接运用马克思的理论和方法对当代资本主义体系做了整体研究,提出了"世界体系"理论。按照沃勒斯坦的观点,资本主义生产方式本质上是一种世界体系,这一体系形成于 16 世纪的"欧洲世界经济",在这一时期,西欧发达国家通过暴力分配世界市场,完成了资本原始积累;17 世纪至 19 世纪,西欧资本主义不断地扩大世界体系,在这个过程中,西欧发达国家成为这个体系的"中心",俄国成为"半外围",亚非国家则成为"外围";20 世纪,"中心—半外围—外围"的关系扩展到全球范围,资本主义不断地把处于世界体系之外的民族、国家"转化"为世界体系的外围或半外围地区,使其在总体上属于世界资本主义经济的一部分。

"中心—半外围—外围"是当代资本主义世界体系的内在结构,在这个体系中,各个国家之间的经济交往实质上是世界资本主义的资本积累过程。资本原始积累只是资本积累过程的开端;在资本主义世界体系中,已经实现工业化的中心国,通过不平等交换剥削、掠夺非工业化国家,这是整个资本积累的过程;外围国的不发达正是这种资本积累的产物,同

---

① 〔德〕威尔伯:《发达与不发达问题的政治经济学》,高铦等译,商务印书馆 2015 年版,第 168 页。

时,这种不平等交换、资本积累过程又使"中心—外围"结构不断地得以再生产。在资本主义世界体系中,经济较为落后的国家要改变其外围国的地位,必须走社会主义道路,社会主义本身就是不发达国家在世界体系中寻求再生之路而作出的一种反应;资本主义生产方式本质上是世界性的,因而资本主义的灭亡也必然是世界性的,资本主义在世界扩张的极限就是其灭亡的时间;社会主义代替资本主义是世界体系内在矛盾运动的必然结果,社会主义生产方式也只有在新的世界体系中才能得到全面实现。

沃勒斯坦的世界体系理论对当代世界中的发达国家与不发达国家的相互并存现象进行了系统研究,深化并具体化了马克思关于"生产的国际关系"构想,从而揭示了世界资本主义的整体发展规律。实际上,沃勒斯坦的世界体系理论代表着运用马克思的世界历史理论、政治经济学分析社会发展问题的理论趋势。正因为如此,沃勒斯坦的世界体系理论被称为"雄心勃勃的具有马克思主义色彩的理论"。

巴兰、弗兰克和沃勒斯坦的观点正确而深刻。在当代,发达国家的"发达"是以不发达国家的"不发达"为代价的,或者说,不发达国家的"不发达"是在资本主义世界体系中由于被发达国家的剥削、掠夺和控制而造成的一种扭曲的发展形式。一句话,资本主义世界体系造成了发达和不发达这两种对立的状态。

更重要的是,这种发达国家与不发达国家的矛盾又是同无产阶级与资产阶级两个阶级、社会主义与资本主义两种制度的矛盾交织在一起的。发达国家的资产阶级不仅剥削本国工人阶级,而且剥削发展中国家的工人阶级,所以,当代发达国家与不发达国家之间的矛盾交织着无产阶级与资产阶级的矛盾。同时,东方社会主义国家的产生是资本主义生产方式的内在矛盾对东方国家冲击、渗透和影响的结果,而且东方社会主义国家在经济发展水平上也属于不发达国家,所以,当代发达国家与发展中国家之间的矛盾又交织着资本主义制度与社会主义制度的矛盾。

总而言之,资本主义世界体系的内在矛盾表现为交织在一起的资产阶级与无产阶级、发达国家与不发达国家、"农民的民族"与"资产阶级的民族"、资本主义与社会主义的矛盾。从根本上说,这些矛盾的出现并交织在一起正是资本主义生产方式及其内在矛盾世界化的结果。

实际上,资本主义经济需要外部的非资本主义或"准资本主义"的空间和市场,并在其中扩张,不发达国家对发达国家经济的"从属"或"依附"关系,即"中心——卫星"式的关系是资本主义生产方式在世界范围内得以确立和发展的必要条件。因此,不发达国家所处的这种贫困落后状态不可能通过发达国家的资本主义扩张来克服。更重要的是,当代不发达国家的资本主义发展与发达国家历史上的资本主义发展具有不同的性质,资本主义的世界体系需要发展中国家保持其不发达地位,不允许发展中国家走上与发达国家相同的发展道路。这就是说,当代不发达国家不可能再沿着发达资本主义国家已经走过的路取得经济发展,相反,只有走社会主义道路才能摆脱对发达国家的经济"从属"或"依附",才能真正实现经济和社会发展。

三、世界历史中的东方社会及其历史命运

马克思在创立唯物主义历史观的过程中,其最初的立足点无疑在西方社会。马克思力图通过解剖资本主义制度这个历史上最发达和最复杂的社会组织,来揭示人类社会发展的一般规律。但是,马克思并不是一个"西方中心论"者,其研究视野没有局限于西方社会。"人体解剖对于猴体解剖是一把钥匙",低等动物身上表露的高等动物的征兆,反而只有在高等动物被认识之后才能理解。认识社会同样如此。通过资本主义社会"能使我们透视一切已经覆灭的社会形式的结构和生产关系",而且"只有在资产阶级社会的自我批判已经开始时,才能理解封建的、古代的和东方的经济"①。所以,19世纪50年代,当马克思完成了对西方资本主义社会的批判,创立了世界历史理论后,便把研究视野转向东方社会,开始剖析

---

① 《马克思恩格斯选集》第2卷,第24页。

东方社会的社会结构,探讨东方社会的未来发展道路,并创立了自己独特的东方社会理论。

在一般意义上,东方社会有两层含义:一是地理概念,指处于地球东半球的亚洲国家和传统的斯拉夫国家;二是经济政治概念,指处于前资本主义阶段的国家,以同处于资本主义阶段的西方国家对应。研读马克思的著作可以看出,马克思主要是从经济、政治的角度界定东方社会的。由于东方社会土地公有制的典型是在亚洲的印度和中国,所以,马克思又称东方社会为"亚洲式""亚细亚式"的社会,并认为中国是东方社会的"活的化石",体现着一切东方运动的共同特征①。由于俄国在地理上向欧洲伸展,其斯拉夫文化又具有欧洲渊源,所以,马克思有时称俄国为"半东方""半亚细亚"国家。但是,马克思更多的是从经济政治发展的角度来看俄国,一般将俄国归为东方社会,认为俄国在经济政治发展阶段上属于东方国家。因此,在马克思的著作中涉及"东方社会"时,大都以中国、印度、俄国为蓝本。

马克思在《不列颠在印度统治的未来结果》一文中首次提出"亚洲式的社会"的概念,后在《〈政治经济学批判〉导言》中又明确提出"东方社会"这一概念。与资产阶级东方学不同,马克思在研究东方社会时,首先着力于东方社会的土地所有制、经济结构、国家政权形式的研究。

在经济结构方面,马克思认为,东方社会不存在土地私有制。马克思在给恩格斯信中明确指出:"东方一切现象的基础是不存在土地私有制。这甚至是了解东方天国的一把真正的钥匙。"②恩格斯在给马克思的回信中也明确指出,不存在土地私有制,的确是了解整个东方的一把钥匙。这是东方全部政治史和宗教史的基础③。问题在于,东方社会为什么没有达到土地私有制?按照马克思、恩格斯的观点,其中有两点原因:

第一个原因是东方社会的地理环境。由于气候和土壤的性质,特别

---

① 参见《马克思恩格斯全集》第15卷,第545页。
② 《马克思恩格斯全集》第28卷,人民出版社1973年版,第256页。
③ 参见《马克思恩格斯全集》第28卷,第260页。

是由于大沙漠地带从撒哈拉经过阿拉伯、波斯、印度直到亚洲高原,造成东方社会农村生产的第一个条件就是人工灌溉。在当时,这一任务个人、村社无法完成,只能由国家来完成。

第二个原因是东方社会的文明程度,包括生产、交往水平过于落后。"节省用水和共同用水是基本的要求,这种要求,在西方,例如在佛兰德和意大利,曾促使私人企业结成自愿的联合;但是在东方,由于文明程度太低,幅员太大,不能产生自愿的联合,因而需要中央集权的政府进行干预。"①

的确如此,历史越是往前追溯,地理环境对生产方式和社会发展的影响就越大,古代埃及文明、巴比伦文明、印度文明和中国文明同尼罗河流域、两河流域、印度河流域和黄河流域就存在着某种联系。所以,马克思提出,要研究各种自然条件——地质条件、地理条件、气候条件以及其他条件,并明确指出,"不同的公社在各自的自然环境中,找到不同的生产资料和不同的生活资料。因此,它们的生产方式、生活方式和产品,也就各不相同"②。东方社会特殊的地理环境以及文明发展程度过于落后造成其"没有私有土地的所有权",国家成为土地的"惟一所有者"。在这种所有制形式中,土地通过公社定期分配给各个家庭使用,不得转借、出让、买卖或传给家人。正是在这个意义上,马克思认为"在亚细亚的(至少是占优势的)形式中,不存在个人所有,只有个人占有"③,即不存在土地私有制。

在社会组织方面,马克思认为,东方社会以农村公社为社会细胞。在东方社会,农村公社占有特殊重要的地位。这种农村公社是"独立的组织,过着闭关自守的生活",其特点就在于,生产仅限于自给自足,农业和手工业直接结合,从而成为阻碍东方社会商品经济发展的重要障碍;古代东方的城市,只是王公贵族的政治营垒和经济结构上的赘疣,不是像古代西方那样是经济和工商业中心,所以,东方社会的商品经济极不发达,因

---

① 《马克思恩格斯选集》第 1 卷,第 762 页。
② 《马克思恩格斯全集》第 23 卷,第 390 页。
③ 《马克思恩格斯全集》第 46 卷上,第 481 页。

而无力从根本上瓦解农村公社。农村公社在东方社会的历史命运不同于西方社会,它不仅长期保存在"从印度到俄国"等东方国家不同的发展阶段,而且成为东方社会的基本单位。

在社会政治关系方面,马克思认为,东方社会普遍形成了国君至上的专制主义政体。与西方社会不同,在东方社会,国家既作为土地所有者,同时又作为主权者而同生产者相对立,地租和赋税合为一体,国家因此成为"最高的地主","主权就是在全国范围内集中的土地所有权",①农村公社不过是"世袭的占有者",土地通过公社定期分配给各个家庭使用。东方社会的土地公有制或国有制决定了其政治形式只能是以王权为中心的专制主义。恩格斯明确指出,东方的专制制度是基于公有制②。这就是说,东方社会的土地公有与农村公社的占有并不矛盾,相反,二者相辅相成;其经济结构上的土地公有制与政治关系上的专制主义也不矛盾,相反,前者构成了后者的基础。这是其一。

其二,农村公社构成了东方社会的基本单位。作为一种地域性的社会组织,农村公社打破了原有的血缘组织,人们因土地的共同占有、使用联合起来;同时,农村公社"过着闭关自守的生活",社会由此"分解为许多模样相同而互不联系的原子"。在这种形式的经济联合中产生了规模庞大的管理社会公共工程的需求,东方社会的国家正是适应这种需求而产生和发展起来的。"印度人也像所有东方人一样,把他们的农业和商业所凭借的主要条件即大规模公共工程交给中央政府去管。"③而农村公社的孤立性、分散性,使得公社成员思想保守、力量分散,从而使统治者无所顾忌地实行专制统治,"总是把集权的专制制度矗立在公社上面"。"这些田园风味的农村公社不管看起来怎样祥和无害,却始终是东方专制制度的牢固基础。"④

---

① 《马克思恩格斯全集》第25卷,第891页。
② 参见《马克思恩格斯全集》第20卷,第681页。
③ 《马克思恩格斯选集》第1卷,第764页。
④ 《马克思恩格斯选集》第1卷,第765页。

可以看出,东方专制制度的产生与私有制没有直接的联系。这既是东方社会的特征之一,又是国家起源的另一条途径。在东方社会,国家在全社会范围内管理农村公社,组织农村公社从事跨村社的大规模的社会公共工程,国家的政治统治以执行社会职能为基础,而且这种政治统治只有执行了社会职能才能长久地保持下去。所以,"在亚细亚各民族中起过非常重要作用的灌溉渠道,以及交通工具等等,就表现为更高的统一体,即高居于各小公社之上的专制政府的事业"①。换言之,执行社会职能以维持政治上的专制主义,这是东方专制制度的一个重要特征。

在研究东方社会的过程中,马克思提出了"东方社会的停滞性"这一命题,甚至认为中国像一个"保存在密闭棺木里的木乃伊",而"印度社会根本没有历史"。② 马克思所说的东方社会的"停滞性",主要是指东方社会的基本经济结构,而暂时舍弃了浮在经济结构表层之上的政治、文化的变迁乃至生产力水平某种程度的提高。换言之,马克思强调的是东方社会经济结构的"稳定性"。按照马克思的观点,导致东方社会经济结构的稳定性和社会发展停滞性的直接原因,是东方社会内部农业和手工业的牢固结合,即一种自给自足的自然经济。"这些自给自足的公社不断地按照同一形式把自己再生产出来,当它们偶然遭到破坏时,会在同一地点以同一名称再建立起来,这种公社的简单的生产机体,为揭示下面这个秘密提供了一把钥匙:亚洲各国不断瓦解、不断重建和经常改朝换代,与此截然相反,亚洲的社会却没有变化。这种社会的基本经济要素的结构,不为政治领域中的风暴所触动。"③

问题的重要性并不在于,肯定农业和手工业相结合的自然经济是东方社会停滞的直接原因,而是在于,东方社会的农业与手工业相结合的自然经济何以如此长期地存在下来。本来,在所有的农业民族中,农业生产都要以手工业生产作为辅助性的行业,以满足农业生产以及日常生活的

---

① 参见《马克思恩格斯全集》第46卷上,第474页。
② 《马克思恩格斯选集》第1卷,第692、767页。
③ 《马克思恩格斯全集》第3卷,第24—25页。

需求。农业和手工业相结合的自然经济是一切民族历史发展的一个必然阶段。自然经济的瓦解,取决于为交换目的而进行的生产,即商品生产的发展。从历史上看,无论是东方还是西方,商品生产早在奴隶制时代就已经开始,但这一历史进程只有在西欧才最后完成,在东方社会则始终处于萌芽状态。造成这一状况的原因,当然有民族内部的分工问题。马克思认为"某一民族内部的分工,首先引起工商业劳动和农业劳动的分离,从而也引起城乡的分离和城乡利益的对立。分工的进一步发展导致商业劳动和工业劳动的分离。"①

同时,马克思又高度重视民族之间的外部交换对改变自然经济的决定性作用,明确指出:"不同的公社在各自的自然环境中,找到不同的生产资料和不同的生活资料。因此,它们的生产方式、生活方式和产品,也就各不相同。这种自然的差别,在公社互相接触时引起了产品的互相交换,从而使这些产品逐渐变成商品。"②因此,真正意义上的社会分工是从外部交换开始的,即从那些最初表现为以自然差异为基础的不同共同体之间的交换开始,而共同体内部的分工则以外部交换的发展为前提,正如马克思所说,"这个分离过程的主要推动力是同其他公社交换商品"③。这就是说,如果缺少外部交换作为推动力,一个社会内部就不可能改变原有的自给自足状态。在马克思看来,东方社会所缺乏的正是这种外部交换,东方社会农业和手工业相结合的自然经济之所以长期存在,根本原因就在于东方社会的不同共同体之间缺乏相互之间的"外部交换""外部交往"。

东方社会之所以缺少"外部交换",一个重要原因就是在东方社会产生了凌驾于一切小共同体之上的"最高的统一体"或"惟一的所有者"。如前所述,东方社会的重要特征之一是把经济活动的主要条件,即大规模的公共工程交给政府统一管理,这一特征在所有制上的反映便是国家成为

---

① 《马克思恩格斯全集》第3卷,第24—25页。
② 《马克思恩格斯全集》第23卷,第390页。
③ 《马克思恩格斯全集》第23卷,第390页。

唯一的土地所有者,"实际的公社却只不过表现为世袭的占有者"。在东方社会,国家组织公共工程的统一行动与农村公社的孤立性、消极性形成一种对立统一关系,国家组织公共工程并不是为了消除农村公社的孤立性和消极性,而是在维持和强化农村公社的这两大特征;同时,国家的兴衰又取决于能否组织好农村公社经济。正是在这种意义上,马克思认为,"公共工程是中央政府的事情"以及公社"有完全独立的组织,自己成为一个小天地"。这是解释东方社会停滞性的"两种相互促进的情况"①。

由于不存在土地私有制,土地属于国家这个"最高的统一体",所以,国家作为"地主"借以掠夺剩余产品的产品地租形式,成为导致东方社会停滞的又一个重要原因。按照马克思的观点,由于产品地租形式必须同一定种类的产品和生产本身相联系,由于对这种形式来说农业经济和家庭手工业的结合必不可少,由于产品地租是直接生产者被强制地、无偿地向土地所有者——国家提供的全部劳动,因此,剩余产品不言而喻地属于这个最高的统一体②,在直接生产者手中就根本没有可供交换的剩余产品。马克思十分精辟地指出了产品地租形式对东方社会"停滞性"所起的作用:"产品地租所达到的程度可以严重威胁劳动条件的再生产,生产资料本身的再生产,使生产的扩大或多或少成为不可能,并且迫使直接生产者只能得到最低限度的维持生存的生活资料。"③

总之,自给自足的自然经济以及它的产品地租形式"完全适合于为静止的社会状态提供基础,如象我们在亚洲看到的那样"④。东方社会这种"稳定性""停滞性"在历史上保持得最持久、最顽固。但是,这一人类历史的"活化石"随着西方资产阶级的入侵以及各民族进入世界历史的时代,开始面临着不同的历史命运。

首先,印度成为西方资产阶级的"猎获物",农村公社死于西方侵略者

---

① 《马克思恩格斯全集》第 28 卷,第 271 页。
② 参见《马克思恩格斯全集》第 46 卷上,第 473 页。
③ 《马克思恩格斯全集》第 25 卷,第 897 页。
④ 《马克思恩格斯全集》第 25 卷,第 897 页。

的铁蹄之下,印度社会由此处于一种新的停滞之中。

其次,中国在西方资本主义的冲击下显示出极强的"顽固性'。马克思非常关注古老的中国在西方资本主义冲击下所表现出的"稳定性"及其原因,明确指出:除鸦片贸易之外,"妨碍对华出口贸易迅速扩大的主要因素,是那个依靠小农业与家庭工业相结合而存在的中国社会经济结构"①。中国毕竟不同于印度,它并没有完全沦为殖民地。英国的大炮一方面"迫使天朝帝国与地上的世界接触",另一方面促使中国人"觉悟到古老的中国遇到极大的危险";一方面是"古老中国的末日正在迅速到来",另一方面,中国的革命将显示出"整个亚洲新纪元的曙光"②。

再次,俄国有可能跨越资本主义"卡夫丁峡谷",直接走上社会主义道路。这就是马克思设想的东方社会的第三种命运。按照马克思的观点,俄国的农村公社既不像印度的农村公社那样成为西方资产阶级的"猎获物",也不像中国那样由于受到西方资本主义的强烈冲击而改变了自己的原有存在形态,同时,又不像西欧的农村公社那样,其内部的"私有制因素战胜集体制因素"。俄国农村公社的二重性及其与资本主义的同时代性,使其有可能在特定的国际环境中跨越资本主义的历史阶段,直接进入社会主义社会。这就是马克思晚年提出的著名的跨越"卡夫丁峡谷"的设想。

四、跨越"卡夫丁峡谷"的设想及其方法论意义

马克思晚年关于俄国跨越资本主义"卡夫丁峡谷"的设想,是其东方社会理论中的华彩篇章。如果说"停滞"论关注的是东方社会的特征的话,那么"跨越"论关注的则是东方社会的发展道路问题。为了说明俄国未来的发展道路,马克思从三个方面分析了俄国所处的历史条件。

---

① 《马克思恩格斯选集》第 1 卷,第 755 页。
② 《马克思恩格斯选集》第 1 卷,第 712 页。

从内部条件看,俄国农村公社具有二重性:"一方面,公有制以及公有制所造成的各种社会关系,使公社基础稳固,同时,房屋的私有、耕地的小块耕种和产品的私人占有又使个人获得发展。"①这种二重性是俄国农村公社的强大的生命力源泉。土地公有制构成了集体生产和集体占有的基础,同时,俄国的历史传统与民族心理结构说明,农民习惯于劳动组合关系,这便于他们从小土地经济过渡到集体经济。

从外部条件看,俄国并不是脱离世界而孤立存在的,它与西方资本主义处于同时代,因而必然要和西方资本主义发生联系。俄国是在全国范围内把土地公社占有制保存下来的唯一的国家,同时,这种公社占有制恰好又生存在现代的历史环境中,和资本主义生产所统治的世界市场联系在一起。处于世界历史行列中的俄国可以借助资本主义的经济成就,为未来的社会主义提供物质条件。

从可能与现实的关系看,特殊的历史条件只是为俄国跨越资本主义"卡夫丁峡谷"提供了可能,要把这种可能变成现实,还需要一个重要条件,即进行社会革命。马克思当时提出需要两种革命:一种是俄国革命,因为当时俄国农村公社已经受到沙皇政府的破坏,处于瓦解过程之中,所以"要挽救俄国公社,就必须有俄国革命"②;另一种是西欧的革命,"假如俄国革命将成为西方无产阶级革命的信号而双方互相补充的话,那么现今的俄国土地公有制便能成为共产主义发展的起点"③。

对俄国当时所处的历史条件进行综合分析,这是马克思提出跨越资本主义"卡夫丁峡谷"设想的前提。

但是,我们应当明白,马克思对俄国避免资本主义前途的设想,只是揭示了一种历史的可能趋向,因为俄国当时既有超越资本主义发展阶段的可能性,同样也存在着发展资本主义的可能性。用马克思的话来说就是,"或者是私有原则在公社中战胜集体原则,或者是后者战胜前者。一

---

① 《马克思恩格斯全集》第 19 卷,第 434 页。

② 参见《马克思恩格斯全集》第 19 卷,第 441 页。

③ 《马克思恩格斯选集》第 1 卷,第 251 页。

切都取决于它所处的历史环境"①。

实际上,马克思的"跨越"论只是一种假设,而不是一个肯定的科学结论;它只是指俄国在特定的历史环境中能够跨越资本主义的历史阶段,而不是说所有东方国家都可以跨越资本主义的历史阶段;它只是提出问题,而不是最后解决了问题。如果就事说事,马克思的跨越"卡夫丁峡谷"设想的意义的确是非常有限的,因为俄国最终没有避免资本主义的前途,在资本主义不甚发达的历史阶段走上了社会主义。在我看来,马克思关于俄国跨越资本主义"卡夫丁峡谷"设想的意义并不在于这一设想本身,而是在于这一设想为我们提供了研究落后国家社会发展道路的科学方法论,即生产力与生产关系矛盾运动的民族性和世界性相互作用的辩证法。

所谓生产力与生产关系矛盾运动的民族性,是指生产力与生产关系的矛盾运动在不同民族或国家那里具有不同的性质、结构和运行机制;生产力与生产关系矛盾运动的世界性是指,随着交往的普遍化、世界市场的开拓以及世界历史的形成,各民族或国家的生产力与生产关系矛盾运动便越出民族的狭隘地域,在世界历史的背景中进行全面的相互依存、相互影响、相互作用、相互渗透的整体运动。

历史越往前追溯,生产力与生产关系矛盾运动的民族性就越突出。在古代,由于交通不便和信息传递的困难,生产力与生产关系的矛盾运动一般都是在民族的狭隘地域内"单独进行"的,其显著特点是,每一种生产方式的形成在各个民族那里都必须"从头开始"。马克思指出,"当交往只限于毗邻地区的时候,每一种发明在每一个地方都必须重新开始;一些纯粹偶然的事件,例如蛮族的入侵,甚至是通常的战争,都足以使一个具有发达生产力和有高度需求的国家处于一切都必须从头开始的境地。在历史发展的最初阶段,每天都在重新发明,而且每个地方都是单独进行的"②。

---

① 《马克思恩格斯全集》第 19 卷,第 450—451 页。
② 《马克思恩格斯全集》第 3 卷,第 61 页。

在民族之间的交往有了一定发展的条件下,原来"单独进行"的各民族的生产方式之间便会产生相互影响、相互渗透、相互作用的关系。例如,日耳曼民族征服罗马帝国之后,被征服民族的较高生产力与征服者原来的生产关系产生交互作用,结果使日耳曼民族直接建立了封建制。"封建主义决不是现成地从德国搬去的。它起源于蛮人在进行侵略时军事组织中,而且这种组织只是在征服之后,由于被征服国家内遇到的生产力的影响才发展为现在的封建主义的。"①这里,已经显露出生产力和生产关系矛盾运动的"世界性"的萌芽。

随着生产力和交往的进一步发展,尤其是"世界市场""生产的国际关系"的形成,"过去那种地方的和民族的自给自足和闭关自守状态,被各民族的各方面的互相往来和各方面的互相依赖所代替了"②。于是以往"自然形成"的各国的孤立状态被消除,一切国家的生产和消费都成为世界性的了。由此,世界形成为一个统一的整体,历史向世界历史转变。随着世界历史的形成,原来"单独进行"的生产力与生产关系的矛盾运动便真正越出了民族的疆域,进入了世界"运动场",具有了世界性,即进入全面相互影响、相互渗透和相互作用的历史阶段。

生产力与生产关系矛盾运动的世界性以民族性为基础,但又不是民族性的简单叠加。作为一种整合,这种世界性反过来又影响、作用于民族性,并使民族性在某种程度上发生"变形"。在世界历史的这种整体运动中,某些较落后国家内部的生产力与生产关系的矛盾往往加速走向激化状态,并有可能成为世界矛盾的焦点。马克思指出,一切历史冲突都根源于生产力与生产关系的矛盾,但"对于其一国家内冲突的发生来说,完全没有必要等这种矛盾在这个国家本身中发展到极端的地步。由于同工业比较发达的国家进行广泛的国际交往所引起的竞争,就足以使工业比较不发达的国家内产生类似的矛盾"③。正是在这种"类似的矛盾"的支配

①《马克思恩格斯全集》第 3 卷,第 83 页。
②《马克思恩格斯选集》第 1 卷,第 276 页。
③《马克思恩格斯全集》第 3 卷,第 83 页。

下，在发达国家的"历史启示"下，东方一些较落后国家能够越过资本主义阶段而直接走向社会主义。所以，马克思认为，"一个民族本身的整个内部结构都取决于它的生产以及内部和外部的交往的发展程度"①。

马克思正是以生产力与生产关系矛盾运动的民族性和世界性相互作用的辩证法为方法论，从当时俄国农村公社的二重性、俄国资本主义已经得到一定程度的发展、西欧资本主义生产方式的内在矛盾，以及俄国和"现代世界的特殊联结方式"这个现实出发，提出俄国可以跨越资本主义"卡夫丁峡谷"设想的。因此，马克思关于俄国跨越资本主义"卡夫丁峡谷"设想的意义，就在于为我们正确理解落后国家的社会发展道路问题提供了科学的方法论。

当马克思用生产力与生产关系的矛盾运动的民族性和世界性相互作用的辩证法来研究东方国家的历史命运和未来发展时，体现的是历史尺度。但是，马克思并没有由此否定价值尺度、伦理原则，而是把价值尺度、伦理原则放在科学的基础之上，使之不再是空洞的抽象原则。为此，马克思提出了两个休戚相关的观点，即"从历史观点来看"和"从纯粹人的感情上来说"。这实际上就是历史观与价值观、历史尺度与伦理原则的统一。

从伦理原则，即"从人的感情上来说，亲眼看到这无数辛勤经营的宗法制的祥和无害的社会组织一个个土崩瓦解，被投入苦海，亲眼看到它们的每个成员既丧失自己的古老形式的文明又丧失祖传的谋生手段，是会感到难过的"②。马克思怀着极大的义愤，痛斥西方资产阶级对东方社会海盗式的掠夺行为，并揭露了西方资产阶级的掠夺本性、野蛮本性和极端虚伪性：在"亚洲式的专制"基础上建立起一种更为可怕的"欧洲式的专制"，使东方社会的"个人和整个民族遭受流血与污秽、穷困与屈辱"，过着一种"失掉尊严的、停滞的、苟安的生活"；这种灾难同东方社会过去的灾难相比，在本质上具有一种"特殊的悲惨的色彩"。

---

① 《马克思恩格斯全集》第 3 卷，第 24 页。
② 《马克思恩格斯选集》第 1 卷，第 765 页。

但是，马克思并没有停留在这种"道德愤怒"和伦理原则上。在马克思的东方社会理论中，伦理原则以及人道主义的价值尺度并不是所谓的人的自我实现的要求，而是与经济条件、历史尺度密切相关，并具有内在的统一性。所以，在提出"从纯粹的人的感情上来说"的同时，马克思又提出"从历史观点来看"东方社会以及西方资产阶级对东方社会的入侵，认为西方资产阶级此时"充当了历史的不自觉的工具"①。

之所以如此，这是因为，同当时的西方资本主义制度相比，东方的社会制度无疑是落后而陈腐的制度，"表现不出任何伟大和任何历史首创精神"；西方资产阶级是在"极卑鄙的利益驱使"下入侵东方社会的，它在主观上决不是要使东方社会资本主义化，而是要使东方社会殖民化。但在殖民化的过程中，西方资产阶级又建立了"新式工业"，打破了东方社会的自然经济结构，在客观上造就了有利于东方社会发展资本主义和工业文明的条件。这就是说，东方社会以其惨痛的代价换取了某种社会进步。正是从历史的观点出发，东方社会的"崩溃"，没有使马克思感到惋惜；对古老帝国的"死去"，马克思的态度是极为冷峻的。

在东方社会与西方社会的冲突中，东方社会"维护道德原则"，西方社会"以发财的原则来对抗"，以"获得贱买贵卖的特权"，结果却是东方社会的"崩溃"、古老的帝国"在这样一场殊死的决斗中死去'。历史尺度与伦理原则在这里处于离奇的对立和冲突之中，社会进步以道德沦丧、民族灾难为代价。"这的确是一种悲剧，甚至诗人的幻想也永远不敢创造出这种离奇的悲剧题材。"②马克思借用"悲剧"这种戏剧样式，显示了东方社会在与西方社会进行"殊死的决斗"过程中的难以避免的失败，从而说明伦理原则必须以历史尺度为基础。

"英国在印度要完成双重的使命：一个是破坏的使命，即消灭旧的亚洲式的社会；另一个是重建的使命，即在亚洲为西方式的社会奠定物

① 《马克思恩格斯选集》第1卷，第766页。
② 《马克思恩格斯全集》第12卷，第587页。

质基础。"①但是,马克思同时认为,这"双重的使命"都不是自觉的,因为西方资产阶级主观上是要使东方社会成为西方社会的殖民地,这就使东方社会失掉了旧世界但又没有获得一个新世界。西方资产阶级在东方社会所实行的一切,既不会给东方人民带来自由,也不会根本改善他们的社会状况,"因为这两者不仅仅决定于生产力的发展,而且还决定于生产力是否归人民所有"②。"生产力是否归人民所有"就是所有制问题,而"现存的所有制关系是造成一些民族剥削另一些民族的原因"③。所以,马克思希望东方社会"有一个根本的革命",并且认为,"只有在伟大的社会革命支配了资产阶级时代的成果,支配了世界市场和现代生产力,并且使这一切都服从于最先进的民族的共同监督的时候,人类的进步才会不再像可怕的异教神怪那样,只有用被杀害者的头颅做酒杯才能喝下甜美的酒浆"④。

五、社会主义在东方国家首先实现的历史必然性

社会主义代替资本主义的必然性首先是在西方发达国家形成的,然而是在东方落后国家首先实现的。这一历史"倒转"现象的根源仍是资本主义生产方式本身,是西方资本主义生产方式的内在矛盾对东方国家冲击、渗透和影响的结果。

资本主义生产方式首先是在西方开始它的历史进程的,但随着世界历史的形成,资本主义生产方式便以整个世界为舞台进一步展开其矛盾运动。在这个过程中,资本主义生产方式冲击、影响、渗透到东方国家,并使东方一些不发达国家产生了同西方发达国家"类似的矛盾"。正是在这种"类似的矛盾"的引导下,较为落后的民族或国家才能够缩短某一历史进程或跨越某

---

① 《马克思恩格斯选集》第 1 卷,第 768 页。
② 《马克思恩格斯选集》第 1 卷,第 771 页。
③ 《马克思恩格斯全集》第 4 卷,第 409 页。
④ 《马克思恩格斯选集》第 1 卷,第 773 页。

种社会形态而直接走向更高级的社会形态。社会主义代替资本主义的必然性之所以能够在俄国、中国等国家首先实现，其根源就在此。

20世纪初，俄国面临着一个新的时代。从世界历史的总进程看，资本主义已由自由竞争阶段发展到垄断阶段，资本主义生产方式的内在矛盾已呈现出激化状态，其标志就是经济危机频繁发生。同时，资本主义在各国的发展已经呈现出不平衡状态，资本主义世界体系矛盾四起，这是商品生产在世界市场的背景中发展的必然结果。对时代的深刻分析，使列宁认识到，"经济政治发展的不平衡是资本主义的绝对规律"，这个绝对规律的存在，必然在资本主义链条上形成一个薄弱环节，从而使社会主义革命可能首先在少数甚至单独一个国家内获得胜利。

从俄国国内的状况看，此时俄国已经走上了资本主义道路，"最先进的工业资本主义"和"最落后的土地占有制"同时存在，伏尔加河上的现代轮船的汽笛与纤夫的号子齐鸣，铁路与羊肠小道并行，蒸汽磨与手推磨并用，俄国既苦于资本主义的发展，又苦于资本主义的不发展。涅克拉索夫的著名诗句："俄罗斯母亲啊，你贫穷又富饶，你强大又软弱！"实际上是以艺术形象说明了俄国当时的独特矛盾。但是，相对于西欧来说，俄国还是一个落后的国家。用列宁的话来说就是，"俄国在许多重要方面无疑是一个亚洲国家，而且是一个最野蛮的、最中世纪式的、丢人地落后的亚洲国家"①。同时，俄国已被卷入到世界帝国主义的战争体系，并受到西欧资本主义生产方式内在矛盾的有力冲击、广泛渗透和深刻影响。

这种国际国内条件结合在一起，使俄国产生了同西方发达资本主义国家"类似的矛盾"，这就是同资产阶级与地主阶级、资产阶级与农民阶级、地主阶级与农民阶级的矛盾交织在一起的无产阶级与资产阶级的矛盾。这种种矛盾交织在一起并处于激化状态，使俄国成为当时资本主义世界体系内在矛盾的集结点，成为资本主义链条上的薄弱环节。这就为俄国未来发展提供了一种可能性，即缩短资本主义在俄国的历史进程，迈向社会主义的历

---

① 《列宁选集》第2卷，第290页。

史阶段。俄国无产阶级把握住了这一历史趋势，抓住了历史提供的"最好的机会"，成功地进行了十月革命，从而使俄国的发展走上一条"奇特的道路"，即一个经济落后的国家走到了世界历史的前列。实际上，这种"奇特的道路"的形成正是生产力与生产关系矛盾运动的民族性和世界性相互作用的结果，是资本主义生产方式的内在矛盾对俄国冲击、渗透和影响的结果。"奇特的道路"背后深藏着的，就是社会主义必然代替资本主义这一历史规律。

俄国十月革命是社会主义代替资本主义必然性实现进程的起点，开创了社会主义的新时代，然而，苏东巨变又使社会主义运动走入低谷。福山等人以此来否定十月革命，否定"两个必然"，认为资本主义自由民主已成为"人类意识形态进步的终点与人类统治的最后形态，也构成历史的终结"①。这是一种历史虚无主义。我们不能以今天的失败来否定当年的成功，就像不能以某个人后天的夭折来否定他当年的出生一样。处在强大、发达的资本主义世界体系中，由落后国家开始的社会主义实践所遇到的困难是巨大的，不可能没有漩涡、没有挫折、没有反复，甚至会出现逆转和倒退。实际上，资本主义代替封建主义的历史过程中同样出现过多次王朝复辟，但资本主义最终仍然战胜了封建主义。在一定的意义上说，暂时的复辟、逆转甚至倒退，也是某种规律性。

俄国缩短了资本主义的历史进程而走向社会主义，中国则越过资本主义的历史阶段，从一个半殖民地半封建社会直接走向社会主义。造成这一更为"奇特的道路"的，同样是生产力与生产方式矛盾运动的民族性和世界性相互作用的辩证法。这是社会主义代替资本主义必然性的特殊表现形式。

20世纪上半叶，中国的社会生产力具有一个显著特征，即落后与先进并存，个体农业经济和手工业占90%，现代工业占10%。前者属于落后的生产力，它"同古代相似"，或者说"停留在古代"；后者属于先进的生产力，

----

① 〔美〕弗兰西斯·福山：《历史的终结》，本书翻译组译，远方出版社1998年版，第1页。

而且它较为集中,控制了国家的经济命脉,并造就了300万现代产业工人。这两种生产力相互作用、相互制约,形成了中国的总体生产力,并使之具有二重性。正是这种二重化的经济运动造成了"两个中国之命运",决定了中国的未来发展具有两种可能性,即发展资本主义生产关系或建立社会主义关系。"两个中国之命运"本身是西方资本主义生产方式的内在矛盾对中国冲击、渗透和影响的结果。因此,中国未来发展的两种可能性中哪一种能够成为现实,在很大程度上取决于中国与世界的关系以及世界历史的走向。

从中国历史看,中国是被西方资本主义国家用暴力强行拖入世界历史轨道的。在这个过程中,西方资本主义一方面在中国造就了"新式工业",破坏了封建经济的基础,在一定程度上不自觉地促进了中国资本主义的发展;另一方面又勾结中国的封建势力压迫中国资本主义的发展,使中国资本主义发展处在一种畸形状态。"帝国主义列强侵入中国的目的,决不是要把封建的中国变成资本主义的中国……相反,它们是要把中国变成它们的半殖民地和殖民地。"①这就是说,西方资本主义国家也不允许中国成为一个独立的资本主义国家。这似乎是一个矛盾,然而是一个事实。西方资本主义的自身利益决定了这一历史现象的产生。

从世界历史看,20世纪上半叶,资本主义生产方式的内在矛盾已处于激化状态,经济危机不断发生,战争规模越来越大,从而向不发达国家显示了资本主义"未来的景象"。同时,十月革命又改变了世界历史的走向,并启示经济较为落后的国家"走俄国人的路"。20世纪上半叶,社会主义国家、发达资本主义国家内的工人运动以及殖民地的民族解放运动遥相呼应,形成了"世界社会主义革命的时代"。当时的中国正处在这个"世界社会主义革命的时代"之中。

中国生产力的二重化、西方资本主义生产方式内在矛盾对中国的冲击、渗透和影响,以及"世界社会主义革命的时代",这种种国际、国内条件

---

① 《毛泽东选集》第二卷,人民出版社1991年版,第628页。

结合在一起,使社会主义革命在中国的产生具有了历史必然性。

历史必然性就是社会经济运动对历史进程的根本制约性。社会主义革命在中国的历史必然性决定了中国未来发展的大概趋势,它的实现又表现为中国人民的实践过程,如何实现又取决于中国国内阶级力量的对比。20 世纪上半叶的中国既产生了同西方资本主义国家"类似的矛盾",即无产阶级与资产阶级的矛盾,又出现了西方资本主义国家所没有的特殊的"矛盾群",这就是,中华民族与西方"资产阶级民族"、人民大众与封建势力、农民阶级与地主阶级、民族资产阶级与外国资产阶级以及官僚资产阶级的矛盾,等等。这种种矛盾同无产阶级与资产阶级的矛盾交织在一起,形成了一个巨大的社会矛盾之网。其中,西方"资产阶级民族"与中华民族、封建主义与人民大众的矛盾构成了社会的主要矛盾。这就使社会主义代替资本主义的必然性在中国的实现具有了特殊的形式,即本来意义上的社会主义革命在中国就是通过新民主主义革命这个中介实现的。

在研究中国历史时,有的人总是不顾及历史的必然性而沉湎于"如果……就……"的假言判断中。在他们看来,如果戊戌变法成功了,中国就不会如此落后;如果中国在 20 世纪 50 年代选择了资本主义,今天就如何如何。然而,历史发展有其内在规律,它并不以"如果……就……"的公式为转移。实际上,对于历史研究来说,"如果……就……"的判断是永远不能被验证的,因而是没有科学意义的。沉湎在这种研究方式中,我们得到的就不是真实的历史,而是虚幻的历史。

社会主义革命在东方国家的首先实现,标志着社会主义代替资本主义的必然性由一种历史趋势开始转变为社会现实。然而,这只是起点,而不是终点。资本主义生产方式本质上"具有国际的性质",因而它将有世界性的活动场所。这就是说,社会主义代替资本主义的必然性可以在某一国家内首先单独实现,但它的全面实现,即社会主义最终战胜资本主义却是世界性的,是一个长期的世界历史的发展过程。从人类总体历史看,"无论哪一个社会形态,在它所能容纳的全部生产力发挥出来之前,是决不会灭亡的;而新的更高的生产关系,在它的物质存在条件在旧社会的胎胞里成熟以前,是决不会出现的"①。这里的"两个决不会"与"两个必然性",即资本主义必然灭亡和社会主义必然胜利具有内在的统一性。这一唯物辩证法启示了我们,在坚信"两个必然性"时,不能忽视"两个决不会";在面对"两个决不会"时,不能忘记"两个必然性"。

在当代,社会主义具有旺盛的生命力,资本主义所能容纳的全部生产力也远未发挥穷尽,因而还未发展到它的极限。没有发展到极限并不等于没有极限。生产资料资本家占有制从根本上规定了资本主义发展的极限,资本主义世界体系的内在矛盾,即资产阶级与无产阶级、发达国家与发展中国家、资本主义社会与社会主义社会的矛盾规定了资本主义发展的空间。由于资本本身的生存和发展建筑在无限推动生产力发展和无限追逐剩余价值的矛盾之上,或者说,资本本身就是这一矛盾的生成和展开,所以,一旦生产力发展到一定阶段,一旦资本扩张在世界范围内达到"饱和"状态,资本主义的发展就到了它的极限。资本在空间扩张的极限就是作为一种"世界性的制度"的资本主义灭亡的时间。同时,社会主义要真正成为一种"世界性的制度"也只有在新的世界体系中才能确立。正如马克思所说:"无产阶级只有在世界历史意义上才能存在,就像它的事业——共产主义一般只有在'世界历史性的'存在才有可能实现一样。"②

资本主义的寿命还有多长,这无法预料。马克思主义者不是算命先生,"两个必然性"理论所揭示的是历史发展的趋势,而不是历史进程的时间表。问题的关键在于,不能把资本主义看成是社会发展的终极形态,变暂时的相对稳定为永恒的绝对形式;不能把社会主义暂时的挫折看成是永久的失败,变运动中的曲折为运动的终结。从人类总体历史进程看,社会主义代替资本主义的历史进程才刚刚开始,"两个必然性"的实现这一威武雄壮的历史话剧仅仅是拉开序幕。把起点当作终点、序幕当作谢幕,这是历史的错觉。

---

① 《马克思恩格斯选集》第 2 卷,第 33 页。
② 《马克思恩格斯全集》第 3 卷,第 40 页。

第十二章

意识与意识形态批判

马克思不仅分析了人与自然的关系、人与人的关系，而且分析了人与意识的关系；不仅阐明了社会的本质、结构和整体性，阐明了社会历史过程与自然历史过程的相似性，阐明了历史规律的形成和特征，以及社会主义代替资本主义的历史必然性，而且阐明了人类意识的产生和本质以及语言与意识的关系，阐明了对象意识与自我意识的关系。不是人们的意识决定人们的存在，相反，是人们的社会存在决定人们的意识。马克思的哲学始终从物质实践出发解释观念的形成，阐明意识的不同理论形式，并以此为基础进行意识形态批判。

一、意识是社会的产物

人类意识的产生既有它的自然前提，又有它的神经生理基础，但人类意识不是单纯生物自然进化的结果，而是社会的产物。正如马克思所说："意识一开始就是社会的产物,而且只要人们还存在着,它就仍然是这种产物。"①

人是通过进化由类人猿转化而来的。但是,人的肉体结构和活动能力并不是大自然自动馈赠的,而是在类人祖先的行为模式基础上伴随着劳动的产生而产生的。正是在劳动形成的过程中,人的肉体组织和精神意识都相应的历史地形成了。在生物自然进化的基础上,作为人类祖先的类人猿的直立行走、手脚分工、发达的神经活动、高级的心理活动、初始的工具活动和生存的群居形式,为人的劳动的产生提供了生物学的前提。

人的劳动这种社会活动是从高级动物的本能活动演变而来的,较高级的猿类已经能够利用天然的棍棒和石块猎取食物、袭击猛兽,这种活动孕育着劳动的萌芽。但是,这种活动不是真正的人的劳动,而是属于适应环境的本能活动。与动物不同,人类不是单纯地适应环境,而是改变环境,使之适应自己的生存需要。劳动即物质生产活动正是改变环境的活动,人及其意识就是在这种改造环境的劳动中形成的。"思想、观念、意识的生产最初是直接与人们的物质活动,与人们的物质交往,与现实生活的语言交织在一起的。观念、思维、人们的精神交往在这里还是人们物质关系的直接产物",尔后又成为"物质生活过程的必然升华物。"②从内容上看,"意识起初只是对周围的可感知的环境的一种意识,是对处于开始意识到自身的个人以外的其他人和其他物的狭隘联系的一种意识。同时,它也是对自然界的一种意识"③。

人的劳动从一开始就具有社会性。高等动物的群体性是人的社会性的自然史前提,但动物的群体不过是生物的血缘关系和生存的觅食关系的结合体,是受生物的本能行为盲目支配的,而不是真正的社会。人和猿有本质的不同,真正的社会是"由于随着完全形成的人的出现"④而产生的。从事社会活动的人不仅能自觉地意识到在劳动中形成的社会关系及其作用,而且能自觉地改变或创造社会关系的存在方式。社会关系是通

---

① 《马克思恩格斯全集》第3卷,第34页。
② 《马克思恩格斯全集》第3卷,第29、30页。
③ 《马克思恩格斯全集》第3卷,第34—35页。
④ 《马克思恩格斯选集》第4卷,第378页。

过人与人之间的交往活动形成的。人们的社会交往活动同动物的本能群体行为有着本质的区别。"意识到必须和周围的人们来往,也就是开始意识到人一般地是生活在社会中的。这个开始和这一阶段上的社会生活本身一样,带有同样动物的性质;这是纯粹畜群的意识,这里,人和绵羊不同的地方只是在于:意识代替了他的本能,或者说他的本能是被意识到了的本能。"①人是名副其实的"社会动物"。离开社会关系和社会交往的孤立的人及其意识,是根本不存在的。

意识起初是人们的物质生产活动的"直接产物",尔后之所以成为人们的物质生活过程的"必然升华物",与人们的社会分工和语言的产生密切相关。按照马克思的观点,社会分工不仅使精神活动和物质活动、享受和劳动、生产和消费由不同的个人来分担成为可能,而且成为现实。"从这时候起意识才能真实地这样想象:它是同对现存实践的意识不同的某种其他的东西;它不想像某种真实的东西而能够真实地想像某种其他的东西。从这时候起,意识才能摆脱世界而去构造'纯粹的'理论、神学、哲学、道德等等。"②同时,意识又是与语言交往在一起的。"语言和意识具有同样长久的历史;语言是一种实践的、既为别人存在并仅仅因此也为我自己存在的、现实的意识。语言也和意识一样,只是由于需要,由于和他人交往的迫切需要才产生的。"③没有语言,也就没有人的意识;没有语言,人的起初的"纯粹动物式的意识(自然宗教)"也就不可能发展成为真正的人类意识。劳动、语言和分工一起,成为主要推动力,促进人的意识的产生和发展,并使人类意识成为一个相对独立的社会活动系统而存在和发展。

二、意识是被意识到的存在

人脑是意识的器官,但不是意识的源泉;意识是人脑的机能,但仅有

---

① 《马克思恩格斯全集》第 3 卷,第 35 页。
② 《马克思恩格斯全集》第 3 卷,第 35—36 页。
③ 《马克思恩格斯全集》第 3 卷,第 34 页。

人脑还不能产生意识。从生理基础来看,意识是人脑的机能,这里涉及的是意识同它的物质前提和物质器官的关系;从对象和内容来看,意识是存在的反映,这里涉及的是意识同它的内容的关系,涉及的是意识的本质。按照马克思的观点,"意识在任何时候都只能是被意识到了的存在,而人们的存在就是他们的实际生活过程"[①];"不是人们的意识决定人们的存在,相反,是人们的社会存在决定人们的意识"[②];"观念的东西不外是移入人的头脑并在人的头脑中改造过的物质的东西而已"[③]。这是从主体与客体、思维与存在、观念与物质的关系上对意识的本质所作出的科学规定。这表明,在意识的问题上,马克思的哲学坚持的是能动反映论的观点。

"反映"(Reflexion)概念最初是用来形容光的反射性质的。一般说来,人的意识活动也具有这样一种类似反射性的特征。当客体作用于人的感觉和思维器官后,人就会相应地做出"反映",并能在思维着的头脑中"复制""再现"客体。因此,就意识的内容来看,人们的反映活动的确带有某种"反射"的特点。但是,马克思的认识论绝不是反射论,相反,马克思的认识论认为,人对客观对象的反映在本质上并不是一种"反射"现象,而是主体与客体在实践活动基础上形成的精神关系,是人对周围环境及自身的一种精神的把握和表现方式,是一个解释意识与对象、精神与被精神所把握的对象之间关系本质的概念。人的反映不仅以心理活动为基础,而且以生产实践、社会交往、语言符号为基础,意识是人所特有的反映形式,是一种主体的、社会性的反映。

同时,人的反映不是消极被动的反映,也不是盲目直观的摹写,而是能动的反映。这主要表现在:人的反映是有目的、有选择的反映,不仅指向客体,而且还能指向主体自身;不仅能反映客体的表面现象,而且能反映客体的本质和规律,从而能够超前地反映客体的未来发展趋势;不仅能

---

① 《马克思恩格斯全集》第3卷,第29页。
② 《马克思恩格斯选集》第2卷,第32页。
③ 《马克思恩格斯全集》第23卷,第24页。

反映现存的客观事物,而且通过创造性的思维、自由的想象,能"虚构"出客观世界本身没有原型的"观念事物""理想客体"。因此,人的反映活动是能动的、创造性的反映,对物质客体的意识是经过思维着的头脑观念地"改造过"的。

被观念地"改造过"的"物质的东西"显然不同于外在的、未被人脑改造过的物质本身,主观形象也不同于客观原型本身。因此,意识具有主观性特征。但是,这种主观性归根到底不能离开客观存在而独立,有着不以主观意志为转移的客观内容。即使是虚幻的、歪曲的、颠倒的意识,归根到底也是对存在的反映。如宗教虚构的上帝观念不过是把自然的力量神圣化,或是使人间的力量具有超人间的威力罢了。这就是说,意识不管多么浓厚的主观色彩,不管披上什么样的神秘外衣,归根到底,都有自己的客观"原型"。"意识[das Bewuβtsein]在任何时候都只能是被意识到了的存在[das bewuβte Sein],而人们的存在就是他们的实际生活过程。如果在全部意识形态中,人们和他们的关系就像在照相机中一样是倒现着的,那末这种现象也是从人们生活的历史过程中产生的,正如物象在视网膜上的倒影是直接从人们生活的物理过程中产生的一样。"①

就所反映的对象的具体形态而言,可以把意识划分为三大类型:一是关于人与自然关系的意识;二是关于人与社会关系的意识;三是关于人同自身关系的意识。不管是哪一种类型的意识,归根到底都是现实生活过程、社会存在的反映。人们"所产生的观念,是关于他们同自然界的关系,或者是关于他们之间的关系,或者是关于他们自己的肉体组织的观念。显然,在这几种情况下,这些观念都是他们的现实关系和活动、他们的生产、他们的交往、他们的社会政治组织有意识的表现(不管这种表现是真实的还是虚幻的)"②。意识的内容归根到底来自现实生活、社会存在,意识的变化归根到底也是由现实生活、社会存在决定的。原始社会产生的

---

① 《马克思恩格斯全集》第3卷,第29—30页。
② 《马克思恩格斯全集》第3卷,第29页。

是自然宗教,封建社会产生的是神学宗教,资本主义社会产生的则是"拜物教",即商品拜物教、货币拜物教、资本拜物教。

马克思指出:"成为希腊人的幻想的基础、从而成为希腊[艺术]的基础的那种对自然的观点和对社会关系的观点,能够同走锭精纺机、铁道、机车和电报并存吗?""阿基里斯能够同火药和铅弹并存吗? 或者,《伊利亚特》能够同活字盘甚至印刷机并存吗? 随着印刷机的出现,歌谣、传说和诗神缪斯岂不是必然要绝迹,因而史诗的必要条件岂不是要消失吗?"①这就是说,古希腊的自然观、社会观与自动纺织机、机车等不能"并存",歌谣、传说等和活字盘、印刷机不能"并存"。

之所以如此,这是因为,古希腊的自然观、社会观的基础是古代生产方式,而走锭精纺机、蒸汽机车体现的是近代生产方式;歌谣、传说是用口语传播,这种信息传播方式受到传播者声音所及范围的限制,而活字盘、印刷机形成的信息传播方式超越了这种时空的限制,显现为一个更大的时空结构。一句话,歌谣、传说这种信息传播方式所体现的和活字盘、印刷机所代表的不是同一性质的生产方式,因而不能"并存"。"那些发展着自己的物质生产和物质交往的人们,在改变自己的这个现实的同时也改变着自己的思维和思维的产物。不是意识决定生活,而是生活决定意识。"②一句话,"人们的意识,随着人们的生活条件,人们的社会关系、人们的社会存在的改变而改变"③。

否定意识的反映性以及反映的摹写性,就会陷入唯心主义的认识论之中;看不到意识的创造性,就会陷入旧唯物主义的直观反映论之中。意识是创造性的反映,而不是机械的、镜面式的摹写;创造是以反映为基础的创造,而不是脱离摹写的随心所欲的创造。意识是反映、选择和建构的统一,既有客体性又有主体性,既有客观性又有主观性,既具有反映性又具有创造性。一句话,反映和创造的统一是意识的本质特征。

---

① 《马克思恩格斯选集》第 2 卷,第 28、29 页。
② 《马克思恩格斯全集》第 3 卷,第 30 页。
③ 《马克思恩格斯选集》第 1 卷,第 291 页。

三、语言是现实的意识

　　人的意识活动是凭借语言进行的。意识是语言的内容,而语言则是意识的载体。"'精神'从一开始就很倒霉,注定要受到物质的'纠缠',物质在这里表现为震动着的空气层、声音,简言之,即语言。"①只有借助于语言,人们才能进行抽象概括,从而反映事物的本质和规律。正如列宁所说,"任何词(言语)都已经是在概括"②;只有在语言的基础上,人们才能依据概念以及概念之间的关系,作出判断,进行推理,形成理论体系。语言是思维本身的要素,是意识活动本身的要素。没有语言,就没有人的意识,"语言是思想的直接现实"③。人们在语言中把自己的意识或思想固定下来,并把它作为观念客体进行研究和反思,从而形成了对象意识与自我意识。

　　按照马克思的观点,劳动使人类的祖先越来越深入和广泛地接触到对象世界的属性和关系,形成以大脑为中心,以感觉器官为门户的统一的神经生理结构,这就为人摄取、加工、综合各种信息,实现主体对客体的相符性反映奠定了自然前提。同时,劳动一开始就是社会性的活动,劳动越发展,人们越需要交往,由此产生了语言。交往的扩大和语言的发展作为两个强大的推动力,使人的意识活动成为一种社会活动,使人的意识活动形成了不同于生物遗传方式的社会遗传方式。这种社会认识结构和社会遗传方式是在人与对象的相互作用中,通过活动的"内化"逐步形成的。

　　具体地说,人在运用工具实际改造对象的过程中,逐步使外部的实际动作方式发生向内部的观念动作方式转化即内化,并使后者同前者保持一致。这就形成了人所特有的以逻辑形式固定和沉积下来的认识图式。

---

① 《马克思恩格斯全集》第 3 卷,第 34 页。
② 《列宁全集》第 55 卷,第 233 页。
③ 《马克思恩格斯全集》第 3 卷,第 525 页。

在这个过程中,语言的产生具有重要作用。语言使认识超出了个人体验的狭隘范围,使人们的思想获得了共同的表达方式;语言的运用使人们能够在观念中对客体进行加工和改造,从而使人对物质世界的观念把握成为可能,即使人的意识发生成为可能。

语言一旦产生就具有了相对独立性,并对意识活动发生影响。尤其是随着书面语言的发展,形成了波普尔所说的"客观知识世界",即以各种形式表现出来的对象化、客观化的知识世界。"客观知识世界"的形成是人类文明得以保存、延续的根本保证。具体地说,人类的个体会死亡和消失,但个体所取得的意识成果则由于语言符号的记载而进入"客观知识世界",从而得以保存、延续和发展。这就使得个体认识的成果不会随着个体的死亡而消失。

无疑,世界在人的思想、语言之外存在。但是,人们只能通过语言去理解世界和表达对世界的理解,人们掌握语言的多与寡,直接影响和制约着他们对世界理解的广度和深度。在这个意义上,语言的界限就是认识的界限。语言自始至终参与意识活动,语言符号是人们进行意识活动、表达认识成果、进行思维操作的感性工具。语言符号和意识活动具有同样长久的历史,具有共同的来源,并在相互作用中共同发展,成为不可分割的统一体。语言反映了思维与存在、主观与客观、对象意识与自我意识以至人与世界之间的矛盾关系。在一定意义上说,正确理解和把握语言是打开人与世界关系之门的钥匙。

正因为如此,分析哲学高度重视语言问题,并在哲学史上实现了"语言学转向"。维特根斯坦断言:"全部哲学就是语言批判。"①罗素指出:"逻辑是哲学的本质。"②从本质上看,"语言学转向"所体现的就是现代西方哲学对人与世界联结点或中介环节的寻求,显示的是现代西方哲学对思想、语言和世界三者关系的总体理解。这种总体理解就是,世界在

① Ludwig Wittgenstein, *Fractatus Logico-Philosopnicus*, Routledge, 2001, p.44.
② Bertrand Russell, *Our Knowledge of the External World*, Routledge, 1975, p.33.

人的思想之外,但人只能在语言中表达对世界的理解,世界在人的语言中变成人的世界,所以,"语言的界限就是世界的界限",我们只能谈论"我的世界"。

分析哲学的这一见解不无道理。人们关于世界的认识成果就积淀并表现在语言中,从语言出发去研究世界,实际上就是从对人的关系中去理解和把握世界。但是,分析哲学毕竟走得太远了,在它那里,语言最终成了一个独立的王国,从根本上颠倒了实践与语言、意识与存在的关系。马克思仿佛预见到这种"语言学转向",明确指出,"正像哲学家们把思维变成一种独立的力量那样,他们也一定要把语言变成某种独立的特殊的王国"[1]。

"语言是一种实践的、既为别人存在并仅仅因此也为我自己而存在的、现实的意识。语言也和意识一样,只是由于需要,由于和他人交往的迫切需要才产生的。"[2]从根本上说,语言结构是实践结构在人脑中的内化与升华,是"现实生活的表现"和"现实世界的语言"。语言不是人与世界之间的根本联结点,实践才是人与世界关系的根本联结点;不是语言决定实践,而是实践决定语言。只有从实践出发,我们才能从根本上理解语言的形成、演化和发展,才能说明蕴涵在语言中的思维与存在、主观与客观、主体与客体、人与世界的矛盾关系。

从语言与思维方式的关系看,语言影响思维方式,使用不同语言体系的民族往往具有不同的思维方式。当然,语言不是思维方式的决定性因素,但语言的确影响思维方式。词汇量的多少、语法的构造、句法的表示等,都以不同方式影响并制约着不同民族的思维方式;语言中的概念、范畴和指称的运用就是区分、整合和概括经验的过程,语言中的概念、范畴、指称排序的不同反映了不同民族对人与世界关系理解的不同。这种不同及其差异通过语言的频繁使用,又强化了意识结构的差异,从而使不同的民族形成了不同的思维方式、认识图式。

---

[1] 《马克思恩格斯全集》第 3 卷,第 525 页。
[2] 《马克思恩格斯全集》第 3 卷,第 34 页。

从语言与符号的关系看,语言本身就是一种符号形式。所谓符号,就是表示事物以及事物之间关系的抽象标志或标记,是一种关于对象的人工指称物。例如,史前原始部族的图腾标记、现代国家的国旗等,属于象征符号;古代社会烽火台上的篝火、现代社会电台发射的电波等,属于信号符号,等等。语言是基本的符号形式,是其他各种类型符号形式的基础。只有理解语言,我们才能理解其他各种类型的符号形式。

符号化的认识方式是来源于现实而又超越现实的认识方式。语言符号是一种意义符号,是各种抽象概念的物质载体,包括一系列的符号单元(符号元素),代表着客观事物的各种规定、各种关系。运用语言符号可以把具有许多规定的客观事物在思维中分解开来,以编码的方式对这些代表一定信息内容的语言符号进行思维操作,进而通过对符号单元的组合来实现对客观事物的反映。进一步说,人们根据符号的意义,按照一定的逻辑规则,对符号单元进行组合和再组合,建立起一种具有严密逻辑结构的符号系统,从而形成关于客观事物的知识或理论体系。

由语言符号所表达的各种概念、范畴是对事物共性的概括和抽象,它是人们进行逻辑思维的基本单元,就像人们运用数学上的科学符号抽象和推演出现实世界的数量关系一样,人们运用语言符号进行逻辑推演,就会使认识从感性认识上升到理性认识,从抽象规定上升到思维具体,从理论理性上升到实践理性,从而揭示出人与世界的关系。

四、重演:意识个体发生与种系发生的本质关系

马克思的哲学所理解的意识的发生,既包括意识的种系发生,也包括意识的个体发生。前者是指,随着人类摆脱动物的心理反映形式,形成专属于人的社会反映形式,人类意识得以发生的过程;后者是指,在人类社会中,每一个个体的人在其出生以后,随着生理、心理的发育成熟,所经历的从儿童的意识水平发展到成人的意识水平的过程。意识的个体发生与意识的种系发生在受实践活动所制约和决定这一点上是一致的。同时,

意识的个体发生与意识的种系发生又是一种"重演"关系，即个体意识的发生过程以浓缩的形式再现了人类意识的发生过程。"重演"是意识的个体发生与意识的种系发生之间的本质关系。

所谓"重演"，是指生物机体的个体发育与生物机体的种系进化之间在过程上的一种相似性、相关性或同构性。生物个体的发育过程在其展开方式、先后秩序、发展阶段、动态模型和进化规律等方面，总是以一定方式、在一定程度上重演或再现着生物种系进化的历史过程，成为种系进化的重演或再现。所以，生物学家海克尔把生物机体的个体发生对生物机体的种系发生的重演关系叫作"生物重演律"。重演律是生物机体生存、延续和发展过程中的普遍规律。

作为生命进化的最高形式，作为个体性与总体性、生物性与社会性、物质性与精神性相统一的运动过程，人类的个体发生与种系进化之间的重演关系格外突出，重演律的作用表现得尤为明显。更重要的是，这种重演关系、重演律不仅存在于和表现在人的机体发育方面，而且存在于和表现在人的智力发展、意识发生方面。正如恩格斯所说，"正如母体内的人的胚胎发展史，仅仅是我们的动物祖先以蠕虫为开端的几百万年的躯体发展史的一个缩影一样，孩童的精神发展则是我们的动物祖先、至少是比较晚些时候的动物祖先的智力发展的一个缩影，只不过更加压缩了"[1]。

从历史上看，人类认识的种系发生是在无数原始个体认识发生的过程中实现的。正是无数原始个体的心理、意识、思维的不断发生、发展和进化，构成了人类意识种系发生的过程，使得人作为一种类存在逐步地超越动物心理和动物感觉，以一种"动物式的意识"转变为"纯粹的意识"，成为"有意识的类存在物"[2]。在这个过程中，每一个个体意识的发生，都以一定方式重演着在他之前的人类意识的发生和发展过程有着重演关系。正是这种关系使人类已有的认识能力和认识成果得以保存、延续和巩固，

---

[1]《马克思恩格斯选集》第 4 卷，第 383 页。
[2]《马克思恩格斯全集》第 42 卷，第 96 页。

同时,个体的意识又会融入人类意识的总体结构之中,对人类意识的总体进化起着促进和推动作用。人类意识种系发生的历史过程,正是在无数原始个体意识发生和发展的过程中实现的。

从现实上看,每一个个体意识的发生和发展过程,都以缩影的方式重演着人类意识种系发生和发展的过程。之所以有这种过程性的重演,从根本上说,就在于现实个体意识的每次发生都以人类意识种系发生所获得的结果为前提和基础。在这个过程中,生物遗传基因和社会遗传要素及其统一作为人类种系延续和保存的链条,预先规定了个体在机体结构和功能上所能达到的样式与水平,规定了个体达到这种样式和水平必然经过的途径。因此,个体意识的发生和发展过程,必然以一定方式重演人类的精神发展史。

但是,人类意识个体发生对于人类意识种系发生的重演,毕竟是在与原始发生过程不同的自然条件和社会条件下进行的,并且是以相对成熟和完善的结果作为前提的,这就使现实个体意识的发生以"缩影"的形式重演人类意识种系发生的漫长过程。这里,"缩影"具有重要的认识论意义。

在空间结构上,"缩影"具有浓缩、缩小、聚拢、收敛之意,是指人类的种系起源和意识的种系发生,在个体机体的形成和意识的发生中得到集中的体现。相应地,通过对个体机体形成和意识发生过程的把握,并加以放大,就可以进一步了解人类的种系起源和意识的种系发生。

在时间结构上,"缩影"具有简化、加速、缩短之意,是指人类的种系起源和意识的种系发生所经历的漫长、渐进的历史过程,以简短的形式在个体机体的形成和意识的发生过程中得到重演或再现。这就使人们能够在对这个简短过程的延长、拓展的意义上,去理解、勾画人类种系起源和意识种系发生的全过程。

在内容上,"缩影"具有概括、简略、精练之意,是指人类的种系起源和意识发生所经历的复杂过程、进化方式,以简洁的方式在个体机体的形成和意识的发生过程中得以再现。"重演"并不是说个体机体的形成和意识的发生重演历史过程的一切细节和一切方面,而是以简化方式再现历史过程的主要方面、关键环节和基本阶段。这就使人们能够在对这个简化过程的把握上,去了解人类种系起源和意识种系发生过程的主要方面、关键环节和基本阶段。

实际上,意识是遗传因素与环境因素之间相互作用的产物,意识的发生既是内源性的,也是外源性的,人与环境的相互作用既改变了人的意识结构,促进了内部结构的组织化,也改变了外部材料,促进了外部材料的组织化。意识需要经由对外部材料的组织化,以及内部结构组织化才能实现。

据此,皮亚杰的发生认识论考察了儿童个体意识发生的过程,揭示出儿童意识的发生,是一个由儿童的操作性活动内化为认识图式和由认识图式外化并同化外部刺激的双重建构过程。从活动的内化和外化两个方面说明意识的个体发生无疑有其合理性,但皮亚杰的发生认识论在很大程度上忽视了社会遗传在意识发生过程中的作用,不理解工具性的实践活动才是主体与客体分化以及意识发生的现实基础,不理解意识本质上是在实践基础上主体对客体的能动反映,是社会的产物。

五、对象意识与自我意识

按照马克思的观点,追求自由是人的"本性",而"自由的首要条件是自我认识"[①],"他自己的生活对他是对象。仅仅由于这一点,他的活动才是自由的活动"[②]。马克思并不否定自我意识,相反,马克思认为,与动物的生活活动不同,"人则使自己的生命活动本身变成自己的意志和意识的对象。他的生命活动是有意识的。……有意识的生命活动把人同动物的生命活动直接区别开来"[③]。从根源上看,人的"自我"之所以形成,人的意识之所以二重化为对象意识与自我意识,就在于实践活动本身的对象

[①]《马克思恩格斯全集》第 1 卷,第 35 页。
[②]《马克思恩格斯全集》第 42 卷,第 96 页。
[③]《马克思恩格斯全集》第 42 卷,第 96 页。

性与目的性。所谓实践活动的对象性，是指实践不会从无中产生，它必须指向对象，实际地改变客观事物，变更它们的形式；实践活动的自觉目的性则是指，实践是按人的方式、人的需要来进行的，实践把人的需要转化为实践目的，而且在实践活动实际开始之前已经观念地形成了具体的实践目的。换言之，在实践过程中既存在"物的方式"，又存在"人的方式"，而实践则是以"人的方式"来改造"物的方式"，使"物的方式"服从于"人的方式"的活动。

具体地说，从实践本身看，一方面，实践是主体实际改变外界的"物"的活动，另一方面，实践又是主体意识到的对象，主体意识到自己的活动，即主体自身的活动成为主体的认识对象；从实践目的看，一方面，目的必须服从客观的条件，为对象所制约，另一方面，目的又必须在实践开始之前在人的头脑中观念地存在着，并以它来调整人的活动，规定自我运行的方向，成为一种自我意识到的、必须服从的"意志运动"；从实践结果即产品看，一方面，产品是客观的物，独立存在于人之外，另一方面，产品又必须满足人的某种需要，具有"人的方式"。

因此，实践内在地包含两个方面：对对象的了解和对实践者自我的了解、对物的控制和对自我的控制，既是指向外部的改造客观世界的活动，又是指向内部的改造主观世界的活动。实践对物的改造、对客观世界的控制以及指向外部世界的活动，要求并形成着对象意识；反过来，实践对实践者自我的了解，对自我的控制以及对主观世界的改造，又要求并形成着自我意识。意识之所以发生对象意识和自我意识的二重化，归根结底是实践结构本身发展和分化的体现。

自我意识随着实践的发展而不断展示新的内容。人类历史越往前追溯，生产就越不发达，自我也就越不独立，正如马克思所说，"我们越往前追溯历史，个人，从而也是进行生产的个人，就越表现为不独立，从属于一个较大的整体"[①]。只是在生产力比较发达之后，在脑力劳动与体力劳动

———————

① 《马克思恩格斯选集》第2卷，第2页。

分离之后,个体的"自我"才开始独立出来,此时才有了严格意义上的"自我意识",才会在"实存的自我"基础上形成"体验的自我""思维的自我",才有笛卡尔的"我思故我在",费尔巴哈的"我欲故我在"等等。从根本上说,自我意识随着实践的发展而发展。"环境的改变和人的活动或自我改变的一致,只能被看作是并合理地理解为革命的实践。"①被唯心主义神秘化了的"自我意识"并不神秘,它扎根于平凡的实践活动中,通过对象性的存在表现出来,并随对象性活动的发展而发展。

从结构上看,对象意识与自我意识有着各种区别,但根本的区别是他反性与自反性,即对象意识是他反性结构与自我意识是自反性结构。所谓对象意识的他反性,是指认识对象是他在的,是对自身之外的对象的反映。他反性结构决定了认识的路线必定是由自在客体、经验客体再到观念客体。对象意识使自在客体在意识中展开,通过各种抽象过程,形成简单的规定,进而形成观念中的具体。所谓自我意识的自反性,是指认识对象是认识自己。如果说对象意识回答"物是什么",那么,自我意识则要回答"我是什么",而且必须由我来认识我自己。这似乎是一个自我循环式的思维:要回答我是什么必须由我来进行,而我必须由我是什么来定义。这一结构特点就是自反性,是以自我二重化为特征的。换言之,自反性认识以自身为认识对象,自反性结构必定是二重化结构。无论是个体对自我的认识,还是人类对人类的认识,都与对象意识有着结构上的差异,这就是我要认识我,必须把我二重化,形成"客体的我"和"主体的我",或者"被思的我"与"反思的我"。这就产生与对象意识不同的活动结构。

从结构上考察对象意识与自我意识,二者既有统一性又有差异性。其统一性表现为,二者都有主客体结构,都是对象性活动,因而都有一个信息输入、加工、输出的过程;其差异性表现为,对象意识以环境为客体,客体是外在的,而自我意识以自我为客体,把自我从思维中分化出来,形成自反性结构。自我意识的自反性或者通过别人的自我反观自己的自

---

① 《马克思恩格斯选集》第1卷,第55页。

我,或者通过自我的历史活动来认识自我,或者通过自己的对象性活动所创造的世界中直观自我,"人不仅象在意识中那样理智地复现自己,而且能动地、现实地复现自己,从而在他所创造的世界中直观自身"①。

不管怎样,这里都存在着把自我二重化的过程。自我意识既可以是对自我的认识,也可以是对反映的反映,对思维的思维,这既取决于对象的不同而不同,又取决于对象意识的发展。但是,在这种复杂的变化中,自反性的二重化结构并没有改变。因此,要把握对象意识与自我意识的根本区别,就要抓住他反性与自反性这一本质区别。

对象意识与自我意识在意识活动中的作用就体现为二者的功能。

对象意识与自我意识功能的不同,首先是指向性上的不同。一般来说,对象意识指向人的外部世界,而自我意识指向人的内部世界。认识总是要有对象存在的,但意识具体指向哪一部分信息,按照什么思维线路来把握信息,却是由自我意识来调节的。自我意识使思维集中于与自我的需要、利益有关的事件和关系,使符合人们需要的意识得以广泛地传播,这就对意识的发展起到某种指向作用,从而规定着认识目标的确立。由此可见,自我意识与对象意识的功能是不同的,对象意识揭示"物的尺度",揭示物的机械的、物理的、化学的、生物的特点;自我意识揭示人的"内在尺度",揭示人怎样改变世界,人怎样赋予世界以人化的形式,世界在什么样的意义上成为人的世界。这两种指向性在实际改造世界的活动中统一起来。

其次,对象意识与自我意识功能的不同体现在反映等级性上的不同。从意识活动的等级性上看,对象意识是对客体的一级反映,而自我意识则是二级反映。人的心理不仅具有针对外部世界的方向性,而且具有针对自身的方向性,所以,它既能反映客体,又能反映这种反映客体的过程。换言之,由于人具有自我意识,所以,人不仅能够进行一级反映(第一序列的反映),而且能够进行二级反映,即自我反映(第二序列的反映)。所谓

---

① 《马克思恩格斯全集》第 42 卷,第 97 页。

一级反映,是主体对不同于自身的客体的认识过程,是主体对客体信息进行处理、加工和"改造",然后输出认识结果的过程;二级反映则是把这一过程作为认识对象的反映过程,即主体把主体对客体的反映过程分化出来、独立出来,对这一过程本身进行反映的过程,它是对反映本身的认识过程。这种二级反映导源于人的类本性和实践活动的对象性,是自反性认识结构的活动过程。在当代,人类对语言与符号、指称与意义、形式化与内在逻辑结构以及方法论本身产生了巨大兴趣,本身就说明并凸显了二级反映的意义。

从形式上考察,自我意识就是对主体的存在方式和活动方式的意识,其职能在于揭示主体感觉、知觉时空、思维模式、内在尺度的特殊性。这就产生一个悖论,即客观性是指人的意识中"不依赖于主体、不依赖于人、不依赖于人类的内容",而自我意识的存在则表明,意识也依赖于主体,依赖于人,依赖于人类。换言之,自我意识与客观性这一悖论的特点就在于,既然客观性是人的意识中"不依赖于主体、不依赖于人、不依赖于人类的内容",那么,人类、主体就无法把握它;既然人只能从主体、从人类的角度来认识世界,那么,这一客观性必然依赖于主体。这的确是一个棘手的、难以解决的认识论问题。

现代科学表明,人的感觉、时空坐标、对客观事物的读数系统都是立足于三维的、宏观的系统。在三维宏观系统中,主体、客体、仪器具有天然的统一性。人对世界的认识是从闵可夫斯基四维时空流出发的,人的生存空间和知觉空间则是三维的,这是人的自我意识的天然尺度、天然坐标和天然背景,并成为人的自我中的固有特点和属性。但是,人的三维性、宏观系统又限制了人的意识,它使人不能直观宇观和微观系统。人的直接经验、直观层次是有界限的,但这又不是人的认识界限。正如爱因斯坦所说,在物理学上,人不能看到和直觉地想象第四维,可是在数学上,人能想象第四维。可见,只要自我意识到三维性、宏观性的特点,人就可以超出这种自我的限定,而进入更深的层次。

自我意识的能动性与客观性也不是相悖的。具体地说,自我意识对对象的选择并不是一次完成的,它在不断地与外界"反馈""相互作用"的过程中实现,反馈调节、纠正、过滤着主体选择过程,既检验选择是否正确,是否符合主体需要,也检验其是否符合物的尺度。同时,社会条件也规范着这种选择,没有历史发展所凝结的社会条件,也就没有选择。正如马克思所说,"历史并不是作为'产生于精神的精神'消融在'自我意识'中,历史的每一阶段都遇到有一定的物质结果、一定数量的生产力总和,人和自然以及人与人之间在历史上形成的关系"[①],而且包括人的意识在内的人本身也是"全部世界历史的产物"[②]。更重要的是,实践确定具体的选择,选择必须由对象性活动实际地落到实处,成为可经验的。

但是,自我意识与客观性之间又确实存在着矛盾,因为自我从"自己出发",而物按自己的规律运动,它们本身就是矛盾着的。全部人类认识和实践都是为了解决人与世界的关系以及自我意识与客观性的矛盾,人类也是在解决这一关系和矛盾的过程中发展起来的,而人类在每一时代只是在一定层次上、一定范围内解决这一矛盾。因此,承认这一矛盾并不是为了压抑自我意识的作用,相反,只有不断发挥自我意识的作用,才能不断解决这一矛盾。

这里,有一个对客观性的理解问题。恩格斯曾经详尽地谈到客观性的特点,至今具有经典意义,按照恩格斯的观点,要从实际的认识过程来探索客观性,客观性就是认识中的普遍性、规律性。"一切真实的、详尽无遗的认识都只在于:我们在思想中把个别的东西从个别性提高到特殊性,然后再从特殊性提高到普遍性;我们从有限中找到无限,从暂时中找到永久,并且使之确定起来。""自然界中的普遍性的形式就是规律。"[③]所以,个别中的特殊、有限中的无限、特殊中的普遍,这就是以"规律"的形式出现在意识中的客观性。概而言之,客观性并不是"纯粹"的,它是反映在认识中,并在各种具体认识中具有普遍性、规律性的东西,它不依赖于人的

---

① 《马克思恩格斯全集》第 3 卷,第 43 页。
② 《马克思恩格斯全集》第 42 卷,第 126 页。
③ 《马克思恩格斯全集》第 20 卷,第 577 页。

意识而发生,同时又具有相对性,即相对于人的意识活动而言。

要正确理解和把握自我意识与客观性的矛盾,就既不能片面强调自我以及自我意识的特殊性,也不能沉湎于客观性的"纯粹性"之中,而应从对象意识与自我意识的辩证关系出发来解决这一矛盾。现代科学的发展更加突出了自我意识与客观性的矛盾,这就是:人们只有通过仪器才能观察宇观和微观系统,离开射电望远镜、光谱分析仪、电子加速器等,人根本无法经验它们;而通过仪器观察时,这一观察已经被仪器中介了,此时人们已经把宇观和微观尺度转换为宏观尺度。这是一种"关系中的关系",即人们观察到的只是被仪器限定的关系,而且不同的仪器表现出不同的关系,诸如测不准、相对性、坐标性等,说的都是同一个问题。正确解决这一问题,需要辩证的思维。

玻恩的"投影"与"不变量"的关系,实际上就是辩证思维在现代物理学中的运用。在玻恩看来,从宏观进入宇观、微观发生的变化可以用"投影"与"不变量"关系来说明。所谓投影,是指每一次具体的相互关系,即物理的"一次观察或测量所涉及的并非自然现象本身,而是它在一个参考中的面貌或射影"①。换言之,投影是主体、仪器、客体特定的相互作用的表现。之所以叫投影,只是自然现象通过这种关系个别地表现出来,它并非自然现象本身,而是一种变形的、受到各种关系制约的表现形式。所谓不变量,是指各种不同投影中的共同规则,"在每个物理理论中,总有一种规则把同一物体在不同参考系中的射影联系起来:这规则叫作变换律,而所有这些变换具有构成一个群的性质,即接连进行两次变换的结果等于进行一次同类变换。不变量就是对任何参考系都具有同一数量的量,因此它们与变换无关"②。

显然,"投影"与"不变量"的关系就是辩证思维中现象与本质、关系与规律、形式与内容、个别与一般的关系。现象、关系、形式、个别是多变的,

①〔德〕玻恩:《我这一代的物理学》,侯德彭等译,商务印书馆1964年版,第190页。
②〔德〕玻恩:《我这一代的物理学》,第189页。

在一定条件下只是曲折地表现内在的东西,只是相互作用的表现,这就是"投影";而人的认识从个别进入一般,从关系进入规律,就把握了关系中内在的本质的东西,这就是"不变量"。只不过玻恩用它们来解决人们由宏观系统进入微观、宇观系统所产生的认识矛盾,从而使它们具有现代物理学意义罢了。实际上,人的认识总是不断由"投影"深入到"不变量",然后,随着认识范围的扩大,原有的"不变量"又成为在新的更高层次下的"投影",认识由此向更高的本质运动。这一过程表现为由个别到特殊再到普遍,表现为由现象到本质、由一级本质进入到二级本质的运动。认识的这种运动不断解决着自我意识与客观性的矛盾。

六、意识形态批判

意识是社会的产物。这一命题本身就表明,意识形态理论或意识形态批判理论是马克思意识理论的重要内容。

意识的社会性决定了像政治法律思想、艺术、道德、宗教这样的意识形式,必然具有阶级性。马克思把这一部分意识形式称为意识形态。然而,在现实社会中,意识形态的阶级性往往被淡化或忽视了,意识形态成了一种抽象的、普遍性的思想形式。在马克思看来,"占统治地位的将是愈来愈抽象的思想,即愈来愈具有普遍性形式的思想"①,意识形态在一种虚幻的普遍性中成为资本主义社会的黏合剂,为人们提供理性的价值追求。因此,马克思以资本主义社会的单个利益与全体利益、特殊利益与共同利益、个体与整体相冲突的文化矛盾为前提,展开了意识形态批判。这种批判不是人本主义的权力话语从事物外部的抽象批判,而是深入到事物内部的具体批判,是社会发展过程中的内在矛盾所导致的自我批判。

在《德意志意识形态》中,马克思为意识形态批判理论奠定了立足点:"如果在全部意识形态中人们和他们的关系就像在照相机中一样是倒现

---

① 《马克思恩格斯全集》第3卷,第53—54页。

着的,那末这种现象也是从人们生活的历史过程中产生的,正如物像在视网膜上的倒影是直接从人们生活的物理过程中产生的一样。"①马克思的意识形态批判就是要揭示出资本主义意识形态"颠倒"的现实原因及其形成过程。马克思对资产阶级意识形态的批判鲜明而集中体现在对"拜物教",即商品拜物教、货币拜物教和资本拜物教的批判上,而这一意识形态批判又是通过对社会生活的颠倒和日常观念的颠倒的分析与批判完成的。

对社会生活本身"颠倒"的批判,在马克思的哲学中,是通过两个步骤实现的。

一是分析物质生产过程的"颠倒"性。从资本主义经济生产过程看,生产的社会化程度越来越高,但由于生产资料私有制的存在,这种社会化的大生产却被个人占有,造成了生产社会化与生产资料私人占有这一资本主义本身无法解决的内在矛盾。本来,生产关系必须适应生产力的发展,这是社会发展过程的正常状况。但在资本主义社会,这种正常的状况却被"颠倒"了,即私人占有关系成为支配、抑制生产力的主导力量,这是促进社会发展内在关系的颠倒。这种颠倒体现为资本支配劳动,"死劳动"支配"活劳动",不劳而获的资产阶级支配劳动着的无产阶级,这是劳动过程本身的颠倒,是现实生活中无产阶级的自我颠倒。在资本主义社会,"社会生产力(也可以说劳动本身的生产力)的任何增长,……都不会使工人致富,而只会使资本致富,也就是只会使支配劳动的权力更加增大"②。

二是分析商品交换的"颠倒"性。作为人类劳动的产品,商品本是以其使用价值满足人们的需求,交换只是满足需求的手段,但在资本主义社会,生产成为赢利的手段,交换成为目的本身,资本家真正关心的并不是使用价值,而是交换价值,使用价值只是作为交换价值的实现载体进入资

①《马克思恩格斯全集》第3卷,第29—30页。
②《马克思恩格斯全集》第46卷上,第268页。

本家视野的。正是在这一过程中,人与人的关系"采取了一种物的形式,以致人和人在他们的劳动中的关系倒表现为物与物彼此之间的和物与人的关系"①,人和人之间的关系可以通过量的关系加以比较与计量,可以通过抽象物以量化的形式表现出来,这种抽象物便是货币。不是人支配物,而是物支配人,人被货币这个抽象的物决定,这正是由商品交换过程的"颠倒"性决定的。

这种社会生活过程中的"颠倒",带来了日常生活中观念的颠倒性反映,这就是"拜物教",即商品拜物教、货币拜物教和资本拜物教。拜物教意识的产生,正是资本主义现实生活过程的真实反映。"商品形式和它借以得到表现的劳动产品的价值关系,是同劳动产品的物理性质以及由此产生的物的关系完全无关的。这只是人们自己的一定的社会关系,但它在人们面前采取了物与物的关系的虚幻形式。……在商品世界里,人手的产物也是这样。我把这叫做拜物教。劳动产品一旦作为商品来生产,就带上拜物教性质,因此拜物教是同商品生产分不开的。"②

从商品拜物教来看,在资本主义社会中,个人规定性是同商品交换联系在一起的,工人如果不能把自己的劳动力作为商品交换出去,就无法生存,个人要想满足自己的需求,实现自己的尊严,就只能以商品为载体,商品因此成为物质生产的直接目的。这就使商品生产过程蒙上了一层神秘的面纱。"人们在自己的社会生产过程中的单纯原子般的关系,从而,人们自己的生产关系的不受他们控制和不以他们有意识的个人活动为转移的物的形式,首先就是通过他们的劳动产品普遍采取商品形式这一点而表现出来。"③商品生产成为现实生活中一个合理的、先在的前提。本来,在现实生活中,商品生产本身就是人与人关系的一种颠倒,而商品拜物教的同体而生,则把这种颠倒的生产当作一种合理的现实,实际上这是对现实生产过程的又一次颠倒性反映,是颠倒的次方。这使资本主义现实在

---

① 《马克思恩格斯全集》第 13 卷,第 23 页。
② 《马克思恩格斯全集》第 23 卷,第 89 页。
③ 《马克思恩格斯全集》第 23 卷,第 111 页。

日常生活的观念中成为支配性力量。

商品拜物教必然导致货币拜物教,或者说,货币拜物教是商品拜物教的明显的表现形式。"货币拜物教的谜就是商品拜物教的谜,只不过变得明显了,耀眼了。"①商品的生产是以货币的观念形态为先导的,但观念形态货币不是真正的货币,只有实现商品交换,个人才能占有货币;货币又是财富的一般形式,"交换价值构成货币实体,交换价值就是财富。因此,另一方面,货币又是物体化的财富形式,而与构成财富的一切特殊实体相对立"②。"财富(既作为总体又作为抽象的交换价值)只是在其他一切商品被排斥之后,才作为个体化在金银上的财富而存在,作为个别的可以捉摸的对象而存在。因此,货币是商品中的上帝。"③从流通的总体来看,"货币虽然存在于流通的一个环节中,却消失在流通环节的总体中;货币对一切商品来说仅仅是价格的代表,或仅仅充当商品按照相等的价格进行交换的手段"④。作为手段,货币只需要观念地表现出来,而同它的材料是无关的。流通的过程不见了,只有作为结果的货币;货币本身的特性不再重要了,重要的是货币的观念形态,货币的魔术由此而来。

货币体现了财富的一般形式,但货币并不是财富的现实实体,要真正占有作为财富的特殊实体,货币必须进入流通。这就决定了货币必须成为资本,才能保证自己成为财富的真实存在,因为只有资本才能完成价值增值过程。一旦商品、货币作为资本被加以使用时,资本拜物教也就完成了,在资产阶级经济学家的视野中,资本的增殖被看成是资本本身的结果,是资本的自行增殖,"被理解为物,而没有被理解为关系。"实际上,"资本显然是关系,而且只能是生产关系"。⑤ 这样,资本就被抽掉了资本的现实的社会关系,仅仅被看作是"物",从而造成了资本的拜物教。资本拜物教成为拜物教意识的核心,它完成了对资本主义社会合理性的日常观念

---

① 《马克思恩格斯全集》第 23 卷,第 111 页。
② 《马克思恩格斯全集》第 46 卷上,第 170 页。
③ 《马克思恩格斯全集》第 46 卷上,第 170—171 页。
④ 《马克思恩格斯全集》第 46 卷上,第 161—162 页。
⑤ 《马克思恩格斯全集》第 46 卷上,第 212、518 页。

层面的论证。由于资本的惯性运转,这种拜物教意识无时无刻不在生产出来,并从根本上制约着资本主义意识形态的生产。

一旦商品或货币作为资本被加以使用时,资本拜物教也就完成了。正如马克思所说,"在资本—利润(或者,更好的形式是资本—利息),土地—地租,劳动—工资中,在这个表示价值和一般财富的各个组成部分同财富的各种源泉的联系的经济三位一体中,资本主义生产方式的神秘化,社会关系的物化,物质生产关系和它的历史社会规定性直接融合在一起的现象已经完成:这是一个着了魔的、颠倒的、倒立着的世界。在这个世界里,资本先生和土地太太,作为社会的人物,同时又直接作为单纯的物,在兴妖作怪",而"在生息资本上,资本关系取得了最表面、最富有拜物教性质的形式"。①

在资本主义社会,社会物质生活过程是一个自然的"颠倒"过程,它发生于人们的现实生活过程中,日常意识层面的拜物教意识,则是这一颠倒过程的自发反映,而资产阶级意识形态则是对这一"颠倒"过程的自觉反映。这一自发反映从潜意识层面论证了资本主义社会的合理性,而自觉反映则从思想体系层面论证资本主义社会的合理性。"意识在任何时候都只能是被意识到了的存在,而人们的存在就是他们的实际生活过程。"②因此,唯物主义历史观始终立足于"物质生活的生产方式""现实生活过程"解释观念的形成,阐明意识的所有理论形式,并进行意识形态批判。"这种历史观就在于:从直接生活的物质生产出发来考察现实的生产过程,并把与该生产方式相联系的、它所产生的交往形式,即各个不同阶段上的市民社会,理解为整个历史的基础;然后必须在国家生活的范围内描述市民社会的活动,同时从市民社会出发阐明意识的各种不同的理论的产物和意识形式,如宗教、哲学、道德等等,并在这个基础上追溯它们产生的过程……这种历史观和唯心主义历史观不同,它不是在每个时代中寻

---

① 《马克思恩格斯全集》第 25 卷,第 938、440 页。
② 《马克思恩格斯全集》第 3 卷,第 29 页。

找某种范畴,而是始终站在现实历史的基础上,不是从观念出发来解释实践,而是从物质实践出发来解释观念的东西,由此还可得出下述结论:意识的一切形式和产物不是可以用精神的批判来消灭的,也不是可以通过把它们消融在'自我意识'中或化为'幽灵'、'怪影'、'怪想'等等来消灭的,而只有实际地推翻这一切唯心主义谬论所由产生的现实的社会关系,才能把它们消灭。"①

---

① 《马克思恩格斯全集》第3卷,第42—43页。

第十三章

社会批判及其核心：资本批判

马克思的哲学是在批判旧世界中发现新世界的,社会批判理论因此成为马克思哲学的重要内容。但是,长期以来,这一重要内容在国内马克思主义研究中没有得到应有的重视;在西方马克思主义那里,这一重要内容又变成了从人本主义出发的价值批判理论,西方马克思主义没有看到、也不理解马克思从早期伦理的价值批判到晚期科学的社会批判的逻辑转换。然而,问题的关键就在于,不理解这一逻辑转换,就无法真正理解马克思社会批判理论的科学内涵。对马克思主义史的深入考察可以看出,马克思正是通过从人本唯物主义向历史唯物主义的转变,通过政治经济学批判即资本批判,获得了批判资本主义社会的坚实的理论基础,从而创立了科学的社会批判理论。

一、马克思社会批判理论研究的兴起

第二国际时期,考茨基等人把马克思哲学解释为一

种"经济决定论",把社会发展看成一个无主体的过程,从而使马克思的哲学具有宿命论的色彩。针对这一理论倾向,卢卡奇通过借用黑格尔哲学中的总体性范畴,对马克思的哲学进行重新解读,形成了以强调无产阶级的阶级意识为理论主题、以"物化"为资本主义社会主要特征的批判理论。按照卢卡奇的观点,无产阶级革命首先就要对资本主义社会的经济、政治、文化进行总体性批判,培植一种无产阶级的阶级意识,从而实现对"物化"社会的全面革命。

应当指出,卢卡奇对马克思哲学的重新阐述,直接依据的并不是马克思早期的哲学文本,如卢卡奇的"物化"理论主要源自对《资本论》的解读,并大量借用了韦伯的理论元素。但是,由于卢卡奇注重的是马克思哲学与黑格尔哲学的关系,强调的是对黑格尔哲学的重新解读,而黑格尔哲学在其"客观"的绝对理性中,渗透出来的恰恰是一种主体性哲学,甚至是一种彻底的主体性哲学,这就使卢卡奇的理论染上了鲜明的人本主义色彩。问题在于,卢卡奇把无产阶级革命的希望寄托在无产阶级的阶级意识上,而在现实中,无产阶级的阶级意识又恰恰是"物化"的意识,因此,无产阶级如何获得这种革命的阶级意识是一个必须解决的理论难题。然而,卢卡奇并没有解决这一难题。

在理论逻辑上,这种从黑格尔出发的论证思路,与马克思早期的哲学逻辑恰恰具有理论的同质性,这就为西方马克思主义从马克思早期的哲学文本出发来阐述马克思的批判理论提供了一种理论视角。因此,1932年,马克思《1844年经济学哲学手稿》一发表,在西方马克思主义阵营中很快就掀起了一股把马克思主义哲学人本主义化的思潮,并运用马克思早期的人本主义异化史观阐发出一种人本主义的批判理论,这实际上构成了西方马克思主义批判理论的第一种形态。

以弗洛姆、马尔库塞为代表的人本主义批判理论,构成了西方马克思主义批判理论的第二种形态。这一形态的直接文本依据就是《1844年经济学哲学手稿》,其核心内容就是马克思通过异化劳动理论所阐发的关于人的学说。同时,弗洛姆、马尔库塞又借用弗洛伊德的精神分析学说,把马克思的劳动异化理论同精神分析学说相结合,分析意识形态与社会心理,揭示出资本主义社会的消费对主体的支配现象,并认为正是在这一支配中,主体自觉地与现实同化,完成了自我的异化。弗洛姆、马尔库塞力图以此来批判资本主义社会的异化现象,并强调通过文化—心理的解放,实现人的自由与全面发展。弗洛姆、马尔库塞的确看到了资本主义发展中出现的新问题,对资本主义社会的批判的确发人深省,但在理论症结上并没有解开卢卡奇的难题。

在对资本主义社会的文化批判中,又生发出西方马克思主义批判理论的第三种形态,即对西方文明的总体性批判,霍克海默与阿多诺合写的《启蒙辩证法:哲学断片》和阿多诺的《否定的辩证法》就是这一批判的最高表现。霍克海默、阿多诺的批判理论使西方马克思主义的批判理论从对资本主义社会的文化批判延伸到对西方文明的总体性批判。

按照霍克海默、阿多诺的观点,从古希腊神话开始,西方文明就处于"工具理性"的统治之下,逻辑的同一性就是西方强权统治的思想根源。在《否定的辩证法》中,阿多诺以黑格尔哲学为对象批判同一性理论,并认为卢卡奇的人学主体论、总体性理论以及物化理论也是同一性理论的表现形态。在阿多诺看来,只有用"力场"与"星丛"理论来反对一切同一性的奴役,才能走出西方文明的困境。虽然阿多诺对资本主义的批判鞭辟入里,其理论反思比卢卡奇要深刻得多,但阿多诺仅仅是站在文化立场上批判资本主义的,对现实进行"物质"的改造则是他所反对的。因此,在理论立场上,阿多诺比卢卡奇更加远离马克思。

西方马克思主义的批判理论一开始就是针对第二国际理论家的,而且卢卡奇对阶级意识的重视的确是第二国际理论家所忽视的,因而卢卡奇为在新形势下发展马克思主义哲学提供了一种新的理论思考。到法兰克福学派时期,由于西方资本主义进入到一个新的历史阶段,经济上为不断增强的垄断和越来越多的政府干预所统治,而无产阶级在一定意义上又下意识地自愿认同资产阶级意识形态。因此,如何以新的思想解释新的情况,并保证理论的基本构架仍然是马克思主义的,便成为法兰克福学派面临的新课题。

法兰克福学派的确看到了当代资本主义的一些新问题,同时又吸取了当代西方哲学的一些新成果,对批判资本主义、宣传马克思主义都起到了很大作用。但是,如果把资本主义的批判仅仅限于文化、文明批判,如果仅仅是一种从价值角度对资本主义进行所谓的总体批判,如果没有真正触动现实的物质生产过程这一社会的基础,那么,对社会的未来展望就只能以一种新的形式堕入乌托邦。

从理论根基上说,这种从价值批判出发的哲学批判正是马克思早期思想的重要特征。问题在于,这一理论逻辑后来被马克思自己扬弃了,并被从社会实践出发的科学的社会批判理论所代替。可以说,西方马克思主义从马克思早期思想中生发出来的价值批判理论,恰恰是马克思后来扬弃的理论环节。这就决定了西方马克思主义所弘扬的批判理论,没有也不可能真正展现马克思主义社会批判理论的深刻内涵。

二、马克思的社会批判:从外在的价值批判到内在的科学批判

马克思早期的价值批判理论,集中体现在《1844年经济学哲学手稿》中,具体地说,集中体现在以异化劳动理论为核心的人本主义异化史观中。通过异化劳动理论,马克思揭示出资本主义社会的非人本质,并认为应该以自由自觉的劳动来代替异化劳动,以共产主义社会代替资本主义社会。正是在这一论述中,马克思以一种人本主义的异化史观实现了对资本主义的初次批判。

马克思早期的批判理论之所以是一种价值批判理论,是因为从人本主义异化史观出发的哲学批判,本质上是以"应该"这一价值悬设为理论基点的。在异化劳动理论中,马克思预设了"自由自觉的劳动"这一先验规定,马克思对资本主义的批判就是以"应该"的价值悬设为理论前提的。换言之,马克思此时所说的"自由自觉的劳动"既缺乏现实的基础,又缺乏现实的内容。这就决定了马克思此时所设想的"自由自觉的劳动"具有强

烈的理想性内涵,具有明显的"道德律"特征。这种从道德律出发的批判,决定了马克思此时对资本主义的批判只能是一种外在的价值批判。无论是从理论自身的逻辑看,还是从理论与现实的关系看,马克思的异化劳动理论都存在着内在的不可解决的矛盾。

马克思之所以接受人本主义异化史观主要是为了批判资本主义社会。马克思最初是从黑格尔哲学的"理性"出发的,认为社会的发展取决于理性的进步,理性的最高表现是在民主制的国家理性之中。但是,在林木盗窃案与摩塞尔地区贫困问题的争论中,马克思又看到,财产所有者恰恰是运用国家理性为自己牟取私利的。这就提出了一个问题:体现自由、公正的国家理性究竟表现在哪里?正是基于对这一问题的思考,马克思开始了对黑格尔法哲学的批判。经过克罗茨纳赫时期的历史研究,马克思确证了费尔巴哈的人本唯物主义原则,实现了对黑格尔哲学的第一次"颠倒",即明确提出不是国家决定市民社会,而是市民社会决定国家。

黑格尔哲学是被"颠倒"了,但问题并没有真正解决。这是因为,如果是市民社会决定国家,那么,在以牟取私利为特征的市民社会,财产所有者以国家来为自己牟取私利就是一种合理的行为。这就是说,马克思此时并没有真正解决"颠倒"黑格尔哲学之前所遇到的问题,即体现自由、公正的国家理性在哪里?要真正解决这一问题,就必须对市民社会进行批判。

对市民社会的批判有两条思路:一是从经济学出发批判资本主义社会;二是从哲学人本学出发批判资本主义社会。显然,马克思此时的经济学研究水平还不能完成这一理论任务,还不可能走第一条批判思路。于是,马克思走向另一条批判思路,即从现实出发,以"应该"的价值悬设为思维坐标,以一种人本主义异化史观的逻辑批判资本主义,并得出一个结论:以牟取私利为特征的市民社会是一种人与人相异化的非人社会,是应该加以批判与扬弃的社会。由此,马克思实现了对资本主义的初次批判。

可以看出,马克思此时的思想中潜在地存在着两条逻辑思路的对立:一是从客观现实出发的分析逻辑;二是从人本主义出发的分析逻辑,并占据着话语支配地位。这一理论逻辑的内在矛盾,决定了马克思理论运演中的内在对立。从总体的理论逻辑看,马克思的人本主义异化史观以"自由自觉的劳动"为坐标批判现实的异化劳动;在具体的理论运演中,马克思则通过对劳动的对象化与异化的区分批判资本主义,并批判了黑格尔看不到对象化与异化的"错误"。

区分对象化与异化被许多学者认为是马克思超越黑格尔的地方,实际上,马克思关于对象化与异化的区分,恰恰没有达到黑格尔的高度。在资本主义社会,商品是劳动的对象化存在,作为劳动对象化的商品,只有通过交换才能实现自身的价值,商品的价值只有通过同其他商品的交换才能实现。这就是说,劳动的对象化与异化恰恰是同一个过程,没有劳动的异化(交换),劳动的对象化(商品)就不是现实的存在。熟谙斯密、李嘉图经济学著作的黑格尔,实际上看到了资本主义社会生产与交换一体化的特征,他所讲的劳动的对象化就是异化,恰恰真实地反映了资本主义的现实生活过程。在这一点上,马克思当时并没有达到黑格尔的高度。更重要的是,对现实的劳动过程的否定,使马克思无法承认劳动价值论;不承认劳动价值论,又使马克思无法正确评判古典经济学,更无法达到对现实劳动和现实社会的科学批判。

理论逻辑的内在矛盾,导致马克思在批判资本主义时又存在着理论与现实的脱节。马克思之所以接受人本主义异化史观,是为了批判资本主义,为无产阶级解放提供理论依据。问题在于,马克思当时对资本主义的所有批判都是以"自由自觉的劳动"为理论支撑点的。从内涵上看,"自由自觉的劳动"这一概念直接来自赫斯的"自由自觉的活动"这一概念,而赫斯的这一概念在内涵上带有典型的伦理特征:"精神的自由行动,是现代一切企图出发和归宿的核心。因此,有必要去研究它的规律、组织和后果。自由行动的基础,就是斯宾诺莎的伦理学,而现在的行动的哲学将只是这个伦理学的一个新发展。费希特为这个演进奠定了第一块基石;但德国哲学本身并未能摆脱唯心主义。为了实现社会主义,在德国对于旧的社会组织还理应有一个康德,正如在思想方面它曾经有一个康德那样。"①"自由就是道德,因而就是生命规律和精神活动……的完成以及对这一事实的明显意识;因此,这不是通过自然的必然性或者自然的偶然性,象以往任何创造物的生活中发生的那样,而是通过自我决定。"②

显然,运用这种伦理范畴批判资本主义,不可能达到对资本主义的彻底的、科学的批判。换言之,尽管马克思以自己的人本主义异化史观系统地批判了资本主义,并且通过人——非人——人的逻辑论证了无产阶级革命的合理性,但由于这是从人本主义的价值批判出发,以"自由自觉的活动"这一价值悬设为思维坐标的对现实社会的外在"干预",因而必然存在着理论与现实的脱节,马克思因此也无法实现自己的理论意图。

矛盾引导思想发展。人本主义异化史观的内在逻辑矛盾、理论与现实的矛盾,又推动着马克思的思想处在变化发展之中。正是对这些矛盾的解决,使马克思扬弃了人本主义异化史观,达到了对资本主义的科学批判,即从外在的价值批判到内在的科学批判。

社会批判理论要成为科学的批判理论,必须解决两个相互关联的问题,即如何实现从"应该"到"是"的逻辑转换和从"是"到"应该"的逻辑转换。

"应该"与"是"的分离,是马克思早期价值批判的重要特征。这种"是"与"应该"的分离,实际上是把现实消解在思想之中,这就注定马克思早期的价值批判无法真正地介入社会,而科学的批判理论就是要从现实出发,对思想进行现实的归位,实现哲学提问方式的变革,首先实现从"应该"到"是"的逻辑转换。

在《关于费尔巴哈的提纲》和《德意志意识形态》中,马克思的哲学提问方式发生了根本性的转换。在《关于费尔巴哈的提纲》中,马克思以"实践"来概括社会的本质特征。在《德意志意识形态》中,他通过"物质生产"来描述社会的发展过程,通过对现实生活过程的科学分析,揭示了意识、语言的产生过程,通过对意识形态进行现实的、历史的归位,揭示出意

---

① 《马恩列斯研究资料汇编》,北京图书馆马列著作研究室编,书目文献出版社 1981 年版,第 442 页。
② 《马恩列斯研究资料汇编》,第 445 页。

识的现实的、历史的内涵，从而打破了传统哲学仅仅从纯粹思想来解决问题的神话。用现代西方哲学的话语来说，就是冲破了逻辑同一性的牢笼，打破了思想中心论。可以说，只是在这时，马克思才实现了从"应该"到"是"的逻辑转换。这是马克思社会批判理论发展过程中的重要的理论转折。这是一方面。

另一方面，如果停留于"是"的逻辑分析，仅仅追求社会发展规律，把社会理解为一个仅仅受客观规律支配、无主体的"自然历史过程"，人就会变成消极的受动者。因此，停留于"是"的逻辑并没有完全解决理论的深层问题，达到科学的社会批判理论。要解决理论的深层问题，建构科学的社会批判理论，还必须实现从"是"到"应该"的逻辑转换。

需要指出的是，这里的"应该"已经不是从外在的价值批判出发的道德律，而是从现实社会中生长出来的可能性，是从社会本身生长出来的社会的自我批判，资本主义社会自我批判的内在驱动力源于资本主义社会的内在矛盾。按照马克思的观点，资本主义社会的总体性矛盾体现在两个方面：一方面是经济生活中的内在矛盾，主要是生产社会化与生产资料私有制的矛盾。在资本主义社会，要获取更大的剩余价值，就必须提高社会生产率，而提高劳动生产率，又会导致私有制的崩溃；另一方面是社会生活的内在矛盾。由于私有制、阶级的存在，既产生了阶级与阶级之间的冲突，又形成了阶级内部个体之间的冲突，从而导致社会生活中的私人利益与公共利益的对立。

由此，马克思揭示出资本主义社会的自我否定，是"是"自身的自我否定，这是一种"资本主义社会的自我批判"。马克思的哲学强调的就是来自事物本身内在矛盾运动的自我否定、自我批判。正如马克思所说，"基督教只有在它的自我批判在一定程度上，可说是在可能范围内完成时，才有助于对早期神话作客观的理解。同样，资产阶级经济学只有在资产阶级社会的自我批判已经开始时，才能理解封建的、古代的和东方的经济"①。马克思

①《马克思恩格斯选集》第2卷，第24页。

主义的社会批判理论就是"资本主义社会的自我批判"。

同时,马克思对资本主义社会的异化现象进行了深刻分析,强调资本主义社会的内在矛盾又是通过对主体的"物役性"形态表现出来的。按照马克思的观点,在资本主义社会,由于生产资料私有制和雇佣劳动的存在,在生产领域,是以"死劳动"即资本对"活劳动"的奴役来完成生产总体性过程的,这既是以"物"的形态表现出来的资本对无产阶级的奴役,更是"人格化"的资本即资本家对无产阶级的奴役。由于资本家以获取最大限度的剩余价值为其生产目的,而且这一目的只有通过商品流通才能实现;同时,由于在资本主义社会,流通具有时空分离特性,货币成为流通是否成功的标尺,成为剩余价值实现的表现形式,这就导致了商品拜物教、货币拜物教,并产生了资本拜物教。这种"拜物教"是资本奴役的外在表现形态,体现了资本主义社会全面的"物役性"特征。由此,资本主义社会的自我批判通过无产阶级的主体意识表现出来,体现为"是"与"应该"具体的、历史的统一。

正是在这一哲学视界中,马克思揭示出资本主义本身就是一种历史性的存在,揭示出资本主义社会的社会关系在主体层面的"物役性"表现,揭示出概念本身不过是现实历史的映现,实现了"是"与"应该"的具体的、历史的统一。正是在这种统一中,马克思解决了如何实现从"应该"到"是"的逻辑转换和"是"到"应该"的逻辑转换,扬弃了对社会的外在的价值批判,达到了对社会的内在的科学批判。

三、马克思社会批判理论的科学视界

马克思后期的批判理论既没有用早期的人本主义批判统摄批判话语,也没有抛弃早期人本主义批判的理论意图——实现人类解放,而是在新的理论基础上,具有了科学的理论视界。这种科学的理论视界体现为对价值批判的现实定位、对概念的历史性理解和对资本主义社会关系的矛盾分析。正是在这一全新的科学视界中,马克思的哲学表现出震撼人

心的批判力量。

马克思对社会的批判最初依赖于黑格尔哲学的自由理性,后又借助于费尔巴哈哲学的异化史观。虽然哲学的立足点发生了转换,但从哲学批判的总体视角来看,马克思早期对社会的批判都是以先验的"应该"范畴为理论内核的,以此为基础的社会批判只能是一种以价值悬设为前提的道德批判。马克思在实现哲学变革后,对社会的批判发生了彻底的视界转换,即扬弃了以价值悬设为前提的道德批判,对价值批判进行了现实的理论定位。

在《精神现象学》中,黑格尔通过对感性确定性的分析指出,人们不可能完全原封不动地表达所感觉到的东西,当人们说看到了某个杯子时,人们已经在运用知觉思维,实际上是在运用概念表达所见到的东西。因此,人们是生活在理性或思想之中。黑格尔的这一分析,实际上揭示了传统哲学为什么总是从思想出发理解现实的根源。整个德国古典哲学对社会的批判,就是重在如何使社会生活更加符合理性,康德、黑格尔乃至费尔巴哈都是从这里获得哲学的批判力的。德国古典哲学的这一思维方式,实际上是把现实纳入一个具有统摄性的逻辑结构中,在一种理性的信仰中完成了对人的统治。

马克思哲学就是针对黑格尔哲学的思想中心论发问的。在《德意志意识形态》中,马克思一开始就谈到青年黑格尔派离开现实空谈思想的错误:"这些哲学家没有一个想到要提出德国哲学和德国现实之间的联系问题,关于他们所作的批判和他们自身的物质环境之间的联系问题。"[①]马克思的观点是,人类社会存在的第一个前提是物质生产,这是人和动物的根本区别;思想、观念、意识都是人们物质生产的结果,语言也是从人们的物质生产中发展而来的;意识是对存在的反映,"意识[das Bewußtsein]在任何时候都只能是被意识到了的存在[das bewußte Sein],而人们的存在就

---

① 《马克思恩格斯全集》第3卷,第23页。

是他们的实际生活过程"①,意识的发展源自社会分工的发展。

因此,马克思的哲学"从直接生活的物质生产出发来考察现实的生产过程,并把与该生产方式相联系的、它所产生的交往形式,即各个不同阶段上的市民社会,理解为整个历史的基础;然后必须在国家生活的范围内描述市民社会的活动,同时从市民社会出发来阐明各种不同的理论产物和意识形式,如宗教、哲学、道德等等,并在这个基础上追溯它们产生的过程"②。这就打破了思想中心论,扬弃了从"应该"出发的哲学批判,这是哲学视角的一次根本转换。只有实现了这一视角转换,才能科学地理解社会生活,才能科学地剖析资本主义社会,才能实现从"应该"到"是"的逻辑转换。这是一切科学批判的理论前提,也是马克思后来的批判理论同其早期的批判理论的不同质点。

此时,马克思自觉地意识到,仅仅从价值悬设出发的所谓的批判概念,实际上都是非批判的;以这样一些非批判的概念来批判资本主义,最多像青年黑格尔派那样,只能完成对资本主义的另一种解释。"既然根据青年黑格尔派的幻想,人们之间的关系、他们的一切举止行为、他们受到的束缚和限制,都是他们意识的产物,所以青年黑格尔派完全合乎逻辑地向人们提出一种道德要求,要他们用人的、批判的或利己的意识来代替他们现在的意识,从而消除束缚他们的限制。这种改变意识的要求,归根到底就是要求用另一种方式来解释现存的东西。"③

在谈到人与物的关系时,马克思指出,"个人现在受抽象统治,而他们以前是互相依赖的。但是,抽象或观念,无非是那些统治个人的物质关系的理论表现"④。正是由于看不到这一点,青年黑格尔派才认为从"理性造反"出发可以解放社会。"关系当然只能表现在观念中,因此哲学家们认为新时代的特征就是新时代受观念统治,从而把推翻这种观念统治同

---

① 《马克思恩格斯全集》第3卷,第29页。
② 《马克思恩格斯全集》第3卷,第42—43页。
③ 《马克思恩格斯全集》第3卷,第22页。
④ 《马克思恩格斯全集》第46卷上,第111页。

创造自由个性看成一回事。从意识形态角度来看更容易犯这种错误，因为上述关系的统治（上述物的依赖关系，不用说，又会转变为摆脱一切幻想的、一定的、人的依赖关系）在个人本身的意识中表现为观念的统治，而关于这种观念的永恒性即上述物的依赖关系的永恒性的信念，统治阶级自然会千方百计地来加强、扶植和灌输。"[1]

打破思想中心论，并不意味着不再运用概念进行哲学思考。问题在于，只要运用概念进行思考就难以摆脱逻辑控制力。在这一点上，海德格尔运用诗性语言也难逃困境。也正是由于这一理由，德里达才说，先写下然后再擦掉。马克思则通过对概念的历史定位走出这一困境，而概念本身的历史定位使马克思主义哲学具有特定的批判功能和强大的批判力量。

在黑格尔哲学中，每一个概念都是流动的、发展的，每一个概念在其最初出现时都体现出简单的直接同一性，随着意识的自我绽现，每一个概念从直接的同一性走向具体的同一性，这就使黑格尔哲学的概念具有强烈的历史感。但是，黑格尔的理论前提错了，这一前提就是"绝对精神"。在马克思哲学中，每一个概念都是流动的、发展的，每一个概念都从直接的同一性走向具体的同一性，这就使马克思哲学对概念的运用也贯穿着历史性原则。但是，马克思的理论前提是对的，这一前提就是现实社会。正如马克思所说，"就是在理论方法上，主体，即社会，也必须始终作为前提浮现在表象面前"[2]。

在马克思的哲学中，概念的历史定位主要体现在两个方面。

一方面是概念的总体性特征。按照马克思的观点，古典经济学"从实在和具体开始"，"从表象中的具体达到越来越稀薄的抽象"[3]，直到达到一些最简单的规定。但是，由于这些抽象是从孤立的事实出发的，因而无法真正理解具体的事实。例如，在经济学上，从作为全部社会生产的基础

---

① 《马克思恩格斯全集》第 46 卷上，第 111 页。
② 《马克思恩格斯选集》第 2 卷，第 19 页。
③ 《马克思恩格斯选集》第 2 卷，第 17、18 页。

和主体的人口开始，似乎是正确的，但仔细考察，这是错误的，因为如果抛开阶级，人口就是一个抽象；如果不知道这些阶级所依据的因素，如雇佣劳动、资本等，阶级又成为一句空话，而这些因素又是以交换、分工、价格等为前提的。这就是说，资本主义社会的每一个问题都隐藏着其他问题的内容，这是资本主义社会总体性特征的重要表现。

这就决定了对资本主义社会的每一个问题的研究，都必须以其他问题的"非在场性"的"在场性"为依据，马克思主义哲学的"总体性"概念的意义就在这里。因此，在马克思主义哲学中，概念的辩证法体现为从抽象上升到具体的方法，使抽象的规定在思维行程中导致具有"许多规定的综合""多样性的统一"的具体再现，从而以"思想的具体"再现现实的具体，以"思想的总体"再现现实的总体。马克思认为，只有这种方法才是"科学上正确的方法"；只有这种"科学上正确的方法"才能实现概念的总体性定位，才能达到对现实的真正理解。

另一方面是概念的历史性内涵。以劳动概念为例。劳动在每一个社会都存在，并具有人类学的意义，但到了古典经济学才达到对"劳动一般"的理解和把握，从而体现出"劳动""劳动一般"这一概念的历史性内涵。具体地说，货币主义者把财富看成是外在于人的货币，重工主义或重商主义把财富的源泉从对象性存在转移到主体性活动——工业劳动和商业劳动，体现了当时社会的主要活动方式，但重工主义或重商主义仍然把这种活动本身限于获取货币的活动；重农主义认为只有农业劳动才能创造"纯产品"，反映了农业劳动在当时占有一定的社会地位，同时，把财富理解为劳动（虽然还是一定形式的劳动）已是很大的进步；斯密则抛开了创造财富的活动的一切具体规定性，认为就是劳动创造财富。"有了创造财富的活动的抽象一般性，也就有了被规定为财富的对象的一般性，这就是产品一般，或者说又是劳动一般。"①

这就是说，"劳动一般"这个抽象是一种特定的社会形式的产物。"在

①《马克思恩格斯选集》第 2 卷，第 21—22 页。

这种社会形式中,个人很容易从一种劳动转到另一种劳动,一定种类的劳动对他们说来是偶然的,因而是无差别的。这里,劳动不仅在范畴上,而且在现实中都成了创造财富一般的手段,它不再是同具有某种特殊性的个人结合在一起的规定了。""所以,在这里,'劳动'、'劳动一般'、直截了当的劳动这个范畴的抽象,这个现代经济学的起点,才成为实际真实的东西。所以,这个被现代经济学提到首位的、表现出一种古老而适用于一切社会形式的关系的最简单的抽象,只有作为最现代的社会的范畴,才在这种抽象中表现为实际上真实的东西。"①劳动概念这个例子表明,哪怕是最抽象的规定、最抽象的范畴,同样是特定社会形式的产物,而且只有对这种社会形式并在这种社会形式之内才具有充分的意义。概念因此具有历史性内涵。

对概念的这种历史性定位,使马克思打破了古典哲学、古典经济学对资本主义的非历史性思维方式,并表明对资本主义本身必须以历史的方式加以提问,从而保持一种批判的理论态势。同时,对概念的这种历史性定位,使马克思在分析资本主义时,看到了资产阶级理论家所看不到的东西。具体地说,资产阶级理论家由于从概念的永恒性出发,把现实置于概念之光中,处于概念之外的东西就被舍弃了,而马克思则从概念的历史性出发,把概念置于特定的社会关系之中,则把概念产生的现实基础展现出来了,从而读出了抽象概念所不能直接绽现的现实内容。这样,马克思就彻底地打破了思想中心论,使概念的矛盾运动成为现实的矛盾运动的逻辑绽现。

以此为前提,马克思进一步分析了资本主义社会生产的矛盾规定性,分析了资本主义社会关系的双重矛盾性,实现了对资本主义社会的总体批判。

其一,马克思分析了资本主义社会生产的内在矛盾,这就是生产社会化与生产资料资本家私人占有制的矛盾。在《资本论》中,马克思对这一矛盾做了深刻的分析,指出了资本主义社会生产、交换、分配、消费过程中

① 《马克思恩格斯选集》第2卷,第22页。

的"二律背反"：要扩大剩余价值，就必须促进生产力的发展，但生产力的高度发展又会导致资本主义私有制的崩溃与瓦解。打破这一"二律背反"的唯一途径，就是通过无产阶级革命推翻私有制。这一分析成为马克思经济学批判、哲学批判的主导线索。

其二，马克思分析了资本主义社会关系的内在矛盾。在资本主义社会，人与人之间的矛盾极其尖锐：一方面是阶级的剧烈分化，另一方面是阶级内部个体的尖锐冲突。马克思自觉地意识到，"正是由于私人利益和公共利益之间的这种矛盾，公共利益才以国家的姿态而采取一种和实际利益（不论是单个的还是共同的）脱离的独立形式，也就是说采取一种虚幻的共同体的形式"①，并认为"国家内部的一切斗争——民主政体、贵族政体和君主政体相互之间的斗争，争取选举权的斗争等等，不过是一些虚幻的形式"②；同时，"占统治地位的将是愈来愈抽象的思想，即愈来愈具有普遍性形式的思想"③，意识形态正是以这样一种虚幻的"普遍性"形式成为资本主义社会的黏合剂，为人们提供理性的价值追求。这就揭示出资本主义社会个体与整体相冲突的文化矛盾。

通过对资本主义社会的总体矛盾分析，马克思引发出对资本主义社会的科学批判，但此时的批判，已不是从社会外部价值悬设出发的抽象批判，而是以社会内部矛盾运动为基础的具体批判，是社会发展过程内在矛盾所导致的社会的自我批判，是以资本批判为核心的社会批判。这是马克思社会批判理论的科学所在和力量所在。

四、马克思社会批判理论的核心：资本批判

对于资本主义的批判存在着三种思路：

一是从人的欲望角度来分析资本主义社会，把资本主义社会的兴起

---

① 《马克思恩格斯全集》第 3 卷，第 37—38 页。
② 《马克思恩格斯全集》第 3 卷，第 38 页。
③ 《马克思恩格斯全集》第 3 卷，第 54—55 页。

与发展归结为人的自然欲望的结果,并认为资本主义社会的问题只是在于欲望的过度,只需从道德角度对资本主义社会中人们的自然欲望进行限制。

二是从理性的角度来分析资本主义社会,把市场经济归结为一种理性经济,其中,经验理性主义强调个人自由理性对经济的促进作用,思辨理性主义则强调国家理性对社会的总体控制作用。

三是从经济的角度来分析资本主义社会,对经济规律的强调、对劳动价值论的分析都体现了这些要求。但是,在马克思之前,这一思路在理论的深层依据上仍然强调理性的作用,对人性的追问与界定构成这一思路的哲学前提。马克思同样强调从经济的角度分析资本主义社会的重要性,但与斯密、李嘉图等人不同,马克思同时强调对资本主义的批判必须回到资本主义社会本身,回到"资本主义生产方式以及和它相适应的生产关系和交换关系"①。正是在这一过程中,资本逻辑呈现出来了,资本批判因此成为马克思主义社会批判理论的核心和标志。

按照马克思的观点,"资本不是物,而是一定的、社会的、属于一定历史社会形态的生产关系,它体现在一个物上,并赋予这个物以特有的社会性质"②。这就是说,资本不是物本身,但又是通过物并在物中而存在的。同时,作为一种特定的社会生产关系,资本又赋予物以特有的社会性质。在资本主义社会,资本是最基本和最高的社会存在物,它自在自为地运动着,创造了一个不同于传统社会的现代社会:"在土地所有制处于支配地位的一切社会形式中,自然联系还占优势。在资本处于支配地位的社会形式中,社会、历史所创造的因素占优势。"③资本不仅是物与物之间的关系,而且是人与物和人与人之间的关系,更重要的是,人与人的关系"采取了一种物的形式,以致人和人在他们的劳动中的关系表现为物与物彼此

---

① 《马克思恩格斯全集》第 23 卷,第 8 页。
② 《马克思恩格斯全集》第 25 卷,第 920 页。
③ 《马克思恩格斯选集》第 2 卷,第 25 页。

之间的和物与人的关系"①。人与人的关系由此变成了以物为中介和基础的关系,"物"取得了统治地位。资本不仅改变了人与自然的关系,而且改变了人与人的关系,资本家不过是资本的人格化,而雇佣工人只是资本自我增值的工具;资本不仅改变了与人相关的自然界的存在属性,而且改变了人类社会的存在形态。

"如果说以资本为基础的生产,一方面创造出一个普遍的劳动体系,——即剩余劳动,创造价值的劳动,——那么,另一方面也创造出一个普遍利用自然属性和人的属性的体系,创造出一个普遍有用性的体系,甚至科学也同人的一切物质的和精神的属性一样,表现为这个普遍有用性体系的体现者,而且再也没有什么东西在这个社会生产和交换的范围之外表现为自在的更高的东西,表现为自为的合理的东西。因此,只有资本才创造出资产阶级社会,并创造出社会成员对自然界和社会联系本身的普遍占有。由此产生了资本的伟大的文明作用;它创造了这样一个社会阶段,与这个社会阶段相比,以前的一切社会阶段都只表现为人类的地方性发展和对自然的崇拜。只有在资本主义制度下自然界才不过是人的对象,不过是有用物;它不再被认为是自为的力量;而对自然界的独立规律的理论认识本身不过表现为狡猾,其目的是使自然界(不管是作为消费品,还是作为生产资料)服从于人的需要。资本按照自己的这种趋势,既要克服民族界限和民族偏见,又要克服把自然神化的现象,克服流传下来的、在一定界限内闭关自守地满足于现有需要和重复旧生活方式的状况。资本破坏这一切并使之不断革命化,摧毁一切阻碍发展生产力、扩大需要、使生产多样化、利用和交换自然力量和精神力量的限制。"②可见,在资本主义社会,资本具有支配一切的权利。资本"这种有机体制本身作为一个总体有自己的各种前提,而它向总体的发展过程就在于:使社会的一切要素从属于自己,或者把自己还缺乏的器官从社会中创造出来"③。这就

---

① 《马克思恩格斯全集》第 13 卷,第 23 页。
② 《马克思恩格斯全集》第 46 卷上,第 392—393 页。
③ 《马克思恩格斯全集》第 46 卷上,第 235—236 页。

是说,正是资本使资本主义社会总体化了。由此可见,资本本身就是一种独特的社会存在,就是现代社会的根本规定、存在形式和建构原则,构成了资本主义社会的基本建制。

只有到了这个时候,即展开资本批判的时候,马克思才真正走向历史的深处,并形成了透视资本主义社会的科学逻辑,建构了科学的社会批判理论。马克思以商品为起点范畴、以资本为核心范畴展开的对资本主义社会的批判,本质上是一种存在论意义上的批判。换言之,马克思对本体论的重建,对形而上学和意识形态的批判都是通过资本批判实现的。正是在这种批判过程中,马克思的哲学扬弃了抽象的存在,发现了现实的社会存在,发现了资本主义社会存在的秘密,并由此"透视一切已经覆灭的社会形式的结构"①;发现了人与人的关系以物化方式而存在的秘密,并透视出人的自我异化的逻辑,从而把本体论与人间的苦难和幸福结合起来了,开辟了从本体论认识现实的道路,使无产阶级和人类解放得到了本体论证明。

这表明,马克思的资本批判理论不仅具有重大的经济学意义,而且具有重大的哲学意义。同时,马克思的资本批判不仅存在着哲学的维度,而且意味着"政治经济学理论的严格表述所不可缺少的理论(哲学)概念的产生"②。我们既不能从西方传统哲学、"学院哲学"的视角去认识马克思的资本批判,也不能从西方传统经济学、"学院经济学"的视角去认识马克思的资本批判。实际上,马克思的资本批判已经超出了经济学的边界,越过了政治学的领土,而到达了哲学的"首府"——存在论或本体论。马克思哲学的意义只有在同马克思资本批判的关联中才能显示出来;反之,马克思的资本批判只有在马克思哲学这一更大的概念背景下才能得到真正理解,只有在无产阶级和人类解放这一更大的意识形态背景下才能得到真正理解。"就这种批判代表一个阶级而论,它能代表的只是这样一个阶

---

① 《马克思恩格斯选集》第 2 卷,第 23 页。
② 〔法〕阿尔都塞、巴里巴尔:《读〈资本论〉》,李其庆等译,中央编译出版社 2008 年版,第 215 页。

级,这个阶级的历史使命是推翻资本主义生产方式和最后消灭阶级。这个阶级就是无产阶级。"①只有这样,我们才能真正理解和把握马克思社会批判理论的科学所在、力量所在和魅力所在。

"文明的一切进步,或者换句话说,社会生产力(也可以说劳动本身的生产力)的任何增长,——例如科学、发明、劳动的分工和结合、交通工具的改善、世界市场的开辟、机器等等,——都不会使工人致富,而只会使资本致富,也就是只会使支配劳动的权力更加增大,只会使资本的生产力增长。因为资本是工人的对立面,所以文明的进步只会增大支配劳动的客观权力。"②当代的世界市场体系、国际政治结构和主流意识形态,都证明了马克思这一观点的真理性及其深刻性、超前性,并表明我们仍处在资本支配一切的时代。在当代,无论是对科学技术、价值观念和政治制度的分析,还是对个人存在方式、社会生产方式、国际交往方式的分析,都必须明白,资本仍然是当代社会的基本建制,建构马克思主义社会批判理论的当代形态,必须以马克思的资本批判理论为基础,否则,任何理论"创新"都是无根的浮萍;同时,又必须明白,资本的形态处在历史性的变化之中,我们应分析资本的当代形态及其主导特征,从而以此为基础建构马克思主义社会批判理论的当代形态,真正实现对当代资本主义的科学的批判。

---

① 《马克思恩格斯全集》第 23 卷,第 18 页。
② 《马克思恩格斯全集》第 46 卷上,第 268 页。

第十四章

社会有机体方法：社会的总体分析法

　　在马克思的哲学中，社会有机体理论对社会研究具有重大的方法论意义，或者说，在马克思的社会研究方法系列中，社会有机体的方法具有特殊意义。正如列宁所说，"马克思和恩格斯称之为辩证方法（它与形而上学方法相反）的，不是别的，正是社会学中的科学方法，这个方法把社会看作处在不断发展中的活的机体"，"辩证方法要我们把社会看作活动着和发展着的活的机体"。① 我们不能把马克思的社会有机体理论仅仅看作理论。实际上，方法与理论具有内在的联系，辩证法既是方法又是理论，唯物主义既是理论又是方法。在马克思哲学中，理论与方法融为一体，深深地根植于新唯物主义的内在本性之中。在马克思的哲学中，社会有机体理论与社会有机体方法已融为一体，而社会有机体方法实际上就是社会研究中的总体性方法。

---

① 《列宁全集》第 1 卷，第 135、159 页。

一、社会有机体范畴的内涵

长期以来,理论界把马克思的社会有机体理论定格为社会经济形态或社会形态理论。然而,对马克思社会有机体理论的反思却使我得知,这是一个误解。为了把握马克思的社会有机体方法,首先就要正确理解马克思的社会有机体范畴及其与社会经济形态、社会形态范畴的关系。

在马克思主义史上,列宁首先明确地把"社会机体"等同于"社会经济形态"。在《什么是"人民之友"以及他们如何攻击社会民主党人?》中,列宁"把社会经济形态看作特殊的社会机体",并一再强调,马克思是从经济生活规律的角度揭示"资本主义的经济组织","这个社会机体的产生、生存、发展和死亡以及这一机体为另一更高的机体所代替的特殊规律(历史规律)"。① 列宁当时强调"社会机体"就是"社会经济形态",其目的在于批判米海洛夫斯基的唯心主义历史观,捍卫马克思的唯物主义历史观。然而,这样一来,也留下了理论上的缺陷:从逻辑上看,社会经济形态当然也是一种社会机体,但并不能由此得出社会有机体就是社会经济形态,社会经济形态只是社会机体的唯物主义基础,二者不能等同;从方法论上看,把社会机体等同于社会经济形态,实际上是把整体归于部分,这与马克思多层次、多角度的社会机体分析法具有较大的差别。实际上,在马克思那里,社会经济形态、社会形态、社会有机体这三个范畴既有联系又有重要的区别。

从马克思的思想进程看,"社会经济形态"是"社会形态"范畴形成后马克思进一步思索的产物。在1859年的《〈政治经济学批判〉序言》中,马克思提出了"社会经济形态"这一术语,并明确指出:"大体说来,亚细亚的、古代的、封建的和现代资产阶级的生产方式可以看作是社会经济形态

---

① 《列宁全集》第1卷,第137、136页。

演进的几个时代。"①这就是说,社会经济形态这一范畴,不包括上层建筑,它是属于生产方式内部的。"不论生产的社会形式如何,劳动者和生产资料始终是生产的因素。但是,二者在彼此分离的情况下只在可能性上是生产因素。凡要进行生产,就必须使它们结合起来。实行这种结合的特殊方式和方法,使社会结构区分为各个不同的经济时期。"②换言之,社会经济形态是生产者与生产资料的结合方式,即生产者与生产资料在生产、交换、分配、流通领域内的特殊结合方式。在研究社会经济形态时可以把社会形态暂时放在一边,因为不是社会形态决定社会经济形态,而是社会经济形态,即生产者与生产资料结合的特殊方式决定着社会形态的性质。

社会形态范畴是马克思在《德意志意识形态》中首先制定的。从马克思的一贯思想看,社会形态范畴包括:与生产力相适应的生产关系,生产关系构成社会的"经济结构"和"现实基础";在这基础上形成的政治结构和意识形态,即观念的上层建筑。社会形态就是这经济结构、政治结构和观念结构构成的统一体。由于社会形态范畴不仅涉及经济结构,而且涉及政治结构和观念结构,由于社会形态范畴是对"各国制度"的概括③,因此,社会形态范畴是对社会做宏观结构、制度的划分。

马克思在研究社会形态与社会经济形态时,社会有机体的思想始终贯穿其中。在《哲学的贫困》中,马克思明确提出了"社会机体"这一术语,并从一般原则上把社会规定为"一切关系在其中同时存在而又互相依存的社会机体"④。在《资本论》中,马克思又指出,"现在的社会不是坚实的结晶体,而是一个能够变化并且经常处于变化过程中的机体"⑤。正是在《资本论》以及其他研究社会问题的著作中,马克思从人的活动、经济结构、政治结构和观念结构的关系,从物质生产、精神生产和人本身生产的

---

① 《马克思恩格斯全集》第 13 卷,第 9 页。
② 《马克思恩格斯全集》第 24 卷,人民出版社 1972 年版,第 44 页。
③ 《列宁选集》第 1 卷,人民出版社 1995 年版,第 8 页。
④ 《马克思恩格斯选集》第 1 卷,第 143 页。
⑤ 《马克思恩格斯全集》第 23 卷,第 12 页。

关系,以及由交往所形成的社会关系总体发展方面展开了他的社会机体理论,形成了一座规模宏伟的理论建筑。

从逻辑上看,社会有机体是立足于社会经济形态基础上形成的总括社会一切关系有机运动的范畴。社会有机体理论与社会经济形态理论在范围、对象、角度上都有区别。马克思的社会有机体理论,揭示的是社会中的各种因素、关系、方面的相互依存、相互影响和相互作用,这是一个比社会经济形态理论更为广泛的关于社会各种关系有机体的理论。尽管社会经济形态是构成社会有机体的唯物主义基石,也是理解社会有机体的方向、规模、程度的钥匙,但是,没有任何理由把社会有机体与社会经济形态这两个范畴、两种理论混合起来。

同时,我们也不能把社会有机体与社会形态这两个范畴、两种理论混合起来。它们的区分在于:社会形态范畴是从客体的角度对社会结构所作的宏观划分和规定,它揭示的是经济—政治—观念三级结构的组成方式,而社会有机体范畴则是从人的实践活动以及主体与客体关系的角度揭示社会关系的自组织过程,揭示各种社会关系如何运动、如何形成有机总体,并最后凝聚于人本身发展的过程,这是一个更为广泛的社会关系发散过程。

"社会结构和国家经常是从一定的个人的生活过程中产生的。"[①]从发生学观点看,社会关系、社会结构、社会机体都是从个人的活动中产生的,社会关系不过是人的实践活动的对象化,社会结构不过是人们交往形式的制度化,社会有机体的演化过程不过是人的实践活动在时间中的展开。社会生活在本质上是实践的。随着实践活动时序性的展开和结构的转换,社会有机体便从一种形态演化为另一种形态。"正象社会本身生产作为人的人一样,人也生产社会。"[②]社会有机体的运动实质上是人类活动历时性展开和空间性扩张的交错过程。

---

① 《马克思恩格斯全集》第 3 卷,第 29 页。
② 《马克思恩格斯全集》第 42 卷,第 121 页。

人是社会的主体。社会有机体的发展最终体现在人的发展上。正是从这一角度出发，马克思把社会发展划分为三个阶段，即"人的依赖关系（起初完全是自然发生的），是最初的社会形态，在这种形态下，人的生产能力只是在狭窄的范围内和孤立的地点上发展着。以物的依赖性为基础的人的独立性，是第二大形态，在这种形态下，才形成普遍的社会物质变换，全面的关系，多方面的需求以及全面的能力的体系。建立在个人全面发展和他们共同的社会生产能力成为他们的社会财富这一基础上的自由个性，是第三个阶段"①。

可见，把马克思的社会有机体范畴等同于社会经济形态或社会形态范畴，这是一个认识错误，它导致马克思社会有机体理论的萎缩；把马克思的社会有机体理论与社会经济形态或社会形态理论断然分开，这同样是一个认识错误，它必然抹煞马克思的社会有机体理论与孔德、斯宾塞、迪尔凯姆、帕森斯等人的社会有机体理论的区别。合理的理解只能是，把马克思的社会有机体理论界说为立足于实践基础上的、关于一切社会关系同时存在又相互依存的理论。

二、社会有机体的结构分析法

任何事物都有自己的内在结构。社会结构就是社会诸要素之间的关联方式。作为一种关联方式和联系网络，社会结构的基本内容就是人与人之间的社会关系。在对社会的分析中，马克思从社会的表层结构深入到基础，从基础结构发现人与物和人与人的两种关系，从而揭示出社会的深层结构以及转换结构，然后又把认识倒过来，从社会的深层结构出发揭示表层结构，从而创立了其独特的社会有机体结构分析法。

社会有机体的运动是由其深层结构所规定的。社会的深层结构是指社会工艺结构，即"社会人的生产器官"。"达尔文注意到自然工艺史，即

---

① 《马克思恩格斯全集》第46卷上，第104页。

注意到在动植物的生活中作为生产工具的动植物器官是怎样形成的。社会人的生产器官的形成史,即每一个特殊社会组织的物质基础的形成史,难道不值得同样注意吗?"①在马克思看来,自然工艺学研究动植物器官的形成,而作为关于"社会人的生产器官"的社会工艺学能够揭示"人对自然的能动关系,人的生活的直接生产过程,以及人的社会生活条件和由此产生的精神观念的直接生产过程"②。社会工艺学方法就是以"社会人的生产器官"的分析,即以生产工具的分析为出发点。

马克思把生产工具划分为"自然产生的工具"和"文明创造的工具"两大类,同时又把"文明创造的工具"区分为三种:一是"人的机体的工具",它决定手工制造业的活动方式;二是机器——"工具机的工具",它决定着大工业的活动方式;三是有自动发动机的机器系统,这是现代化大工业的活动方式。在马克思看来,生产工具不仅决定着生产方式,而且从根本上决定着社会关系。"手推磨产生的是封建主的社会,蒸汽磨产生的是工业资本家的社会。"③这就是说,在不同的时代,新的生产"器官"在不同层次上滋生出来,由此形成了新的生产方式以及新的社会关系。因此,"劳动资料不仅是人类劳动力发展的测量器,而且是劳动借以进行的社会关系的指示器"④。只有从"社会人的生产器官"出发才能把握社会有机体的结构。

从"社会人的生产器官"的分析,马克思又上升到经济结构的分析。所谓经济结构,就是指生产关系的总和。马克思指出,"人们在自己生活的社会生产中发生一定的、必然的、不以他们的意志为转移的关系,即同他们的物质生产力的一定发展阶段相适合的生产关系。这些生产关系的总和构成社会的经济结构"⑤。任何社会的经济结构都有二重性:一方面体现着人与物的关系,即以一定的形式把生产力中人与物的要素结合起来;另一方面又体现着人与人的关系,并构成人与人之间的"基本的原始

① 《马克思恩格斯全集》第 23 卷,第 409 页。
② 《马克思恩格斯全集》第 23 卷,第 410 页。
③ 《马克思恩格斯选集》第 1 卷,第 142 页。
④ 《马克思恩格斯全集》第 23 卷,第 204 页。
⑤ 《马克思恩格斯选集》第 2 卷,第 32 页。

的关系";一方面被社会的生产力所决定;另一方面又直接决定着社会的政治结构、观念结构,构成社会的"现实基础"。在这个意义上,可以把经济结构称为中介结构。中介结构既然联系着不同的方面,因而也就可以使一种关系转换到另一种关系。从这种意义上说,中介结构又是转换结构。社会的政治结构和观念结构之所以被称作表层结构,乃是因为它们由深层结构通过转换、中介过程而生成。转换结构的秘密内涵于所有制关系之中:所有制关系既是人与物之间的关系,又体现着人与人之间的关系,从而把人与自然的关系转换为人与人的社会关系。

马克思社会有机体的分析便是这样:由社会的深层结构——"社会人的生产器官"经过中介、转换,一步一步上升到充满各种幻想、理想甚至"天国形式"的政治结构和观念结构。在马克思看来,"这种方法是唯一的唯物主义的方法,因而也是唯一科学的方法"①。

在马克思社会有机体的结构分析中,贯彻着同构分析法。所谓同构性,是指社会诸结构之间映现着某种共性,存在着整体性,不同的结构可以相互映现、相互转换,诸结构在功能上相互补充、相互促进。同构性分析旨在揭示社会何以成为一个有机整体。

按照马克思的观点,社会有机体诸结构的同构性是由特定的生产方式决定的。"在一切社会形式中都有一种一定的生产决定其他一切生产的地位和影响,因而它的关系也决定其他一切关系的地位和影响。这是一种普照的光,它掩盖了一切其他色彩,改变着它们的特点。这是一种特殊的以太,它决定着它里面显露出来的一切存在的比重。"②这就是说,占统治地位的生产方式形成并决定着社会诸结构的特定比例和功能,并使它们之间产生一种契合性和总体性。占统治地位的生产方式是社会有机体"同构"之源。

马克思认为,世袭制、等级制的政治结构之所以能和宿命论、天命论、

①《马克思恩格斯全集》第23卷,第410页。
②《马克思恩格斯选集》第2卷,第24页。

血统论等构成的观念结构"同构",是因为它们同源于个体小生产方式。而古希腊的自然观、社会观与走锭精纺机、机车之所以不能"同构",歌谣、传说与活字盘、印刷机之所以不能"同构",是因为古希腊自然观和社会观的基础是古代生产方式,而走锭精纺机、蒸汽机车代表的是近代生产方式;歌谣、传说是用口语传播,这种信息传播方式受到传播者声音所及范围的限制,而活字盘、印刷机形成的信息传播方式则超越了这种时空的限制,显现为一个更大的时空结构。一句话,歌谣、传说体现的和活字盘、印刷机代表的不是同一性质的生产方式,因而不能"同构"。在社会发展中,"并存"的社会现象内在是"同构"的,或者至少有"同构"的因果链。

揭示特定社会有机体的同构性,并用这一同构性来分析社会的各种现象,这是马克思社会有机体结构分析法的精髓。有机体之所以叫有机体,乃是因为其内部诸结构之间有着同构性。抓住这一点,就抓住了历史和现实中一切社会现象的秘密。

三、社会有机体的再生产分析法

按照马克思的观点,社会有机体通过物质生产、精神生产和人类自身生产这三种生产再生产着自身,使自己得到连续性的发展。社会有机体的再生产分析法就是从社会需要如何产生和满足的过程怎样维系着社会机体这个角度揭示社会有机体运动的。

任何一种有机体要维持自己的存在,必须要同周围的环境进行物质变换。社会也是如此。社会有机体要存在下去,必须不间断地进行人与自然界之间的物质变换。为此,必须进行物质生产。物质生产是社会与自然之间的直接接触点和物质转换器。自然只有在物质生产中才能转化为社会的要素并对社会发挥作用,社会有机体也只有以物质生产为基础才能生存下去。社会有机体再生产的分析首先是物质生产的分析。

同时,任何一个社会除了要进行物质生产外,还必须进行精神生产,因而,要正确把握社会有机体的运动,必须从物质生产上升到精神生产的分析。精神生产就是"思想、观念、意识的生产",是借助于精神生产资料而进行的系统化、理论化、实物化的精神产品的生产。按照马克思的观点,精神生产"最初是直接与人们的物质活动,与人们的物质交往,与现实生活的语言交织在一起的",并且是"人们物质关系的直接产物",并随着历史的发展成为"物质生活过程的必然升华物"①,具有了相对独立性。从起源上看,精神生产是物质生产以及人类自身生产的产物;从历史过程、从社会有机体再生产这个角度讲,精神生产又是其他生产得以继续和扩大的前提。精神生产在整个社会生产中处于枢纽地位,它受制于其他两种生产,同时又影响和驾驭其他两种生产,其功能具有全面性、辐射性,从而成为整个社会机体再生产的控制系统。可以说,精神生产是社会机体维系各种关系的导向器和控制器。

任何一个社会,为了维持自己的存在,必须进行两方面的精神生产:一是社会科学、意识形态的再生产,其目的在于调节和控制社会力量;二是自然科学的生产,其目的在于调节和控制自然力。这两种形式的精神生产对社会有机体的存在都具有重大的意义。离开前者,人类社会就失去了自我调节,形成不了任何自觉的集体行为,也不可能形成社会机体;离开后者,人类社会将永远处在自然的奴役之下。

人是社会的主体。社会有机体要维持自己的存在,还必须进行人类自身生产。人类自身生产不仅是一个自然历史过程,同时又是一个社会历史过程。无论是"自己生命的生产",还是"他人生命的生产",首先取决于物质生产及其创造的"生产资料、享受资料和发展资料"的性质和水平;其次还取决于当时精神生产的性质和水平。这是一方面。

另一方面,人类最初的物质生产是由人类自身生产的需要引起的,"这一步是由他们的肉体组织所决定的"②,而且人们之间最初的社会关系也是在人类自身生产过程中形成的,家庭起初是唯一的社会关系。正

---

① 《马克思恩格斯全集》第 3 卷,第 30、31 页。
② 《马克思恩格斯全集》第 3 卷,第 24 页。

是人类自身再生产的要求,构成了物质生产以及精神生产发展的内在动力和前提,人本身生产构成了社会机体不断再生产的一个基本环节。

物质生产、精神生产和人类自身生产的过程,同时也就是社会关系再生产的过程。"人们是在一定的生产关系中制造呢绒、麻布和丝织品的",同时,"这些一定的社会关系同麻布、亚麻等一样,也是人们生产出来的"。"人们按照自己的物质生产率建立相应的社会关系,正是这些人又按照自己的社会关系创造了相应的原理、观念和范畴。"①"生活的生产——无论是自己生活的生产(通过劳动)或他人生活的生产(通过生育)——立即表现为双重关系:一方面是自然关系,另一方面是社会关系。"②正是在物质生产、精神生产和人本身生产的过程中,人类社会成为"一切关系在其中同时存在而又互相依存的社会机体"③。

物质生产、精神生产和人类自身生产的不断进行,使社会有机体不断地复制自身。物质生产、精神生产、人类自身生产是一个只能在思维中而不可在实际中分开的过程。正因为如此,马克思始终用"三种生产"分析法研究社会有机体的延续和运动,以揭示社会有机体不断自我塑造的秘密。

马克思社会有机体的再生产分析法包含着基础—新层次分析法。按照马克思的观点,社会生产不会停留在一个水平上,而是不断地从简单再生产走向扩大再生产,扩大再生产使社会有机体在新的基础上产生出来,当新质达到"母体"所包含不了的阶级时,旧的社会机体便会被新的社会机体取代。就这样,社会有机体不断地演化着,并呈现出基础—新层次的运动过程。马克思指出,社会"基础本身的最高发展(这个基础变成的花朵;但这仍然是这个基础,是作为花朵的这株植物;因此,开花以后和开花的结果就是枯萎),是达到这样一点,这时基础本身取得的形式使它能和生产力的最高发展,因而也和个人[在这一基础的条件下]的最丰富的发

---

① 《马克思恩格斯选集》第 1 卷,第 141、142 页。
② 《马克思恩格斯全集》第 3 卷,第 33 页。
③ 《马克思恩格斯选集》第 1 卷,第 143 页。

展相一致。一旦达到这一点,进一步的发展就表现为衰落,而新的发展则在新的基础上开始"①。

社会有机体的运行是基础不断扩大的过程,基础结构每一次扩大之所以能够实现,乃是因为新层次在进一步发展中又下降和积淀为基础,在包含新层次积淀的基础上又形成更新的层次。以此为方法论基础,马克思分析了社会有机体的运动过程。从社会发展来看,开始是"自然的关系"占统治地位,资本主义开始了"社会的关系"占统治地位的时代。此时,自然环境"形成社会分工的自然基础"②,"自然的关系"积淀为社会关系的基础。从此,人类就不是在自然界的必然性而是在自身的"自然必然性"条件下开始活动。

社会有机体的运动中既有不断变更的类型、衰亡的类型,也有"活化石"的类型,如古代印度和中国。对于这些不同类型必须从马克思的基础—新层次分析法中去寻找"理解"的钥匙。在马克思看来,东方社会之所以长期停滞不前,成为社会发展中的"活化石",就是因为亚细亚社会没有新的基础、新的层次产生,因而从不可记忆的年代起,就是同一形式的简单重复。"这些自给自足的公社不断地按照同一形式把自己再生产出来,当它们偶然遭到破坏时,会在同一地点以同一名称再建立起来,这种公社的简单的生产机体,为揭示下面这个秘密提供了一把钥匙:亚洲各国不断瓦解、不断重建和经常改朝换代,与此截然相反,亚洲的社会却没有变化。这种社会的基本经济要素的结构,不为政治领域中的风暴所触动。"③

四、社会有机体的总体—要素分析法

社会中的"一切关系"成为一种"有机体"的运动,符合总体—要素的规律。马克思认为,社会这种"有机体制本身作为一个总体有自己的各种

---

① 《马克思恩格斯全集》第46卷下,第35页。
② 《马克思恩格斯全集》第23卷,第561页。
③ 《马克思恩格斯全集》第23卷,第396—397页。

前提,而它向总体的发展过程就在于:使社会的一切要素从属于自己,或者把自己还缺乏的器官从社会中创造出来。有机体制在历史上就是这样向总体发展的。它变成这种总体是它的过程即它的发展的一个要素"①。这就是说,社会有机体的总体性不是简单地从要素相关性中产生的,社会有机体运行是从总体方向出发并向总体运行的过程,它是人的有目的的创造过程,是"社会人的生产器官"形成并塑造整个社会关系的过程。

马克思社会有机体的总体—要素分析法包括三个方面的内容:

第一,分析体现新的发展方向的活动。在社会有机体的运行中,总是那些体现新的发展方向的活动显现出活力。马克思比较了行会与工场手工业这两种形式,发现工场手工业作为新的总体,一开始便有"行会制度"所没有的活力:"那种一开始就和机器,即使是最原始的机器联系在一起的劳动,很快就显出它是最有发展能力的。"②正是这种能力,使其开始生成自己的总体。

第二,分析适应新的活动的新的社会关系。在社会有机体运行中,体现新方向和新发展的活动总是创造出适应自身的新的社会关系。马克思分析过工场手工业的发展,即首先形成与旧总体不同的"第一种劳动""第一个行业",接着又引起所有制的变化,使"自然形成的等级资本"产生"商人资本","第一行业"与"商人资本"一起形成"工场手工业";进一步发展,工场手工业又推动欧洲"流浪时期"的产生,农民被迫离开土地,成为无家可归但具有劳动力的人,而"迅速繁荣起来的工场手工业,特别是在英国,渐渐地吸收了他们"③。这一过程同时就是封建制度的瓦解和资本主义制度兴起的过程。

第三,分析不同部门之间的连贯性。在社会有机体的运行中,当其中一个部门发生变革后,它又会连贯地波及其他部门、其他关系,改变所有这些部门、关系的比例和结构。马克思分析过机器纺织业生产方式革命

---

① 《马克思恩格斯全集》第 46 卷上,第 235—236 页。
② 《马克思恩格斯全集》第 3 卷,第 62 页。
③ 《马克思恩格斯全集》第 3 卷,第 63 页。

后的连贯性,即机器纺织业使机器织布业成为必要,接着又使漂白业、印花业、染色业、轧棉业发生革命,一直扩展到交通运输业。这就是说,"一个工业部门生产方式的变革,必定引起其他部门生产方式的变革"①。这里,仿佛也存在着某种革命式的传播,即从中心点向四面八方、各个部门、关系发散出去。

社会有机体结构的转换首先发生在"社会人的生产器官"上,当社会有机体这一深层结构变化后,它首先冲击着经济结构,要求变革生产关系;进一步又涉及表层结构,引起政治、观念的变革,这就形成一个整体。因此,在社会有机体的总体—要素分析中,首先是总体,揭示总体是怎样产生的,它又怎样被新的总体取代;要素则处于这样一种地位,即要素为总体服务,并作为总体的"器官"生成和被创造出来。

在社会有机体的发展中,总体与要素的关系包括机体与细胞的关系。社会有机体一切关系的同构性形成一个有机体,其基础和原因都在于社会有机体的"细胞"。马克思社会有机体的总体—要素分析法包含着机体—细胞分析法。按照马克思的观点,对社会有机体有两种不同形式的分析:一是机体分析或叫宏观分析;二是细胞分析或叫微观分析。科学的分析既是宏观的又是微观的,既是机体的又是细胞的,二者应有机地统一起来,达到相互映现、相互引申的高度。

就机体分析与细胞分析的关系而言,人们常常先进行机体分析,"因为已经发育的身体比身体的细胞容易研究些"②。社会科学的认识往往是这样的,即"对更有内容和更复杂形式的分析"至少已接近成功,而对其"细胞"的分析却没有进行。马克思不仅分析了社会的"机体",而且还同时分析了社会的"细胞",并从社会的"细胞"出发,合理地演绎出整个社会机体,然后反过来再进一步研究"细胞"。这样一条全新的思路,在《资本论》中以其正文的第一句话跃然而出:"资本主义生产方式占统治地位的

①《马克思恩格斯全集》第23卷,第421页。
②《马克思恩格斯全集》第23卷,第8页。

社会的财富,表现为'庞大的商品堆积',单个的商品表现为这种财富的元素形式。因此,我们的研究就从分析商品开始。"①这是因为,"对资产阶级社会说来,劳动产品的商品形式,或者商品的价值形式,就是经济的细胞形式"②。

马克思正是从商品这一"细胞"出发,在对"细胞"的全面而深刻的分析中,一步一步揭示出资本主义社会机体的"一切关系"的发生和发展过程。马克思甚至从微观—企业出发,一步一步揭示出资本主义灭亡的必然性,即每一个企业有计划的行动和整个社会生产的无政府主义表明,生产社会化与生产资料私有制是资本主义本身无法克服的内在矛盾。把宏观、机体分析立足于微观、细胞分析上,具有逻辑必然性,能够揭示出社会有机体的总体运动过程。

应当注意的是,不同的社会机体有着不同的"细胞",商品只是资本主义社会机体的"细胞",它绝不能取代其他社会机体的"细胞"。从社会有机体的更迭来看,"细胞"的内涵也在更迭,即历史上曾经作为"细胞"的,在新的"细胞"中成为一种构成要素。分析不同的社会机体,必须寻找其特殊的"细胞"。

行文至此,不能不简单地阐述一下系统论方法与马克思社会有机体方法的关系。我并不否认系统论的整体性原则、相关性原则、有序性原则以及系统与要素、系统与层次、有序与无序、结构与功能等方法对于揭示社会的本质、结构和过程起到了有效的作用,对社会机体的研究当然可以进行系统分析。但是,仅仅进行系统论分析还不能真正揭示社会有机体的本质特征。这是因为,社会是一种特殊的机体,其根本特点在于:社会有机体及其运动是"社会人的生产器官"形成并塑造整个社会关系的过程,人既是历史的"剧作者",又是历史的"剧中人"③,人们自己创造自己的社会存在,同时又把这一存在当作客体来认识。这是一种自相缠绕、自

---

① 《马克思恩格斯全集》第23卷,第47页。
② 《马克思恩格斯全集》第23卷,第8页。
③ 《马克思恩格斯全集》第4卷,第149页。

我变革的"怪圈",只有在以人为主体的社会机体中才能存在。我们只有以马克思的社会有机体方法为基础才能真正把握社会机体的本质特征和运行规律。实际上,马克思本人就是社会系统论的奠基人,是最早对系统方法进行广泛而具体研究的学者。但是,马克思的社会有机体方法又不等于系统论方法,系统论方法无法取代马克思的社会有机体方法。整个说来,系统方法只是马克思社会有机体方法的一个方面。

第十五章

"从后思索"：认识历史的根本途径

历史是已经过去的存在,因而在认识历史的活动中,认识主体不可能直接接触认识客体。认识对象的这种特殊性造成了历史认识的特殊性,并使历史认识论的研究遇到了一系列特殊的困难。正因为如此,现代西方历史哲学研究重心就是历史认识论。然而,现代西方历史哲学提出了问题,但并没有真正解决这一问题,能否认识历史以及如何认识历史的问题似乎成了现代历史哲学中的"歌德巴赫猜想"。实际上,马克思已经自觉意识到历史认识的特殊性这一问题,并提出了"从后思索"法,即认识历史只能是"反过来思",即从现实社会、从"发展的结果"出发,逆向溯因。马克思的"从后思索"法为我们走出历史认识的迷宫提供了一条切实可行的思路。

一、"从后思索"：必要性与可能性

"从后思索"法是马克思在《资本论》中分析商品拜

物教的性质及其秘密时提出来的。按照马克思的观点,商品早在古亚细亚和古希腊罗马社会中就已经存在了,并"取得了社会生活的自然形式的固定性",但是,人们对商品的科学认识却是在"后来",即资本主义社会中才获得的。究其原因,是因为商品生产在古亚细亚和古希腊罗马社会中"处于从属地位",而在资本主义社会中却占统治地位,并达到了"典型的形式"。

由此,马克思明确地提出了历史认识中的"从后思索"法,即"对人类生活形式的思索,从而对它的科学分析,总是采取同实际发展相反的道路。这种思索是从事后开始的,就是说,是从发展过程的完成的结果开始的"①。当《资本论》第一卷译成法文时,马克思又对这段话做了修订:"对社会生活形式的思索,从而对它的科学分析,遵循着一条同实际运动完全相反的道路。这种思索是从事后开始的,是从已经完全确定的材料、发展的结果开始的。"②这两段话没有本质的区别,只是法文版的论述更精确了,并在思索的出发点上增加了"已经完全确定的材料"这一内容。

马克思的"从后思索"法虽然是在分析商品拜物教的性质及其秘密时提出来的,但它却是马克思一贯主张的思维方法。

在《博士论文》中,马克思就采取了"从后思索"的方法来分析古希腊哲学,即"从伊壁鸠鲁哲学追溯希腊哲学"。之所以如此,是因为自我意识哲学是古希腊哲学发展的最高形态,"在伊壁鸠鲁派、斯多葛学派和怀疑派那里自我意识的一切环节都得到充分表述,不过每个环节都被表述为一个特殊的存在,难道这是偶然的吗? 这些体系合在一起形成自我意识的完备的结构"③,所以,"这些体系是理解希腊哲学的真正历史的钥匙"④。正因为如此,马克思在《博士论文》中不是把伊壁鸠鲁之前的这种或那种哲学放在"首位",而是相反,"从伊壁鸠鲁哲学追溯希腊哲学"⑤。

---

① 《马克思恩格斯全集》第 23 卷,第 92 页。
② 马克思:《资本论》(根据作者修订的法文版第一卷翻译),第 55 页。
③ 《马克思恩格斯全集》第 40 卷,第 195 页。
④ 《马克思恩格斯全集》第 40 卷,第 189 页。
⑤ 《马克思恩格斯全集》第 40 卷,第 138 页。

在《〈黑格尔法哲学批判〉导言》中,马克思认为,1843 年的德国社会制度低于当时世界历史水平,这是因为,"在法国和英国行将完结的事物,在德国才刚刚开始"。"那里,正在解决问题;这里,矛盾才被提出。"①用马克思在《资本论》中的话来说就是,"在资本主义生产方式的对抗性质在法英两国通过历史斗争而明显地暴露出来以后,资本主义生产方式才在德国成熟起来"②。因此,如果仅仅"从德国的现状本身出发"去否定当时的德国制度,依然要犯"时代错误"。为了正确而全面地把握德国的历史发展,必须从"在法国和英国行将完结的事物",即当时的先进实践出发反过来思索。这同样是一种"从后思索"的方法,即从时代的先进实践出发来理解较为落后民族或国家的发展。

在《1857—1858 年经济学手稿》中,马克思明确指出,"作为生产过程的历史形式的资产阶级经济,包含着超越自己的、对早先的历史生产方式加以说明之点","这些启示连同对现代的正确理解,也给我们提供了一把理解过去的钥匙"③。按照马克思的观点,"早先的生产方式"、过去的社会关系往往以萎缩或发展的形式存在于现实社会中。资本主义是历史上最发达的和最复杂的社会组织,"社会、历史所创造的因素占优势",社会关系得到了充分发展、充分展现,它以"萎缩的或者完全歪曲的形式"包含着"早期形式的各种关系","总是在有本质区别的形式上,包含着这些社会形式"④。

"资产阶级社会是最发达的和最多样性的历史的生产组织。因此,那些表现它的各种关系的范畴以及对于它的结构的理解,同时也能使我们透视一切已经覆灭的社会形式的结构和生产关系。""人体解剖对于猴体解剖是一把钥匙。反过来说,低等动物身上表露的高等动物的征兆,只有在高等动物本身已被认识之后才能理解。因此,资产阶级经济为古代经

① 《马克思恩格斯全集》第 1 卷,第 457 页。
② 《马克思恩格斯全集》第 23 卷,第 18 页。
③ 《马克思恩格斯全集》第 46 卷上,第 458 页。
④ 《马克思恩格斯选集》第 2 卷,第 23 页。

济等等提供了钥匙。"①马克思的这一论述形象地说明了对历史的科学认识是从"事后"、从"完成的结果"开始的原因所在。

可见，马克思始终认为，只有从现实出发才能找到正确理解历史的钥匙。换言之，对于历史认识来说，"从后思索"的方法具有普遍的意义。所以，马克思指出，对于历史认识来说，"从后思索"是"更为重要"的方法，"也是我们希望做的一项独立的工作"②。

对于历史认识来说，"从后思索"之所以必要，有两点原因。

一是社会发展是从过去到现在，从低级到高级，然而，历史已经过去，在历史认识中，主体无法直接面对客体，人们也无法重新模拟过去的历史，因而对历史的认识也就不能从过去到现在，从低级到高级。相反，只能采取"同实际运动完全相反的道路"，反过来思索，即从高级到低级，从现在到过去，逆向溯因。这是认识历史必须遵循的方法，也是认识历史的根本途径。

二是历史中的各种因素和关系，只有在其充分发展、充分展现后才能被充分认识，而其充分展现后又已经否定了自身，转化为高级的东西了，所以，考察过去的、低级的社会形式反而要以现实的、高级的社会形式为参照系。"人体解剖对于猴体解剖是一把钥匙。"低等动物身上表露的高等动物的征兆，反而只有在高等动物本身已经被认识之后才能理解。"在人类历史上存在着和古生物学中一样的情形。由于某种判断的盲目，甚至最杰出的人物也会根本看不到眼前的事物。后来，到了一定的时候，人们就惊奇地发现，从前没有看到的东西现在到处都露出自己的痕迹。"③

对于历史认识来说，"从后思索"之所以可能，其客观依据在于：历史虽已过去，但它并没有消失，化为无，而是或者以浓缩、变形的方式，或者以萎缩、发展的形式被包含在现实社会中。现实是历史的延伸，历史往往平铺在一个社会截面上。所以，透过现实社会，我们便可以看到过去的历

---

① 《马克思恩格斯选集》第 2 卷，第 23 页。
② 《马克思恩格斯全集》第 46 卷上，第 458 页。
③ 《马克思恩格斯选集》第 4 卷，第 579 页。

史。正如马克思所说,资本主义社会在过去"社会形式的残片和因素建立起来,其中一部分是还未克服的遗物,继续在这里存留着,一部分原来只是征兆的东西,发展到具有充分意义,等等"①。因此,通过资本主义社会的结构和关系,我们能够"透视一切已经覆灭的社会形式的结构和生产关系"。对于历史认识来说,"从后思索"也就是从现实社会"透视"以往历史。这是其一。

其二,"比较简单的范畴,虽然在历史上可以在比较具体的范畴之前存在,但是,它在深度和广度上的充分发展恰恰只能属于一个复杂的社会形式,而比较具体的范畴在一个比较不发展的社会形式中有过比较充分的发展"②。在马克思看来,我们能够通过发达的社会状态认识历史上和现实中的不发达的社会状态。"资产阶级社会是最发达的和最多样性的历史的生产组织",因此,通过表现资本主义社会各种关系的范畴,我们可以认识一切已经覆灭的社会关系。例如,就内容而言,以货币形式为完成形态的价值形态是极其简单的,然而,"两千多年来人类智慧在这方面进行探讨的努力,并未得到什么结果,而对更有内容和更复杂的形式的分析,却至少已接近于成功"。之所以如此,是"因为已经发育的身体比身体的细胞容易研究些"③。

二、"从后思索":客观理解与基本要求

"从后思索"就是从"发展过程的完成的结果"出发,通过对历史的"透视"和由结果到原因的反归把握历史运动的内在逻辑。这里,这一过程必须是从生产方式出发,达到对历史的"客观的理解"的过程。

物质生活的生产方式制约着整个社会生活、政治生活和精神生活的过程。生产力发展到一定阶段,便同它们一直在其中运动的生产关系即

---

① 《马克思恩格斯选集》第2卷,第23页。
② 《马克思恩格斯选集》第2卷,第21页。
③ 《马克思恩格斯全集》第23卷,第8页。

经济结构发生矛盾;随着经济结构的变革,政治结构和观念结构也或慢或快地发生变革。生产方式的内在结构是整个社会的"母结构",只有从生产方式出发,我们才能理解历史何以沿着这一方向而不沿着那一方向发展,才能理解重大历史事件的性质和秘密,才能理解各种历史观念的兴衰盛亡。现实的生产方式包含着"对早先的历史生产方式加以说明之点"。因此,从生产方式出发为我们"透视"历史、理解历史和解释历史提供了一种客观尺度。这是"从后思索"方法的唯物主义精神所在。

"从后思索"是从现实社会"透视"以往历史。这种"透视"自始至终受着历史进程的制约,受到认识主体的知识结构和价值观念的制约,具有较大的相对性。但是,我们不能因此放弃客观性原则,放弃对历史的"客观的理解"。

首先,要达到对历史的"客观的理解",要以现实社会的"自我批判"为前提。"历史的发展总是建立在这样的基础上的:最后的形式总是把过去的形式看成是向着自己发展的各个阶段,并且因为它很少而且只是在特定条件下才能够进行自我批判,……,——所以总是对过去的形式作片面的理解。基督教只有在它的自我批判在一定程度上,可说是在可能范围内完成时,才有助于对早期神话作客观的理解。同样,资产阶级经济学只有在资产阶级社会的自我批判已经开始时,才能理解封建的、古代的和东方的经济。"①

其次,要达到对历史的"客观的理解",要以"完全确定的材料"为前提。认识历史,首先要分析现实社会,并以此为基础分析历史资料,确定历史资料的性质、年代、真伪,从而在分析这些已经完全确定的材料中得出"一些原始的方程式,——就象例如自然科学的经验数据一样,——这些方程式会说明在这个制度以前存在的过去。这样,这些启示连同对现代的正确理解,也给我们提供了一把理解过去的钥匙"②。

---

① 《马克思恩格斯选集》第 2 卷,第 23—24 页。
② 《马克思恩格斯全集》第 46 卷上,第 458 页。

再次，要达到对历史的"客观的理解"，还要以历史考察为前提。从现实社会去"透视"、反思过去的社会形式，绝不意味着"抹杀一切历史差别"，把现在的各种关系等同于"早期形式的各种关系"，或者反过来，把"早期形式的各种关系"等同于现实社会的各种关系。这是因为，"早期形式的各种关系"在现实社会中往往是以"发展了的、萎缩了的、漫画式的种种形式"出现的，现实社会"总是在有本质区别的形式上"包含着过去的社会形式。例如，"人们认识了地租，就能理解代役租、什一税等等。但是不应当把它们等同起来"①。正因为如此，马克思认为，"从后思索"的方法本身就包含着历史考察之点。

"从后思索"首先要确定思索的出发点，这一出发点应当是某种社会关系的典型。换言之，"从后思索"的第一个要求，就是选择某种社会关系的典型作为思索的出发点。

"物理学家是在自然过程表现得最确实、最少受干扰的地方考察自然过程的，或者，如有可能，是在保证过程以其纯粹形态进行的条件下从事实验的。"②这种"以其纯粹形态进行的条件下"所从事的实验室方法是自然科学的根本方法。问题在于，这种实验室方法在历史科学中无法实现，因为不存在一种"纯粹形态"的社会，哲学家、历史学家不可能在"纯粹形态进行的条件下从事实验"。但是，历史中的各种社会关系都有其"典型"形态，因而哲学家、历史学家可以在某种社会关系表现得最充分、某些经验事实全面展开的社会单位——社会典型中分析历史中的社会关系。这就是马克思的典型分析法。

在考察资本主义发展的历史过程时，马克思就是以资本主义经济发展的典型——英国和资本主义政治发展的典型——法国为"从后思索"的出发点的；在考察"劳动不仅在范畴上，而且在现实中都成了创造财富一般的手段"时，马克思是以"资产阶级社会的最现代的存在形式——美国"

---

① 《马克思恩格斯选集》第2卷，第23页。
② 《马克思恩格斯全集》第23卷，第8页。

为典型,并以此为出发点的;在考察东方社会时,又是印度和中国为典型,并以此为出发点的。在马克思看来,中国是东方社会的"活的化石",体现着"一切东方运动的共同特征"①。典型分析是"从后思索"的出发点。典型分析实际上就是历史科学中的实验室方法。正如自然科学的实验室方法不断深化人们对自然过程的认识一样,历史科学中的典型分析方法也不断地深化着人们对历史过程的认识。

"从后思索"的第二个要求是对所要认识的社会关系进行"普照光"式分析。

社会运动是以物质生产方式为基础和中轴的总体运动,其中,占主导地位的生产方式使各种社会要素和社会关系从属于自己,并决定着各种社会要素之间的比例和社会的整体结构。在马克思看来,这种占主导地位的生产方式就是该社会的"普照光"。"在一切社会形式中都有一种一定的生产决定其他一切生产的地位和影响,因而它的关系也决定其他一切关系的地位和影响。这是一种普照的光,它掩盖了一切其他色彩,改变着它们的特点。这是一种特殊的以太,它决定着它里面显露出来的一切存在的比重。"②这就是马克思的"普照光"式分析法。

马克思的分析法要求人们在"从后思索"时,要捕捉社会的"普照光",即占主导地位的生产方式,并以此为基础分析在现实社会中存在的"发展了的"或"萎缩了的"社会关系,分析在现实社会已经成为"残片"的社会要素,从而把握该历史中的社会关系、社会要素。按照马克思的观点,随着生产方式的变化,社会中的"普照光"也必然处于变化之中,新的"普照光"会在历史运动中产生出来,并会形成新的社会要素、社会关系及其总体结构,这同时又是过去的社会要素、社会关系发展起来或萎缩下去的过程。捕捉现实社会以及过去社会形式的"普照光",就能使我们从根本上和总体上把握历史运动。

---

① 《马克思恩格斯全集》第 15 卷,第 545 页。
② 《马克思恩格斯选集》第 2 卷,第 24 页。

"从后思索"的第三个要求是逆向溯因。

历史研究的一个重要特征,就是它把发现历史过程、历史事件的原因看作自己始终不懈的任务。研究历史就是要解释历史,而解释历史首先要发现历史事件的原因。"探赜索隐",这是古代历史学家的共同要求,也是现代历史学家的共识。"研究历史就是研究原因。""每一有关历史的争论都是围绕着什么是主要原因这一问题来进行的。"①现代著名历史哲学家卡尔的这句话很有见地,它道出了历史研究的一个重要特征。但是,人们在实际认识历史时,却不可能从原因推出结果。这是因为:历史已经过去,产生历史事件的原因已经不复存在;人们也无法像自然科学那样,在实验中重新模拟这些原因。因此,要真正认识历史运动的规律以及历史事件的原因只能走一条"同实际运动完全相反的道路",即从"发展过程的完成的结果开始",逆向溯因。

逆向溯因并不是按照今天—昨天—前天的严格逆向次序进行的,而是首先对现实社会进行分析,在"完全确定的材料"的基础上,寻找"一些原始的方程式,——就象例如自然科学的经验数据一样,——这些方程式会说明在这个制度以前存在的过去"②;然后从现实社会出发,飞跃到被考察的对象上,"把可以看见的、仅仅是表面的运动,归结为内部的现实的运动"③,并在这个过程中考察现实的社会关系同过去的社会关系的相互关系。这样,就能发现历史运动的规律以及历史事件原因。

在"从后思索"的过程中,无论是分析典型、捕捉"普照光",还是逆向溯因,都必须使用科学抽象法。在历史科学中,科学抽象是"唯一可以当作分析工具的力量"。只有借助于"抽象力",才能在现实社会中找到理解过去的"原始的方程式",才能"指出历史资料各个层次间的连贯性",从而"复活死去的东西",使过去的历史资料重新"开口说话",使"材料的生命"

---

① 〔英〕卡尔:《历史是什么》,陈恒译,商务印书馆2008年版,第93、97页。
② 《马克思恩格斯全集》第46卷上,第458页。
③ 《马克思恩格斯全集》第25卷上,第349—350页。

"观念地反映出来"①。这样,才能深刻而准确地从理论上"再现"客观历史。

三、"从后思索":历史认识与科学预见

从总体上看,现代历史哲学注意的中心已不是历史本体论问题,而是历史认识论问题。批判的历史哲学的产生,标志着西方历史哲学从思辨形态转向分析形态,从近代形态转向现代形态。柯林武德认为,历史哲学就是对历史思维的前提和含义的一种批判性的探讨,其本质就是"反思历史思维",从而确定历史学努力的界限和特有价值。克罗齐断言历史哲学就是"有关历史认识论的研究"②。研究重心的这一转移完全符合人类认识规律:认识外部世界的任何一种努力一旦持续下去,就会在某一时刻不多不少地转变为对这种认识活动本身的反思与批判。因此,批判历史哲学的产生以及历史哲学研究重心的转换,即从历史本体论转移到历史认识论,绝不意味着西方历史哲学的没落,相反,却表明西方历史哲学的成熟。它促使人们自觉地意识到认识能力的相对性,并在这种自我批判的基础上更审慎、更清醒地去认识客观历史。

从逻辑上看,历史认识论与历史本体论具有内在的关联和一致性。本体论是认识论的基础和依据,任何历史认识论总是或隐或显地以某种历史本体论为其立论的依据或前提。批判的历史哲学蔑视历史本体论,并把历史本体论称为"思辨的历史哲学",然而,批判的历史哲学本身仍然信奉一种本体论,即思想本体论。柯林武德之所以强调历史认识是人们在自己的心灵中对历史行动者的思想进行设身处地的"重演",其立论依据就是一种历史本体论,即历史是思想史。"一个自然过程是各种事件的过程,一个历史过程则是各种思想的过程。"③因此,要脱离历史本体论来谈论历史认识论,实际上是不可能的。历史本体论是历史认识论立论的

① 《马克思恩格斯全集》第 23 卷,第 23 页。
② 〔意〕克罗齐:《历史学的理论和实际》,第 61 页。
③ 〔英〕柯林武德:《历史的观念》,何兆武等译,商务印书馆 1997 年版,第 304 页。

依据,对历史认识论起着导向作用。这是一方面。

另一方面,历史本体论的真正确立又有赖于对人们认识能力的考察,即有赖于历史认识论的研究。康德之所以能在哲学史上造成一场"哥白尼式的革命",其实质就在于,他提出了一个振聋发聩的思想:本体论的确立有赖于认识论的研究,对存在本身是非曲直的认识有赖于对理性认识能力的考察。正因为如此,康德把近代哲学从形而上学"独断论"的迷梦中"唤醒",从而成为德国古典哲学的创始人。康德的观点同样适合于历史哲学。批判的历史哲学所提出的"历史科学如何成为可能"这一问题,实际上是"康德问题"在历史哲学领域的"反射"与"回声"。历史本体论如果脱离了历史认识论,其结论必然是独断的、不可靠的。但是,批判的历史哲学是在脱离历史本体论、否定客观历史存在的基础上考察历史认识的内容和结果的。在探讨历史认识论时,批判的历史哲学竟把其前提——客观历史一笔勾销了,结果是犯了一场"演丹麦王子而没有哈姆雷特"的错误。

在现代历史哲学中,克罗齐的一切历史都是当代史的观点引人注目。按照克罗齐的观点,人们都是从当代出发,并依据当代的知识结构和价值观念认识历史的。因此,一切历史都是当代史。这里,我们遇到了一个很难回避的问题,即如何看待马克思的"从后思索法"和克罗齐的"一切历史都是当代史"的关系。

在我看来,马克思的"从后思索"法和克罗齐的"一切历史都是当代史"的观点,都是对历史认识特殊性反思的产物。如前所述,历史是已经过去的存在,因而在认识历史的活动中,认识主体不可能直接接触认识客体。认识对象的这种特殊性造成了认识历史活动的特殊性,并使历史认识论的研究遇到了一系列特殊的困难。马克思的"从后思索"法和克罗齐的"一切历史都是当代史"就是对这一特殊困难的不同解答,二者都属于现代哲学的观念。但是,马克思的"从后思索"法和克罗齐的"一切历史都是当代史"又有本质的区别。这一区别表现在三个方面:

首先,马克思认为,历史虽已过去,但它并没有化为无,而是以萎缩、浓缩、发展的形式被包含在现实社会中，"从后思索"就是从现实社会中"透视"以往的客观历史；克罗齐则认为，历史研究仅仅是活着的人，而且是为了其活着的人的利益去重建死者的生活，不存在"客观历史"。

其次，马克思认为，实践是过去历史向现实社会过渡的"转换器"和"显示尺度"，"从后思索"的广度和深度取决于实践的"格"以及由实践的"格"升华的思维的"格"；克罗齐则认为，过去历史同当代生活的"对流"只是以史学家或哲学家的主观精神为媒介。

再次，马克思认为，"从后思索"是通过由结果到原因的反归来把握历史运动的一般规律；克罗齐则认为，在打上了"当代性"烙印的有限的、特定的历史中寻找"普遍史"，永远不会成功，社会历史"无任何规律可循"。

克罗齐看到了历史认识的特殊性，并提出了建构历史认识论的问题，但它却无力科学地解决历史认识论问题。马克思的"从后思索"法确认历史认识的特殊性，认为在历史认识活动中，既不存在一个抽象的"反映"或"摹写"过程，也不存在一个纯粹的"自我意识"建构的过程，人们认识历史是以实践为中介的。马克思"从后思索"法的高明之处就在于：它把认识活动归结于实践活动，把现实社会看作过去历史的延伸、深化和拓展，把实践看作过去历史向现实社会过渡的"转换尺度"和"显示尺度"，从而以现实的实践为出发点去反思过去的历史以及历史认识的规律。这就为建构科学的历史认识论奠定了可靠的基础。马克思的"从后思索"法深刻地体现着历史本体论和历史认识论的内在统一，它以超前的意识预示了20世纪历史哲学"合流"的趋势——在"复活"历史本体论的基础上深化历史认识论的研究。

从形式上看，"从后思索"是从结果向原因的回逆，从现实向历史的"透视"，仿佛是面向过去，但它的目的和意义却在相反的方面，即面向未来。这是因为，马克思的"从后思索"法既"包含着超越自己的、对早先的历史生产方式加以说明之点"，又包含着"预示着未来的先兆"之点，从而用"未来"引导现实运动。正如马克思所说的那样："如果说资产阶级前的阶段表现为仅仅是历史的，即已经被扬弃的前提，那么，现代的生产条件就表现为正在扬弃的前提，那么，现代生产条件就表现为正在扬弃自身，从而正在为新社会制度创造历史前提的生产条件。"因此,从现实社会出发去考察过去历史,"这种正确的考察同样会得出预示着生产关系的现代形式被扬弃之点,从而预示着未来的先兆,变易的运动"①。正是以资本主义社会为中介,马克思"透视"出"一切已经覆灭的社会形式的结构和生产关系",同时发现"工业较发达的国家向工业较不发达的国家所显示的,只是后者未来的景象"②。

这就是说,马克思的"从后思索"法具有双重功能,即立足现实反思过去,把握历史规律;以历史规律为依据预见未来。历史是以生产方式为基础的总体运动,现实既是过去的延伸、深化和拓展,又是未来的起点,它以浓缩的形式包含着过去,又以萌芽或胚胎的形式包含着未来。因此,对现实的正确理解不仅能合理地说明过去,而且能够科学地预见未来。这种预见正是以发现和把握历史规律为前提的。实际上,任何一门科学都以发现和把握某种规律为己任,并以此预见未来。正是以资本主义社会为中介,在"从后思索"的过程中,马克思发现了"以铁的必然性发生作用并且正在实现的趋势",从而对人类社会的未来发展做出了科学的预见。

---

① 《马克思恩格斯全集》第 46 卷上,第 458 页。
② 《马克思恩格斯全集》第 23 卷,第 8 页。

第十六章

科学抽象：历史科学的分析工具

历史科学①无法应用实验室方法,用自然科学的实验室方法来规范历史科学或否定历史研究的科学性,这是现代西方历史哲学无法逃遁的形而上学局限。马克思认为,"分析经济形式,既不能用显微镜,也不能用化学试剂。二者都必须用抽象力来代替"②。的确如此,倍数再高的显微镜也看不出商品的交换价值,最好的望远镜也看不到商品的交换价值,亿万次计算机也算不出商品的交换价值,"直到现在,还没有一个化学家在珍珠或金刚石中发现交换价值"③。然而,马克思却用科学抽象法真正解答了"商品之谜"。实际上,对于整个历史科学来说,

---

① 这里所说的"历史科学"不是指当前学科分类、学科建制意义的"历史学",而是泛指包括历史学在内的哲学社会科学。正如恩格斯所说,"历史在这里应当是政治、法律、哲学、神学,总之,一切属于社会而不是单纯属于自然界的领域的简单概括"(《马克思恩格斯选集》第4卷,第726—727页)。正是在这个意义上,马克思、恩格斯认为,"我们仅仅知道一门唯一的科学,即历史科学"(《马克思恩格斯全集》第3卷,第20页)。
② 《马克思恩格斯全集》第23卷,第8页。
③ 《马克思恩格斯全集》第23卷,第100页。

科学抽象法具有普遍的意义,只有科学抽象法才能深刻地揭示并从理论上完整地再现社会的本质和历史的规律。

一、科学抽象在认识过程中的作用

从认识的过程看,人的认识要经历两个阶段,即从感性认识上升到理性认识。从感性认识到理性认识的过程具有内在的逻辑,这就是从感性具体经过思维抽象而达到思维具体。马克思认为,认识有两条道路:第一条道路是"完整的表象蒸发为抽象的规定";第二条道路是"抽象的规定在思维行程中导致具体的再现"①。这两条道路首尾相接,构成"感性具体—思维抽象—思维具体"的否定之否定过程。

感性认识属于对事物的表象、外部联系的认识。问题在于,人的感性认识不同于动物的感觉活动,它始终同人所特有的认识图式相联系。人的感觉在任何时候都不可能是没有理性参与的纯粹的感觉,它始终受既定的认识图式的制约,而且主体的价值观念和社会关系也无不渗透并影响着感性认识的形成。正如马克思所说,"五官感觉的形成是以往全部世界历史的产物。……忧心忡忡的穷人甚至对最美丽的景色都没有什么感觉;贩卖矿物的商人只看到矿物的商业价值,而看不到矿物的美和特性;他没有矿物学的感觉"②。

理性认识是人们借助抽象思维对感性认识进行加工、整理、概括而形成的对事物的本质、内部联系的认识。理性认识包括抽象规定和思维具体,不仅表现为概念、判断和推理的形式,而且还包括由概念、判断和推理所组成的理论体系。理论体系是思维反映存在的系统形式,其任务就是把事物的本质和规律在思维中以总体的、具体的形式再现出来。

在感性认识中形成的感性具体是置于人的感官面前、具有感性规定

---

① 《马克思恩格斯选集》第 2 卷,第 18 页。
② 《马克思恩格斯全集》第 42 卷,第 126 页。

性的具体事物,通过人的感觉和知觉在人脑中形成一个"完整的表象""直观的整体",即形成了对事物外部联系的整体印象。在理性认识中形成的思维具体需要经过抽象规定这一中介。所谓抽象规定,是指思维通过对感性具体的分析所抽取出来的一个个单一的规定性,尤其是本质规定。思维具体就是指在抽象规定的基础上复制、建构出来的理性具体,"是许多规定的综合,因而是多样性的统一"①。

思维具体,即理性具体不同于感性具体。感性具体只是一种混沌的表象,未深入到对象的本质层次,而思维具体经过抽象规定这一中介过程,不仅进入到事物的本质层次,而且把事物的规定性综合和统一起来了,是经过理性分析后重新达到的对事物的整体认识。换言之,思维具体是关于某一对象的多种抽象规定的有机综合,在理性层面达到了对事物的本质、规律和整体的认识。

思维具体也不同于抽象规定。抽象规定已经包含着对事物本质规定的认识,但仅仅依靠一个个单个的抽象规定还不能把握事物规律和整体的联系。只有借助综合的方法,把反映事物的抽象规定联系起来,形成关于事物整体的统一认识,才能真正从根本上和整体上把握客观事物,才能真正达到主观与客观相符合。

包括思维具体在内的理性认识反映的是客观事物的本质和规律,具有抽象性、普遍性,但实践活动总是具体的,理性认识的成果因此无法直接应用于实践活动。换言之,要实现通常所说的理性认识向实践活动的飞跃,就必须结合具体的实践活动使理性认识具体化,形成和建立实践理性,即实践理念。所谓实践理念,是指人们在从事实践活动之前建立起来的关于实践的观念模型、理想客体。马克思指出,"蜘蛛的活动与织工的活动相似,蜜蜂建筑蜂房的本领使人间的许多建筑师感到惭愧。但是,最蹩脚的建筑师从一开始就比最灵巧的蜜蜂高明的地方,是他在用蜂蜡建筑蜂房以前,已经在自己的头脑中把它建成了。劳动过程结束时得到的

---

① 《马克思恩格斯全集》第 12 卷,第 751 页。

结果,在这个过程开始时就已经在劳动者的表象中存在着,即已经观念地存在着"①。这种以观念形式存在的实践结果就是实践理念。换言之,实践理念是实践活动所创造的实在客体的观念原型,而作为这种实在客体的实践结果就是实践理念的对象化、物化。

实践理念与理论理性都属于意识范畴,但二者又有较大区别。如果说理论理性是关于对象本身的本质和规律的认识,那么,实践理念则是人们为了满足自身的需要而制定的、关于改造对象的目标、规划、方案等。从内容上看,除了包含理论理性所揭示的关于对象即客体的存在状况、内部结构、本质属性、运动规律等知识外,实践理念还凝结着关于主体本身的需要、目的和活动的认识;除了包含关于客体"是什么"和"怎么样"的知识外,实践理念还加上了主体为了达到自身目的而作出的关于客体以及主体与客体关系"应如何""能如何"的判断,包含着对客体意义的评价。因此,就认识过程来说,实践理念是比理论理性更高的阶段。

实践理念的建立离不开理论理性,但它并不是理论理性的逻辑推演。实践理念形成和建立的根据,是物的外在尺度和人的内在尺度的统一。一方面,实践理性的建立只有在人们认识、把握客体的本质和规律时才是可能的,没有理论理性,没有对物的外在尺度的把握,也就无所谓实践理念;另一方面,实践理念的建立又是以认识和把握人本身的需要、本质力量为前提的。人们改造世界并不是简单地重复和模仿客观事物的现存形式,而是为了改变客观事物的现存形式,创造出能够满足自身需要、适合自己发展的"为我之物""为我而存在"的关系。

"动物只是按照它所属的那个种的尺度和需要来建造,而人却懂得按照任何一个种的尺度来进行生产,并且懂得怎样处处都把内在的尺度运用到对象上去。"②实践理念的形成过程,就是主体在观念中按照一定的方式将其内在尺度运用到物的外在尺度上去,形成"理想的意图",创造出理

---

① 《马克思恩格斯全集》第 23 卷,第 202 页。
② 《马克思恩格斯全集》第 42 卷,第 97 页。

想客体的过程。实践理念不仅包含着关于客体的本质和规律的普遍性认识,而且包含着关于主体本身的需要,结合了实践活动的具体要求,并将三者统一起来了。因此,实践理念既是认识过程的最高环节,又是由理性认识向实践活动转化的中介环节,成为具有强烈现实感的实践意识。

无论是从感性具体到思维具体,还是从理论理性到实践理念,都离不开科学抽象。在这个过程中,始终贯穿着科学抽象法。按照马克思的观点,科学抽象法要求对社会的研究从感性具体出发,经过分析上升到抽象规定,然后在抽象的基础上,经过综合,形成理性具体。这是一条有序发展的理论研究过程,它沿着两条道路运行着:"在第一条道路上,完整的表象蒸发为抽象的规定;在第二条道路上,抽象的规定在思维行程中导致具体的再现。"①这就是从感性具体到抽象规定,从抽象规定到理性具体的两条道路,然后在此基础上结合具体实际形成实践理念。

一般说来,"抽象"一词具有三重含义:一是本体论意义,即抽象是客观事物的一个方面,如马克思就把"劳动"分解为"具体劳动"和"抽象劳动";二是认识论意义,即抽象是认识的成果,如"具体概念"和"抽象概念"、"具体的同一性"和"抽象的同一性";三是方法论意义,即把事物的某一属性、关系、方面单独抽取出来的方法。科学抽象法中的"抽象",是就其中的认识论和方法论意义而言的,它首先是指一种认识方法和思维方法,是在思维中把对象的某一属性、关系、方面抽取出来,而暂时舍弃其他属性、关系、方面的一种逻辑方法;其次是指认识成果和思维成果,是思维经过分析,从感性具体"蒸发为抽象的规定"。

这里,我们应当注意,从认识的过程来说,认识从感性具体出发,感性具体是理论认识的来源;就理论体系的形成而言,认识是从抽象规定开始的,换言之,理论不是以感性具体作为要素,而是以各种抽象规定作为要素。只有借助于抽象规定,理论思维才能运动起来。正是在理论体系形成的意义上,马克思认为,"从实在和具体开始,从现实的前提开始,因而,

---

① 《马克思恩格斯选集》第2卷,第18页。

例如在经济学上从作为全部社会生产行为的基础和主体的人口开始,似乎是正确的。但是,更仔细地考察起来,这是错误的"。这是因为,"抛开构成人口的阶级,人口就是一个抽象。如果我不知道这些阶级所依据的因素,如雇佣劳动、资本等等,阶级又是一句空话。而这些因素是以交换、分工、价格等等为前提的。比如资本,如果没有雇佣劳动、价值、货币、价格等等,它就什么也不是"①。因此,必须从抽象规定出发,才能达到理论研究的入口处,才能从理论上再现"具有许多规定和关系的丰富的总体"②。

科学抽象法首先是从具体到抽象,即从感性具体出发,对"混沌的表象""完整的表象""生动的整体"进行抽象分析,形成抽象的规定。对感性具体某一本质方面的认识,就是一个抽象的规定。马克思认为,17 世纪的经济学家对社会的研究走的就是从感性具体到抽象规定的道路。"17世纪的经济学家总是从生动的整体,从人口、民族、国家、若干国家等等开始,但是他们最后总是从分析中找出一些有决定意义的抽象的一般的关系,如分工、货币、价值等等。"③这里,人口、民族、国家就是感性具体,分工、货币、价值就是抽象规定。这是认识社会的第一条道路,即从社会现象抽象出社会的"一般的关系"形成"抽象的规定"。

然而,在马克思看来,这只是建构社会理论体系,再现"具有许多规定和关系的丰富的总体"的前提。只有从抽象规定再上升到理性具体的时候,社会理论体系才能真正形成。按照马克思的观点,"从抽象上升到具体的方法,只是思维用来掌握具体、把它当作一个精神上的具体再现出来的方式"④;而"具体之所以具体,因为它是许多规定的综合,因而是多样性的统一。因此,它在思维中表现为综合的过程,表现为结果"⑤。这个"综合的过程"就是概念、判断、推理的展开过程,是概念运动的过程,是理

①《马克思恩格斯选集》第 2 卷,第 18 页。
②《马克思恩格斯选集》第 2 卷,第 18 页。
③《马克思恩格斯选集》第 2 卷,第 18 页。
④《马克思恩格斯选集》第 2 卷,第 19 页。
⑤《马克思恩格斯选集》第 2 卷,第 18 页。

论体系形成的过程,从而也就是"思维用来掌握具体、把它当作一个精神上的具体再现出来"的过程。例如,分工、货币、价值等"这些个别要素一旦多少确定下来和抽象出来,从劳动、分工、需要、交换价值等等这些简单的东西上升到国家、国际交换和世界市场的各种经济学体系就开始出现了"①。而马克思的历史观就是"从对人类历史发展的观察中抽象出来的最一般的结果的综合"②。

因此,科学抽象法又是从抽象到具体,即以"抽象的规定"为出发点,通过综合、概括的方法,把反映事物各方面本质的抽象规定联系起来,形成关于事物统一体的认识。此时,再现出来的具体就不是感性具体,而是"思想总体""思想具体""理性具体",即思维中的具体了。尽管是思维中的具体,但它只要是科学的,那么,它就会使"材料的生命""观念地反映出来"③。

二、从抽象到具体的基本环节:起点范畴、中介范畴与终点范畴

从总体上看,从抽象到具体建构理论体系,包括确定起点范畴、展开中介范畴和走向终点范畴三个基本环节。

所谓起点范畴,是指从抽象到具体运行中作为逻辑起点的抽象规定,如黑格尔哲学中的"纯有",笛卡尔哲学中的"我思",马克思政治经济学中的"商品",帕森斯社会理论中的"行动",汤因比历史理论中的"文明",等等。起点范畴是整个理论体系的出发点,规定着理论体系的运行及其内在的无矛盾性。

作为起点范畴的抽象是事物的本质规定,从中可以揭示出该事物的一切矛盾或矛盾的"胚芽"。例如,全部社会生活在本质上是实践的,作为马克思哲学起点范畴的实践,就以缩影的形式包含着人与自然的矛盾和

①《马克思恩格斯选集》第 2 卷,第 18 页。
②《马克思恩格斯全集》第 3 卷,第 31 页。
③《马克思恩格斯全集》第 23 卷,第 23 页。

人与人的矛盾,全部马克思哲学的范畴都是实践这一范畴的延伸、展开的产物,都可以在实践这一范畴中找到它的"胚芽"。

作为起点范畴的抽象是高度的抽象。社会科学的高度抽象,是指在其研究领域内不需要用事物的其他方面和属性解释它,而它却能解释和说明事物的其他方面和属性。高度的抽象是包含着演绎法在内的抽象,即由这一抽象规定出发可以说明并演绎出事物的其他规定来。

作为起点范畴的抽象又是适度的抽象。高度的抽象也是有限度的,它必须符合适度原则。抽象不及,不能确定真正的逻辑起点;抽象过度,也就失去了对象的质。例如,实证主义的抽象未超出经验,只在两种或几种变量关系中进行抽象,缺乏指导意义,这是抽象不及,而费尔巴哈对人的抽象则超出了度,即把人的社会性抽象掉了,仅剩下生物学的"类"。正是从这种抽象的人出发,唯物主义者费尔巴哈在历史领域重新陷入唯心主义。

起点范畴实质上是理论体系的"元概念",而抽象中的本质的、高度的、适度的原则,乃是确立某个概念何以为"元"的原则。"元概念"不管如何变化,有两点是不变的:一是元概念反映的必须是构成具体对象的基本单位,它本身是实际的存在,如"商品""行为""细胞"都是这样的单位;二是元概念必须蕴含着整个理论体系的"胚芽",理论体系的运行就是从中生长、发展、演化而来,仿佛是演绎出来的一样。

中介范畴是潜在于起点范畴中的尚未展开的"胚芽",随着起点范畴运动的不断展开,中介范畴就会显现出来。例如,从商品引申出使用价值和价值,在一定条件下从价值又引申出货币,货币在一定条件下又会转化为资本。起点经过中介的"铁的逻辑"形成一环扣一环的逻辑整体。只有通过中介范畴,以"细胞"形式存在的抽象规定,才能逐渐展开自身的矛盾,显示出自身的丰富性,从而向思维中的具体逼近。

《资本论》就是运用这种方法的典范。《资本论》第一卷第一篇,即"商品和货币"揭示的是资本的存在,它是《资本论》全部结构的"胚芽";第一卷的其他部分考察资本主义生产的直接过程,揭示了资本的本质;第二卷考察资本流通,揭示资本的现象;第三卷"揭示和说明资本运动过程作为整体考察时所产生的各种具体形式。资本在自己的现实运动中就是以这些具体形式互相对立的,对这些具体形式来说,资本在直接生产过程中采取的形态和在流通过程中采取的形态,只是表现为特殊的要素。因此,我们在本卷中将要阐明的资本的各种形式,同资本在社会表面上,在各种资本的互相作用中,在竞争中,以及在生产当事人自己的通常意识中所表现出来的形式,是一步一步地接近了"①。可见,《资本论》通过"存在"—"本质"—"现象"—"现实"这些环节,把资本的内在矛盾充分展现出来了。

终点范畴是抽象到具体的逻辑终点,它以思维具体的形式展现出来,是一个具有许多规定性的总体。如果说,作为逻辑起点的抽象规定只是抽象的普遍性,那么,在终点范畴中已经是包含着个别、特殊在内的具体普遍性了。

终点就是向起点回溯。黑格尔指出,"必须承认以下这一点是很重要的观察,——它在逻辑本身以内将更明确地显出来,——即:前进就是回溯到根据,回溯到原始的和真正的东西;被用作开端的东西就依靠这种根据,并且实际上将是由根据产生的"②。从起点范畴到终点范畴的运动不过是起点的内在矛盾全面的展示,因而每前进一步,实际上都是向原始起点的回溯。在这个意义上,终点一步也没有离开起点。

终点又是对起点和中介的证明。科学抽象法中的证明,是命题和论据之间的相互支持、相互论证。这是一种辩证的"圆圈"运动,而不是"循环论证"。这里,说明这一点是必要的,即《资本论》的反对者攻击马克思没有用专门一章对"价值"作出最后的定义,因而是不科学的。而在马克思看来,价值的定义是不断变动的,它的证明只有在运动的终点,在考察了所有方面总和后才能得到,因而对价值的证明也就是整个理论体系展

---

① 《马克思恩格斯全集》第 25 卷,第 29—30 页。
② 〔德〕黑格尔:《逻辑学》上卷,杨一之译,商务印书馆 1966 年版,第 55 页。

开的全过程。否则，只能得到对价值的片面认识。

马克思的从抽象上升到具体的方法来源于黑格尔的《逻辑学》方法，但二者具有本质的不同。按照马克思的观点，从抽象到具体的运动，表面看来是一种纯概念的运动，实际上这种概念运动是现实社会运动的反映。"具体总体作为思想总体、作为思想具体，事实上是思维的、理解的产物；但是，决不是处于直观和表象之外或驾于其上而思维着的、自我产生着的概念的产物，而是把直观和表象加工成概念这一过程的产物。整体，当它在头脑中作为思想整体而出现时，是思维着的头脑的产物，这个头脑用它所专有的方式掌握世界，而这种方式是不同于对于世界的艺术精神的，宗教精神的，实践精神的掌握的。实在主体仍然是在头脑之外保持着它的独立性；只要这个头脑还仅仅是思辨地、理论地活动着。因此，就是在理论方法上，主体，即社会，也必须始终作为前提浮现在表象面前。"①在马克思看来，这是一个在研究历史科学时"必须把握住"，而且"应当时刻把握住"的问题。

认识活动中科学抽象的过程，也就是思维的建构过程。现实的人总是以自己的概念结构来把握现实社会，并把现实社会纳入到自己的理解和解释系统之中；主体是一个特殊的转化机构，一切感性、知性、理性的东西都在其中"变形"，并被建构起来。认识是主体借助于各种中介系统（工具操作系统、概念逻辑系统）与客体相互作用的过程。没有自在客体当然不会有观念客体，这是认识的客观前提；没有主体的理解、创造过程，没有概念结构对自在客体的分解过程，也不会有观念客体，观念客体总是主体对自在客体特殊地理解和把握的产物，是思维构造的产物。

这里，产生了认识运动对立的两个方面：一方面，自在客体决定着观念客体；另一方面，主体特有的生理的、经验的、知识的、实践的方式又决定着自在客体向观念客体转化的广度和深度，主体拥有对客体特定的选择、理解和解释方式。同时，由于自在客体并不会把自己的纯粹本质表现

---

① 《马克思恩格斯选集》第 2 卷，第 19、24 页。

出来,相反,假象、层次、交错的相互作用会把本质这样或那样地掩盖起来。所以,认识从直接到间接,从外在到内在,从现象到本质,从初级本质到深刻本质的运动,并不能仅仅依靠归纳法直接从现象、经验中得到,而要通过概念的中介关系、抽象化的过程来扬弃它们。这就形成了思维建构的能动作用。

思维的建构也就是人在实践基础上以主体的方式对客体的能动反映过程。按照马克思的观点,人对现实社会的反映通过思维对观念客体的建构表现出来,人是通过概念、范畴、逻辑观念来反映人与自然的关系和人与人的关系的。在列宁看来,"认识是人对自然界的反映。但是,这并不是简单的、直接的、完整的反映,而是一系列的抽象过程,即概念、规律,等等的构成、形成过程","在人面前是自然现象之网。本能的人,即野蛮人,没有把自己同自然界区分开来。自觉的人则区分开来了,范畴是区分过程中的梯级,即认识世界的过程中的梯级,是帮助我们认识和掌握自然现象之网的网上纽结"。[①] 因此,范畴的产生和运用是人的认识的升华,它标志着主体与客体的分化。

同时,主体与客体的分化是通过自在客体与观念客体分化的形式表现的,所谓观念客体,就是指主体在观念中通过逻辑形式所把握的客体。人一旦把范畴关系置于主体与客体之间,思维就具有了建构的特点。思维的建构是思维通过范畴关系或概念结构把自在客体转化为观念客体的过程。自在客体的分化过程是在观念中进行的,也就是逻辑观念、概念结构对其分解和理解的过程,是概念结构对感性材料有序化的过程。这一过程表现为这样的关系:自在客体→逻辑结构→观念客体。

正因为观念客体是经过逻辑结构的中介由自在客体转化而来,因而逻辑结构就成为二者的转化器。逻辑结构不同,对自在客体的反映也就不同,具体表现为对信息输入的选择不同,加工角度和程度不同,信息被规范、被建构的方式不同,从而观念客体也就不同。以石块下落为例,自

---

① 《列宁全集》第 55 卷,第 152、78 页。

古代到现代,同样是石头从高空落下的事实,亚里士多德把它看作石块在寻找自己的天然位置,伽利略看到的是石头与天体一样做圆周运动,牛顿则领悟出地心引力,爱因斯坦则看到石块在引力场中沿黎曼空间走最短的路程。在这里,概念结构起到的是把自在客体转化为观念客体的建构作用。

思维的建构性体现了主体与客体以概念结构为中介的双向运动,主体以概念结构去分解自在客体,而自在客体也就在一定程度上转化为观念客体,从而人的认识过程也就表现为思维的建构过程。思维的建构是思维通过由抽象到具体,形成"先验的结构"的方式去把握社会历史的过程。思维一开始就不同于经验,它要对自在客体形成某种"规定"。所谓规定,也就是把某一方面纯化,这种抽象过程只能在思维中进行,在实际生活中是不存在的。最简单的规定,如欧氏几何中没有面积的点,没有宽度的线,没有厚度的面,以及由点的运动构成线,由线的运动构成面,由面的运动构成立体,都是思维建构的产物,是一种极度纯化了的思维抽象物。

在这些极度抽象基础上形成的整体,是一种纯化了的整体,一种仿佛是"先验的结构"。如果这种"先验的结构"一旦被社会认同,并成为一种传统,那么,它就会转化为一种定型化了的"客观的思维形式",仿佛具有了某种客观效力。马克思认为,相对于资本主义的生产关系来说,资产阶级经济学范畴"是有社会效力的、因而是客观的思维形式"①。范畴及其关系会转化为"客观的思维形式",这也就是思维的建构定型化、模式化、客观化的过程。本来,范畴结构只是特定"生产关系""实践关系"的产物,但它一旦"客观化"了,也就形成了某种"惯性运动",形成一种仿佛是"范畴结构"决定思维的现象,并产生了"神秘性"和"魔法妖术"。

"从抽象上升到具体的方法,只是思维用来掌握具体并把它当作一个精神上的具体再现出来的方式。"②实际上,这一过程就是思维的建构过

---

① 《马克思恩格斯全集》第23卷,93页。
② 《马克思恩格斯全集》第46卷上,第38页。

程,而且思维只能通过这一抽象到具体的方式才能主观地再现客体。这是人所特有的"反映"方式。

三、科学抽象的根本原则:历史—逻辑的统一

科学抽象的进行和理论体系的建构贯彻着历史—逻辑的方法原则。历史—逻辑的方法实际上是正确处理现实的逻辑与理论的逻辑、客观辩证法与主观辩证法之间关系的方法。把握了这一科学方法,就能进一步说明抽象何以这样或那样进行,理论体系何以这样或那样建构的内在秘密。

这里,首先要把握"历史"的概念。一般说来,历史是指按时间箭头从过去到现在、再到将来的不可逆过程。但是,在马克思看来,历史是与发展联系在一起的,"联系不断采取新的形式,因而就呈现为'历史'"①;反过来说,没有发展也就没有历史,如同一形式的重复,没有内容和形式的变化,尽管存在着也没有历史。正是在这个意义上,马克思认为,"印度社会根本没有历史,至少是没有为人所知的历史"②。印度社会没有历史的原因就在于,亚细亚生产方式中的"公社自给自足,不断地按照同一形式把自己再生产出来,当它们偶然遭到破坏时,会在同一地点以同一名称再建立起来"。可见,马克思所理解的历史与通常意义上的时间上的历史有着较大区别。

在马克思哲学中,历史的方法就是依据社会发展进程来研究社会因素和社会关系如何生成、展开、成熟,一个阶段如何为另一个阶段所更替的方法。从总体上看,马克思的历史方法具有两个特征:

一是历史的方法是发生学方法。按照发生学的观点,任何一个社会现象都有一个起源、形成、独立的过程,有一个历史条件形成的过程,这一

---

① 《马克思恩格斯全集》第3卷,第34页。
② 《马克思恩格斯选集》第1卷,第767页。

过程就是其发生的过程。例如,马克思的《路易·波拿巴的雾月十八日》就是关于"雾月十八日事变"的发生学。这种发生学"叙述了二月事变以来法国历史的全部进程的内在联系,揭示了12月2日的奇迹就是这种联系的自然和必然的结果,……这幅图画描绘得如此高明,以致后来每一次新的揭露,都只是提供出新的证据,证明这幅图画是多么忠实地反映了实际"。"马克思不仅特别偏好地研究了法国过去的历史,而且还考察了法国时事的一切细节"①。恩格斯的《家庭、私有制和国家的起源》就是关于家庭、私有制和国家的发生学,它详尽具体、清澈见底、明白无误地向我们展示了家庭、私有制和国家起源的历史。任何历史现象,只有弄清它的发生,才能科学地研究它。

二是历史的方法是过程论的方法,即按时间顺序描述其发展过程、发展的各个阶段的方法。历史方法的特点之一就是要求描述一个个历史事件,一个个历史人物的活动以及具体的历史进程。例如,马克思把民族的早期发展比喻为儿童,并认为有"粗野的儿童""早熟的儿童""正常的儿童"。如果对民族发展作典型解剖,那么,只需选择"正常的儿童"就可以了,但历史的方法则要全面地描述各种"儿童"的发展过程,越全面、越详尽则越符合历史方法的要求。

历史方法的优点在于,它反映了历史发生、发展的具体过程,但纯粹的历史方法往往成为历史现象的堆积、具体细节的展示。要把历史的内在本质显现出来,必须从历史的方法上升到逻辑的方法。

逻辑的方法是通过一系列概念来揭示社会的本质和历史的规律,从而建立理论体系的方法。对于揭示社会的本质和历史的规律来说,"逻辑的方式是唯一适用的方式"②。任何一种社会研究方法,无论是实证主义的,还是人文主义的,无论是社会唯名论的,还是社会唯实论的,本质上都是逻辑的方法。这些方法的区别仅仅在于如何组织概念体系,即概念运

---

① 《马克思恩格斯选集》第1卷,第582、583页。
② 《马克思恩格斯选集》第2卷,第43页。

动的规则不同。逻辑的方法之所以是揭示社会本质和历史规律的"唯一适用的方式",是因为社会发展往往是跳跃式的和曲折发展的,其中,充满着诸多的偶然因素,如果想把这诸多偶然因素都弄清,是做不到的;如果处处跟随历史,思维实际上无法进行,更无法发现和把握其中的规律。这样一来,唯一可行的方法便是逻辑的方法。

逻辑的方法有一个独立的范畴运行系统,这就是"正如从简单范畴的辩证运动中产生出群一样,从群的辩证运动中产生出系列,从系列的辩证运动中又产生出整个体系"①。这是一个由简单范畴——范畴群——范畴系列——范畴体系的运动过程。这一过程仿佛是逻辑在自我运动,自己构成自己,但实际上这种方式不过是"修正过"的历史方法。"实际上这种方式无非是历史的方式,不过摆脱了历史的形式以及起扰乱作用的偶然性而已。历史从哪里开始,思想进程也应当从哪里开始,而思想进程的进一步发展不过是历史过程在抽象的、理论上前后一贯的形式上的反映;这种反映是经过修正的。"②更重要的是,这种"修正""是按照现实的历史过程本身的规律修正的,这时,每一个要素可以在它完全成熟而具有典型性的发展点上加以考察"③。正因为如此,逻辑方法比自然主义的历史描述更深刻地反映了历史。这是其一。

其二,逻辑本身又是由历史来"校正"的。在每一时代,何种范畴和逻辑关系占主导地位,完全由那个时代占主导地位的生产关系来决定。例如,"世界交往"作为一个范畴抽象出来,在古代是不可能的,因为那时只有部落交往、地域交往的经验,"世界"概念还没有产生。只有在现代,"世界"对人说来才成为一种经验的事实,"世界交往"的概念才能形成,以此为基础又形成着世界市场、世界经济、世界文学等范畴,这些范畴的产生又改变着原有的局限于地域性的范畴结构,产生着新的逻辑。

正因为逻辑方法不过是"修正过"的历史方法,并且不断地被历史"校

---

① 《马克思恩格斯选集》第 1 卷,第 140—141 页。
② 《马克思恩格斯选集》第 2 卷,第 43 页。
③ 《马克思恩格斯选集》第 2 卷,第 43 页。

正"，所以，逻辑方法与历史方法具有内在的一致性。按照马克思的观点，在社会历史研究中，逻辑与历史相统一的方法主要体现在，从"完全成熟而具有典范形式的发展点上"来研究对象，因为这种"发展点"既是历史发展的充分形式，又为逻辑关系充分展开自身的形式奠定了现实基础。

在《资本论》中，马克思对运用历史—逻辑方法做了精辟的概述："对人类生活形式的思索，从而对它的科学分析，总是采取同实际发展相反的道路。这种思索是从事后开始的，就是说，是从发展过程的完成的结果开始的。"[1]"物理学家是在自然过程表现得最确实、最少受干扰的地方考察自然过程的，或者，如有可能，是在保证过程以其纯粹形态进行的条件下从事实验的。我要在本书研究的，是资本主义生产方式以及和它相适应的生产关系和交换关系。到现在为止，这种生产方式的典型地点是英国。因此，我在理论阐述上主要用英国作为例证。"[2]这种"从事后开始""从发展过程的完成的结果开始"、从"典型地点"开始研究历史的方法，就是逻辑与历史相统一的方法。正是在这种方法的引导下，马克思不仅发现了"现代的灾难"，而且发现了"许多遗留下来的灾难"；不仅发现了"活人使我们受苦"，而且发现了"死人也使我们受苦"[3]；不仅发现了资本主义生产方式的运动规律，而且发现了人类历史发展的一般规律。

四、研究方法与叙述方法：联系与区别

在历史科学中，研究方法是对历史本身以及历史资料进行分析和综合的方法，是从历史现象深入到历史本质中的方法；叙述方法则是理论和理论结构如何表述的方法，或者说是理论体系如何展现的方法。二者既有联系，又有区别。

研究必须充分地占有材料，分析它的各种发展形式，从具体到抽象，

---

[1]《马克思恩格斯全集》第 23 卷，第 92 页。
[2]《马克思恩格斯全集》第 23 卷，第 8 页。
[3]《马克思恩格斯全集》第 23 卷，第 11 页。

再从抽象到具体,探寻这些形式的内在联系。所以,马克思一再强调,历史研究"必然包含着历史考察",分析各种历史现象,分析各种发展形式。"对我们来说更为重要的是,我们的方法表明必然包含着历史考察之点,也就是说,表明仅仅作为生产过程的历史形式的资产阶级经济,包含着超越自己的、对早先的历史生产方式加以说明之点。""这种正确的考察同样会得出预示着生产关系的现代形式被扬弃之点。"①研究是从现象到本质,从外在联系到内在联系,它必须立足于对各种社会形式的起源以及发展阶段的分析之上。只有在研究任务完成之后,"现实运动才能适当地叙述出来"。

叙述方法并不是再现研究方法以及如何研究的过程,而是一种使"材料的生命""观念地反映出来"的方法。叙述展开自身的同时也在论证着自身,它用论据与命题、概念与概念群相互论证,当终点范畴最后回溯到起点范畴时,就形成一个"艺术整体"。因此,叙述方法并不仅仅是一个语言、文字表述的问题,而且是一个逻辑结构展现的方法,是从理论上再现现实运动的方法,并深刻地体现着科学抽象法。

叙述不能仅仅按"历史的先后次序"进行,对于叙述"直接具有决定的意义"的,是现实社会的内部结构。例如,叙述经济运动,从地租开始,从土地所有制开始,似乎是再自然不过了,因为它是"社会的最初的生产形式"。但是,在马克思看来,"这是最错误不过的了"。这是因为,在资本主义社会中,农业完全受资本支配,"不懂资本便不能懂地租。不懂地租却完全可以懂资本。资本是资产阶级社会的支配一切的经济权力。它必须成为起点又成为终点,必须放在土地所有制之前来说明"②。正是在这个意义上,马克思认为,"把经济范畴按它们在历史上起决定作用的先后次序来排列是不行的,错误的。它们的次序倒是由它们在现代资产阶级社会中的相互关系决定的,这种关系同表现出来的它们的自然次序或者符

①《马克思恩格斯全集》第46卷上,第458页。
②《马克思恩格斯选集》第2卷,第25页。

合历史发展的次序恰好相反。问题不在于各种经济关系在不同社会形式的相继更替的序列中在历史上占有什么地位,更不在于它们在'观念上'的顺序。而在于它们在现代资产阶级社会内部的结构"。①

要"适当地叙述"现实运动,就要科学地确定"抽象的规定"。按照马克思的观点,作为叙述的起点范畴应当是"简单的范畴"或"最抽象的范畴",内容上应当是"最一般的抽象"。问题在于,"简单的范畴,在历史上只有在最发达的社会状态下才表现出它的充分力量",而"最一般的抽象总只是产生在最丰富的具体发展的场合,在那里,一种东西为许多东西所共有,为一切所共有。这样一来,它就不再只是在特殊形式上才能加以思考了"②。因此,"最发达的社会状态""最丰富的具体发展场合"才能产生"最抽象的范畴"。以"劳动"为例,"劳动"或"劳动一般"之所以成为现代经济学的起点,是因为在资本主义社会这个最发达、最复杂的社会形式中,任何种类的劳动都被同样看待,"个人很容易从一种劳动转到另一种劳动"。所以,"最抽象的范畴,虽然正是由于它们的抽象而适用于一切时代,但是就这个抽象的规定性本身来说,同样是历史条件的产物,而且只有对于这些条件并在这些条件之内才具有充分的适用性"。③

以资本主义经济发展的典型形式——英国和资本主义制度的"最现代的存在形式"——美国为研究对象,马克思发现,"劳动不仅在范畴上,而且在现实中都成了创造财富一般的手段,它不再是同具有某种特殊性的个人结合在一起的规定了",或者说,"在这种社会形式中,个人很容易从一种劳动转到另一种劳动,一定种类的劳动对他们来说是偶然的,因而是无差别的"④;"劳动"与"劳动力"是两个既有联系又有区别的概念,劳动力是存在于人体中的智力和体力的总和,劳动则是劳动力在生产过程中的使用,是人以自身的活动来引起、调整和控制人与自然之间的物质变

---

① 《马克思恩格斯选集》第 2 卷,第 25 页。
② 《马克思恩格斯选集》第 2 卷,第 22 页。
③ 《马克思恩格斯选集》第 2 卷,第 22、23 页。
④ 《马克思恩格斯选集》第 2 卷,第 22 页。

换的过程。正是这种劳动或"劳动一般"构成了价值的基础。正是在这里,"'劳动'、'劳动一般'、直截了当的劳动这个范畴的抽象,这个现代经济学的起点,才成为实际上真实的东西。所以,这个被现代经济学提到首位的,表现出一种古老而适用于一切社会形式的关系的最简单的抽象,只有作为最现代的社会的范畴,才在这种抽象中表现为实际上真实的东西"①。这实际上是对劳动范畴把握的第五个阶段。

从理论发展的进程看,对劳动把握经历了五个阶段才达到科学,这五个阶段依次表现为货币主义;重工主义、重商主义对货币主义的批判;重农主义、重工主义对重商主义的批判;亚当·斯密对重农主义的批判;马克思对亚当·斯密的批判。这种种批判都是由现实的社会运动所激发的对原有历史理论前提的批判。没有这种批判,就既不可能否定原有的理论体系,也不可能形成新的理论体系。在马克思的哲学中,抽象方法同批判方法是密切相关甚至融为一体的。《德意志意识形态》的副标题就是"对费尔巴哈、布·鲍威尔和施蒂纳所代表的现代德国哲学以及各式各样先知所代表的德国社会主义的批判",《资本论》的副标题就是"政治经济学批判"。没有批判就没有对原有理论体系和抽象度的否定,也就没有新的理论的产生。批判方法是历史科学必须具备的方法,它使"抽象"不断更新和改变,并以此为理论前提形成新的历史理论、新的哲学体系。

---

① 《马克思恩格斯选集》第 2 卷,第 22 页。

第十七章

认识的反映、思维的建构与实践反思

从抽象到具体是思维建构观念客体的过程。但是，由此认为思维的建构性否定了反映论，却是一种错误。思维的建构性只是揭示出认识是反映、反思与建构的统一，它没有也不可能否定反映论本身。我们应当明白，认识是对外部信息的加工，没有外部的信息，认识无所形成，同时，认识何以是这样的而不是那样的，又必须到思维的建构性中去寻找秘密所在，从而揭示出认识的社会性、历史性和结构性。

一、思维反映存在的尺度："物的尺度"与"人的尺度"

从词源看，反映一词有反照、反射、反省、反思的不同含义。把反映与映入、射入、照镜子作同一意义理解，认为认识是纯客观性的、照镜子式的反映，这是近代机械唯物主义的理解，是机械反映论。在马克思看来，"不仅五官感觉，而且所谓精神感觉、实践感觉（意志、爱等），一句话,人的感觉、感觉的人性,都只是由于它的对象的存在,由于人化的自然界,才产生出来的。五官感觉的形成是以往全部世界历史的产物"①。否定机械反映论,建构能动的、社会的反映论是马克思哲学的历史贡献。

思维反映存在揭示的是思维的内容,思维如何反映存在揭示的则是思维反映存在的方式、尺度、取向,是指思维与存在在什么角度、层次、范围,通过什么形式、途径,达到二者的统一。按照马克思的观点,思维对存在的反映不仅是通过实践及其主体和客体的相互作用,而且是通过思维自己构成自己的形式进行的。在毛泽东看来,"人的概念的每一差异,都应把它看作是客观矛盾的反映。客观矛盾反映人主观的思想,组成了概念的矛盾运动,推动了思想的发展,不断地解决了人们的思想问题"②。显然,这里存在着两个层次的问题:首先,主观矛盾是客观矛盾的反映;其次,主观矛盾又相对独立,"组成了概念的矛盾运动",正是它"推动了思想的发展"。因此,实践对认识的辩证关系要通过"概念的矛盾运动"表现出来。这是思维自己构成自己的过程。

的确,马克思、恩格斯"忽略"了思维自己构成自己的问题。正如恩格斯所说:"对问题的这一方面,我觉得我们大家都过分地忽略了。这是一个老问题:起初总是为了内容而忽略形式。""这一点在马克思和我的著作中通常也强调得不够,在这方面我们大家都有同样的过错。这就是说,我们大家首先是把重点放在从基本经济事实中引出政治的、法的和其他意识形态的观念以及以这些观念为中介的行动,而且必须这样做。但是我们这样做的时候为了内容方面而忽略了形式方面,即这些观念等等是由什么样的方式和方法产生的。"③列宁在《哲学笔记》中充分认识到这一问题的重要性,并重新解释了黑格尔的"思维自己构成自己道路"的思想,重新改造了黑格尔的"思维在概念中的纯粹运动"的观点,从而为我们探索这一方面的问题指明了方向。

---

① 《马克思恩格斯全集》第 42 卷,第 126 页。
② 《毛泽东选集》第 1 卷,人民出版社 1991 年版,第 306 页。
③ 《马克思恩格斯选集》第 4 卷,第 727、726 页。

现代哲学非常关注思维自己构成自己的问题。胡克强调,理智对一切存在物的研究过程既是一个发现过程,也是一个创造和重新建造的过程。① 列维·斯特劳斯认为,语言结构决定人的认识活动。皮亚杰认为,认知图式决定人的认识活动。罗素、维特根斯坦、卡尔纳普则把思维与存在的关系看作逻辑构成和语言构成问题。哲学的兴趣由此从思维与存在的一般关系进入到具体关系,即从语言结构、认知结构、逻辑结构、经验结构等某一个方面、某一种形式透视思维与存在的关系。

这里,存在着两个方面的问题:一方面,把思维与存在的关系仅仅归结为某一方面当然是片面的;另一方面,仅仅停留于思维与存在的一般关系也是不行的。思维与存在不是一般的同一,这种同一总是要通过特殊的形式表现出来;形式又有其相对的独立性。因此,一方面,思维对存在的反映必定要通过思维自己构成自己的矛盾过程表现出来,另一方面,思维自己构成自己又只是思维对存在反映的历史的表现形式,二者是矛盾的统一。

不仅思维自己构成自己是思维对存在反映的矛盾性的表现形式,而且思维的超前、建构、选择也是反映的形式和特点,是主体自组织过程的体现。现代人类学、发生认识论、儿童心理学以及人工智能的研究表明,思维确实是自己构成自己的,它有着自身的内在矛盾、内在的发展逻辑,是一个典型的自组织过程。从行为思维到神话思维再到概念思维,是一个有序的发展过程;而人类概念结构的转换,也是一个有序的发展过程。我们一方面要从实践的发展来揭示思维的发展;另一方面也要从思维的内在矛盾的展开来研究思维,换言之,要从对实践认识的第一层次的研究跨入到思维内在矛盾运动的第二层次的研究,并把这两个层次的研究结合起来。应该说,这是现代实践、科学和哲学本身的发展向认识论提出的更高的要求。这是其一。

其二,思维对存在的反映又是通过特定的主体坐标系来进行的。思

---

① 参见洪谦主编:《西方现代资产阶级哲学论著选辑》,第 209 页。

维对存在的反映是有方向的,并不是无中心的,换言之,人们总是从特定角度、特定坐标出发去追求思维与存在的同一性。思维对存在的同一是有方向的、有特定角度的矛盾的同一。不同的主体对客体的理解和解释都受到自己独特的知识背景、认识图式、思维框架、概念结构的制约,因而都有自己特殊的认识坐标。

具体地说,人们认识自然界并不仅仅为了认识自然界的机械的、物理的、化学的、生物的特点,其目的是支配、控制和占有自然界,使其从"自在之物"转变为"为我之物"。马克思指出:"只有当物按人的方式同人发生关系时,我才能在实践上按人的方式同物发生关系。"①所谓使"物按人的方式同人发生关系",就是指物成为人的对象性活动的对象;"在实践上按人的方式同物发生关系",是指人通过对象性活动占有对象。这一过程也就是人们以自身的内在尺度改造物,使物具有属人的性质,使"自在自然"转化为"人化自然"。

这里,存在着两种尺度——"物的尺度"和"人的尺度",即外在的物的尺度和人的内在尺度。其中,主体的"内在尺度"是使"自在自然"转化为"人化自然"、"自在之物"转化为"为我之物"的尺度,而对"物的尺度"的把握程度则是"内在尺度"发挥作用的客观基础。现代认识论表明,人对世界的认识是有坐标系、有方向的。实际上,马克思提出的把"对象、现实、感性""当作感性的人的活动,当作实践去理解""从主体方面去理解",就是指认识的方向性,就是思维对存在反映的主体坐标系。

其三,思维对存在的反映通过实践反思的形式不断发展。按照马克思的观点,人体解剖对于猴体解剖是一把钥匙。反过来说,低等动物身上表露的高等动物的征兆,只有在高等动物本身已被认识之后才能理解。因此,人的思维的运动不是从"猴体"到"人体",从"低等动物"到"高等动物",而是从"人体"到"猴体",从"高等动物"到"低等动物"。这就是说,思维的行程是"倒过来"的,由"后"往"前",由高级到低级,"逆向溯因"。

———————

① 《马克思恩格斯全集》第42卷,第124页。

换言之,思维是立足于现代实践,对历史的概念结构进行反思、重建的过程。所以,马克思指出:"把经济范畴按它们在历史上起决定作用的先后次序来排列是不行的,错误的。它们的次序倒是由它们在现代资产阶级社会中的相互关系决定的,这种关系同表现出来的它们的自然次序或者符合历史发展的次序恰好相反。"①

现行的马克思主义哲学教科书所理解的理性认识完全忽视了马克思所提出的实践反思观点,它强调了实践对认识的决定作用,但忽视了实践对认识的决定作用要通过"反过来思"这一中介环节,而忽视"反过来思",就会把实践对认识的决定作用简单化、直线化。思维要发展,就要打破原有的概念、判断、推理系统,瓦解原有的概念结构和认知图式,这就需要对思维本身进行反思。在这一问题上,康德只是要求对主体认识能力进行批判,黑格尔只是求救于思维的内在矛盾运动,二者都显得软弱无力。只有马克思的实践反思理论既说明了实践是思维发展的根本动力,又说明了思维的具体行程是"倒过来"的,即走着一条"和实际发展相反的道路"。毫无疑问,思维采取"倒过来"的方式,既要批判原有的概念结构,又要在批判反思的前提下,建立起新的概念结构。马克思的"实践反思"既扬弃了康德的批判反思和黑格尔的概念反思,又以其巨大的超前性预示了现代思维对存在反映的创造性特点。

由此可见,要使反映论的问题得到一个合理的解决,就要把反映划分为两个层次:

第一个层次,思维反映存在。这里,反映表明了认识的本质,即认识不论是正确的,还是错误的,不论是形象的,还是逻辑的,都具有客观内容。认识的基础性在于,不管什么认识,什么认识形式,都是在反映这一基础上形成的。具体地说,反映是在主体、客体、反映形式的相互作用过程中,客体的部分信息被主体接受,主体依据自己的反映形式对之进行加工的信息变形过程。这就是说,反映的内容与被反映的客体的属性既有

①《马克思恩格斯选集》第 2 卷,第 25 页。

联系又有区别,换言之,反映的内容与被反映的对象并不是完全同一的。正因为如此,概念、逻辑,包括认知图式、概念结构等的产生才成为可能。所有这些都是立足于反映的内容既是对象又不是对象这一根本特点上的。

第二个层次,思维如何反映存在。这里,不仅包含着"从主体方面去理解",而且首先要从主体的实践需要去理解。换言之,思维如何反映存在首先是由实践需要来定向的,选择、建构、超前作用都是由实践需要来规范的。正是实践的需要,使反映沿着一条特殊而复杂的道路发展,其中包含着思维的建构。

二、思维的建构性:观念客体、"先验结构"与"客观的思维形式"

在康德哲学产生之前,思维的建构性这一理论问题还没有凸现出来。人们只把思维理解为简单的二维结构,而且在二维结构中只存在一个决定与被决定的关系。正如恩格斯所说,在这以前的科学家和哲学家们,"一个只知道自然界,另一个又只知道思想",他们或者用自然界来说明思想,或者用思想来说明自然界。众所周知,旧唯物主义走的是"自然界→思想"的道路,反过来,唯心主义走的则是"思想→自然界"的道路,一个决定,一个被决定,简单明了。

20世纪初,美国行为主义创始人华生把思维简单地归结为行为刺激反应的两项式,这就是著名的S→R(刺激→反应)二项式图式。现代认识论则围绕着对人的主体性的研究,使S→R的二项式变为S→O→R的三项式结构,其中出现了一个中项(O)。由此,原来人们所理解的由自然界到思想或者由思想到自然界的模式被打破了,形成了这样的三项式,即自在客体、主体和观念客体。这里,主体及其思维结构成了自在客体与观念客体之间的转换器,自在客体经过主体的转换形成了观念客体,其中,主体是主动的,是信息转换的加工、调节系统。

这个三项式的结构实际上凸现了思维的建构性问题:观念客体的形

成,一方面受到自在客体的决定,表现为输入系统,另一方面又受到主体的思维结构的决定,只有这两方面同时起作用,才有作为输出系统的观念客体。这是其一;其二,在自在客体、主体和观念客体这三项中,主体是唯一的主动者,它以自己已经具有的思维结构去选择、处理输入系统,形成输出系统,从形式上和功能过程来考察,这仿佛是主体在建构着客体,即主体以自己的思维结构分解、过滤、转化着自在客体的信息,建构成观念客体。

从哲学史上看,思维的建构性问题最初是由康德以"先天形式""图式""统觉"等观点提出来的。康德认为,在知识何以可能的问题上有三种观点,即洛克的经验论是"自然发生论",莱布尼茨的天赋观念论是"预成发生论",而他自己主张"新生论",即构造论。按照康德的观点,构造一个概念,意即先天地提供出来与概念相应的直观,如构造等腰三角形,既不能"只追踪他在图形中已见到的东西",也不能"死盯着这个图形的单纯概念"。换言之,构造既不能只从经验出发,因为经验不能提供普遍有效性,也不能只从单纯概念出发,因为单纯概念不能提供扩充的知识,从根本上说,构造是"通过他自己按照概念先天地设想进去并予以展现的那种东西(通过作图),把图形的种种特性提取出来"①。

因此,"构造"是理性的创造物,它"按照概念先天地设想并予以展现",包含四个环节:一是构造不能从经验、概念出发,而要从理性出发,但它又不能离开经验、概念;二是构造是按概念来设想直观;三是这个直观既是理智预定的,又是有程序的;四是这个预定的直观的展开过程也就把内涵于经验中的特性"提取出来"。

康德的"构造"概念是对科学认识的历史概括,实际上就是思维的建构性问题。在康德哲学中,思维的建构就是思维在头脑中预先把规律设定出来,然后让自然来回答。用康德自己的话来说,就是"理性必须一只手拿着唯一能使种种符合一致的现象结合成为规律的那些原则,另一只

---

① 《康德黑格尔研究》第 2 辑,人民出版社 1986 年版,第 411 页。

手拿着它按上述原则设计出来的那种实验,走向自然,向自然请教"①。

不难发现,这一思维构造论就是康德的"人为自然立法"和"图型"观点,它是"先天综合判断"基本思想的推广。康德认为,大陆唯理论主张的先天分析判断是宾词内含于主词中的判断,其缺点在于不能扩大知识;英国经验论主张后天综合判断,宾词超出了主词,扩大了知识,但它又不能说明知识的普遍有效性。在康德看来,从知觉中求必然性,无异于石中取水,客观有效性"不可能从对于对象的直接认识中取得"。感觉从外界获得的杂乱无章的感性材料本身不构成知识,它首先要由感性的先验形式(时间、空间)整理,形成有时空确定性的表象,然后由先验知性形式(范畴)综合,才具有普遍有效性。因此,"对象就是被给予的直观杂多在其概念中被联结起来的东西",即先天综合判断是思维通过先天形式(范畴)对感性杂多联结起来的过程——思维建构过程。

问题在于,康德的前提错了,即所谓的"先天形式"——范畴并不是先天的,而是人类后天实践和认识的结晶。实际上,康德的先验时间和空间只是客观时间和空间相对独立性的表现,而他关于欧几里得几何是先天给予主体的这一观点早已为罗巴切夫斯基、波里亚和黎曼几何所否定。但是,康德的思维建构论的确提出了一个富有解放意义的思想,这就是理论、规律、必然性不能由经验的重复单独以归纳得到,这在以"我不作假设"为名言的牛顿经典力学占统治地位的近代,确实打响了通向现代科学的第一枪,并为现代心理学发展所证明。

从根本上说,思维的建构性是指人对世界的反映过程是人以主体的方式对世界的概念的把握过程。除了种族、文化、历史知识背景等因素外,它主要是指,经验、直观、日常意识与理论、知识体系、科学意识之间有着质的区别,它们之间有着一系列抽象、幻想、蒸发和稀薄化、观念化的中介过程。这是其一。其二,人总是以自己的概念结构、思维模式来把握世界,并把世界纳入到自己的理解和解释系统之中。其三,主体是一个特殊的转化

---

① 《康德黑格尔研究》第2辑,第412页。

机构,一切感性、知性、理性的东西都在其中"变形",仿佛被建构起来。

思维的建构性表明,认识是主体借助于各种中介系统(工具操作系统、概念逻辑系统、社会关系系统)与客体相互作用的过程。这就是说,反映是双重决定的,没有自在客体当然不会有观念客体,这是认识的客观前提;没有主体的理解、创造过程,没有概念结构对自在客体的分解过程,也不会有观念客体。观念客体总是主体对自在客体特殊地理解和把握的产物,是思维构造的产物。

这里,产生了认识运动对立的两个方面:一方面,自在客体决定着观念客体;另一方面,主体特有的生理的、经验的、知识的、社会的、实践的方式又决定着自在客体向观念客体转化的广度和深度,不同的主体拥有对客体不同的选择、理解和解释方式。同时,由于自在客体并不会把自己的纯粹本质表现出来,相反,假象、层次性、交错的相互作用会把本质这样或那样地掩盖起来。所以,认识从直接到间接,从外在到内在,从现象到本质,从第一本质到第二本质的运动,并不能仅仅依靠归纳法直接从现象、经验中得到,而要通过概念的中介关系、观念化的过程来扬弃它们。这就形成了思维建构的能动作用。在马克思看来,思维的建构性也就是人在实践基础上以主体的方式对客体的能动反映过程。

思维的建构性是主体能动性的高度体现,体现着把"对象、现实、感性""当作感性的人的活动,当作实践去理解""从主体方面去理解"。人对世界的反映是通过范畴,通过思维对观念客体的建构表现出来的。在列宁看来,范畴是人们认识世界的过程中的"梯级",是帮助人们认识和掌握自然现象之网的网上"纽结"。因此,范畴的产生和运用是人的认识的升华,它标志着主体与客体的分化。同时,主体与客体的分化是通过自在客体与观念客体分化的形式表现的,所谓观念客体也就是主体在观念中通过逻辑形式把握的客体。

人是通过范畴的"纽结"作用把握自然现象之网的,问题在于,人一旦把范畴关系置于主体与客体之间,反映也就具有了建构的特点,思维的建构性因此具有三重含义。

第一,思维的建构是指思维通过概念、范畴关系把自在客体转化为观念客体的过程。

自在客体的分化过程是在观念中进行的,也就是逻辑观念、概念结构对其分解和理解的过程,是概念结构对感性材料有序化的过程。它们表现为这样的关系:自在客体→逻辑结构→观念客体。正因为观念客体是经过逻辑结构的中介由自在客体转化而来,因而逻辑结构就成为二者的转化器。逻辑结构不同,对自在客体的反映也就不同,具体表现为对信息输入的选择不同,加工角度和程度不同,信息被规范、被建构的方式不同,从而观念客体也就不同。以石块下落为例,自古代到现代,同样是石头从高空落下的事实,亚里士多德把它看作是石块在寻找自己的天然位置,伽利略看到的是石头与天体一样作圆运动,牛顿则领悟出地心引力,爱因斯坦则看到石块在引力场中沿黎曼空间走最短的路程。在这里,概念结构起到的是把自在客体转化为观念客体的建构作用。

从信息论的观点来看,思维的建构作用就是特定的概念结构对信息的加工、转换作用。信息是双向的,按照维纳的观点,"信息这个名称的内容就是我们对外界进行调节并使我们的调节为外界所了解时而与外界交换来的东西"①。概念结构类似某种信息转换器,它把外界输入的信息转化为主体的思维要素,同时又在一定程度上反映着外界的结构、属性、规律,这种转换过程固定下来就形成某种思维模式、方式。一定的概念结构仅仅是对客体的一定程度的把握和转换,它不可能穷尽客体的一切信息、结构、属性。所以,主体及其思维的选择性既是能动性的体现,又是受动性的体现。选择,一方面表明一定的分化、自主性,另一方面又表明,主体只能在一定限度内,在它可理解、可选择的限度内活动,它已经被外在的客体与内在的概念结构双重制约了。

这就是说,思维的建构性体现了主体与客体以概念结构为中介的双向运动,主体以概念结构去分解自在客体,而自在客体也就在一定程度上

①〔美〕维纳:《人有人的用处:控制论和社会》,陈步译,商务印书馆1978年版,第9页。

转化为观念客体,从而反映过程也就表现为建构过程,表现为"从主体方面去理解"的过程。

第二,思维的建构是指思维通过由抽象到具体,并形成"先验的结构"的方式去把握世界。

在哲学史上,马克思明确而深刻地揭示了思维建构的特殊道路。按照马克思的观点、人们所把握的具体是一种理论的具体,它通过思维的综合而实现,"具体之所以具体,因为它是许多规定的综合,因而是多样性的统一"①。在这一过程中,规定的抽象、多样化的形成以及规定的综合,都要靠思维的建构作用。这一过程通过两条道路来实现:"在第一条道路上,完整的表象蒸发为抽象的规定","从表象中的具体达到越来越稀薄的抽象,直到达到一些最简单的规定";第二条道路,思维的行程又反过来了,"抽象的规定在思维行程中导致具体的再现"②。这就是思维的建构性,把混沌的具体稀薄为抽象、各种规定,然后再把各种规定综合起来,这些工作一旦做完,"材料的生命一旦观念地反映出来,呈现在我们面前的就好像是一个先验的结构了"③。

思维一开始就不同于经验,它要对自在客体形成某种"规定"。所谓规定,也就是把某一方面纯化,这种抽象过程只能在思维中进行,在实际生活中是不存在的。最简单的规定,如欧氏几何中没有面积的点,没有宽度的线,没有厚度的面,以及由点的运动构成线,由线的运动构成面,由面的运动构成立体,都是思维建构的产物,是一种极度纯化了的思维抽象物。而在这些极度抽象基础上形成的整体,也只是一种纯化了的整体,一种仿佛是"先验的结构"。

这里,确实产生了爱因斯坦一再强调的"思维的自由创造"问题,因为"人的概念就其抽象性、分隔性来说是主观的"④。对于人的认识活动来

---

① 《马克思恩格斯选集》第 2 卷,第 18 页。
② 《马克思恩格斯选集》第 2 卷,第 18 页。
③ 《马克思恩格斯全集》第 23 卷,第 23—24 页。
④ 《列宁全集》第 55 卷,第 178 页。

说,这种主观性是必要的,因为"从抽象上升到具体的方法,只是思维用来掌握具体、把它当作一个精神上的具体再现出来的方式"①。实际上,这一过程就是思维的建构过程,而且思维只能通过这一抽象到具体的方式才能主观地再现客体。这是人所特有的"反映"方式。当然,实践会"扬弃"这一主观性。

第三,思维的建构是指定型化了的"客观的思维形式"。

思维的建构不仅仅是主体的,仅仅在思维中进行,实际上,思维的建构总是以某种"客观的思维形式"表现出来的。当某一思维的建构形式,即特定的概念结构被社会承认之后,它也就仿佛具有了某种客观的效力,形成了某种固定的模式。马克思指出,相对于资本主义的生产关系来说,资产阶级经济学范畴"是有社会效力的、因而是客观的思维形式"②。范畴及其关系会转化为"客观的思维形式",这也就是思维的建构定型化、模式化、客观化的过程。本来,范畴结构只是特定"生产关系""实践关系"的产物,但它一旦"客观化"了,也就形成了某种"惯性运动",形成一种仿佛是"范畴结构"决定思维的现象,并产生了"神秘性"和"魔法妖术"。

但是,只要我们用发生学的观点来考察它,这种"神秘性"就立刻消失了。尽管思维的建构性在各个不同时代都有它的客观性,但它本身仍然具有历史性。恩格斯认为,认识人的思维的历史发展过程,认识不同时代所出现的关于外部世界的普遍联系的各种见解,对理论自然科学来说也是必要的,因为这为理论自然科学本身所提出的理论提供了一种尺度。在我看来,这个尺度就是历史性的尺度,即任何思维的建构——理论都是历史的,它们必将为新的理论所替代。思维的建构性表明了人对世界认识的特点,要揭示世界的内在本质,就必须发挥思维的建构作用。但是,思维的建构性又具有历史性,思维所建构的理论又要被新的理论代替。我们应该自觉地把握这一点,不能把思维建构的某一特定形式看作唯一

---

① 《马克思恩格斯选集》第 2 卷,第 19 页。
② 《马克思恩格斯全集》第 23 卷,第 93 页。

的形式。为此,我们需要进一步把握思维的反思性。

三、思维的反思性及其作用：批判性与创造性的统一

思维不仅是建构的,而且是反思的。从哲学史上看,笛卡尔的"普遍怀疑论"第一次认真地提出了反思性思维的任务。笛卡尔把思维分为两个部分:一是思维从"清楚""明白"的前提出发,像欧几里得几何一样,演绎出整个知识体系,这一部分类似建构性思维;二是"普遍怀疑",思维通过"普遍怀疑"来审视自身,扫除一切思维的偏见和思想障碍,这一部分类似反思性思维。笛卡尔把二者统一起来,力图形成统一的思维过程,即思维通过怀疑,寻找到无可怀疑的思维出发点,然后,以演绎法建构知识体系。显然,"普遍怀疑"在这里起着与演绎思维不同的作用,即对思维进行反思。反思性思维与建构性思维在笛卡尔哲学中已经朦胧地区别开来了。

康德则以"独断的思维"和"批判的思维"这两个概念进一步表达了建构性思维与反思性思维的区别。在康德那里,反思突破了笛卡尔的"普遍怀疑"并与批判等同起来了,建构性思维则被看成是独断的思维。"批判并不反对理性在它那种作为科学的纯粹知识里使用独断的做法(因为这种知识在任何时候都必定是独断的,就是说,都必定是可以依据先天的可靠原则进行严格证明的),但它反对独断主义。""独断主义就是纯粹理性不先批判自己的能力的那种独断的做法。"①康德把批判(反思)作为防止独断主义而使思维能够正确进行独断的思维,换言之,独断这一"严格证明"的思维过程,必须由批判来保证自己避免独断主义的错误。康德正是以三个批判,即《纯粹理性批判》《实践理性批判》《判断力批判》构成其哲学特色的。而在黑格尔哲学中,反思具有更高的地位,获得了自身相对独立的意义。

---

① 《康德黑格尔研究》第 2 辑,第 425 页。

实际上,思维的反思是思维本身发展的产物。在近代,人们并没有重视思维的反思。欧几里得几何把空间及其关系解释得如此完美,以致成为人们从来没有怀疑过的唯一空间。牛顿力学则认为,它已经把世界的基本框架、宇宙的宏观殿堂一劳永逸地构建好了,剩下的事情只是对一些次要的问题进行计算。正在这个时候,非欧几何的创立,法拉第"场"概念的制定,电子、放射性元素的发现,使近代科学大厦动摇了。人们发现,原来以为绝对完整的思维只是在一定条件下进行的思维,只是思维自己犯了错误,盲目地把一定前提下的思维当作了唯一的思维。同时,人们发现,任何思维都有特定角度、坐标和层次,都是在一定的特殊化的层次上把握世界的,思维的前提和层次随着实践的发展而发展。

这样一来,所谓思维的直接前提,判断、推理的出发点,都成为相对地、有条件地、历史地变动着的。于是,对思维的前提进行审思,对思维的各个环节进行批判,成为人类思维的一个环节,怀疑、批判、否定、对思维本身的思维成为思维运动的现实方面。作为独立的思维形式,反思不仅有存在的客观依据,而且有自己特定的对象、功能和方法;更重要的是,反思充分体现出现代思维的特点,即不仅要把思维当作认识过程来认识,而且要把思维当作本身独立化了的对象,作为"知识客体"来分解。

从总体上看,反思思维之所以能够作为一种现代思维形式而独立,有三点原因。

第一,物质世界本身的层次性是反思思维产生的一般原因。

物质世界本身存在着相互联系的各种层次,人类对客观世界的认识由 10^{-10} 米到 10^{23} 厘米。从基本粒子、原子核、原子、分子到物体、恒星、星系,都具有自己相应的时空尺度、质量和能量等级,相应的结构和运动方式,特有的信息交流方式。物质世界就是由这些极不相同的层次、不同的秩序构成的一个多层次的巨系统,而这些层次又相互交叉,形成了新的运动,如宏观向微观的运动、历史凝积于现实的运动。世界本身运动的层次性、差异性,以及它们之间的交叉性,要求思维具有反思性。

世界本身的层次性是反思思维的客观基础,因为人们不可能同时全面把握世界的各个层次,相反,总是一个层次、一个层次地推进,当人们还没有认识到新的层次之前,又总是用旧的层次去说明新的层次,这就产生了所谓思维中的"悖论"。近代形而上学世界观的根本错误,就在于他们把世界的机械层次绝对化,用机械层次去说明其他一切层次。消除这一错误的思维,就要进行反思,即批判地对待机械性,使机械性只说明世界本身的机械层次。这样,反思就起到了对思维的批判功能,而这一功能之所以能够实现,其根源就在于世界本身就是有层次的。

第二,思维与存在转化的特殊性是反思思维产生的特殊原因。

反思思维之所以存在,还在于思维把握存在是一个特殊的矛盾运动过程。列宁指出,"如果不把不间断的东西割断,不使活生生的东西简单化、粗陋化,不加以划分,不使之僵化,那么我们就不能想象、表达、测量、描述运动"①。这是一个思维本性中的矛盾。必须把复杂的东西简单化、运动的东西静止化、不间断的东西间断化,思维才能运动起来,才能使这些"不间断的东西""活生生的东西"具有可表述、可定量、可描述的现实性。

思维这一过程就存在着把思维曲线直线化、僵硬化的可能性,它展现为有限与无限、静止与运动、现象与本质、形式与内容、间断与连续等的矛盾。由于思维不得不从有限进入无限,由静止进入运动,由间断进入连续,这就要求思维能够自己认识自己,自己否定和发展自己。这是反思思维存在的特殊原因。

第三,思维内在的逻辑与非逻辑的矛盾是反思思维产生的直接原因。

思维是在一定概念基础之上,以一定概念结构和逻辑规则发散出去的判断、推理过程。这一过程是思维不可缺少的,但由于思维又必须通过把运动的东西静止化、连续的东西间断化才能具体运动起来,这就形成了自己不可避免的局限性。

这里,思维按一定的逻辑规则运行,形成了自己的"思维框架""思维

---

① 《列宁全集》第 55 卷,第 219 页。

定势""思维圈";"思维定势"本身又产生了排他性,拒斥不符合自身思维要求的信息,但思维本身又只能从有限出发来把握无限,一旦形成了"思维圈",也就使思维自己陷入单一化、直线化;思维在自己的逻辑圈里无法打破自己,因而在面对新鲜信息时,就产生了"思维盲区"。马克思曾概括性地谈到过这一问题:"在人类历史上存在着和古生物学中一样的情形。由于某种判断的盲目,甚至最杰出的人物也会根本看不到眼前的事物。后来,到了一定的时候,人们就惊奇地发现,从前没有看到的东西现在到处都露出自己的痕迹。"①这种"判断的盲目"是由思维前提的局限性、推理的程式化造成的。也就是说,一旦陷入特定的"思维圈"内,就会产生"思维盲区",从而产生一定的"判断的盲目","根本看不到眼前的事物",即无法正确理解新的信息。

思维框架、思维定势、思维圈是一个相互联系的过程。"思维框架"由恩格斯首次提出,是指思维运行的空间,它像脚手架一样,规定着思维的视野、思维的深度、思维的容量。恩格斯认为,任何思维都是在一定的框架中进行的,思维框架规定着思维的界限,这种思维的界限也就是我们现在所说的思维圈;从思维框架到思维圈经过思维定势的中介。所谓思维定势,是指思维向着某种"完整性"、"稳定性"的运动,是在一定思维框架中产生的思维必然如此运动的过程。思维定势的形成标志着思维圈的形成以及思维方式的定型化。

正是由于思维运行的这些特点,思维本身的发展必然要求反思思维。反思的重要性就在于,它批判、否定着原有的思维框架、思维定势、思维圈,并形成新的思维框架、思维定势、思维圈。反思产生于思维盲区、理论问题。恩格斯认为,由于思维有时代性,因此,思维总有一天要打破、超过自己原有的框架,而此时原有的思维方式就会对超出自己框架的问题陷入"不可解决"之中,这就是无知境界、理论问题形成的客观条件。无知境界本身并不是无知的,它只是相对于原有的思维圈来说是"无知"的。实

①《马克思恩格斯选集》第4卷,第579页。

际上,它是"新知"的开始。

从这种无知到知,就要发动思维的批判性,批判原有的思维框架、思维定势,理解为什么原有的思维结构会出现无知境界。由无知境界到问题是反思性思维的运动过程,"无知"类似一种简单的否定,"问题"则把矛盾剥离出来,形成了反思思维的中心,而沿着"问题"展开的思维的创造性过程,则是反思思维的更高层次,即形成新的建构性思维。

这里,已经显示出反思在思维运动中的重要性。黑格尔把反思称为思维"自己运动和生命力的内部搏动的否定性",认为反思是思维的"绝对积极的环节",确实是极其深刻的。反思集批判性与创造性于一身,它是思维中的辩证否定的具体体现。没有反思,也就不存在思维的自我运动。因此,把反思作为一项独立的思维形式展示出来是人类主体性发展的必然要求。

四、实践反思:认识活动的根本规律

历史发展的形式总是由片面到全面。"所说的历史发展总是建立在这样的基础上的:最后的形式总是把过去的形式看成是向着自己发展的各个阶段,并且因为它很少而且只是在特定条件下才能够进行自我批判,——这里当然不是指作为崩溃时期出现的那样的历史时期,——所以总是对过去的形式作片面的理解。"①这种历史发展的片面性造成人的认识的片面性、局限性。但是,适应历史发展片面形式的范畴体系往往成为一种思维定势,成为一种"客观的思维形式",统治着人的思维。于是,随着历史发展由"片面"到"全面",就要反思、批判并打破原有的范畴体系,建立新的适应于历史全面展开形式的范畴体系。从根本上说,新的范畴体系对旧的范畴体系的批判是实践活动不断发展的产物。因此,必须把反思置于实践和历史发展基础之上来考察。

①《马克思恩格斯选集》第2卷,第23—24页。

在哲学史上，黑格尔对反思作了深刻而全面的论述。按照黑格尔的观点，"反思以思想的本身为内容，力求思想自觉其为思想"①。这就是说，反思的对象是思想，反思是对思想本身进行认识，即以思维为对象的思维形式。"本质的观点一般地讲来即是反思的观点。反映或反思（Reflexion）这个词本来是用来讲光的，当光直线式地射出，碰在一个镜面上时，又从这镜面上反射回来，便叫做反映。在这个现象里有两方面，第一方面是一个直接的存在，第二方面同一存在是作为一间接性的或设定起来的东西。"②

因此，只有当存在向本质、直接性向间接性发展时，反思才出现。在"本质论"中，各种思维规定都是由反思发掘出来，并且被反思固定下来的。按照黑格尔的观点，"第一，反思规定是建立起来之有，即否定本身；第二，反思规定是自身反思"。这就形成了双重关系，即作为"建立起来之有"的反思是否定；"作为自身反思，它又是这个建立起来之有的扬弃，是无限的自身关系"③。换言之，反思是对直接存在的否定，而思维自己的无限运动又是对这个否定的否定，即对否定自身的反思。这一过程同时又是反思向"整体反思"发展的过程。黑格尔不仅揭示了反思这一特定思维形式的对象，即以思维为对象，而且揭示了反思在思维发展中的作用，即辩证的否定。当然，黑格尔对思维的反思只是在纯思辨领域中进行的。

马克思的实践反思理论是对黑格尔的思辨反思理论进行唯物主义改造的产物。按照马克思的观点，思维的反思是由实践发展所决定的，它的活力主要来自实践，而方向是"与实际发展相反的"，即"对人类生活形式的思索，从而对它的科学分析，总是采取同实际发展相反的道路。这种思索是从事后开始的，就是说，是从发展过程的完成的结果开始的"④。马克思对反思理论的最大贡献，就是打破了反思的神秘性，使其从思辨王国回

① 〔德〕黑格尔：《小逻辑》，贺麟译，商务印书馆1980年版，第39页。
② 〔德〕黑格尔：《小逻辑》，第242页。
③ 〔德〕黑格尔：《逻辑学》下卷，杨一之译，商务印书馆1976年版，第25、26页。
④ 《马克思恩格斯全集》第23卷，第92页。

到人的活动中,成为人的实践活动和认识活动的一个环节。

马克思理论视野中的反思同时又是在自我批判基础上的批判。在马克思看来,真正的反思是建立在自我批判基础上的。"基督教只有在它的自我批判在一定程度上,可说是在可能范围内完成时,才有助于对早期神话作客观的理解。同样,资产阶级经济学只有在资产阶级社会的自我批判已经开始时,才能理解封建的、古代的和东方的经济。"①这就是说,反思是实践和主体发展到一定程度后,在进行"自我批判"基础上的一种批判形式,只有这种反思才具有"客观的理解"的意义。把反思扎根于实践活动和主体发展,这是马克思思想的深刻之处。

思维本身的发展必然要求反思思维。反思的重要性就在于,它沿着"问题"展开思维的批判性和创造性,否定原有的思维框架、思维定势、思维圈,并形成新的思维框架、思维定势、思维圈。这里,已经显示出反思在思维运动中的重要性。黑格尔把反思称为思维"自己运动和生命力的内部搏动的否定性",认为反思是思维的"绝对积极的环节",思想是极其深刻的。反思集批判性与创造性于一身,它是辩证否定在思维运动中的具体体现。没有反思,就没有思维的自我运动,反思因此是一项独立的思维形式,而实践反思是认识活动或思维活动的根本规律。马克思的实践反思理论是对黑格尔的思辨反思理论的扬弃,具有独特的理论特征。

这里,可以通过考察马克思对亚里士多德劳动范畴的分析,来说明马克思实践反思理论的总体特征。

亚里士多德是最早对价值形式作出分析的思想家。亚里士多德意识到"五张床＝一间屋"可以转化为"五张床＝若干货币",但他同时又认为,"没有等同性,就不能交换;但是没有这种可以公约的性质"。所以,亚里士多德一方面意识到"五张床＝一间屋"存在着"等同性",另一方面又认为,"那是实际上不可能的,这样不同种的物是不能公约的"。造成这一结果的直接原因,是亚里士多德缺乏"价值概念"。亚里士多德生存于以奴

---

① 《马克思恩格斯全集》第46卷上,第44页。

隶劳动为基础的希腊社会,这种社会形式使他不能形成相等的劳动概念,只能产生人类劳动不平等的观念。"他所处的社会的历史限制,使他不能发现这种等同关系'实际上'是什么。"①实践的片面形式产生观念的片面形式,即使亚里士多德这样的思想家也在所难免。正如马克思所说,"如果这些个人的现实关系的有意识的表现是虚幻的,如果他们在自己的观念中把自己的现实颠倒过来,那末这还是由他们的物质活动方式的局限性以及由此而来的他们狭隘的社会关系所造成的"②。可见,实践发展的实际形式决定反思的形式,反思的局限性导源于"物质活动方式的局限性"、社会关系的狭隘性。通过对劳动这一范畴的历史理解形式的分析,马克思说明了反思是实践基础上的反思。

按照马克思的观点,劳动本身是古老的,但真正把握劳动意义的,却是现代社会。这一过程大致有五个阶段:第一个阶段,货币主义把财富看成是完全客观的东西,看成是存在于货币中的物;第二个阶段,重工主义和重商主义把财富的源泉从客体转到主体活动中,即工业劳动与商业劳动;第三个阶段,重农学派把作为劳动的一定形式的农业看作是创造财富的唯一形式;第四个阶段,亚当·斯密作出进一步抽象,"干脆就是劳动,既不是工业劳动,又不是商业劳动,也不是农业劳动,而既是这种劳动,又是那种劳动"③,从而抽象出"劳动一般",确立了劳动价值论;第五个阶段,马克思在"劳动价值论"的基础上第一次对"劳动"与"劳动力"这两个概念作出区分,指出劳动是劳动力在生产过程中的使用,而劳动力是存在于人体中的智力与体力,从而揭示出资本的存在是以剥夺劳动者的生产资料,并使劳动力成为商品为前提的,创立了剩余价值理论。

就劳动与价值的关系而言,这里存在着抽象发展的五个层次:纯客体→主体活动→某种形式的劳动→劳动一般→劳动与劳动力的分离、剩余价值、资本。这五个层次实际上是在实践发展的基础上后者对前者的

---

① 《马克思恩格斯全集》第 23 卷,第 75 页。
② 《马克思恩格斯全集》第 3 卷,第 29 页。
③ 《马克思恩格斯选集》第 2 卷,第 21 页。

抽象进行反思、批判，即重工主义、重商主义对货币主义的批判，重农主义对重工主义、重商主义的批判，亚当·斯密对重农主义的批判，马克思对亚当·斯密的批判。在这个过程中，实践的发展始终是反思、批判的前提和基础。正如马克思所说，"最一般的抽象总只是产生在最丰富的具体发展的场合，在那里，一种东西为许多东西所共有，为一切所共有。这样一来，它就不再只是在特殊形式上才能加以思考了"①。这里，马克思实际上指出了实践反思的两个特点：一是"最一般的抽象"产生于被抽象的对象已经具有"最丰富的具体的发展"形式；二是"最一般的抽象"是从"特殊形式"上升到"普遍形式"的过程。

按照马克思的观点，只有在下列条件下才能作出"劳动一般"的抽象：其一，"对任何种类劳动的同样看待，以各种现实劳动组成的一个十分发达的总体为前提，在这些劳动中，任何一种劳动都不再是支配一切的劳动"②。其二，"对任何种类劳动的同样看待，适合于这样一种社会形式，在这种社会形式中，个人很容易从一种劳动转到另一种劳动，一定种类的劳动对他们说来是偶然的，因而是无差别的"③。因此，劳动作为"一种古老而适用于一切社会形式的关系的最简单的抽象，只有作为最现代的社会的范畴，才在这种抽象中表现为实际上真实的东西"④。这就是说，只有在劳动形式全面展开的现代资本主义社会，才能做出"劳动一般"的抽象。这就是问题的本质。

但是，马克思并不是直线地看待实践与思维之间关系的。在马克思看来，思维随着实践的发展而发展，但由于思维运动有自身的特殊性，所以又产生了一个思维的反向运动，即思维从高级阶段反过来认识低级阶段；只有立足于展开了的具体范畴，才能更深刻地把握简单范畴，高级范畴形成的过程同时又是使低级范畴"变形"的过程。换言之，思维发展有

---

① 《马克思恩格斯选集》第 2 卷，第 22 页。
② 《马克思恩格斯选集》第 2 卷，第 22 页。
③ 《马克思恩格斯选集》第 2 卷，第 22 页。
④ 《马克思恩格斯选集》第 2 卷，第 22 页。

自身的相对独立性,只有抓住"人体解剖对于猴体解剖是一把钥匙"这一问题的关键,才能更深刻理解反思的重要性。

范畴的发展是一个范围不断扩大、层次不断形成的过程。在马克思看来,"简单范畴是这样一些关系的表现,在这些关系中,较不发展的具体可以已经实现,而那些通过较具体的范畴在精神上表现出来的较多方面的联系或关系还没有产生,而比较发展的具体则把这个范畴当作一种从属关系保存下来"。"比较简单的范畴可以表现一个比较不发展的整体的处于支配地位的关系或者一个比较发展的整体的从属关系,这些关系在整体向着一个比较具体的范畴表现出来的方面发展之前,在历史上已经存在。"①

这里,出现六个范畴:(1)简单范畴;(2)不发展的具体(整体);(3)比较简单的范畴;(4)比较不发展的具体(整体);(5)比较具体的范畴;(6)比较发展的整体。这六个范畴之间存在着横向对应关系,即简单范畴——不发展的整体;比较简单的范畴——比较不发展的整体;比较具体的范畴——比较发展的整体。同时,这六个范畴之间又存在着从纵向的独立到"从属"的关系,即简单范畴→比较简单的范畴→比较具体的范畴;不发展的整体→比较不发展的整体→比较发展的整体。马克思认为,"在这个限度内,从最简单上升到复杂这个抽象思维的进程符合现实的历史过程"②。换言之,逻辑与历史是一致的。

问题在于,仅仅停留在逻辑与历史一致的水平上,并不能完全说明逻辑本身发展的特殊性。更重要的是,在认识由低级向高级发展中存在着"变形""反过来思"的过程。这就是,从简单范畴向比较简单的范畴,再向比较具体的范畴演化是一个特殊的结构变形过程。在这个过程中,简单范畴成为较具体范畴的从属因素,成为更高层次系统内的一个要素、构成部分;而较高层次的具体范畴又改变着原先较低层次的简单范畴的比重

---

① 《马克思恩格斯选集》第2卷,第20页。
② 《马克思恩格斯选集》第2卷,第20页。

和结构。如同实践的发展一样,在范畴发展中也存在着一种"普照光",这种"普照光"就是反映人类现实实践活动特点的概念结构,这种概念结构支配着以前的概念结构,使它们的特点变了样,决定着它里面显露出来的一切存在的比重。因此,在马克思哲学的理论体系中,范畴的次序不是按它们在历史上起决定作用的先后次序来安排的,而是"倒过来"安排的。新的概念结构、"较具体的范畴"总是对原有概念结构进行批判,改变着原有概念结构各要素的比重、地位,使之从属化。

通过范畴发展中的这种正向与反向的运动,我们也就不难理解,马克思为什么提出关于人类生活形式的思索及科学分析,总是从"事后",从"发展过程的完成的结果"开始。之所以要从"事后",从"发展过程的完成的结果"开始,是因为"后面"已经不同于"前面","完成"已经不同于"开始",这里已经发生了结构、本质和整体上的飞跃。如果从"前面""开始"出发,就会局限于"前面""开始"所遵循的"简单范畴"与"不发展的整体",思维在这一思维圈内无法使自身上升到"比较具体的范畴"。所以,思维的行程要倒过来,从"事后",从"完成的结果"出发进行反思。此时,思维就会形成一种批判功能,使原有的概念结构"变形"。

马克思实践反思理论的重要意义就在于:揭示出反思成为思维中"绝对的积极的环节"的真正原因,即反思是以实践活动的发展为前提和基础的,同时,又揭示出"反过来思"是从"发展的结果"出发,逆向溯因的过程,是通过对原有的范畴体系进行反思、批判,重建范畴体系或概念结构的过程。马克思的实践反思理论揭示出思维的正向与反向两个方向的运动,为我们把握历史运动提供了科学的方法。

第十八章

必然王国与自由王国

　　社会发展过程同时也是人的发展过程。从主体角度看，自由与必然构成了人的活动的两极，二者的关系构成了人类活动的本源性结构。人类社会的发展过程就是不断解决这个矛盾，从必然王国走向自由王国的过程。在这个过程中，人的发展在经历了以"人的依赖性"、以"对物的依赖性"为基础的人的独立性的历史形态后，最终将走向人的自由个性，即人的全面而自由发展这一新的历史形态。社会主义社会的本质要求就是促进人的全面发展，共产主义则是"以每个人的全面而自由的发展为基本原则的社会形式"①。这是一个漫长的历史过程，但是，社会主义制度的建立毕竟使我们站到了这一历史过程的起点上。

一、自由与必然的关系：人类活动的本原性结构

　　恩格斯对自由与必然的关系作过深刻的论述："自由

---

① 《马克思恩格斯全集》第 23 卷，第 649 页。

不在于幻想中摆脱自然规律而独立,而在于认识这些规律,从而能够有计划地使自然规律为一定的目的服务。这无论对外部自然的规律,或对支配人本身的肉体存在和精神存在的规律来说,都是一样的。这两类规律,我们最多只能在观念中而不能在现实中把它们互相分开。因此,意志自由只是借助于对事物的认识来作出决定的能力。因此,人对一定问题的判断越是自由,这个判断的内容所具有的必然性就越大;而犹豫不决是以不知为基础的,它看来好像是在许多不同的和相互矛盾的可能的决定中任意进行选择,但恰好由此证明它的不自由,证明它被正好应该由它支配的对象所支配。因此,自由就在于根据对自然界的必然性的认识来支配我们自己和外部自然。"①

这就是说,规律或必然性对人的存在和活动具有强制性,人的活动不可能摆脱必然性所规定的范围,必然性是人的自由的限度。这是一方面。另一方面,在必然性所规定的范围内存在着多种可能性,人们能够认识必然性及其所规定的范围,能够把握由这种必然性的规定、由多种可能性构成的可能性空间,能够根据自身的需要和对必然性的认识,在多种可能性中做出选择,并通过实践活动把这种可能变为现实,从而"支配我们自己和外部自然",达到自由。这就是说,有了人的认识活动、选择活动、实践活动便有了与必然相对立的自由。

人既是自然存在物、社会存在物,又是"有意识的类存在物"。作为自然存在物,人来源于自然界,本身就具有自然属性,其活动必须遵循自然必然性,自然必然性不仅支配着自然界,而且也制约着人的存在;作为社会存在物,人的本质在其现实性上是一切社会关系的总和,其活动必须遵循历史必然性,社会关系、历史必然性不仅制约着人的自然属性,而且决定着人的社会属性;作为"有意识的类存在物",人能够认识和把握必然性,能够以此为前提为自己建构起一个属人的理想世界,并通过自己的实践活动把这种理想世界变为现实存在,从而达到自由。

①《马克思恩格斯选集》第3卷,第455—456页。

人是实践中的存在,实践构成了人的独特的生命活动。因此,人只有把自己的生命活动作为"自己的意志和意识的对象",形成对象意识和自我意识,把握物的外在尺度和人的内在尺度时,人的活动才有自由可言。在这个意义上,自由是对必然的认识和对世界的改造。换言之,我们只有从实践这一人的独特的生命活动出发,才能真正理解自由及其与必然的关系。

一方面,实践是人以自身的活动引起、调整和控制人与自然之间物质变换的过程,同时,这种物质变换又是在一定的社会关系中进行的,是在人与人的活动互换中实现的。因此,人的实践活动要受到自然必然性的制约和历史必然性的支配。

另一方面,实践是人们按照自己的需要和愿望改变世界的活动,而且这种需要和愿望是被人们意识到的,并作为实践活动的目的,以人的意志的形式来支配人们的活动。正如马克思所说,劳动结束时得到的结果,在这个过程开始时就已经在劳动者的头脑中作为目的以观念的形式存在着,"这个目的是他所知道的,是作为规律决定着他的活动的方式和方法的,他必须使他的意志服从这个目的"①。因此,实践是人们有意识、有目的的活动。

这就是说,人的活动既是自然的,又是超自然的;既是合规律的,又是合目的的;既是必然的,又是自由的。在人的活动中,合目的性必须以合规律性为基础,并包含着规律性的内容,单纯的合目的性只能导致幻想中的自由;同时,合规律性必须结合着合目的性,并在合规律性中渗透目的性的内容,单纯的合规律性只能导致无主体性的自然必然性,同样达不到自由。必然与自由构成了人的活动的两极,二者统一于人的活动中,作为实践活动不可分割的两个方面共同构成了人类活动的本原性结构。

从这个意义上说,人类发展就是不断解决自由与必然之间矛盾的过程,是不断从自然和社会的束缚下解放出来的过程。马克思在谈到资本

---

① 《马克思恩格斯全集》第 23 卷,第 202 页。

主义社会中的人的异化以及主体与客体关系颠倒的状态时指出:"这种颠倒的过程不过是历史的必然性,不过是从一定的历史出发点或基础出发的生产力发展的必然性,但决不是生产的某种绝对必然性,倒是一种暂时的必然性,而这一过程的结果和目的(内在的)是扬弃这个基础本身以及过程的这种形式。"①在恩格斯看来,这一扬弃的结果,就是人们"成为自己的社会结合的主人,从而也就成为自然界的主人,成为自身的主人——自由的人"②。

二、从必然王国向自由王国的转变

按照马克思的观点,自然界对人类具有"优先地位",自然必然性对人的实践活动具有强制性;物质生产的直接目的是满足人的物质需求,以维持和再生产人的生命存在,这同样是一种自然必然性,同样对人的实践活动具有强制性。"劳动作为使用价值的创造者,作为有用劳动,是不以一切社会形式为转移的人类生存条件,是人和自然之间的物质变换即人类生活得以实现的永恒的自然必然性。"③"象野蛮人为了满足自己的需要,为了维持和再生产自己的生命,必须与自然进行斗争一样,文明人也必须这样做;而且在一切社会形态中,在一切可能的生产方式中,他都必须这样做。这个自然必然性的王国会随着人的发展而扩大,因为需要会扩大;但是,满足这种需要的生产力同时也会扩大。"④

正是在这个意义上,马克思在《资本论》中把物质生产领域叫作人的"必然王国",并认为人们在物质生产领域内所能实现的"自由只能是:社会化的人,联合起来的生产者,将合理地调节他们和自然之间的物质变换,把它置于他们的共同控制之下,而不让它作为盲目的力量来统治自

---

① 《马克思恩格斯全集》第46卷下,第361页。
② 《马克思恩格斯选集》第3卷,第760页。
③ 《马克思恩格斯全集》第23卷,第56页。
④ 《马克思恩格斯全集》第25卷,第926页。

己;靠消耗最小的力量,在最无愧于和最适合于他们的人类本性的条件下来进行这种物质变换。但是不管怎么样,这个领域始终是一个'必然王国'"。"自由王国只是在由必需和外在目的规定要做的劳动终止的地方才开始;因而按照事物的本性来说,它存在于真正物质生产领域的彼岸。……在这个必然王国的彼岸,作为目的本身的人类能力的发展,真正的自由王国,就开始了","但是,这个自由王国只有建立在必然王国的基础上,才能繁荣起来。"①马克思在这里所说的物质生产领域的"此岸"和"彼岸",不是一个单纯的空间概念,而是一个具有时间意义的历史范畴,实质上是指劳动时间和自由时间的关系。

按照马克思的观点,劳动时间是人类为了维持和再生产自身的生命所进行的生产物质资料的时间;自由时间则是可以自由支配的时间,即可以用于从事科学、艺术、哲学等非物质生产活动的时间。当社会生产力有了一定的发展,劳动者能够超出自身的需要而为社会提供剩余劳动时,即劳动者的劳动时间可以区分为必要劳动时间和剩余劳动时间两个部分时,人类就无须把全部时间都花费在物质资料的生产上,而是可以腾出一部分时间去从事科学、艺术、哲学等非物质生产活动,即有了自由时间。

这种以剩余劳动为基础的自由时间的出现,对于人类发展具有决定性意义。正如马克思所说,"整个人类的发展,就其超出对人的自然存在直接需要的发展来说,无非是对这种自由时间的运用,并且整个人类发展的前提就是把这种自由时间的运用作为必要的基础"②有了自由时间,才有整个人类的发展。自由王国就是依靠自由时间建筑起来的。

这就是说,必然王国与自由王国是反映人类社会发展过程的历史性范畴,是揭示不同社会状态本质特征的范畴。在马克思看来,必然王国是指人类受维持生存的自然必然性所支配,从而也受物化的社会关系所统治的社会状态,即物支配人的社会状态;自由王国则是指人类共同控制了

---

① 《马克思恩格斯全集》第 25 卷,第 926—927 页。
② 《马克思恩格斯全集》第 47 卷,人民出版社 1979 年版,第 216 页。

物质生产活动,从而自觉支配了社会关系以及人与自然关系的社会状态,即人支配物的社会状态。

在原始社会,为了生存,人们要用全部时间从事物质生产活动,整个人类生活在"必然王国"之中。在阶级社会,"作为过去取得的一切自由的基础的是有限的生产力;受这种生产力所制约的、不能满足整个社会的生产,使得人们的发展只能具有这样的形式:一些人靠另一些人来满足自己的需要,因而一些人(少数)得到了发展的垄断权;而另一些人(多数)经常地为满足最迫切的需要而进行斗争,因而暂时(即在新的革命的生产力产生以前)失去了任何发展的可能性。由此可见,到现在为止,社会一直是在对立的范围内发展的,在古代是自由民和奴隶之间的对立,在中世纪是贵族和农奴之间的对立,近代是资产阶级和无产阶级之间的对立"①。

这就是说,在阶级社会中,少数人通过侵占多数人的剩余劳动而从物质生产领域中摆脱出来,即侵占了社会的自由时间,而另外的多数人则被迫承担起整个社会的劳动重负,终生从事物质生产活动。换言之,占人口大多数的劳动者创造了自由时间却不能享有自由时间,可供他们支配的时间都变成了劳动时间,成为"人格化的劳动时间"②。"历史的发展、政治的发展、艺术、科学等等是在这些人之上的上层社会内实现的"。③ "上层社会"独霸了自由时间,把持了人类能力发展的垄断权,"下层社会"由于可供自己支配的时间都变成了劳动时间,因而也就"丧失了精神发展所必需的空间,因为时间就是这种空间"④。在资本主义社会,劳动时间与自由时间的对立达到了典型的形式。"资本的不变趋势一方面是创造可以自由支配的时间,另一方面是把这些可以自由支配的时间变为剩余劳动。"⑤

可见,在阶级社会中,劳动时间与自由时间的对立深刻地体现着剥削阶级与劳动阶级的阶级对立:剥削阶级的发展以劳动阶级丧失发展为前

---

① 《马克思恩格斯全集》第3卷,第507页。
② 《马克思恩格斯全集》第23卷,第271页。
③ 《马克思恩格斯全集》第46卷下,第88页。
④ 《马克思恩格斯全集》第47卷,第344页。
⑤ 《马克思恩格斯全集》第46卷下,第221页。

提,一般人类能力的发展以牺牲占人口多数的劳动者的发展为条件。除原始社会外,社会就是在这种对抗的形式中发展的,到目前为止,人类整体上生活在必然王国之中。

只有在生产力达到巨大增长和高度发展,并消除了私有制,人们成为自身社会结合以及人与自然关系的自觉的和真正的主人,社会提供足以让全体成员达到全面发展的物质手段和自由时间时,人类才能真正达到自由王国。"一旦社会占有了生产资料,商品生产就将被消除,而产品对生产者的统治也将随之消除。社会生产内部的无政府状态将为有计划的自觉的组织所代替。个体生存斗争停止了。于是,人在一定意义上才最终地脱离了动物界,从动物的生存条件进入真正人的生存条件。人们周围的、至今统治着人们的生活条件,现在受人们的支配和控制,人们第一次成为自然界的自觉的和真正的主人,因为他们已经成为自身的社会结合的主人了。人们自己的社会行动的规律,这些一直作为异己的、支配着人们的自然规律而同人们相对立的规律,那时就将被人们熟练地运用,因而将听从人们的支配。人们自身的社会结合一直是作为自然界和历史强加于他们的东西而同他们相对立的,现在则变成他们自己的自由行动了。至今一直统治着历史的客观的异己的力量,现在处于人们自己的控制之下了。只是从这时起,人们才完全自觉地自己创造自己的历史;只是从这时起,由人们使之起作用的社会原因才大部分并且越来越多地达到他们所预期的结果。这是人类从必然王国进入自由王国的飞跃"①。

从必然王国向自由王国的转变标志着人类生存方式发生了根本性转变。在必然王国,人类的生存方式同动物的生存方式已经有了质的区别:动物依靠本能活动生存,人类依靠实践活动生存。但是,人的实践活动又是彼此冲突的,个体成员之间还存在着生存斗争,最终的结果总是从许多单个意志的相互冲突中产生出来的,而这个结果又可以看作是一个作为整体地、不自觉地和不自主地起着作用的力量的产物。换言之,人类在个

---

① 《马克思恩格斯选集》第 3 卷,第 633—634 页。

别、局部的领域有意识、有目的地自觉活动着,但在整体上却是盲目地、自发地生存着。在这个意义上,人类的生存方式同动物的生存方式具有相似性。从必然王国向自由王国转变之后,人才从动物的生存条件进入真正的人的生存条件。

从必然王国向自由王国的转变意味着社会发展的目标发生了根本性转变。在必然王国,人们必须把物质财富的增长作为社会发展的最高目标,物质生产成了人类活动的中心领域。这是由人的物质需求决定的,换言之,是由整个生物界通行的"生存斗争"的自然法则决定的。所以,在这个历史阶段上,"生产表现为人的目的,而财富则表现为生产的目的"①。同生产工具一样,人的活动被当作增加物质财富的手段。只有进入自由王国,社会发展的价值坐标才会发生根本性的转变,由以物质财富的增长为目标转向以人本身的全面发展为目标,真正做到以人为本。那时,物质生产就会从仅仅作为人的谋生手段转化为人的自我发展的内在需要。

从必然王国向自由王国的转变意味着人类将获得彻底的解放,每一个人都能得到全面而自由的发展。在必然王国,绝大多数社会成员承担着维持人类生存的物质生产活动,只有极少数社会成员才能得到全面发展的机会。此时,社会要靠牺牲多数的个人才能得到发展,换言之,极少数人的发展是以绝大多部分人的不发展为代价的。在自由王国,"每个人的自由发展是一切人的自由发展的条件"②,每个人都获得了全面而自由发展的机会,从而使人类获得彻底解放。共产主义社会就是"以每个人的全面而自由的发展为基本原则的社会形式"③。

三、从片面的人向全面的人的发展

人类从必然王国向自由王国的转变过程,也就是从人的依赖性、以物

---

① 《马克思恩格斯全集》第 46 卷上,第 486 页。
② 《马克思恩格斯选集》第 1 卷,第 294 页。
③ 《马克思恩格斯全集》第 23 卷,第 649 页。

的依赖性为基础的人的独立性达到人的自由个性的过程。马克思指出：
"人的依赖关系（起初完全是自然发生的），是最初的社会形态，在这种形态下，人的生产能力只是在狭窄的范围内和孤立的地点上发展着。以物的依赖性为基础的人的独立性，是第二大形态，在这种形态下，才形成普遍的社会物质变换，全面的关系，多方面的需求以及全面的能力体系。建立在个人全面发展和他们共同的社会生产能力成为他们的社会财富这一基础上的自由个性，是第三个阶段。"①

　　人的依赖关系占统治地位的阶段，是同社会发展中的自然经济形态相适应的。在这种历史形态中，个人不是作为独立的个人，而是作为一定自然共同体的成员，直接依附于这个自然共同体。"我们越往前追溯历史，个人，从而也是进行生产的个人，就越表现为不独立，从属于一个较大的整体。"②个人对自然共同体的依赖关系，具体体现在个人对自然共同体代表人物的从属关系中，而自然共同体内部依靠宗法等级制度建立起来的社会关系，则造成了普遍的人身依附关系。社会的每个成员在这个关系中既不独立，也没有自由。

　　以物的依赖关系为基础的人的独立性的阶段，是同社会发展中的商品经济形态相适应的。在这种历史形态中，个人摆脱了人身依附关系，获得了独立性。但是，个人获得的这种独立性是建立在对物的依赖性基础上的，人与人之间的社会关系以异己的物的关系形式同个人相对立，个人只有掌握资本才能获得独立性。正是在这个意义上，马克思认为，在这种社会形态中，"资本具有独立性和个性，而活动着的个人却没有独立性和个性"③。

　　按照马克思的观点，生产力发展到一定阶段，一方面出现了剩余产品，另一方面产生了社会分工。分工使物质活动与精神活动、劳动与享受、生产与消费由不同的人来分担成为可能，而剩余产品的出现使这种可

---

① 《马克思恩格斯全集》第 46 卷上，第 104 页。
② 《马克思恩格斯选集》第 2 卷，第 2 页。
③ 《马克思恩格斯选集》第 1 卷，第 287 页。

能成为现实。同时，"只要私人利益和公共利益之间还有分裂，也就是说，只要分工还不是出于自愿，而是自发的，那末人本身的活动对人说来就成为一种异己的、同他对立的力量，这种力量驱使着人，而不是人驾驭着这种力量"①。人的活动所形成的社会力量反过来成为一种"在他们之外的强制力量"，"同他对立的力量"，反过来压迫人、支配人，这就是人的异化。

人的异化在人类进入文明社会后就已经出现了。在"人的依赖性"的社会形态，个人没有独立性，劳动者仅仅被当作劳动的自然条件。正如马克思所说，"在奴隶制关系和农奴制依附关系中，没有这种分离；而是社会的一部分被社会的另一部分简单地当作自身再生产的无机自然条件来对待。奴隶同自身劳动的客观条件没有任何关系；而劳动本身，无论采取的是奴隶的形态，还是农奴的形态，都是作为生产的无机条件与其他自然物同属一类的，是与牲畜并列的，或者是土地的附属物"②。这就使一部分人与另一部分人的关系异化为人与物的关系，即劳动者被当作物（劳动的自然条件），被不劳动的剥削者所占有和支配，对劳动和劳动者来说，这就是异化。但是，这种异化仅仅是社会部分成员的异化，还不是社会每个成员的异化。

在"以物的依赖性为基础的人的独立性"的历史阶段，人与人之间的社会关系变成了商品关系，货币成为人与人之间进行商品交换的媒介，人与人的社会关系被物化为货币关系。换言之，个人劳动的直接目的是得到货币，个人的需求必须依靠货币购买商品才能得到满足，人与人之间的社会依赖性转化为对货币的依赖性，货币成为人与人之间社会关系的物化形态。

这种物化的社会关系本来是人们交往的产物，但它出现之后，对每个人来说，则成为一种外在的关系，并作为一种"外在的强制力量"支配着个人的命运，使个人成为受外在因素摆布的"偶然的个人"。从阶级的角度

---

① 《马克思恩格斯全集》第 3 卷，第 37 页。
② 《马克思恩格斯全集》第 46 卷上，第 488 页。

来看,工人阶级不仅受货币这种物化的社会关系的统治,而且还受资本这种物化的社会关系的剥削;从个人的角度来看,每个人都受货币这种物化的社会关系的统治,都受到资本这种社会关系的支配。"资本是集体的产物,它只有通过社会许多成员的共同活动,而且归根到底只有通过社会全体成员的共同活动,才能运动起来。"①这是人的普遍异化的历史阶段。

在人的普遍异化的状态下,人的发展也出现了普遍的片面化,每个人都成为"片面的人""单向度的人"。

首先,私有制和强制性分工使每个人的活动范围都固定化了,个人能力的发展因此也片面化了。"当分工一出现之后,每个人就有自己一定的特殊的活动范围,这个范围是强加于他的,他不能超出这个范围:他是一个猎人、渔夫或牧人,或者是一个批判的批判者,只要他不想失去生活资料,他就始终应该是这样的人。"②因此,在这个历史阶段上,"一部分人变为受局限的城市动物","另一部分人则变为受局限的乡村动物";一部分人成为头脑发达的脑力劳动者,另一部分人则成为四肢发达的体力劳动者,而且机器的使用使人的片面发展更为畸形化。

其次,在大工业和竞争中,人的一切生存条件、一切片面性都融合为两种最简单的形式——私有制和劳动,人被分化为有产者与无产者、资本家与雇佣劳动者,不仅工人不可能全面发展,而且资本家也不例外。"精神空虚的资产者为他自己的资本和利润欲所奴役;律师为他的僵化的法律观念所奴役,……一切'有教养的等级'都为各式各样的地方局限性和片面性所奴役,为他们自己的肉体上和精神上的近视所奴役,为他们的由于受专门教育和终身束缚于这一专门技能本身而造成的畸形发展所奴役。"③私有制使个人只关心自己和社会的区别,而不顾自己和社会的联系,个人片面发展了自己的自我性,而忽视了自己的社会性。

再次,物化的社会关系使人与人之间的社会关系片面化为纯粹的金

①《马克思恩格斯选集》第1卷,第287页。
②《马克思恩格斯全集》第3卷,第37页。
③《马克思恩格斯全集》第20卷,第317页。

钱关系,使人的活动目的片面化为单纯地追求金钱。"钱是一切事物的普遍价值,是一种独立的东西。因此它剥夺了整个世界——人类世界和自然界——本身的价值。钱是从人异化出来的人的劳动和存在的本质;这个外在本质却统治了人,人却向它膜拜。"①由此,人的需求片面化了,人的全部感觉变成了单纯占有物的感觉,人成了"单向度的人"。

"建立在个人全面发展和他们共同的社会生产能力成为他们的社会财富这一基础上的自由个性"②的阶段,是同社会发展中的时间经济或产品经济相适应的。在这个历史阶段,社会是"自由人的联合体",这种联合体对个人来说不是"虚假的集体",而是"真实的集体";社会关系不再作为异己的力量支配人,而是置于人们的共同控制之下,成为实现自由个性的形式。只有在这种"真实的集体"中,"个人才能获得全面发展其才能的手段,也就是说,只有在集体中才可能有个人自由。在过去的种种冒充的集体中,如在国家等等中,个人自由只是对那些在统治阶级范围内发展的个人来说是存在的,……在真实的集体的条件下,各个个人在自己的联合中并通过这种联合获得自由"③。在这种"真实的集体"中,每个人的自由发展成为一切人的自由发展的条件。

扬弃人的异化,使人得到全面发展,一方面需要高度发达的生产力,另一方面需要通过"联合起来的个人"占有生产力的总和,消除私有制,从而把社会生产力置于人们的共同控制之下,而不让它作为盲目的力量来统治自己。"联合起来的个人对全部生产力的占有,消灭着私有制。"④只有这样,才能扬弃人的异化,实现人的全面发展,创造人的自由个性。

我们应当明白,人的异化不是人向非人的转化,而是人们还没有创造出高度发达的社会生产力和全面的社会关系,并将这种生产力和社会关系置于自己的自觉控制之下造成的;人向全面性方向的发展,也不是什么

①《马克思恩格斯全集》第1卷,第448页。
②《马克思恩格斯全集》第46卷上,第104页。
③《马克思恩格斯全集》第3卷,第84页。
④《马克思恩格斯全集》第3卷,第71页。

人性的复归,不是什么人的全面本质的失而复得,而是通过创造高度发达的社会生产力和全面的社会关系,全面创造并占有自己的本质,通过社会全体成员合理运用自由时间实现自己的自由个性。实践是人的存在方式,人的本质在其现实性上是一切社会关系的总和。人的发展的全面性,归根到底取决于实践发展的全面性和社会关系的全面性。正如马克思所说,"个人的全面性不是想象的或设想的全面性,而是他的现实关系和观念关系的全面性"①。

四、时间:人的生命尺度与发展空间

与近代科学、近代哲学以及古代哲学都不同,马克思从现实的人及其活动出发去理解时间,强调"时间是人的积极存在",即时间对人的存在的意义和价值,明确提出时间是人的生命尺度和发展空间:"时间实际上是人的积极存在,它不仅是人的生命的尺度,而且是人的发展的空间。"②时间之所以能够成为人的生命尺度和发展空间,是因为时间能够体现人的生命特点和生命价值。具体地说,人能够按照自身的标准来减少不能体现自己生命本性和发展要求的活动时间,增加能够体现自己生命本性和发展要求的活动时间,从而为实现自己的生命意义创造条件。

时间是人的生命尺度表现为人类生命价值的生成。在生物学中,人与动物往往被作为"同类"的生命现象进行考察,但实际上,人的生命现象与动物的生命现象有着本质的不同。"动物和它的生命活动是直接同一的。动物不把自己同自己的生命活动区别开来。它就是这种生命活动。人则使自己的生命活动本身变成自己的意志和意识的对象。他的生命活动是有意识的","有意识的生命活动把人同动物的生命活动直接区别开来"③。

----

① 《马克思恩格斯全集》第46卷下,第36页。
② 《马克思恩格斯全集》第47卷,第532页。
③ 《马克思恩格斯全集》第42卷,第96页。

具体地说,动物的生命活动体现的是"种"的本质,人的生命活动体现的是"类"的本质。动物的本质与它的生命活动是直接同一的,它们在获得了生命的同时就具备了它们的本质。动物的种的特性是自然赋予的先天规定性,同动物个体的后天活动没有直接关系。人"是这样一种存在物,它把类看作自己的本质,或者说把自身看作类存在物"①。"类"作为人的存在特性,是人之为人的本质所在,凸显的是人的本质的后天生成性。"通过实践创造对象世界,即改造无机界,证明了人是有意识的类存在物。"②

"有意识的类存在物"使人能够把自己的生命活动"变成自己意志和意识的对象",能够按照"物种尺度"和"人的尺度"的统一去改造、创造世界。正如马克思所说,"动物只是按照它所属的那个种的尺度和需要来建造,而人却懂得按照任何一个种的尺度来进行生产,并且懂得怎样处处都把内在的尺度运用到对象上去"③。因此,人是自己生命活动的支配者,并在时间中超越了自然生命的尺度,成为一种"积极存在"。

人的生命活动不是动物式的"生存"活动,而是人所独有的"生活"活动,是人"把自己的生命活动本身变成自己的意志和意识的对象"的活动。正是在这种活动中,产生了生命尺度的问题,即人的生命活动是有价值的还是无价值的问题。在我看来,马克思之所以强调,"动物只是按照它所属的那个种的尺度和需要来进行建造",而人"则懂得按照任何一个种的尺度来进行生产",并且随时随地用自身的内在尺度来衡量对象,"按照美的规律来建造"④,就是为了说明,人只有获得"价值生命",超越自然生命,才能称其为"人"。时间是人的生命"尺度"并不等于时间是人的生命"长度"。把时间理解为人的生命"长度",这一观点的根本缺陷就在于,没有意识到人的生命与一般生命的本质区别,只是从物的本性去理解人,从

①《马克思恩格斯全集》第42卷,第96页。
②《马克思恩格斯全集》第42卷,第96页。
③《马克思恩格斯全集》第42卷,第97页。
④《马克思恩格斯全集》第42卷,第97页。

前定的、给予的、绝对不变的方面去理解人,实际上是把人理解为动物。

"劳动时间本身只是作为主体存在着,只是以活动的形式存在着。"[1]时间之所以能够成为人的生命尺度和积极存在,根源就在于人的实践活动,首先是劳动。正是劳动构成了人的生命价值的本体,使时间成为人的积极存在。作为人的生命尺度和积极存在,时间是在实践活动中获得对人的现实性,成为人的活动形式的。

正因为时间以人的活动的形式存在着,所以,伴随着实践活动的发展和分化,必然是人的活动空间的扩大。随着生产力的发展,人的活动逐渐产生分化,从生产活动中分化出交往活动,从物质交往中分化出精神交往,每一种活动不断分化出新的活动领域;这种活动的不断分化和活动的领域不断扩大又必然造成人的活动空间和发展空间的不断扩展;每一次活动的分化和交往的扩大又意味着人与自然之间新的关系的形成,人与人之间新的社会关系的建立。一句话,标志着人的新的活动和发展空间的建立。

按照马克思的观点,自由时间的多少直接决定着人的发展空间的大小,而自由时间在量上又直接取决于剩余劳动时间,"剩余劳动一方面是社会的自由时间的基础,从而另一方面是整个社会发展和全部文化的物质基础"[2]。发展生产力,提高劳动生产率,实际上就是缩短必要劳动时间,增加自由时间,扩大人的活动和发展空间。对个人来说,自由时间的扩大实际上是提供了一个新的活动舞台,舞台越大,发展的可能性也就越大;就人类而言,整个人类的发展无非是对自由时间的运用,有了更多的自由时间,才有整个社会的更大进步,才有人类能力的更大发展。

"正象单个人的情况一样,社会发展、社会享用和社会活动的全面性,都取决于时间的节省。一切节约归根到底都是时间的节约。"[3]因此,时间节约的规律便成为调节社会生活的"首要的经济规律"。这个规律不会因

---

① 《马克思恩格斯全集》第46卷上,第118页。
② 《马克思恩格斯全集》第47卷,第257页。
③ 《马克思恩格斯全集》第46卷上,第120页。

为社会制度的改变而被消除,能够改变的只是这一规律实现的社会形式。"时间的节约,以及劳动时间在不同的生产部门之间有计划的分配,在共同生产的基础上仍然是首要的经济规律。"①时间因素在人的发展中的首要意义,正是由这种规律的首要性决定的。换言之,时间节约的规律也是人的发展的首要规律。通过提高劳动生产率而节约劳动时间,实际上就是创造了人的发展的空间。

在阶级社会中,自由时间的创造与占有并不是统一的,相反,二者是背离的。"社会的自由时间的产生是靠非自由时间的产生,是靠工人超出维持他们本身的生存所需要而延长的劳动时间的产生。同一方的自由时间相应的是另一方的被奴役的时间"②。私有制和旧式分工使劳动者被迫承担整个社会的劳动重负,他们创造了自由时间,却不能占有和支配自由时间,没有获得相应的发展空间;而不从事劳动的社会成员却凭借占有生产资料的地位,通过侵占剩余劳动而占有和支配着自由时间,由此获得了相应的发展空间。

这就是说,在阶级社会中,少数人的发展是以剥夺众多劳动者的剩余劳动时间、自由时间为基础的,少数人的发展是以多数人的不发展或片面发展为代价的。这种自由时间创造与占有上的分离,在资本主义社会达到了极端程度。按照马克思的观点,劳动是价值的唯一源泉,工人的剩余劳动生产出剩余劳动时间、自由时间。然而,在资本主义社会,这种自由时间却为不劳动阶级所占有和支配。"在资本方面表现为剩余价值的东西,正好在工人方面表现为超过他作为工人的需要,即超过他维持生命力的直接需要而形成的剩余劳动。"③"剩余产品把时间游离出来,给不劳动阶级提供了发展其他能力的自由支配的时间。因此,在一方产生剩余劳动时间,同时在另一方产生自由时间。整个人类的发展,就其超出对人的自然存在直接需要的发展来说,无非是对这种自由时间的运用,并且整个

①《马克思恩格斯全集》第46卷上,第120页。
②《马克思恩格斯全集》第47卷,第216—217页。
③《马克思恩格斯全集》第46卷上,第287页。

人类发展的前提就是把这种自由时间的运用作为必要的基础。"①

人类解放的实质和目标就是实现每个人的全面而自由发展,而要实现人类解放和每个人的全面而自由发展,就必须使联合起来的个人占有和支配自由时间。"所有自由时间都是供自由发展的时间",而人的自由发展就是"超出对人的自然存在直接需要的发展"。这种支撑自由发展、提供自由时间的自由的活动,不再是维持"单纯生存"、体现人的生存"自然的必然性"的自发活动,而是人为了发展自身的能力、占有自己全面本质的自觉的活动。

在马克思看来,要从这种自发活动转向"自由的自觉的活动"即自主活动,"工作日的缩短是根本条件"②。"工作日的缩短"所提供的充裕的自由时间,联合起来的个人对这种自由时间的占有和支配,最终使劳动由人的谋生手段转变为生活的目的,从而实现劳动意义的革命性变化。这一革命性变化将消除异化劳动,实现以每个人自由发展为条件的一切人的自由发展,实现工人阶级和人类解放。"一方面,任何个人都不能把自己在生产劳动这个人类生存的自然条件中所应参加的部分推到别人身上;另一方面,生产劳动给每一个人提供全面发展和表现自己全部的即体力和脑力的能力的机会,这样,生产劳动就不再是奴役人的手段,而成了解放人的手段。"③

由此可见,在马克思的哲学中,"时间"不是一个与现实的人及其活动无关的抽象范畴,而是一个直接关涉无产阶级和人类解放,以及实现每个人的全面而自由发展的理论。换言之,在马克思的哲学中,"时间"是同无产阶级和人类解放、每个人的全面而自由发展密切相关、融为一体的理论。

---

① 《马克思恩格斯全集》第47卷,第216页。
② 《马克思恩格斯全集》第25卷,第927页。
③ 《马克思恩格斯全集》第20卷,第318页。

主要参考文献

1. 〔德〕阿多尔诺:《否定的辩证法》,张峰译,重庆出版社 1993 年版。

2. 〔法〕阿尔都塞、巴里巴尔:《读〈资本论〉》,李其庆等译,中央编译出版社 2008 年版。

3. 〔法〕阿尔都塞:《保卫马克思》,顾良译,商务印书馆 2010 年版。

4. 〔美〕埃尔斯特:《理解马克思》,何怀远译,中国人民大学出版社 2008 年版。

5. 艾思奇主编:《辩证唯物主义 历史唯物主义》,人民出版社 1961 年版。

6. 〔美〕奥尔曼:《异化:马克思论资本主义社会中的人的概念》,王贵贤译,北京师范大学出版社 2011 年版。

7. 〔苏〕巴加图利亚:《马克思的第一个伟大发现:唯物史观的形成和发展》,陆忍译,中国人民大学出版社 1981 年版。

8. 〔英〕波普尔:《历史主义的贫困》,何林、赵平译,社会科学文献出版社 1987 年版。

9. 〔德〕伯恩施坦:《社会主义的前提和社会民主党的任务》,殷叙彝编,《伯恩施坦文选》,人民出版社 2008 年版。

10. 〔苏〕布哈林:《历史唯物主义理论——马克思主义社会学通俗教材》,何国贤等译,人民出版社 1983 年版。

11. 陈岱孙:《从古典经济学派到马克思》,上海人民出版社 1981 年版。

12. 陈先达:《马克思早期思想研究》,北京出版社 1983 年版。

13. 陈先达:《走向历史的深处》,上海人民出版社 1987 年版。

14. 〔法〕德里达:《马克思的幽灵——债务国家、哀悼活动和新国际》,何一译,中国人民大学出版社 1999 年版。

15. 〔德〕狄尔泰:《精神科学引论》,艾彦译,译林出版社 2012 年版。

16. 〔德〕恩格斯:《反杜林论》,《马克思恩格斯选集》第 3 卷,人民出版社 1995 年版。

17. 〔德〕恩格斯:《家庭、私有制和国家的起源》,《马克思恩格斯选集》第 4 卷,人民出版社 1995 年版。

18.〔德〕恩格斯:《路德维希·费尔巴哈和德国古典哲学的终结》,《马克思恩格斯选集》第 4 卷,人民出版社 1995 年版。

19.〔德〕费彻尔:《马克思与马克思主义:从经济学批判到世界观》,赵玉兰译,北京师范大学出版社 2009 年版。

20.〔德〕费尔巴哈:《关于哲学改造的临时纲要》,荣震华、李金山译,《费尔巴哈哲学著作选集》上卷,商务印书馆 1984 年版。

21.〔德〕费尔巴哈:《未来哲学原理》,荣震华、李金山译,《费尔巴哈哲学著作选集》上卷,商务印书馆 1984 年版。

22.〔南〕弗兰尼茨基:《马克思主义史》(1—3 卷),胡文健等译,人民出版社 1986、1988、1992 年版。

23.〔苏〕弗罗诺夫:《哲学导论》,贾泽林译,北京师范大学出版社 2011 年版。

24.〔美〕弗洛姆:《马克思关于人的概念》,涂纪亮、张庆熊译,《西方学者论〈一八四四年经济学哲学手稿〉》,复旦大学出版社 1983 年版。

25.〔美〕弗洛姆:《在幻想锁链的彼岸:我所理解的马克思和弗洛伊德》,张燕译,湖南人民出版社 1986 年版。

26.〔德〕加达默尔:《哲学解释学》,夏镇平译,上海译文出版社 2005 年版。

27. 高清海:《马克思主义哲学基础》(上、下卷),人民出版社 1985 年版。

28. 高清海:《哲学的憧憬〈形而上学〉的沉思》,吉林大学出版社 1995 年版。

29.〔意〕葛兰西:《实践哲学》,徐崇温译,重庆出版社 1990 年版。

30.〔美〕古尔德:《马克思的社会本体论:马克思社会实在理论中的个性和共同体》,王虎学译,北京师范大学出版社 2009 年版。

31.〔德〕哈贝马斯:《交往行动理论》(1—2 卷),洪佩郁等译,重庆出版社 1994 年版。

32.〔德〕哈贝马斯:《重建历史唯物主义》,郭官义译,社会科学文献出版社 2000 年版。

33.〔德〕海德格尔:《存在与时间》,陈嘉映译,生活·读书·新知三联书店 1987 年版。

34.〔德〕海德格尔:《形而上学导论》,熊伟等译,商务印书馆 1996 年版。

35.〔德〕黑格尔:《精神现象学》(上、下卷),贺麟等译,商务印书馆 1979 年版。

36.〔德〕黑格尔:《历史哲学》,王造时译,生活·读书·新知三联书店 1956 年版。

37.〔德〕黑格尔:《逻辑学》(上、下卷),杨一之译,商务印书馆 1976 版。

38.〔德〕胡塞尔:《现象学的方法》,倪梁康译,上海译文出版社 2005 年版。

39.〔德〕胡塞尔:《现象学的观念》,倪梁康译,上海译文出版社 1986 年版。

40.〔德〕霍克海默、阿道尔诺:《启蒙辩证法:哲学断片》,渠敬东、曹卫东译,上海人民出版社 2003 年版。

41.〔德〕霍克海默:《批判理论》,李小兵译,重庆出版社 1989 年版。

42.〔美〕詹明信:《晚期资本主义的文化逻辑》,陈清侨等译,生活·读书·新知三联书店 1997 年版。

43.〔美〕詹姆逊:《重读〈资本论〉》,胡志国等译,中国人民大学出版社 2015 年版。

44.〔德〕卡西尔:《人论》,甘阳译,上海译文出版社 2004 年版。

45.〔苏〕康斯坦丁诺夫主编:《马克思列宁主义哲学原理》,人民出版社 1985 年版。

46.〔德〕考茨基:《唯物主义历史观》(一——六册),《哲学研究》编辑部编,上海人民出版社 1964—1965 年版。

47.〔德〕柯尔施:《卡尔·马克思 马克思主义的理论和阶级运动》,重庆出版社 1993 年版。

48.〔德〕柯尔施:《马克思主义和哲学》,王南湜等译,重庆出版社 1989 年版。

49.〔英〕柯亨:《卡尔·马克思的历史理论:一个辩护》,郑斌祥译,重庆出版社 1989 年版。

50.〔英〕柯林武德:《历史的观念》,何兆武等译,商务印书馆 1997 年版。

51.〔波〕科拉柯夫斯基:《马克思主义的主流》(1—3 卷),马元德译,台北远流出版社(中国台湾)1992 年版。

52.〔苏〕科普宁:《马克思主义认识论导论》,马讯、章云译,求实出版社 1982 年版。

53.〔捷〕科西克:《具体的辩证法:关于人与世界问题的研究》,傅小平译,社会科学文献出版社 1989 年版。

54.〔英〕克拉克:《经济危机理论:马克思的视角》,杨健生译,北京师范大学出版社 2011 年版。

55.〔意〕克罗齐:《历史学的理论与实际》,傅任敢译,商务印书馆 1982 年版。

56.〔德〕库诺:《马克思的历史、社会和国家学说:马克思的社会学的基本要点》,袁志英译,上海译文出版社 2006 年版。

57.〔意〕拉布里奥拉:《关于历史唯物主义》,杨启潾等译,人民出版社 1984 年版。

58.〔法〕拉法格:《思想起源论》,王子野译,生活·读书·新知三联书店 1963 年版。

59.〔美〕莱文:《不同的路径:马克思主义与恩格斯主义中的黑格尔》,臧峰宇译,北京师范大学出版社 2009 年版。

60.李达:《社会学大纲》,笔耕堂书店 1937 年版。

61.〔英〕H.李凯尔特:《文化科学与自然科学》,涂纪亮译,商务印书馆 1986 年版。

62.〔法〕列斐伏尔:《辩证唯物主义》(节选),载《社会批判理论纪事》第 3 辑,江苏人民出版社 2022 年版。

63.〔俄〕列宁:《卡尔·马克思》,《列宁选集》第 2 卷,人民出版社 1995 年版。

64.〔俄〕列宁:《马克思主义的三个来源和三个组成部分》,《列宁选集》第 2 卷,人民出版社 1995 年版。

65.〔俄〕列宁:《什么是"人民之友"以及他们如何攻击社会民主党人?》,《列宁全集》第 1 卷,人民出版社 1983 年版。

66.〔俄〕列宁:《唯物主义和经验批判主义:对一种反叛哲学的批判》,《列宁全集》第 18 卷,人民出版社 1988 年版。

67.〔俄〕列宁:《哲学笔记》,《列宁全集》第 55 卷,人民出版社 1990 年版。

68.〔匈〕卢卡奇:《关于社会存在的本体论》(上、下卷),白锡堃译,重庆出版社 1993、1996 年版。

69.〔匈〕卢卡奇:《历史和阶级意识——马克思主义辩证法研究》,张西平等译,重庆出版社 1989 年版。

70.〔德〕卢森堡:《资本积累论》,彭尘瞬等译,生活·读书·新知三联书店 1959 年版。

71.〔法〕吕贝尔:《吕贝尔马克思学文集》(上),曾枝盛译,北京师范大学出版社 2009 年版。

72.〔英〕罗宾斯:《经济科学的性质和意义》,朱泱译,商务印书馆 2000 年版。

73.〔美〕马尔库塞:《爱欲与文明》,黄勇等译,上海译文出版社 2005 年版。

74.〔美〕马尔库塞:《单向度的人》,刘继译,上海译文出版社 2006 年版。

75.〔美〕马尔库塞:《历史唯物主义的基础》,薛民译,《西方学者论〈一八四四年经济学哲学手稿〉》,复旦大学出版社 1983 年版。

76.〔德〕马克思、恩格斯:《德意志意识形态》,《马克思恩格斯全集》第 3 卷,人民出版社 1960 年版。

77.〔德〕马克思、恩格斯:《共产党宣言》,《马克思恩格斯选集》第 1 卷,人民出版社 1995 年版。

78.〔德〕马克思、恩格斯:《神圣家族》,《马克思恩格斯全集》第 2 卷,人民出版社 1959 年版。

79.〔德〕马克思、恩格斯:《书信》,《马克思恩格斯选集》第 4 卷,人民出版社 1995 年版。

80.〔德〕马克思:《〈黑格尔法哲学批判〉导言》,《马克思恩格斯全集》第 1 卷,人民出版社 1956 年版。

81.〔德〕马克思:《〈政治经济学批判〉导言》,《马克思恩格斯选集》第 2 卷,人民出版社 1995 年版。

82.〔德〕马克思:《〈政治经济学批判〉序言》,《马克思恩格斯选集》第 2 卷,人民出版社 1995 年版。

83. 〔德〕马克思:《1844 年经济学哲学手稿》,《马克思恩格斯全集》第 42 卷,人民出版社 1979 年版。

84. 〔德〕马克思:《1857—1858 年经济学手稿》,《马克思恩格斯全集》第 46 卷(上、下卷),人民出版社 1979 年版。

85. 〔德〕马克思:《1861—1863 年经济学手稿》,《马克思恩格斯全集》第 47 卷,人民出版社 1979 年版。

86. 〔德〕马克思:《不列颠在印度的统治》,《马克思恩格斯选集》第 1 卷,人民出版社 1995 年版。

87. 〔德〕马克思:《不列颠在印度统治的未来结果》,《马克思恩格斯选集》第 1 卷,人民出版社 1995 年版。

88. 〔德〕马克思:《给"祖国纪事"杂志编辑部的信》,《马克思恩格斯全集》第 19 卷,人民出版社 1963 年版。

89. 〔德〕马克思:《给维·伊·查苏利奇的信》,《马克思恩格斯全集》第 19 卷,人民出版社 1963 年版。

90. 〔德〕马克思:《关于费尔巴哈的提纲》,《马克思恩格斯全集》第 3 卷,人民出版社 1960 年版。

91. 〔德〕马克思:《马克思历史学笔记》,中国人民大学出版社 2005 年版。

92. 〔德〕马克思:《论犹太人问题》,《马克思恩格斯全集》第 1 卷,人民出版社 1956 年版。

93. 〔德〕马克思:《鸦片贸易史》,《马克思恩格斯选集》第 1 卷,人民出版社 1995 年版。

94. 〔德〕马克思:《哲学的贫困》,《马克思恩格斯选集》第 1 卷,人民出版社 1995 年版。

95. 〔德〕马克思:《中国革命和欧洲革命》,《马克思恩格斯选集》第 1 卷,人民出版社 1995 年版。

96. 〔德〕马克思:《资本论》(1—3 卷),《马克思恩格斯全集》第 23、24、25 卷,人民出版社 1972、1974 年版。

97. 〔英〕麦克莱伦:《马克思思想导论》,郑一明、陈喜贵译,中国人民大学出版社 2008 年版。

98. 〔英〕麦克莱伦:《马克思以后的马克思主义》,李智译,中国人民大学出版社 2008 年版。

99. 〔德〕梅林:《保卫马克思主义》,吉洪译,人民出版社 1982 年版。

100. 〔法〕梅洛·庞蒂:《辩证法的历险》,杨大春、张尧均译,上海译文出版社 2009 年版。

101. 〔意〕翁贝托·梅洛蒂:《马克思与第三世界》,高铦等译,商务印书馆1981年版。

102. 〔苏〕米丁、拉祖莫夫斯基等:《辩证唯物论与历史唯物论》,沈志远译,商务印书馆1936年版。

103. 〔意〕奈格里:《〈大纲〉:超越马克思的马克思》,张梧、孟丹等译,北京师范大学出版社2011年版。

104. 〔瑞士〕皮亚杰:《发生认识论原理》,王宪钿等译,商务印书馆1981年版。

105. 〔俄〕普列汉诺夫:《论个人在历史上的作用问题》,唯真译,生活·读书·新知三联书店1961年版。

106. 〔俄〕普列汉诺夫:《论一元论历史观之发展》,博古译,生活·读书·新知三联书店1973年版。

107. 〔俄〕普列汉诺夫:《马克思主义的基本问题》,《普列汉诺夫哲学著作选集》第3卷,汝信等译,生活·读书·新知三联书店1962年版。

108. 〔法〕萨特尔:《辩证理性批判》第一分册,徐懋庸译,商务印书馆1963年版。

109. 〔法〕萨特:《存在与虚无》,陈宣良等译,生活·读书·新知三联书店2007年版。

110. 〔法〕萨特:《萨特哲学论文集》,沈志明等译,安徽文艺出版社1998年版。

111. 〔波〕沙夫:《人的哲学:马克思主义与存在主义》,林波等译,生活·读书·新知三联书店1963年版。

112. 〔德〕施密特:《马克思的自然概念》,吴仲昉译,商务印书馆1988年版。

113. 〔俄〕斯大林:《论辩证唯物主义和历史唯物主义》,《斯大林选集》下卷,人民出版社1979年版。

114. 孙正聿:《理论思维的前提批判:论辩证法的批判本性》,中国人民大学出版社2010年版。

115. 〔苏〕图赫舍雷尔:《马克思经济理论的形成和发展》,马经青译,人民出版社1981年版。

116. 〔苏〕维戈茨基:《卡尔·马克思的一个伟大发现的历史》,马健行等译,中国人民大学出版社1979年版。

117. 〔德〕文德尔班:《哲学史教程》(上下卷),罗达仁译,商务印书馆1987年版。

118. 〔美〕沃勒斯坦:《现代世界体系》(1—3卷),罗荣渠译,高等教育出版社1998年版。

119. 俞吾金:《被遮蔽的马克思》,人民出版社2012年版。

120. 张一兵:《回到马克思:经济学语境中的哲学话语》,江苏人民出版社1999年版。

第一版后记

呈现在读者面前的这部著作,即《为马克思辩护》凝聚着我从 1986 年到 2001 年这 15 年间哲学研究的成果。这一著作从"马克思哲学基本特征研究""马克思哲学基本观点研究""马克思主义哲学史研究""马克思哲学与中国现代化研究"四个方面,从理论与文本、理论与历史、理论与现实三个维度,展示了我的马克思主义哲学研究的特征、广度与深度。

我深知我的人生经历、知识结构和哲学素养的不足,丝毫不否认这部著作存在着错误和成见。"学者们固然有时比一般人的成见少,但另一方面,他们对已有的成见坚持的比一般人更厉害。"(卢梭)因而,对于学者来说,修正错误、抛弃成见尤为重要。在学术研究中,我仍将"执着",即坚定不移地追求真理,但绝不"固执",即拘泥于成见、坚持错误。只有当我们从对错误的错误理解中摆脱出来的时候,我们才能以合乎真理的方式去谈论真理。

无论是在实际工作中,还是在学术研究中,我追求的目标都是"完善",但我深知,我不可能达到完善。"一切发展中的事物都是不完善的,而发展只有在死亡时才结束。"(马克思)因此,我欢迎一切来自善意的批评。对于出自恶意的攻击,我的答复只能是:

我要忠实地停留在我自己的世界上，

我就是我的地狱和天堂。（席勒）

杨　耕

2001 年 10 月 3 日于中国人民大学

第二版后记

　　呈现在读者面前的这部著作,是我的学术专著《为马克思辩护:对马克思哲学的一种新解读》的第二版。

　　2002 年,在我的学生李屹立博士的促动下,我在黑龙江人民出版社出版了《为马克思辩护》。出乎我意料的是,从 2002 年 1 月—10 月,仅仅 10 个月,《为马克思辩护》就连续印刷三次。也许是我的执着感动了读者,但重要的是,读者的厚爱深深地感动了我。所以,在《为马克思辩护:对马克思哲学的一种新解读》第二版出版之际,我不由自主地想起我的师长、朋友和亲人,没有他们的友情与亲情,我不可能成长;同时,我也想到由于种种原因对我产生误解、偏见甚至"敌视"的人,没有他们的误解与责难,我不可能成熟。"人要学会走路,也得学会摔跤,而且只有经过摔跤他才能学会走路。"(马克思)对于我来说,友情与亲情、委屈与磨难,都是一笔财富、一笔不可缺少的财富。

　　我的研究方向是马克思的哲学。我注意到,马克思的"形象"在其身后处在不断变换之中,而且马克思离我们的时代越远,对他认识的分歧就越大,就像行人远去,越远越难辨认一样。苏联东欧社会主义的巨变,使得马克思在世纪之交的思想文化论争中不仅没有成为"原告",反而或明或暗地成为"被告",其"形象"任凭"原告"的言说随意涂抹。作为一个马克思主义者,我不能不为"缺席"的马克思辩护;作为一个马克思哲学的研究者,我的全部论著都是重读马克思的结果,或者说,是对马克思哲学的一种新解读。所以,我把第二版定名为《为马克思辩护:对马克思哲学的一种新解读》。

同第一版相比,第二版有较大的变化:一是把"光荣的路是狭窄的(代前言)"改为"马克思哲学:我们时代的真理和良心(代序)";二是把四编改为上、下篇,并删去了第四编的全部内容;三是对内容进行了调整,除删去了第四编外,还删去了"马克思哲学与后现代主义在当代的相遇""为马克思的社会主义理论辩护""物质、实践、世界:关于马克思哲学三个基本范畴的再思考""课题设计、资料分析和模型解释:社会科学研究的基本环节""马克思哲学与马克思主义哲学教科书""历史唯物主义研究:问题、观点与思路""关于历史唯物主义理论基础的历史沉思""关于历史唯物主义理论来源的再思考"八章,增加了"马克思哲学的后现代意蕴""马克思的实践本体论:一种新解读""社会与自然的关系:一种新解读""社会发展的'自然历史过程':一种新解读""马克思的历史必然性观念:一种新解读""马克思的实践反思理论:内涵、特征和意义""斯大林与卢卡奇的本体论思想:一种比较研究""胡塞尔:从先验自我转向生活世界""后现代主义:背景、实质和意义""后殖民主义:实质、特征及其局限"十章。

《为马克思辩护:对马克思哲学的一种新解读》第二版仍然是围绕着马克思哲学及其当代意义这一主题展开的。上篇侧重于马克思哲学基本特征和基本观点研究,把马克思哲学置于西方哲学史和西方现代哲学,包括后现代主义这一宏大的理论背景中重新探讨它的理论主题、体系特征和当代意义,力图用新的科学和哲学研究成果阐释已成为"常识"的马克思哲学的基本观点,展现被现行的马克思主义哲学教科书所忽视、遗忘的马克思哲学的基本观点,深入探讨、系统论证马克思有所论述但又未充分展开,同时又契合着当代重大问题的观点,使之上升为马克思主义哲学的基本观点;下篇侧重于马克思主义哲学史及西方现代哲学研究,重新考察了马克思创立历史唯物主义的历史进程和思维逻辑,考察了马克思以后马克思主义哲学的演变,并从马克思的观点出发分析了现代西方哲学以及后现代主义、后殖民主义,以凸现马克思哲学的当代意义。

我力图以这样一种形式重塑马克思的"形象",展现马克思哲学对人的现实存在和终极存在的双重关怀,并以此为马克思辩护。同时,我也深知,马克思的哲学博大精深,这部著作对马克思哲学的解释不过是"冰山现象"。对于我来说,思维之锄还应向马克思主义哲学理论宝库的深处不断掘进。"人们常常有机会提供一个伟大的教训,就是承认自己的不足。"(狄德罗)我丝毫不否认我的生活阅历、知识结构和思维方式的不足,深知这部著作的全部缺陷。借用维特根斯坦的话来说,我的这部著作"只是一面镜子,读者可以通过这面镜子看到他的思想的全部缺陷,从而借助这个途径将思路端正"。

《为马克思辩护:对马克思哲学的一种新解读》第二版实际上反映了我所关注的理论问题,记录了我重读马克思的心路历程,体现了我的哲学研究水平的过去与现在。由此,我想起了赫尔岑的名言:

> 充分认识过去,我们才能认清现在;
> 深深地沉思往事的意义,我们才能发现未来的意义。

杨　耕

2004 年 7 月 31 日于北京师范大学

第三版后记

2002 年,黑龙江人民出版社出版了我的学术专著《为马克思辩护》的第一版,从 2002 年 1 月—10 月,仅仅 10 个月,"第一版"就连续印刷三次;2004 年,北京师范大学出版社出版了《为马克思辩护: 对马克思哲学的一种新解读》的第二版,出乎我意料的是,"第二版"又连续印刷三次。就一本哲学专著而言,能够先后印刷 6 次,销售数量达 2 万余册,实属不易。读者的厚爱深深地感动了我。当 2010 年刚刚到来之际,中国人民大学出版社又出版《为马克思辩护: 对马克思哲学的一种新解读》的第三版,这使我不禁想起我的人大岁月。

1986 年,汪永祥教授把我领进了我向往已久的中国人民大学哲学系攻读硕士学位,汪老师的学术引导力引导着我真正走进"哲学门";1988 年,陈先达教授把我留在人大哲学系任教,同时师从他攻读博士学位,陈老师的思维穿透力引导着我走向哲学的深处;而我的挚友陈志良教授的"宏大叙事"能力又引导着我走上哲学研究的大舞台。我深深地感谢我的两位导师汪永祥教授、陈先达教授,感谢我的挚友陈志良教授。从他们身上,我不仅看到了哲学家的文采,而且看到了哲学家的风采;不仅学到了文品,而且学到了人品;不仅学会了做"文",而且学会了做"人"。由此,我想起了《天真汉》中的天真汉对博学老人高尔同的礼赞:"要没有你,我在这里就陷入一片虚无。"

我是读着中国人民大学出版社出版的教材走进人大的,尔后又成为人大出版社的作者和总编辑。正是在中国人民大学,我完成了从"三十而立"到"四十不惑"的自然转变,从成长走向成熟;也正是在中国人民大学,我完成了"身份"的急剧转变,被破格推荐免试攻读博士学位,被破格评为副教授、教授、博士生导师。人大教会了我如何学习、如何思考、如何工作乃至如何生活。所以,在我"知天命",开始步入"夕阳无限好,已是近黄昏"的人生阶段时,人大出版社出版《为马克思辩护:对马克思哲学的一种新解读》的第三版,让我心存感激。中国人民大学,让我流连忘返,魂牵梦绕。

同《为马克思辩护:对马克思哲学的一种新解读》的第二版相比,第三版有较大的变化:删去了"唯物主义的历史形态和历史唯物主义的理论空间""社会与自然的关系:一种新解读""社会的本质及其发展过程的特殊性:一种新解读""马克思的社会有机体方法""马克思的'从后思索法':原则、内容和意义""马克思的科学抽象法:一种新解读""马克思创立历史唯物主义的历史进程和思维逻辑""西方历史哲学的现代转向及其启示""社会科学方法的发生、范式及其历史性转换——马克思社会研究方法的特征及其现代性"九章,以及附录"辩证唯物主义和历史唯物主义'一体化':内涵、基础与问题",增加了"实践的世界观意义:对马克思世界观的一种新解读""辩证的否定与否定性的辩证法:对马克思辩证法的一种新解读""发生、本质、过程:对马克思认识论的新解读之一""必然王国与自由王国:一种新解读""后马克思主义:历史语境与多重逻辑——从马克思的观点看"五章。此外,对"社会发展中的自然形态、派生形态和超越形态"作了压缩,并同"社会发展的'自然历史过程':一种新解读"合并为一章。

之所以作出这样的调整,目的仍然是力图用新的科学和哲学研究成果阐释已成为"常识"的马克思哲学的基本观点,展示被现行的马克思主义哲学教科书所忽视、遗忘的马克思哲学的基本观点,深入探讨、系统论证马克思有所论述但又未充分展开,同时又契合着当代重大问题的观点,使之上升为马克思主义哲学的基本观点,从而凸现马克思哲学的现代性质和当代意义。

《为马克思辩护：对马克思哲学的一种新解读》第二版出版后，我的思想、观点仍处在较大的变化之中，但我不想改变《为马克思辩护：对马克思哲学的一种新解读》的总体逻辑和基本观点。为了使读者了解2005—2009年间我的思想和观点的变化，我选了我的一篇学术自述、一篇访谈、四篇文章作为全书的附录。从中，读者可以"窥一斑而知全豹"。

中国人民大学出版社社长贺耀敏教授、总编辑周蔚华教授，以及学术出版中心主任李艳辉编审不嫌浅陋，将本书列入"当代中国人文大系"；北京师范大学出版社马晓薇编辑为书稿的校对，付出了艰辛的劳动。在此，我一并表达我深深的谢意。

记得维特根斯坦说过，"探讨哲学的人渴望思想平静。"《为马克思辩护：对马克思哲学的一种新解读》第三版出版之后，我渴望"思想平静"。

杨　耕

2010 年 1 月 24 日于北京世纪城时雨园

第四版后记

2010 年 1 月,《为马克思辩护：对马克思哲学的一种新解读》第三版出版时,我曾经说过,"《为马克思辩护：对马克思哲学的一种新解读》第三版出版之后,我渴望'思想平静'"。从那时到现在,时间又过去六年,我的思想却未平静,仍处于剧烈的变化之中。再次重读《1844 年经济学哲学手稿》《德意志意识形态》《资本论》之后,我再次感受到马克思思想的穿透力,哲学的批判力,深深地体会到马克思的哲学仍然具有"令人震撼的空间",一个新的马克思的"形象"出现在我的面前。同时,我也自觉地认识到《为马克思辩护：对马克思哲学的一种新解读》第三版的局限和缺陷。因此,我向读者呈上《为马克思辩护：对马克思哲学的一种新解读》第四版。

同《为马克思辩护：对马克思哲学的一种新解读》的第三版相比,第四版有较大的变化：

更换了第三版的代序,即《学术月刊》杂志记者 2004 年 1 月对我的采访录,重新撰写了"序言 马克思哲学：我们时代的真理和良心"。

删去了第三版的"第十一章 发生、本质、过程：对马克思认识论的新解读之一""第十四章 思维的内在矛盾：一种新解读""第十五章 对象意识与自我意识：一种新解读""第十六章 知识思维与辩证思维：一种新解读""第十八章 法国唯物主义的两个派别及其启示""第十九章 法国复辟时代的历史学及其与唯物史观的关系""第二十一章 从黑格尔的历史辩证法到马克思的历史唯物论”“第二十二章 从费尔巴哈人的本质理论到马克思人的本质理论：一种新解读”“第二十六章 后现代主义：背景、实质和意义”“第二十七章 后殖民主义：实质、特征及其局限”，以及“附录一、二、三、四、五、六”。

调整了第三版中的“第六章 辩证的否定与否定性的辩证法：对马克思辩证法的一种新解读”“第九章 生产力与生产关系的矛盾运动：一种新解读”“第十章 社会主义必然代替资本主义及其历史进程：一种新解读”“第十三章 实践反思：对马克思认识论的新解读之三”“第二十章 法国空想社会主义的社会哲学及其与唯物史观的关系”“第二十三章 斯大林与卢卡奇的本体论思想：一种新解读”“第二十五章 德里达：从解构主义转向马克思主义”“第二十四章 胡塞尔：从先验自我转向生活世界”“第二十八章 后马克思主义：历史语境与多重逻辑”，即把第三版第六章的部分内容调整到第四版的第八章，第三版第九章的部分内容调整到第四版的第十章，第三版第十章的部分内容调整到第四版的第十一章，第三版第十三章的部分内容调整到第四版的第十七章，第三版第二十章的部分内容调整到第四版的第三章，第三版第二十三章的部分内容调整到第四版的第八章，第三版第二十四、二十五章调整为第四版的附录三、四，第三版第二十八章调整为第四版的第六章。

增加了“唯物主义的历史形态与历史唯物主义的理论空间”“辩证唯物主义、历史唯物主义、实践唯物主义：基于概念史的考察与审视”“世界历史、东方社会与社会主义”“意识与意识形态批判”“社会批判及其核心：资本批判”“社会有机体方法：社会的总体分析法”“‘从后思索’：认识历史的根本途径”“科学抽象：社会科学的分析工具”“中国马克思主义哲学体系：形成、确立与演变”“苏联马克思主义哲学模式：形成、特征与缺陷”，分别作为第四版的第一、二、十一、十二、十三、十四、十五、十六章，以及附录的一、二。

这样的变动反映了我再次重读马克思后对马克思哲学的一种新理解，体现了我的马克思主义哲学研究的维度、广度和深度。我始终认为，在马克思主义哲学研究中,要分清哪些是马克思哲学问题域中的问题,哪些是当代哲学问题域中的问题,马克思哲学在哪些重大问题上契合着当代社会的重大问题,从而以当代实践、科学和哲学本身的成果阐释已经成为"常识"的马克思哲学的基本观点,展示被忽视、被遗忘的马克思哲学的基本观点,深入探讨、系统论证马克思有所论述但又未充分展开,同时又契合着当代社会重大问题的观点,使之上升为马克思主义哲学的基本观点。

南京大学张一兵教授不嫌浅陋,将本书列入"凤凰文库·马克思主义研究系列",南京大学张亮教授热情推荐本书;北京大学仰海峰教授为本书第十三章的写作提供了宝贵的思想;北京师范大学出版社杜丽娟编辑不辞辛苦打印了全部书稿,江苏人民出版社戴亦梁编审为本书的出版付出了艰辛的劳动。在此,我一并表达我的谢意。"一个篱笆三个桩,一个好汉三个帮。"我不是好汉,更需要帮。我深深地感谢每一个帮助过我的人。

我的学业、职业、专业和事业都是哲学,我的研究方向和理论信仰都是马克思哲学。在这条道路上我已经走过了近 40 年的历程。如果说最初我是"误入"哲学,那么,后来我就是自觉选择了哲学,至今无怨无悔。哲学适合我,我也适合哲学。今天,我已与哲学连成一体,或者说,哲学已融入我的生命活动之中,离开哲学,我不知如何生活。当然,我也深知,哲学思维极其艰辛,谁选择了哲学并想站在这一领域的制高点上,谁就必然要在精神上乃至物质上选择一条苦行僧的道路。

你接受了幸福,
也就接受了痛苦。
你拥抱了晨钟,
怎么可能拒绝暮鼓。(汪国真)

杨 耕
2016 年 4 月 30 日于北京世纪城时雨园

第五版后记

这部《为马克思辩护：对马克思哲学的一种新解读》被商务印书馆收入"中华当代学术著作辑要"，我深感荣耀！

诞生于1897年的商务印书馆，是中国现代出版的发源地，同时，也是中国现代思想的萌发地。它所出版的各类学校教科书，为学子们的成长开辟了广阔的知识空间；它所出版的各类辞书，为人们的生活、学习和工作提供了精准的"导游图"；它所出版的各类汉译世界学术名著，为学者们展示了一个新的思想地平线。正因为如此，商务印书馆和北京大学被人们誉为中国现代文化的"双子星"。在我看来，中国的现代出版史，无论是"正"着写，还是"野"着写，是"横"着排，还是"竖"着排，商务印书馆都是一个绕不过去的文化要塞，是一个避不开的思想制高点。能在商务印书馆出版自己的学术著作，这是学者的荣耀。

就我个人而言，我是捧着《新华字典》《现代汉语词典》《辞源》等辞书，走向学术殿堂的，是读着《小逻辑》《哲学史讲演录》《历史与阶级意识》等汉译世界学术名著，走进哲学深处的。当我站在哲学的深处，回望我走过的路途时，我发现，哲学对我足够"深情"，商务印书馆对我如此"厚爱"。我从商务印书馆走来，沐浴着商务印书馆的阳光和雨露。所以，当这部《为马克思辩护：对马克思哲学的一种新解读》被收入"中华当代学术著作辑要"，并在商务印书馆出版时，我心存感激之情。感谢中国出版传媒股份有限公司总经理李岩先生热情推荐了这部著作；感谢卢明静编辑不辞辛苦,承担了这部著作的责任编辑。

　　《为马克思辩护:对马克思哲学的一种新解读》力图站在当代实践、科学和哲学的基础上,重释已经成为"常识"、为人们所熟知的马克思哲学的基本观点;展示本是马克思哲学的基本观点,但由于种种原因,被人们所忽视甚至遗忘的马克思哲学的基本观点;系统论证马克思有所论及、尚未展开,但又契合着当代重大问题的观点,并使之上升为马克思主义哲学的基本观点,从而凸显一个多维视野中的马克思,展现马克思的新"形象"。这部著作体现了我的哲学研究的力度、深度和广度,体现了我的理论空间和思维个性,实际上是我 40 年来重读马克思的心灵写照和诚实记录。40 年来,尽管我生活其中的社会环境处在剧烈的变化之中,我本人的"身份"处在不断的变化之中,但我"任尔东西南北风""咬定青山不放松"(郑板桥),一直在哲学的路途上艰辛探索,在人生的道路上艰难跋涉"回首向来萧瑟处,归去,也无风雨也无晴。"(苏轼)

　　对我来说,这部《为马克思辩护:对马克思哲学的一种新解读》被收入"中华当代学术著作辑要",并在商务印书馆出版,不是哲学研究的终点,而是哲学研究的新的起点。哲学已经融入我的生命活动之中。无论行走在这条哲学路途和人生道路上多么艰辛,我也将义无反顾、坚定不移地走下去。也许,在这条哲学的路途和人生的道路上,我会命运多舛,但是,"我把命运的摇晃当作奖赏,依然在路上"(《摆渡人》);也许,在这条哲学的路途和人生的道路上,我会面临"山重水复"已"无路"的境地,但是,"其实地上本没有路,走的人多了,也变成了路"(鲁迅)。

　　1978 年 2 月,在"春天的故事"里,我成为"文化大革命"结束后的第一届大学生,成为当时的新一代。我们这一代不同于老一代。老一代是在战争年代,在血与火的考验中度过,我们这一代是在和平年代,在不断的精神苦练中生存;老一代敢"问苍茫大地,谁主沉浮"(毛泽东),我们这一代"敢问路在何方"。我们这一代有我们这一代的苦苦追求。在这部《为马克思辩护:对马克思哲学的一种新解读》由商务印书馆出版之际,我不由自主地想起了辛弃疾的词句：

男儿到死心如铁，
看试手，
补天裂。

杨 耕

2019 年 11 月于北京世纪城时雨园

第六版后记

呈现在读者面前的这部著作,即《杨耕文集》第 1 卷,是《为马克思辩护:对马克思哲学的一种新解读》的第六版。

《为马克思辩护》第一版出版于 2002 年。从那时起到今天,时间已经过去了整整 20 年。20 年来,尽管我对马克思哲学的研究处在不断的深化中,尽管我对马克思哲学具体观点的认识处在不断的变化中,但变中又有不变,这就是我对马克思哲学的总体认识没有变,用句成语来说就是,万变不离其"宗"。这个"宗"就是:实践唯物主义、辩证唯物主义、历史唯物主义不是三个主义,而是同一个主义,即马克思的"新唯物主义"的三个理论特征、三个不同称谓,马克思的哲学就是实践、辩证、历史的唯物主义;历史唯物主义与辩证唯物主义不是两个"观",即辩证唯物主义是自然观,历史唯物主义是历史观,而是同一个"观",即马克思的世界观的两个不同表述;历史唯物主义不仅是"唯物主义历史观",更重要的,是"唯物主义世界观",一种内含着"否定性的辩证法"的"真正批判的世界观"。

这个"宗",或者说,这三个基本观点,都是《为马克思辩护》第一版提出并初步论证的,而后的第二、三、四、五版只是不断深化、系统论证了这三个基本观点,而没有改变这三个基本观点。这三个基本观点实际上集中体现了我对马克思哲学的一种新解读,体现了我对马克思哲学的一种新的总体认识。第六版仍然坚持这三个基本观点,坚持这种对马克思哲学的总体认识。所以,我把这部著作仍然定名为《为马克思辩护:对马克思哲学的一种新解读》,并把它列为《杨耕文集》第 1 卷。

但是,《为马克思辩护:对马克思哲学的一种新解读》第六版对第五版做了全面的技术性修订:一是对第五版的主要范畴作了全面修订,以使范畴的内涵更加准确;二是对第五版的文字作了全面修订,以使文字表述更加精练;三是对第五版的标点符号作了全面修订,以使标点符号的使用更加规范;四是对第五版的引文作了全面修订,以使引文更加精准;五是在第六版中增加了一些重要论据,以使论证更加充分;六是删除了第五版的全部附录。可以说,几乎在第五版的每一页都留下了修改的痕迹。正因为如此,我把这部著作"定性"为《为马克思辩护:对马克思哲学的一种新解读》第六版。

华东师范大学出版社社长王焰编审慷慨地把《杨耕文集》列入出版计划,并给予《杨耕文集》高度重视、高度评价;社项目部主任朱华华副编审精心组织《杨耕文集》以及《为马克思辩护:对马克思哲学的一种新解读》第六版的编辑、出版工作;责任编辑朱华华、张婷婷辛勤劳动,高质量地完成了第六版的编辑任务;北京师范大学出版集团杜丽娟编辑不辞辛劳,打印了第六版的全部书稿,并核对了全部引文。我本质上是个书生,而书生的主要工作就是把主观思想变成客观文字,把个人意识转化为社会意识。因此,谁为我做到这一点,谁就对我有"大恩"。在此,一并表达我对王焰社长、朱华华主任、张婷婷编辑、杜丽娟编辑的感恩之心、感谢之意。有人说,"大恩不言谢"。可在我看来,"大恩"都不"谢",那还"谢"什么,或者说,还要这个"谢"字干什么! 要求感恩,这是封建帝王思想;不懂感恩,这是流氓无产者的心态。对我来说,无论是"大恩",还是"小恩",我都感恩、感谢。

从《为马克思辩护》第一版出版以来到今天,时间已经过去整整20 年。20 年来,尽管我的"身份"处在不断变化之中,但我对哲学始终不离不弃,在哲学这条风雨交加的路途上不知疲倦地艰辛跋涉,风雨兼程。

我不去想身后会不会袭来寒风冷雨，

既然目标是地平线，

留给世界的只能是背影。（汪国真）

杨　耕

2022 年 5 月于北京世纪城时雨园

德文版后记

马克思是德国人，而"德国人是一个哲学民族"（马克思）。如果说近代以来，英国人贡献的是工业革命，法国人贡献的是政治革命，那么，德国人贡献的就是哲学革命。在德国，社会变革首先表现为理论解放、哲学革命。"即使从历史的观点来看，理论的解放对德国也有特别实际的意义。德国的革命的过去就是理论性的，这就是宗教改革。正像当时的革命是从僧侣的头脑开始一样，现在的革命则从哲学家的头脑开始。"（马克思）马克思所走的道路就是一条典型的德国人的道路。具体地说，马克思不是直接从现实出发去解答时代课题，而是通过哲学批判返归现实解答时代课题的。正如马克思本人所说，"德国的法哲学和国家哲学是唯一与正式的当代现实保持在同等水平上的德国历史"。"我们是当代的哲学同时代人，而不是当代的历史同时代人。德国的哲学是德国历史在观念上的延续。因此，当我们不去批判我们现实历史的未完成的著作，而来批判我们观念历史的遗著——哲学的时候，我们的批判恰恰接触到了当代所谓的问题之所在的那些问题的中心。"

对马克思主义史的深入研究可以看出，马克思"成为马克思"的每一步都是通过哲学批判取得的：1843 年的"黑格尔法哲学批判"，1844 年的"对黑格尔的辩证法和整个哲学的批判"，1845 年的"对批判的批判所作的批判"，1846 年的"对费尔巴哈、布·鲍威尔和施蒂纳所代表的现代德国哲学的批判"……这一系列的哲学批判使马克思对"问题的中心"——

时代课题有了更透彻的理解，对哲学本身有了更深刻的认识，从而创立了"新唯物主义"哲学，并在哲学史上、思想史和社会历史上造成了一次划时代的革命。作为"千年思想家"，马克思首先是一位德国哲学家，而哲学不仅是我的职业，而且是我的事业；马克思的哲学不仅是我的专业，而且是我的信念。所以，我把这部德文版的《为马克思辩护：对马克思哲学的一种新解读》献给这位德国哲学家，以表达一位中国学者对他的深深的敬意。感谢卡努特出版公司以德文出版了我的这部研究德国哲学家的著作。

我最初接触马克思的哲学是在 1974 年。那时，我的祖国正处在"文化大革命"中。在那个无书可读、也无须读书的年代，我的姨妈，一个老布尔什维克，送我一套 4 卷本的《马克思恩格斯选集》。我立刻如饥似渴、稀里糊涂地读完这套《马克思恩格斯选集》，并由此似懂非懂、懵里懵懂地走向哲学。1977 年，我考入安徽大学哲学系，在四年的本科学习过程中，我"跟着感觉走，牵着梦的手"，自觉不自觉地走向马克思主义哲学。此后，无论是在中国人民大学攻读硕士、博士学位，还是在中国人民大学、北京师范大学从事教学科研，我的专业都是马克思主义哲学。从 1977 年到现在，时间已经过去了 40 多年。40 多年来，我一直不知疲倦地在哲学路途上艰难跋涉，在马克思主义哲学研究领域里艰辛探索，力图"究天人之际，通古今之变"，从而在"向死而生"的过程中寻求生命的价值和意义。哲学已经融入我的生命活动之中，成为我书写生命的方式。

如果把我 40 多年来哲学研究的特点概括成一句话，那就是重读马克思。这部《为马克思辩护：对马克思哲学的一种新解读》集中体现了我重读马克思的维度、广度和深度，体现了我重读马克思的理论途径和理论成果。

在重读马克思的过程中，我经历了从马克思主义哲学"回到"马克思的哲学，从马克思的哲学拓展到马克思主义哲学史、西方哲学史，从西方哲学史延伸到现代西方哲学、后现代主义哲学，然后再返回到马克思主义哲学这样一个不断求索过程。之所以如此，是因为马克思是马克思主义哲学的主要创始人，对马克思主义哲学的研究首先就应追溯到马克思的哲学；对马克思哲学的研究又离不开对马克思主义哲学史的研究，只有把握马克思以后的马克思主义哲学的演变过程，才能真正理解马克思的哲学在何时、何处以及在何种程度上被深化和发展了，在何时、何处以及在何种程度被误解甚至曲解了；只有把马克思的哲学放到西方哲学史的背景中去研究，才能真正理解马克思的哲学为什么是"新唯物主义"，真正理解马克思的哲学对传统哲学变革的实质及其划时代的贡献；只有把马克思的哲学与现代西方哲学以及后现代主义哲学进行比较研究，才能知晓马克思哲学的历史局限性，同时才能真正理解马克思哲学的伟大所在，真正理解马克思的哲学为什么是我们这个时代"唯一不可超越的哲学"（萨特），"是我们当今用以恢复自身与存在之间关系的认知方式"（杰姆逊）。

在重读马克思的过程中，我特别关注西方马克思主义与苏联马克思主义。之所以如此，是因为西方马克思主义是西方的马克思主义者、学者在资本主义社会内部分析资本主义、从外部批判苏联社会主义的产物，同时，又是把"经典"马克思主义与现代西方哲学相结合的产物；苏联马克思主义则是苏联的马克思主义者、学者在社会主义内部研究社会主义、从外部批判西方资本主义的产物，同时，又是把"经典"马克思主义与俄罗斯传统哲学相结合的产物。在我看来，无论是西方马克思主义，还是苏联马克思主义，都从各自的立场出发继承了马克思哲学的某些原则，同时又放弃了马克思哲学的某些原则，从而使马克思的哲学在不同程度上发生了"变形"。西方马克思主义与苏联马克思主义是马克思主义历史上两个基本的历史形态，因此，深入研究西方马克思主义与苏联马克思主义，对于把握马克思主义哲学的演变规律，建构马克思主义哲学的当代形态，具有重要意义。

在重读马克思的过程中，我还进行了政治经济学、社会发展理论的"补课"。之所以如此，是因为马克思的哲学不仅是在批判德国古典哲学，而且是在批判英国古典经济学的过程中生成的；马克思的经济学本质上是政治经济学"批判"，这种政治经济学批判又内含并贯穿着哲学批判，它所揭示的被物与物的关系掩蔽着的人与人的关系，所揭示的资本是一种独特的社会存在，是现代社会的根本规定、建构原则和基本建制，本身就具有重要的存在论意义和深刻的哲学内涵；而在哲学批判和政治经济学批判双重批判的过程中生成的马克思的哲学,又深度契合着当代社会发展的重大问题,并为当代社会发展理论所关注和吸收。精神生产不同于肉体的物质生产。以基因为遗传物质的生物延续是同种相传,而哲学思维则可以通过对不同学科成果的吸收、消化和再创造,形成新的哲学形态。正像亲缘繁殖不利于种的发育一样,一种创造性的哲学一定会突破从哲学到哲学的局限,并产生"跨界"影响。马克思的新唯物主义哲学就是这样一种创造性的哲学。正如福柯所说,马克思"在政治经济学的基础上"揭示了一个"全新的话语实践",描绘了一个"新的思想地平线"。

由此,《为马克思辩护:对马克思哲学的一种新解读》展现出作为哲学家和革命家完美结合的马克思,作为解释世界和改变世界高度统一的马克思的哲学,并阐明马克思哲学的理论主题是无产阶级和人类解放;理论任务是发现和把握人的实践活动的内在规律以及人与世界的总体关系;理论特征是实践唯物主义、辩证唯物主义、历史唯物主义的高度统一,是形而上学批判、意识形态批判、资本批判的高度统一;理论目标是改变世界,确立"有个性的个人",实现每个人的全面而自由发展。"代替那存在着阶级和阶级对立的资产阶级旧社会的,将是这样一个联合体,在那里,每个人的自由发展是一切人的自由发展的条件。"共产主义就是"以每个人全面而自由的发展为基本原则的社会形式"(马克思)。在我看来,这是马克思的哲学对人类解放所出的庄严的"本体论承诺",体现出对人的现实关怀和终极关怀。这是全部哲学史上对人的最激动人心的关怀。显然,马克思的哲学是一种既不同于人本主义、唯心主义,也不同于一般唯物主义的新唯物主义。

与人本主义不同,新唯物主义关注的不是"抽象的人",而是"现实的人",即从事实践活动、生活在特定的社会关系中的"社会个人";与唯心主义不同,新唯物主义关注的不是"抽象的思维",而是"现实的思维",即在人的实践活动中生成的、"具有客观的真理性"的思维;与一般唯物主义即旧唯物主义也不同,新唯物主义关注的不是"抽象的存在""抽象的物质",而是"现实的存在",即在人的"现实生活过程"和实践活动中生成的"人们的社会存在""可感觉而又超感觉的社会的物",是在"现实的历史"中被物与物的关系掩蔽的人与人的社会关系。在我看来,承认物质的"第一性",这只是新唯物主义与旧唯物主义的共性,它并未构成新唯物主义本身的"个性";确认人的实践活动所引起的人与自然之间的物质变换构成了现存世界的基础,确认在人的实践活动中生成的、具有社会关系内涵的"人们的社会存在"决定意识,确认人们在"物质实践"的基础上重建世界,确认"立脚点"是"社会的人类",这才是新唯物主义的"唯物"之所在,或者说,是新唯物主义的"新"之所在。

这样,我们就回到了马克思的巨像之前,真正体验到马克思的哲学为什么是新唯物主义。

从历史的观点看,新唯物主义就是现代唯物主义,马克思的哲学属于现代哲学。对现代西方哲学的深入研究可以看出,现代西方哲学的发展日趋"现实的生活世界",所力求的目标就是"领悟人的现实境况下的那个实在"(雅斯贝尔斯)。就理论整体而不是个别派别而言,现代西方哲学正是以马克思的哲学所实现的革命变革为运行方向的。即使分析哲学所实现的"语言学转向",从本质上看,所体现的仍然是对人与世界的联结点或中介环节的寻求,显示的则是现代哲学对人的思想、语言与世界关系的总体把握。人类对世界的认识成果积淀并体现在语言中,从语言的意义去研究世界的意义,实际上就是从对人的关系中去理解和把握世界。现代哲学的"语言学转向"实际上深化了近代哲学的"认识论转向",实际上是以一种新的形式深化了对人与世界关系的研究。不管现代西方哲学的其他派别是否意识到或承认,马克思和孔德一样,也是西方传统哲学的终结者和现代哲学的开创者。马克思的新唯物主义哲学与孔德的实证主义哲学实际上是以各自的方式转换了哲学的发展方向,实现了西方哲学由传统形式向现代形式的转型。

从根本上说,任何一种重读、重释,都是由现实的实践所激发的,任何一种重读、重释,都既要回到历史语境,又要以现实实践为出发点。正如马克思所说,"对人类生活形式的思索,从而对它的科学分析,总是采取同实际发展相反的道路。这种思索是从事后开始的,就是说,是从发展过程的完成的结果开始的"。人类历史上往往存在着这样一种现象，即"甚至最杰出的人物也会根本看不到眼前的事物。后来，到了一定的时候，人们就惊奇地发现，从前没有看到的东西现在到处都露出自己的痕迹"。哲学文本的重读和思想史的重释同样如此。马克思就是以"从后思索"的方式重读、重释古希腊哲学的，即"从伊壁鸠鲁哲学追溯希腊哲学"，并认为伊壁鸠鲁派和斯多葛学派、怀疑派一起形成了自我意识哲学的"完备的结构"，构成了"理解希腊哲学的真正的历史的钥匙"。恩格斯也是以"从后思索"的方式重读、重释古希腊哲学的，并认为"在希腊哲学的多种多样的形式中，几乎可以发现以后的所有观点的胚胎、萌芽"。

正因为如此，我力图以当代实践以及科学和哲学本身的发展成果为出发点重读马克思，并以此为基础在《为马克思辩护：对马克思哲学的一种新解读》中重释已经成为"常识"的马克思哲学的基本观点，重释被忽视甚至被遗忘的马克思哲学的基本观点，重释马克思有所论述，但又未充分展开、深入论证，同时又深度契合着当代社会重大问题的观点，并使之上升为马克思主义哲学的基本观点。历史常常出现这样一种情况，即一个伟大哲学家的某些观点往往在其身后，在经历了较长时间的历史运动之后，才显示出这些观点的内在价值，重新引起人们的关注。马克思的历史命运也是这样。新的实践需要我们对马克思的哲学作出新的解读，对马克思主义哲学作出新的阐释。

为马克思"辩护"起因于苏联解体、东欧剧变。苏联、东欧社会主义的失败，使社会主义在政治上和道义上都被推上了资本主义的审判台，尤其是一些原来号称是马克思主义者，实际上是教条主义者的人，以一个跪倒在"上帝"面前忏悔的罪人的姿态指责马克思主义。在世纪之交的思想论争中，马克思不仅没有成为"原告"，反而或明或暗地成为"被告"，其"形象"任凭"原告"随意涂抹，其思想任由"原告"随意解读。这是一次"被告"者"缺席"的"审判"。作为一个马克思主义者，我不能不为"缺席"的马克思"辩护"；作为一个马克思主义的研究者，我的"辩护"又是以对马克思哲学的新解读为"辩护词"的。所以，我把这部著作定名为《为马克思辩护：对马克思哲学的一种新解读》。

马克思主义的故乡是德国，但马克思主义又并非仅仅属于德国。马克思主义是在批判资本主义生产方式的过程中产生的，而资本主义生产方式的一个显著特征，就是它"具有国际的性质"。"资产阶级社会的真实任务是建立世界市场（至少是一个轮廓）和以这种市场为基础的生产"，正是资产阶级"首次开创了世界历史"（马克思）。因此，作为资本的批判理论，马克思主义必然是"历史向世界历史的转变"的理论产物。马克思曾经预言：必然会出现这样一个时代，"那时，哲学对于其他的一定体系来说，不再是一定的体系，而正在变成世界的一般哲学，即变成当代世界的哲学"。马克思的哲学就是这样一种"世界的哲学"，因而它"远在德国和欧洲境界以外，在世界的一切文明语言中都找到了拥护者"（恩格斯）。

马克思主义不仅改变了世界，而且改变了中国。作为一个中国的马克思主义者、学者，我当然是在中国的历史语境中重读马克思的，是在当代中国的实践活动中重读马克思的。当代中国最基本的实践就是改革，这一实践活动的最重要特征和最重要意义就在于，它把现代化、市场化和社会主义改革这三重重大的社会变革浓缩在同一个时空中进行了，因而构成了一场特殊而复杂的社会转型，生成着一系列特殊而复杂的社会矛盾，因而必然为我们重读马克思、重释马克思主义哲学提供一个广阔的社会空间；当代中国最鲜明的特色就是改革，使中华民族在社会主义改革的基础上实现伟大复兴，同时，使社会主义在中华民族复兴的基础上再造辉煌，构成了当代中国的时代精神。因此，我对马克思哲学的新解读，对马克思主义哲学的新阐释，当然具有"中国元素"，凝聚着我对当代中国的实践活动的反思，体现着我对当代中国的时代精神的把握。

我并不认为我对马克思哲学的新解读、对马克思主义哲学的新阐释完全恢复了马克思哲学的"本来面目"，因为我深知解释学的合理性，深知我的新解读、新阐释受到我本人的人生经历、哲学修养的制约，深知我的新解读、新阐释受到我的"理解的前结构"的制约，因而也深知我的这部《为马克思辩护：对马克思哲学的一种新解读》的全部缺陷。借用维特根斯坦的话来说,这部著作"只是一面镜子,读者可以通过这面镜子看他的思想的全部缺陷,从而借助这个途径将思想端正"。

但是,我又不能不指出,这部《为马克思辩护:对马克思哲学的一种新解读》是我从文本、理论、历史、实践四个维度重读马克思的诚实记录,是我走向马克思、走近马克思、走进马克思的心灵写照。杜威表达过这样一种观点,即"思维尤其是一种艺术,而作为思维产物的知识和命题,也跟雕像和交响乐一样,乃是艺术作品"。我对杜威的这一观点持一种审慎的保留态度。科学思维不同于艺术创作。科学思维追求的是客观性,科学命题体现的是对象本身的规律性,展现的是知识的世界;艺术创作追求的是形象塑造,艺术作品是人的情感的形象化,展现的是审美的世界。哈姆雷特是莎士比亚塑造的艺术形象,马克思是客观真实的存在。因此,"一千个读者"的心中可能有"一千个"哈姆雷特,而真实的马克思只有一个,这就是作为马克思主义创始人的马克思。离开了马克思的马克思主义,只能是虚构的马克思主义;离开了马克思主义的马克思,只能是虚构的马克思。

科学不是艺术,哲学不是"拟文学的事业",而是从思维与存在、人的尺度与物的尺度双重关系的视角对实践和科学的反思。马克思的哲学有其科学内涵,同时,又凝聚着一种价值诉求,是科学体系和价值观念的高度统一。我们可以以当代实践以及科学和哲学本身的发展成果为出发点,使作为认识者的我们的视界与作为被认识者的马克思的视界融合起来,从而走进马克思哲学的深处,切实把握马克思主义哲学的本质特征和本真精神。当然,这是一条艰难曲折的思想登山之路,正如雪莱的两行诗句所说的那样:

走向权威之路并不康庄,
更有狂风暴雨君临高处。

杨　耕

2020 年 6 月于中国北京